Mudança linguística

Coleção de Linguística

Coordenadores
Gabriel de Ávila Othero – Universidade Federal do Rio Grande do Sul (UFRGS)
Sérgio de Moura Menuzzi – Universidade Federal do Rio Grande do Sul (UFRGS)

Conselho consultivo
Alina Villalva – Universidade de Lisboa
Carlos Alberto Faraco – Universidade Federal do Paraná (UFPR)
Dante Lucchesi – Universidade Federal Fluminense (UFF)
Leonel Figueiredo Alencar – Universidade Federal do Ceará (UFC)
Letícia M. Sicuro Correa – Pontifícia Universidade Católica do Rio de Janeiro (PUC-Rio)
Luciani Ester Tenani – Universidade Estadual de São Paulo (Unesp)
Maria Cristina Figueiredo Silva – Universidade Federal do Paraná (UFPR)
Roberta Pires de Oliveira – Universidade Federal de Santa Catarina (UFSC)
Roberto Gomes Camacho – Universidade Estadual de São Paulo (Unesp)
Valdir Flores – Universidade Federal do Rio Grande do Sul (UFRGS)

Dados Internacionais de Catalogação na Publicação (CIP)
(Câmara Brasileira do Livro, SP, Brasil)

Bybee, Joan
   Mudança linguística / Joan Bybee ; tradução, apresentação e notas de Marcos Bagno. – Petrópolis, RJ : Vozes, 2020. – (Coleção de Linguística)

   Título original: Language change.
   Bibliografia.
   ISBN 978-85-326-6386-3

   Linguística histórica 2. Mudanças linguísticas
I. Bagno, Marcos. II. Título. III. Série.

19-31646   CDD-417.7

Índices para catálogo sistemático:
1. Linguística histórica   417.7

Cibele Maria Dias – Bibliotecária – CRB-8/9427

JOAN BYBEE

Mudança linguística

Tradução, apresentação e notas de Marcos Bagno

Petrópolis

© Joan Bybee 2015.

Título do original em inglês: *Language Change*
Esta tradução é publicada por intermédio da Cambridge University Press.

Direitos de publicação em língua portuguesa – Brasil:
2020, Editora Vozes Ltda.
Rua Frei Luís, 100
25689-900 Petrópolis, RJ
www.vozes.com.br
Brasil

Todos os direitos reservados. Nenhuma parte desta obra poderá ser reproduzida ou transmitida por qualquer forma e/ou quaisquer meios (eletrônico ou mecânico, incluindo fotocópia e gravação) ou arquivada em qualquer sistema ou banco de dados sem permissão escrita da editora.

CONSELHO EDITORIAL

Diretor
Gilberto Gonçalves Garcia

Editores
Aline dos Santos Carneiro
Edrian Josué Pasini
Marilac Loraine Oleniki
Welder Lancieri Marchini

Conselheiros
Francisco Morás
Ludovico Garmus
Teobaldo Heidemann
Volney J. Berkenbrock

Secretário executivo
João Batista Kreuch

Editoração: Fernando Sergio Olivetti da Rocha
Diagramação: Sheilandre Desenv. Gráfico
Revisão gráfica: Nilton Braz da Rocha / Nivaldo S. Menezes
Capa: Editora Vozes

ISBN 978-85-326-6386-3 (Brasil)
ISBN 978-1-107-02016-0 (Reino Unido)

Editado conforme o novo acordo ortográfico.

Este livro foi composto e impresso pela Editora Vozes Ltda.

Apresentação da coleção

Esta publicação é parte da **Coleção de Linguística** da Vozes, retomada pela editora em 2014, num esforço de dar continuidade à coleção coordenada, até a década de 1980, pelas professoras Yonne Leite, Miriam Lemle e Marta Coelho. Naquele período, a coleção teve um papel importante no estabelecimento definitivo da Linguística como área de pesquisa regular no Brasil e como disciplina fundamental da formação universitária em áreas como as Letras, a Filosofia, a Psicologia e a Antropologia. Para isso, a coleção não se limitou à publicação de autores fundamentais para o desenvolvimento da Linguística, como Chomsky, Langacker e Halliday, ou de linguistas brasileiros já então reconhecidos, como Mattoso Camara; buscou também veicular obras de estudiosos brasileiros que então surgiam como lideranças intelectuais e que, depois, se tornaram referências para a disciplina no Brasil – como Anthony Naro, Eunice Pontes e Mário Perini. Dessa forma, a **Coleção de Linguística** da Vozes participou ativamente da história da Linguística brasileira, tendo ajudado a formar as gerações de linguistas que ampliaram a disciplina nos anos de 1980 e 1990 – alguns dos quais ainda hoje atuam intensamente na vida acadêmica nacional.

Com a retomada da **Coleção de Linguística** pela Vozes, a editora quer voltar a participar decisivamente das novas etapas de desenvolvimento da disciplina no Brasil. Agora, trata-se de oferecer um veículo de disseminação da informação e do debate em um novo ambiente: a Linguística é hoje uma disciplina estabelecida nas universidades brasileiras; é também um dos setores de pós-graduação que mais crescem no Brasil; finalmente, o próprio quadro geral das universidades e da pesquisa brasileira atingiu uma dimensão muito superior à que se testemunhava nos anos de 1970 a 1990. Dentro desse quadro, a **Coleção de Linguística** da Vozes tem novas missões a cumprir:

• em primeiro lugar, é preciso oferecer aos cursos de graduação em Letras, Filosofia, Psicologia e áreas afins material renovador, que permita aos alunos integrarem-se ao atual patamar de conhecimento da área de Linguística;

• em segundo lugar, é preciso continuar com a tarefa de colocar à disposição do público de língua portuguesa obras decisivas do desenvolvimento, passado e recente, da Linguística;

• finalmente, é preciso oferecer ao setor de pós-graduação em Linguística e ao novo e amplo conjunto de pesquisadores que nele atua um veículo adequado à disseminação de suas contribuições: um veículo sintonizado, de um lado, com o que se produz na área de Linguística no Brasil; e, de outro, que identifique, nessa produção, aquelas contribuições cuja relevância exija uma disseminação e atinja um público mais amplo, para além da comunidade dos especialistas e dos pesquisadores de pós-graduação.

Em suma, com esta **Coleção de Linguística**, esperamos publicar títulos relevantes, cuja qualidade venha a contribuir de modo decisivo não apenas para a formação de novas gerações de linguistas brasileiros, mas também para o progresso geral dos estudos das Humanidades neste início de século XXI.

Gabriel de Ávila Othero
Sérgio de Moura Menuzzi
Organizadores

Sumário

Lista de figuras, 13

Lista de tabelas, 15

Apresentação, 17

Prefácio, 25

Agradecimentos, 29

1 O estudo da mudança linguística, 31
    1.1 Introdução, 31
    1.2 As línguas mudam o tempo todo e em todos os aspectos, 32
    1.3 As línguas também conservam aspectos antigos por muito tempo, 38
    1.4 Comprovações da mudança linguística, 40
    1.5 Por que as línguas mudam?, 45
    1.6 A mudança linguística é boa ou ruim?, 47
    1.7 Por que estudar a mudança linguística?, 48

2 Mudança sonora, 53
    2.1 O que é mudança sonora?, 53
    2.2 Assimilação, 56
        2.2.1 Assimilação como ressincronização gestual, 57
        2.2.2 Assimilação antecipatória, 58
        2.2.3 Palatalização de velares, 58
        2.2.4 Metafonia-i como palatalização, 60

2.2.5 Palatalização no romance primitivo, 62
2.2.6 Assimilação do ponto de articulação, 66
2.3 Assimilação perseverativa, 67
2.4 Conclusão acerca da assimilação, 69
2.5 Redução ou lenição, 70
    2.5.1 Lenição, 71
    2.5.2 Redução a zero, 71
    2.5.3 Perda de articulação oral, 72
    2.5.4 Vozeamento, 75
    2.5.5 Degeminação, 76
    2.5.6 Mutações em cadeia: degeminação, vozeamento, espirantização, 77
    2.5.7 Lenição como sonorização, 78
    2.5.8 Redução de encontros consonantais, 80
    2.5.9 Contextos em que ocorre redução, 81
    2.5.10 Redução e apagamento de vogal, 82
2.6 Redução e ressincronização atuando juntas, 84
2.7 Comodidade de articulação e semelhanças translinguísticas em mudanças sonoras, 86
2.8 Difusão lexical, 90
2.9 Redução especial, 94
2.10 Fortalecimento e inserção, 96
2.11 Causas da mudança sonora, 102

3 Mudança sonora e mudança fonológica em perspectiva mais ampla, 105
    3.1 Introdução, 105
    3.2 Fonologização, 106
    3.3 Mudanças em inventários de fonemas, 107
        3.3.1 Nenhuma mudança nos fonemas, 107
        3.3.2 Criação de um fonema novo, 108
        3.3.3 Perda de um fonema, 109
    3.4 Mutações vocálicas, 110
        3.4.1 A Grande Mutação Vocálica, 110
        3.4.2 A Mutação Vocálica das Cidades do Norte, 115
        3.4.3 Princípios gerais de mutações vocálicas, 117
    3.5 Origem e evolução do acento tônico, 121
        3.5.1 De onde surgiu o acento tônico?, 122
        3.5.2 Mudanças típicas em sistemas acentuais tônicos, 124
    3.6 Desenvolvimento de tom e mudanças tonais, 127
        3.6.1 Tonogênese: como os tons surgem das consoantes, 127

3.6.2 Mudanças de tom, 130
3.6.3 Entonação interagindo com tom, 133
3.6.4 Redução de tom, 134
3.7 Mudanças específicas a certas línguas, 135
   3.7.1 Dissimilação, 135
   3.7.2 Metátese, 139
   3.7.3 Mudanças com motivação fonotática, 141
3.8 Causas da mudança sonora e da mudança fonológica, 142

4 A interação da mudança sonora com a gramática, 145
   4.1 Como a mudança sonora afeta a morfologia, 145
   4.2 Morfologização, 148
   4.3 Alternâncias em construções morfossintáticas, 151
   4.4 Inversão de regra, 155
   4.5 Telescopagem de regra, 157
   4.6 O desenvolvimento de exceções, 158
   4.7 A mudança sonora pode ser condicionada gramaticalmente?, 161
      4.7.1 Mudanças no contexto morfológico, 162
      4.7.2 Mudanças em fronteiras de palavras, 165
      4.7.3 Ambientes alternantes dentro de palavras, 168
      4.7.4 Conclusão: mudança sonora afetada pela gramática, 171
   4.8 Conclusão, 171

5 Mudança analógica, 173
   5.1 Analogia, 173
   5.2 Analogia proporcional, 174
   5.3 Nivelamento analógico, 175
   5.4 Produtividade, 180
   5.5 Tendências na mudança analógica: a relação primitivo-derivado, 183
      5.5.1 A forma básica do paradigma, 184
      5.5.2 Subanálise e criação de zeros, 188
   5.6 Mudanças dentro de categorias mais relacionadas, 192
   5.7 Extensão, 194
   5.8 O desenvolvimento da suplementação, 198
   5.9 Reanálise morfológica, 202
   5.10 Paralelos entre mudança analógica e linguagem infantil, 204
   5.11 Conclusão, 206

6 Gramaticalização: processos e mecanismos, 209
   6.1 Introdução, 209

PARTE I — COMO SE DESENVOLVEM AS MARCAS DE FUTURO, 210
   6.2 Estudo de caso: *will* em inglês, 210
   6.3 Futuros flexionais românicos, 215
   6.4 Marcas de futuro a partir de verbos de movimento, 216
   6.5 Algumas generalizações acerca de futuros e gramaticalização, 218

   PARTE II — MECANISMOS DE MUDANÇA, 220
   6.6 Amálgama e redução fonética, 220
   6.7 Especialização ou perda de contraste paradigmático, 222
   6.8 Expansão de categoria, 225
   6.9 Descategorização, 229
   6.10 Enrijecimento de posição, 233
   6.11 Mudança de significado: desbotamento ou generalização, 234
   6.12 Mudança semântica por acréscimo de significado pelo contexto, 236
   6.13 Metáfora, 239
   6.14 Outras propriedades gerais da gramaticalização, 241

7 Trilhas comuns da gramaticalização, 245
   7.1 Introdução, 245
   7.2 Tempo e aspecto, 247
      7.2.1 A trilha passado/perfectivo, 249
      7.2.2 A trilha presente/imperfectivo, 254
      7.2.3 A trilha do futuro, 256
      7.2.4 Aspectos por derivação, 257
   7.3 Morfemas gramaticais que indicam modalidade e modo, 259
   7.4 Pronomes pessoais, 263
      7.4.1 Pronomes de 3ª pessoa, 263
      7.4.2 Pronomes de 2ª pessoa, 265
      7.4.3 Pronomes de 1ª pessoa, 266
   7.5 Concordância pessoa-número, 267
   7.6 O desenvolvimento de artigos definidos e indefinidos, 268
   7.7 As fontes das adposições, 269
   7.8 O desenvolvimento do caso, 272
   7.9 Marcadores discursivos e subjetificação, 273
   7.10 O fim do processo de gramaticalização, 276
   7.11 Conclusão, 279

8 Mudança sintática: o desenvolvimento e a mudança de construções, 281
   8.1 Introdução, 281

8.2 Da parataxe à sintaxe, 282
    8.2.1 Tópicos se tornam sujeitos, 283
    8.2.2 De duas orações para uma, 285
    8.2.3 Reorganização dentro da oração: como se desenvolvem as ergativas, 288
8.3 Desenvolvimento e mudança em construções, 293
    8.3.1 Como as construções surgem e se expandem, 294
    8.3.2 Superposição e competição entre construções, 299
    8.3.3 Como as construções desaparecem, 304
8.4 Mudança na ordem das palavras: línguas OV e VO, 308
    8.4.1 Correlações sincrônicas na ordem das palavras, 308
    8.4.2 A fonte diacrônica da correlação da ordem das palavras, 311
8.5 Razões pragmáticas para a mudança na ordem sujeito, verbo e objeto: a deriva nas línguas indo-europeias, 315
8.6 Conclusão: o ciclo de vida das construções, 320

9 Mudança lexical: como as línguas obtêm palavras novas e como as palavras mudam de sentido, 323

9.1 Introdução, 323
9.2 De onde vêm as palavras novas?, 324
    9.2.1 Recursos internos: composição e derivação, 324
    9.2.2 Empréstimos de outras línguas, 329
    9.2.3 Adaptação de empréstimos, 331
9.3 Como as palavras mudam de sentido?, 336
    9.3.1 Categorias prototípicas, 337
    9.3.2 Mecanismos de mudança semântica, 339
    9.3.3 Mudança em sentido não-denotacional, 344
    9.3.4 Mudança onomasiológica: palavras em competição, 347
9.4 Tendências gerais na mudança semântica lexical, 349
9.5 Mudanças em formas relacionadas por derivação, 352
9.6 O que acontece com palavras, morfemas e sintagmas antigos?, 355
9.7 Conclusão, 356

10 Comparação, reconstrução e tipologia, 359

10.1 Relações de parentesco entre as línguas, 359
10.2 O método comparativo, 361
    10.2.1 Séries de cognatos, 368
    10.2.2 O ritmo da substituição lexical, 370
    10.2.3 A forma fonológica dos cognatos, 372
    10.2.4 Quando a mudança sonora não é regular, 372
    10.2.5 Protofonemas são ocupantes abstratos, 374

    10.3 Evidências tipológicas: as obstruintes do PIE, 376
    10.4 Reconstrução interna, 381
    10.5 Propostas de relações genealógicas mais amplas, 387
        10.5.1 O protonostrático, 388
        10.5.2 Comparação multilateral, 391
    10.6 Tipologia diacrônica, 395
    10.7 Conclusão, 396
    Apêndice – Os principais ramos do indo-europeu, 397

11 Fontes da mudança linguística: fatores internos e externos, 399
    11.1 Fontes internas: o uso da língua, 399
        11.1.1 A abordagem baseada no uso, 400
        11.1.2 Teoria da Naturalidade e leis de preferência, 403
        11.1.3 Teorias gerativas sobre mudança linguística, 405
        11.1.4 Aquisição da língua *vs.* uso da língua como *locus* da mudança, 414
    11.2 Causas externas: o contato linguístico, 416
        11.2.1 Mudanças fonológicas devidas ao contato, 420
        11.2.2 Mudança gramatical, 422
    11.3 Pidgins e crioulos, 427
        11.3.1 Pré-pidgins, 428
        11.3.2 Pidgins estáveis, 429
        11.3.3 Pidgins expandidos, 431
        11.3.4 Línguas crioulas, 434
    11.4 A linguagem como um sistema adaptativo complexo, 437

Alfabeto fonético internacional, 441

Glossário de termos empregados, 443

Referências, 453

Índice de línguas, 471

Índice remissivo, 477

Lista de figuras

Figura 3.1 As mudanças ocorridas na Grande Mutação Vocálica do inglês moderno inicial (1400-1600), 111

Figura 3.2 A Mutação Vocálica das Cidades do Norte, 115

Alfabeto Fonético Internacional, 441

Lista de tabelas

Tabela 2.1 Palavras afetadas pela palatalização no português brasileiro, 54

Tabela 2.2 Palatalização de velares de início de radical em ci-bemba, 59

Tabela 2.3 Mudanças da metafonia-i no inglês antigo, 60

Tabela 2.4 Efeitos da palatalização no latim vulgar e no romance em ordem cronológica, 62

Tabela 2.5 Trilhas da lenição de oclusivas desvozeadas, 74

Tabela 2.6 Mutação em cadeia das oclusivas latinas, 77

Tabela 2.7 Lenição no hauçá, 79

Tabela 2.8 Posições que favorecem (fracas) e desfavorecem (fortes) a lenição, 81

Tabela 2.9 Índice de apagamento de t/d no inglês americano num *corpus* inteiro por frequência de palavra, 92

Tabela 3.1 Monossilabização em vietnamita, 129

Tabela 4.1 Ocorrência de /t/ ou /d/ em contextos diferentes e seu apagamento nesses contextos, 164

Tabela 5.1 Relação marcado/não-marcado para categorias específicas, 185

Tabela 5.2 Uma classe verbal semiprodutiva em inglês, 195

Tabela 6.1 Estágios de desenvolvimento de can, 235

Tabela 7.1 Formas nominativas e acusativas da 1ª pessoa do singular nos principais ramos do indo-europeu, 266

Tabela 7.2 Formas nominativas e acusativas da 2ª pessoa do singular nos principais ramos do indo-europeu, 266

Tabela 8.1 Correlações com a ordem das palavras, 309

Tabela 8.2 Exemplos de correlações com a ordem das palavras em português e japonês, 309

Tabela 10.1 Algumas correspondências em sânscrito, grego e latim, 361

Tabela 10.2 Algumas palavras correspondentes para 'livro', 361

Tabela 10.3 Série de correspondências com /t/ inicial em quatro línguas românicas, 363

Tabela 10.4 Série de correspondências com /d/ inicial em quatro línguas românicas, 363

Tabela 10.5 Série de correspondências com /t/, /d/ e ø mediais, 364

Tabela 10.6 Série de correspondências com /d/ e ø mediais, 365

Tabela 10.7 Quatro séries de correspondências comparadas, 366

Tabela 10.8 Série de correspondências com /d/ e ø mediais, 373

Tabela 10.9 Cognatos contendo /r/ e /l/ em quatro línguas polinésias, 374

Tabela 10.10 As três séries de oclusivas em posição inicial em quatro línguas indo-europeias antigas (c ortográfico = /k/), 376

Apresentação

Não seria exagero dizer que toda a história das ideias linguísticas no Ocidente tem se resumido a buscar respostas para dois grandes "problemas" teóricos: a relação pensamento-linguagem e a mudança linguística, às vezes separados, muitas vezes juntos. Desde as primeiras especulações dos filósofos gregos, a começar pelo *Crátilo* de Platão – a obra que inaugura nossa filosofia da linguagem –, até os dias de hoje, esses dois eixos de investigação vêm fazendo girar as rodas da linguística, antes mesmo que ela tivesse esse nome.

Os gregos pioneiros queriam saber se o funcionamento da linguagem refletia o funcionamento da mente e se, por sua vez, este refletia o funcionamento da natureza-universo. Já os fundadores da doutrina gramatical, alguns séculos depois, se deram conta da mudança que a língua (grega, no caso) tinha sofrido ao longo do tempo e tentaram criar uma barreira para ela, justamente a *gramática*, entendida como a fixação de um modelo ideal de uso capaz de refrear (ou mesmo de impedir) a "degeneração" e a "ruína" da língua, dado que para eles a mudança era vista sempre por um prisma negativo e pessimista.

Ao longo dos séculos, o fiel da balança pendeu ora para o lado da mudança, ora para o lado da relação pensamento-linguagem, e volta e meia as duas rotas se cruzaram, como nas investidas teológico-racionalistas de filósofos dos séculos XVII e XVIII, que insistiam no caráter negativo da mudança porque ela nos afasta da "linguagem adâmica", transmitida pela divindade ao primeiro homem: a mudança linguística, vista como degeneração, era uma punição comparável à da expulsão do paraíso.

Somente no século XIX, com o espetacular desenvolvimento da linguística histórico-comparativa, é que a mudança passou a ser considerada como algo natural e inevitável, próprio de todas as línguas humanas, e o interesse pelas questões "psicológicas" referentes à língua ficou marginalizado. Foi o estudo criterioso da mudança pelos comparativistas que conferiu à linguística seu rótulo de *ciência*, mas este chegou muito tarde: no senso comum, a mudança é até hoje considerada como um sinal de deterioração, não só da língua, mas também da sociedade, num misto de ideologia moralista e saudosismo reacionário, temperado com conservadorismo religioso.

As teorias linguísticas ditas modernas, que se inauguram no início do século XX com o estruturalismo, voltaram de algum modo a querer entender o funcionamento "psicológico" da linguagem, e se esforçaram por extrair a língua do fluxo temporal e observá-la parada num dado momento, o do presente, momento chamado *sincronia*, em que a língua, teorizada como um *sistema* em que todas as partes se conectam, podia ser investigada sem recurso às formas do passado e às turbulências sociais: a língua podia ser estudada "de dentro para dentro". Na célebre metáfora do jogo de xadrez, tão cara a Saussure, um observador recém-chegado que contempla o tabuleiro neste exato momento não precisa conhecer toda a sequência de lances anteriores feitos pelos competidores e que fez surgir a situação presente da partida: se for bom conhecedor das regras do xadrez, saberá perfeitamente o que está em jogo aqui e agora. Em termos contemporâneos, a pessoa que usa a versão 5.0 de um programa computacional não precisa conhecer todos os desenvolvimentos por que ele passou desde a versão 1.0 até a mais recente: basta que ela saiba operar com o programa tal como funciona agora. O estruturalismo "clássico", assim como sua versão gerativista surgida a partir dos anos de 1960 por impulso de Noam Chomsky, renega o caráter social da mudança, mas a psicanálise já nos mostrou que a denegação é o mecanismo talvez mais poderoso que temos de manter ativo e vivo em nós aquilo que negamos.

Pouco depois de inaugurado o gerativismo chomskiano, a sociolinguística variacionista, sob a liderança de William Labov, trouxe a mudança linguística de volta ao cenário, desta vez reivindicando o papel fundamental das dinâmicas sociais nos processos que levam a língua a se diferenciar lentamente de si mesma, por meio da variação dos usos, variação correlata à natureza heterogênea das sociedades humanas. A sociolinguística, no entanto, não se preocupava em dizer *como* as formas em variação tinham surgido, ou seja, de que modo uma construção como *o rei tem conquistadas muitas terras* passou a ser interpretada como uma forma de enunciação de eventos passados (e não mais presentes, como a concordância de gênero e número indicava), até se transformar em *o rei tinha conquistado muitas terras*, fazendo surgir uma nova perífrase verbal na língua. O foco variacionista incidia sobre as formas em competição, tal como já apresentadas aos falantes, e de que maneira essa competição podia levar (ou não) à mudança, mas não se explicava a origem das formas em concorrência (a não ser as de ordem fonética, praticamente as únicas que interessavam a Labov).

Foi já perto do final do século XX que novas propostas investigativas decidiram conjugar o interesse pela mudança linguística (como fato social) com as especulações sobre a relação pensamento-linguagem, dando origem ao que hoje se chama linguística *cognitiva* ou *sociocognitiva*. A linguagem está enraizada na biologia humana, sem dúvida, é um produto-processo mental, mas precisa da interação social para se desenvolver plenamente: língua, cognição e cultura formam uma trama complexa em que é praticamente impossível separar os fios que pertencem a cada uma delas. A sociologia da linguagem não dá conta sozinha de tudo o que diz respeito à língua, assim como a psicologia cognitiva não oferece todas as respostas: seres sociais (e políticos) que somos, nossas faculdades cognitivas individuais nada valem se não estiverem em rede com as dos outros seres com quem convivemos, dando origem a uma *cognição social* rica, intrincada e poderosa. Como sempre na história das ideias, não estamos aqui diante de algo que aparece *ex nihilo*: basta recordar os trabalhos sobre *a formação social da mente* do russo Lev Vygotsky (1896-1934) e compará-los com o título do livro *As origens culturais da cognição humana*, de Michael Tomasello, publicado em 1999[1].

É dentro dessa perspectiva *social e cognitiva* que podemos situar o trabalho da estadunidense Joan Bybee (nascida em 1945), um dos nomes mais destacados da linguística contemporânea. O título de seu livro de 2010, *Language, use and cognition*[2], deixa claro o tripé em que se firmam suas teorizações e investigações empíricas, onde *uso*, evidentemente, se refere à prática *social* da linguagem. Este *Mudança linguística* que agora oferecemos ao público brasileiro foi publicado em 2015 e representa, acredito, o estado da arte no que diz respeito ao estudo de como e por que as línguas humanas se transformam ao longo do tempo.

A linguística histórica do século XIX se desenvolveu em torno do estudo das mudanças ocorridas em famílias linguísticas específicas, em especial a família indo-europeia, não porque esta fosse mais importante do que qualquer outra, mas pelo simples fato de serem falantes de línguas indo-europeias, especialmente alemães, os que se dedicaram a esses estudos. No início do século XX, o linguista francês Antoine Meillet (1866-1936), especialista em filologia indo-europeia comparada, já reivindicava a elaboração de uma *linguística geral* que, levando em conta os conhecimentos obtidos pela linguística histórica, procurasse entender o que existe de comum em todas as línguas humanas, sem jamais desprezar o caráter eminentemente *social* da linguagem. A proposta de Meillet, no entanto, foi deixada de lado

---

1. A tradução brasileira da obra de Tomasello traz o título *Origens culturais da aquisição do conhecimento humano*, mas o livro em inglês se intitula *The cultural origins of human cognition*, em que *cognition* dá conta não só da *aquisição* mas também da *produção* de conhecimento por meio da interação cultural.
2. Publicado no Brasil como *Língua, uso e cognição*. São Paulo: Cortez, 2016. Tradução de Maria Angélica Furtado da Cunha e revisão técnica de Sebastião Carlos Leite Gonçalves.

pelo estruturalismo nascente, em que a língua, como *sistema* autônomo, era tida como capaz de funcionar independentemente de seus falantes, o que dispensava o estudo conjunto de linguagem e sociedade. Foi também o mesmo Meillet quem propôs o termo *gramaticalização* para os fenômenos de mudança linguística em que itens lexicais se transformam em itens gramaticais, fenômenos que seriam retomados como objeto de intensa investigação pela escola de pensamento linguístico chamada *funcionalismo*, especialmente a partir da década de 1980. Joan Bybee é, de fato, uma das mais importantes representantes do funcionalismo linguístico, sobretudo, como já dissemos, do ramo mais recente dessa escola, a linguística sociocognitiva.

Os estudos translinguísticos dos fenômenos de mudança vieram consolidar as intuições de Meillet (e de alguns pensadores mais remotos): todas as línguas humanas compartilham traços *universais*, tanto em seu funcionamento atual como nas etapas históricas que as levaram a este funcionamento. Esses universais têm sido atribuídos pela teoria chomskiana (que chamaríamos talvez melhor de platônica-cartesiana-chomskiana) a uma suposta capacidade inata para a linguagem, embutida geneticamente na mente humana. As teorias baseadas no uso, no entanto, preferem ver esses universais como resultantes da interação entre as capacidades cognitivas da espécie e o ambiente sociocultural circundante. Sendo todos os seres humanos dotados das mesmíssimas habilidades de aquisição/processamento/produção de conhecimento, não admira que sejam semelhantes as soluções encontradas pelas mais diferentes comunidades para dar conta de sua relação com o mundo. Todas as culturas humanas têm produzido vasos de argila similares, instrumentos musicais parecidos e crenças religiosas com muitos traços comuns – é de se perguntar, então, se também existiria uma "gramática universal" inata que nos leva a produzir esses artefatos materiais e mentais.

Quais seriam, então, esses universais advindos do uso da língua em situações de interação social? Os fenômenos de ordem articulatória, evidentemente, são mais fáceis de explicar, uma vez que dependem da própria fisiologia humana, que dispõe de boca, dentes, alvéolos, língua, cavidade nasal, laringe etc., componentes do chamado *aparelho fonador*. Em incontáveis línguas do mundo um ditongo /aw/ se simplifica em /o/, a presença de um /i/ palataliza a consoante precedente ou subsequente, as consoantes desvozeadas ("surdas") entre vogais se tornam vozeadas ("sonoras"), as vozeadas intervocálicas se tornam africadas e podem até desaparecer, e assim por diante. Mas quais seriam os universais de ordem mais abstrata, morfossintática, gramatical?

O estudo da gramaticalização, precisamente, tem encontrado algumas respostas que parecem depender, já não da fisiologia, mas dos processamentos cognitivos, aqueles que Joan Bybee resume na primeira seção do capítulo final deste livro: (1) a tendência a associar o significado diretamente à forma; (2) a substituição de padrões menos abrangentes por padrões mais abrangentes; (3) a resistência à mudança de itens com alto índice de frequência de uso; (4) a amalgamação de elementos contíguos em blocos que são interpretados em conjunto; (5) a generalização semântica; (6) a mudança semântica por inferência. A inferência (junto com a metáfora, a metonímia, a analogia etc.), por exemplo, explica por que, em tantas línguas espalhadas mundo afora e sem nenhum parentesco, a formação do futuro segue trilhas de gramaticalização semelhantes: as noções de volição (como no inglês *I will buy this house*), de obrigatoriedade (*I shall buy this house*) e a de movimento-rumo-a (*I'm going to buy this house*). A metáfora e a metonímia explicam por que as partes do corpo humano – corpo que é o nosso meio de contato físico direto com a realidade concreta circundante – se transformam em conjunções, preposições, pronomes, advérbios, sufixos e prefixos mundo afora. A inferência também explica por que *o rei tem conquistadas muitas terras* passou a ser interpretado como passado: para que o rei possua, hoje, essas terras, foi necessário, no passado, conquistá-las, o que já se infere pelo emprego de *conquistadas*, que deixa de ser adjetivo (sujeito à flexão de gênero e número) e é interpretado como particípio passado (sem gênero e número, porque marca o tempo, que é uma abstração).

A tese final do livro é a de que a língua (a linguagem) é um sistema adaptativo complexo, que não funciona de maneira autônoma com relação às demais capacidades cognitivas humanas, mas compartilha as mesmas formas de processamento de outras atividades mentais e sociais:

> [...] ninguém pretende mudar a língua, mas os usuários da língua pretendem se comunicar, e usam todos os meios de que dispõem para fazer isso. São seres humanos e, assim, sua cognição e sua consciência e metas sociais entram em jogo. Na medida em que elas são compartilhadas pelos usuários da língua, os mesmos processos cognitivos e sociais atuam sobre eventos de uso em todas as línguas. Dentro de uma comunidade, o acúmulo de eventos de uso à medida que são afetados por pressões de produção, o acesso a memórias lexicais e gramaticais, o uso produtivo dessas memórias e as necessárias implicações e inferências que acompanham toda comunicação criam poderosos padrões entre os falantes e as situações. Num retorno positivo em *feedback*, esses padrões afetam as representações (cognitivas ou de memória) dos usuários da língua e, desse modo, afetam futuros eventos de uso. Portanto, as línguas estão sempre mudando mas, de forma ampla, sempre permanecendo as mesmas.

Me parece importante uma palavra final sobre o processo de tradução deste livro[3]. A autora escreveu em inglês tendo como horizonte leitor os falantes que têm o inglês como língua materna. Desse modo, muitos de seus exemplos recorrem à fonologia e à gramática do inglês, o que facilita a compreensão dos fenômenos de mudança da parte de seu público leitor inicial. Como não se pode exigir dos leitores brasileiros a mesma competência em inglês, optei por substituir os exemplos desta língua por outros em português, na medida em que não ficasse comprometida a progressão das análises na sequência do texto. Agi de igual modo nas questões

---

3. Como se vê pelo "Me parece importante", este livro foi traduzido em português brasileiro culto contemporâneo, e não numa norma-padrão conservadora em que os falantes desta língua, incluindo os considerados cultos, não se reconhecem. Por ser a próclise ao verbo principal a *única* colocação pronominal existente em nossa língua materna, não faz sentido nenhum proibi-la em início absoluto de sentença, como também não faz sentido abandonar a ênclise (como acabei de fazer em "proibi-la"), que ocorre em gêneros textuais mais monitorados. A palavra mágica aqui é *também*: o emprego das regras intuitivas de colocação dos clíticos deve ser considerado *tão* legítimo *quanto* a preferência pelas regras normatizadas na tradição gramatical. O nome disso é *democracia linguística*, que deve ser buscada, mesmo num país como o Brasil, secularmente antidemocrático.

para discussão oferecidas por Bybee no final de cada capítulo: quando as questões apelavam para a intuição linguística de falantes de inglês, tratei de substituí-las por outras que pudessem gerar reflexão da parte de falantes de português. Também quando a autora recorre a exemplos provenientes do espanhol, especialmente na morfossintaxe, procurei substituí-los por fenômenos do português, sempre que fossem os mesmos e, de novo, não comprometessem a argumentação ulterior. Para dar ao livro um caráter mais didático, incluí muitas notas de rodapé na tentativa de aproximar os fatos sobre outras línguas discutidos no texto principal com fatos semelhantes em português, até mesmo para comprovar a universalidade desses fatos.

Agradeço à Editora Vozes, na pessoa de Aline dos Santos Carneiro, que aceitou prontamente minha sugestão para traduzir e publicar no Brasil esta obra que sem dúvida vai contribuir muito para os estudos linguísticos no país.

Marcos Bagno
Università di Padova

Prefácio

A mudança linguística exerce um fascínio interminável, quer ela envolva a mudança nos sons, na morfologia, nas palavras, na sintaxe ou no significado. Quando a língua muda, vemos que os usuários da língua não são apenas recipientes passivos da língua de sua cultura, mas participantes ativos do próprio sistema dinâmico que é a comunicação por meio da linguagem falada. A mudança revela a natureza dos processos e padrões cognitivos usados para falar e para ouvir e nos mostra aquilo que os falantes comuns da língua podem fazer com o material com que têm de operar. De fato, acredito que nenhuma abordagem da língua é completa se não lidar tanto com a mudança linguística quanto com os estados da língua. Por considerar a mudança tão reveladora, não surpreende que, de todos os cursos que tenho dado, o de mudança linguística no nível introdutório tenha sido sempre o meu favorito. Nesse curso, posso desdobrar o que se revela nas mudanças particulares e demonstrar como os principais padrões de mudança produzem os fenômenos gerais da linguagem.

O foco nos aspectos dinâmicos da linguagem tem guiado também minha pesquisa, de modo que os tópicos que entram num curso sobre mudança linguística são muitos dos mesmos em que tenho concentrado minha pesquisa, tais como mudança sonora, a morfologização da mudança sonora, a mudança analógica e a gramaticalização.

Este livro reflete minha abordagem do ensino e do entendimento da mudança linguística, abordagem que se desenvolveu durante vários anos de ensino e de prática de pesquisa. Escolhi chamá-lo *Mudança linguística* porque a perspectiva que tenho desenvolvido está mais integrada com fatores cognitivos e de uso do que a perspectiva que se encontra em manuais mais tradicionais de linguística histórica. Tento sugerir uma certa coerência na natureza da mudança e, assim, em vez de catalogar e rotular os diversos tipos de mudança que têm sido identificados ao longo dos séculos de estudo sobre como as línguas mudam, espero dar aos estudiosos uma ideia das principais tendências na mudança recorrendo a exemplos agora disponíveis sobre mudança em muitas línguas e famílias linguísticas diferentes e relatando o que se sabe acerca das mudanças que são comuns e das que não são. Embora procure evitar polêmicas no livro, tenho uma determinada perspectiva que guia a exposição: é a visão de que a mudança ocorre durante o uso da língua e que os mecanismos que impelem a mudança são os processos psicolinguísticos ou cognitivos que operam na conversação cotidiana e no uso linguístico.

A motivação para escrever o livro foi a de preencher certas lacunas que aparecem nos excelentes manuais de linguística histórica disponíveis quando eu regularmente dava o curso de mudança linguística. Tentei seguir o caminho aberto pelos ótimos livros escritos por Campbell (1999), Crowley (1997), Hock (1986) e Trask (1995), vários dos quais existem em edições mais recentes do que cito aqui. Minha decisão de produzir um livro sobre mudança linguística em vez de sobre linguística histórica decorre de um desejo de oferecer um tratamento mais atualizado e mais integrado com novas descobertas na linguística cognitiva e funcional.

Em particular, considero que o tema da gramaticalização, que recentemente vem gerando tanta pesquisa e resultados extraordinários, merece uma apresentação específica num livro sobre mudança linguística, um tema ausente de todos os demais tratados gerais. Assim, neste livro, dois capítulos examinam os mecanismos gerais da mudança e esquadrinham as trilhas comuns da gramaticalização descobertas nas línguas do mundo. Também considero que o que sabemos sobre o tópico tradicional da mudança analógica tem se beneficiado grandemente com o exame dos fatores de processamento e de uso implicados na mudança e, igualmente importante, na resistência à mudança. A mudança analógica pode agora ser abordada como a interação de certo número de fatores cognitivos, em lugar da tradicional lista de "princípios". O outro grande pilar da linguística histórica – a mudança sonora – também pode ser apresentado de modo mais coerente à medida que aprendemos mais sobre mudança sonora nas línguas do mundo. Em vez de um rol desconexo de rótulos tipológicos, sabemos agora quais tipos de mudança são mais comuns e podemos começar a formular algumas hipóteses gerais sobre a direcionalidade e as causas da mudança sonora. Temos também um entendimento mais claro de como as mudanças sonoras se difundem através do léxico. Por fim, nossa compreensão da mudança sintática tem feito grandes avanços graças à noção de que as construções sintáticas se desenvolvem a partir de estruturas discursivas mais frouxas que usam alguns dos mesmos mecanismos que vemos na gramaticalização. Além disso, ver a morfossintaxe tal como expressa em construções nos permite examinar a questão da origem das construções, de como elas competem com construções preexistentes e o que acontece com as construções antigas. Também podemos abordar a questão de como a construcionalização e a gramaticalização interagem com a mudança na ordem das palavras. Em todas essas áreas, temos agora estudos valiosos da mudança em progresso, essenciais para a identificação dos mecanismos e processos implicados na mudança.

A inclusão desses tópicos e as abordagens específicas dadas aos fatores implicados tornam este livro um bom manual para qualquer abordagem sincrônica que reconheça fatores cognitivos e de uso no entendimento da linguagem. O livro se dirige a qualquer pessoa com uma formação básica em linguística e que gostaria de saber mais sobre como as línguas mudam, quer ela esteja perseguindo esse objetivo com um professor numa sala de aula ou lendo por conta própria. Se contribuir para o entendimento dos fenômenos linguísticos que interessam ao leitor, o livro terá conseguido alcançar sua meta.

Agradecimentos

Foi por sugestão de Andrew Winnard, editor da Cambridge University Press, que considerei escrever um livro para, nas palavras dele, ajudar os estudantes a aprender sobre mudança linguística. Eu tinha planejado inicialmente desenvolver por escrito as anotações de aula feitas durante as várias vezes que lecionei a disciplina de mudança linguística. No entanto, uma vez embarcada no projeto, me senti impelida a escrever uma obra mais abrangente, com exemplos que jamais teria tempo de apresentar em aula. Isso em parte foi para mim mesma, para ver por mim mesma como as diferentes áreas da linguística histórica eram internamente coerentes, para argumentar em prol da direcionalidade na mudança, e para identificar relevantes problemas teóricos para nosso entendimento da mudança linguística.

A perspectiva apresentada aqui se desenvolveu em meu próprio pensamento ao longo de várias décadas, começando pela influência de meus primeiros professores, especialmente Theo Vennemann na UCLA e de colegas como Tom Givon, cujas aulas frequentei no Instituto de Linguística de 1976, onde eu também ensinava. Os métodos de tipologia diacrônica de Joseph Greenberg e seu uso da gramaticalização foram transmitidos por meio das palestras de Givon. Os diversos colegas cujo interesse na gramaticalização floresceu junto com o meu foram muito úteis no esclarecimento do fenômeno e das minhas opiniões a respeito dele. Agradeço a Elizabeth Traugott, Bernd Heine, Paul Hopper e William Pagliuca. Também fui influenciada pelos muitos alunos brilhantes nas aulas de Mudança Linguística bem como de Gramaticalização ao longo dos anos. Entre eles estão William Pagliuca, Richard Mowrey, Scott Schwenter, K. Aron Smith, Rena Torres Cacoullos, Damián Wilson, Esther Brown, Jessi Aron e Matt Alba, para citar alguns.

Ao preparar o manuscrito tive a sorte de poder recorrer a colegas com competência em áreas que eu mesma não tenho pesquisado. Em particular, Larry Hyman e Jeff Stebbins me ajudaram com materiais sobre mudança tonal e revisaram minhas interpretações do tema. Rena Torres Cacoullos e Shana Poplack debateram comigo sobre o contato de línguas e me ajudaram com comentários sobre essas seções. Carol Lord revisou partes do manuscrito sobre serialização e gramaticalização. Agradeço às pessoas a quem recorri para exemplos ou tópicos específicos: Christopher Adams e Peter Petré. Também sou grata aos amigos que se dispuseram a apenas conversar comigo sobre o livro e oferecer apoio: Sandy Thompson, Bill Croft e Carol Lynn Moder. Evidentemente, quaisquer erros remanescentes factuais ou de interpretação são de minha inteira responsabilidade.

O diretor da coleção, Bernard Comrie, foi muito além das obrigações ao ler cuidadosamente todo o manuscrito, o que resultou em inúmeras sugestões valiosas, a maioria das quais pude acatar. Pela leitura de capítulos específicos e pelos comentários tenho uma dívida para com Carol Lynn Moder e Damián Wilson. Pela leitura do manuscrito completo em busca de erros e incongruências de todo tipo e pela elaboração do índice de línguas sou grata a Shelece Easterday. De novo, qualquer falha é de minha total responsabilidade.

Um "obrigado" importante vai para Rena Torres Cacoullos e seus alunos de 2014 que leram juntos os capítulos de 1 a 9 em sua turma de História do Espanhol na Pennsylvania State University e me enviaram comentários e perguntas. Foi uma tremenda ajuda!

O estudo da mudança linguística

1.1 INTRODUÇÃO

Este livro examina a questão de como e por que as línguas mudam. Este campo de estudo tem sido chamado tradicionalmente de "linguística histórica" e sob esse rótulo tem se estudado a história de línguas particulares e tem se desenvolvido métodos para a comparação de línguas e reconstrução de seus vínculos de parentesco. Embora este livro aborde vários dos tópicos tradicionais da linguística histórica, optei por me concentrar na questão de como e por que as línguas mudam porque os pesquisadores agora sabem mais do que nunca antes que a mudança linguística não é um fenômeno do passado distante, mas é visível tanto aqui e agora nas mudanças em curso quanto ao explorarmos documentos que mostram estágios mais antigos das línguas. Além disso, ficou claro que a mudança linguística nos ajuda a explicar os aspectos da estrutura linguística porque ela nos oferece um caminho para entender o modo como essas estruturas surgem e evoluem. Assim, encontramos explicações para as características próprias da linguagem ao examinar o modo como as línguas mudam.

O que veremos à medida que avançarmos através dos tipos de mudanças linguísticas é que a mudança está embutida no modo como a língua é usada. Os processos mentais em jogo quando falantes e ouvintes se comunicam são as principais causas da mudança. Isso nos ajuda a explicar outro fato importantíssimo: todas as línguas mudam de maneira igual. Uma vez que os usuários das línguas mundo afora operam com os mesmos processos mentais e usam a comunicação para os mesmos fins, ou fins muito semelhantes, as mudanças que emergem nas línguas desde o Alasca até a Zâmbia se encaixam nas mesmas categorias das mudanças encontradas no inglês e no francês.

1.2 AS LÍNGUAS MUDAM O TEMPO TODO E EM TODOS OS ASPECTOS

As mudanças em nossa língua mais óbvias para seus usuários são as mudanças nas palavras. A maioria das línguas adquirem palavras novas com bastante facilidade mediante estratégias com as quais você provavelmente já está bem familiarizado: empréstimo de outras línguas, derivação pelo acréscimo de prefixos ou sufixos a palavras existentes, composição e outros tipos de formação de palavras. Seguem alguns exemplos.

Empréstimo. A maioria das línguas tomam palavras emprestadas de outras línguas, sobretudo quando novos itens ou conceitos são introduzidos a partir de uma cultura diferente. Algumas palavras recentemente tomadas de empréstimo em português são *e-mail* (do inglês) e *blitz* (do alemão), e algumas palavras emprestadas muito tempo atrás do francês são *oboé, elite* e *creme*.

Derivação. A maioria das línguas dispõem de afixos que podem ser aplicados a palavras existentes para formar novas: *hiperatividade, sobrepesca*. Em português é possível formar novos verbos pelo acréscimo do sufixo *-ar* a palavras recém-entradas na língua: *escanear, deletar, linkar*.

Composição. Nem todas as línguas permitem composição, mas as línguas germânicas se valem bastante dela para formar novas palavras, como em inglês *text-message, YouTube, MySpace*. Os compostos em inglês podem ser identificados porque são sequências de duas palavras que são acentuadas mais enfaticamente na primeira palavra do que na segunda. Em português temos como exemplo *passatempo, vaivém, aguardente*.

De igual modo, mudanças na grafia e na pontuação (ou na falta desta) têm pipocado desde que as pessoas começaram a usar muito a mensagem eletrônica ou a de texto. Exemplos: *LOL* (do inglês *"laugh out loud"*, algo como "morrendo de rir") ou *SQN* ("só que não"). São mudanças na forma escrita da língua que não têm muito efeito sobre a língua falada, a menos que empreguemos essas abreviaturas na fala.

No entanto, a maior parte das mudanças na língua ocorrem lenta e gradualmente, e às vezes não nos damos conta de que essas mudanças estão acontecendo bem debaixo do nosso nariz. É o que se dá com mudanças nos sons de uma língua e também nas construções morfológicas e sintáticas. Um importante linguista estadunidense, Leonard Bloomfield, escreveu em seu livro *Language*, publicado em 1933: "O processo de mudança linguística nunca foi observado diretamente" (p. 347). Podemos entender o que ele quis dizer se considerarmos o quanto pode ser complexa a mudança linguística. Um falante pode fazer uma mudança, digamos, ao regularizar um verbo como *[que eu] perca* dizendo *[que eu] perda*, ao pronunciar *carlota* em vez de *calota*, ou ao estender uma construção dizendo *ele me atirou pra fora da janela* com o sentido de "ele me tirou do sério". No entanto, enquanto a mudança não for assumida por outros membros da comunidade, não consideramos uma inovação como mudança. Portanto, é, *sim*, difícil observar a mudança, já que isso exige conhecimento tanto dos processos mentais que conduzem às inovações quanto dos processos sociais que permitem que elas se espalhem.

Bloomfield, porém, talvez fosse demasiado pessimista. Hoje é possível investigar grandes *corpora* de língua falada e escrita de diferentes períodos históricos e diferentes regiões geográficas e observar como uma inovação ou uma variante se difunde e ganha aceitabilidade. Hoje também sabemos mais sobre os processos mentais internos ao falante e ao ouvinte que tornam possível a inovação e a difusão da mudança.

Embora as mudanças nas palavras sejam as formas mais óbvias de inovação, elas normalmente não são muito sistemáticas nem têm grande impacto sobre a estrutura geral das línguas. Por isso, este livro se preocupará mais com mudanças na fonologia e na estrutura das línguas e com as mudanças semânticas que correspondem a mudanças estruturais. Veremos que a mudança pode afetar todos os aspectos da língua, desde os sons até a morfologia e a sintaxe, passando pelo significado das palavras e pelas construções. Aqui vão alguns exemplos.

Acabamos de ver alguns exemplos de como palavras novas entram numa língua. Palavras estabelecidas também podem mudar de significado. É o caso frequente de quando uma palavra tem dois ou mais sentidos, um deles sendo o mais antigo e os outros derivados de seu uso em contexto. Por exemplo, a palavra *área* em português se refere tanto a uma extensão de superfície quanto a um campo de conhecimento ou investigação. O sentido mais concreto de "extensão de superfície" veio primeiro e o sentido mais abstrato chegou depois.

Um exemplo de tipo diferente é o do verbo espanhol *quedar* numa construção com um adjetivo, como *quieto* ou *sorprendido* ('surpreso'). O mais antigo *quedar(se)* significava "permanecer no lugar", mas agora naquela construção ele também significa "tornar-se", como em *se quedó quieto*, 'ficou quieto'[1].

No iorubá, língua oeste-africana, o verbo *fi*, 'pegar', pode ser usado numa construção serial com outros verbos, como em (1) (Stahlke, 1970):

(1) mo   fi   àdé   gé   igi
     eu   peguei   facão   cortar   árvore
     'Eu cortei a árvore com o facão'

Em (1) o verbo *fi* pode significar tanto 'pegar' quanto 'com', mas em (2) só pode significar 'com':

---

1. O mesmo se deu com os verbos *ficar* em português, *rimanere* em italiano e *rester* em francês: inicialmente, significavam 'permanecer no lugar', mas em seguida também passaram a ter o sentido de 'tornar-se' (compare-se *vou ficar aqui hoje* e *ontem fiquei muito preocupado*). É mais uma prova de que certas mudanças têm um caráter geral, como a autora vai demonstrar no livro [N.T.].

(2)   mo   fi   ogbòn   ge   igi
      eu   peguei   habilidade cortar árvore
      'Eu cortei a árvore com habilidade'

Assim, esse verbo com o sentido mais concreto de 'pegar' também assumiu um sentido mais abstrato de instrumento ou modo.

Os sentidos da construção podem mudar também. Uma construção resultativa na forma

(3)   sujeito + ter + particípio passado + objeto

como em *eu tenho escrito um livro* ocorria no português antigo e, de fato, ainda ocorre no português contemporâneo. Na fase antiga da língua, porém, o sentido dessa construção era concreto: "eu tenho ('possuo') um livro que foi escrito por mim". O sentido era tão concreto que o particípio passado concordava com o objeto: *eu tenho escritas muitas cartas* ('tenho em minha posse muitas cartas que foram escritas por mim'). Como para se obter a posse desses objetos é preciso que a ação descrita pelo verbo *ter* tenha transcorrido no passado, essa construção, com o uso, foi passando a significar "ação iniciada no passado e que prossegue no momento da fala". Isso passou a permitir que a construção fosse usada com sentidos mais abstratos, sem indicar posse material (*tenho pensado muito em você*), o que levou o particípio passado a não mais concordar com o objeto (*tenho escrito muitas cartas*).

Também a forma externa de uma palavra pode mudar, especialmente se for composta de mais de um morfema. Assim, o particípio passado do verbo *ter* e de seus derivados (como *conter*) era, antigamente, *teúdo* (e *conteúdo*), mas acabou se regularizando em *tido* (e *contido*), conforme os demais verbos da 2ª conjugação. Com isso, a forma *conteúdo* passou a ser usada somente como substantivo (*o conteúdo da garrafa*). Em latim, o verbo que significava 'poder' tinha radicais com a base *poss-* (*possum*, 'posso', 1ª pessoa do singular do presente do indicativo) e também *pot-*, para as demais formas (*potest*, 'podes', 2ª pessoa do singular do presente do indicativo). Essa raiz se transformou em *pod-/pued-* em espanhol, e a 1ª pessoa do singular do presente do indicativo é *puedo*, que substituiu as formas irregulares com o *ss* medial (compare *puedo* com *posso*, português e italiano).

Também é bastante comum que a pronúncia mude, e essas mudanças afetam normalmente todas as palavras que têm um som específico, como se pode ver comparando o inglês americano e o inglês britânico. Uma vez que a maior parte da América do Norte foi colonizada por pessoas vindas da Grã-Bretanha, nos séculos XVII e XVIII as mesmas variedades de inglês eram faladas dos dois lados do Atlântico. Mas, desde então, têm ocorrido mudanças tanto no inglês americano quanto no britânico que agora os tornam diferentes no modo como são pronunciados. Por exemplo, os falantes de inglês americano pronunciam um /t/ ou /d/ no meio de uma palavra antes de uma sílaba átona como um flepe[2] [ɾ], a exemplo de *butter* ('manteiga') ou *rider* ('corredor', 'motociclista'), mas a maioria dos falantes de inglês britânico ainda usam /t/ ou /d/ nessa posição ou substituem por uma oclusiva glotal. Portanto, é possível dizer que a mudança sonora que transformou /t/ e /d/ em flepes ocorreu no inglês americano.

A estrutura sintática também muda com o passar do tempo. Em inglês, na primeira metade do século XVI, o verbo, nas perguntas, era colocado antes do sujeito. Essa estrutura sintática permaneceu em algumas das peças de Shakespeare, como, por exemplo:

(4) *What* say you *of this gentlewoman?* (*All's Well that Ends Well*, 1,3)
 "O que diz você dessa dama?"

No inglês contemporâneo, porém, na maioria dos verbos, se usa *do* nas perguntas, como em (5), que ocorre antes do sujeito em vez de antes do verbo principal:

(5) *What* do you say *about this lady?*
 "O que você diz sobre essa senhora?"

---

2. O termo flepe (do inglês *flap*) designa uma consoante vibrante alveolar simples, como o que se escreve <r> na palavra *caro* [N.T].

Essa mudança, entre outras em inglês, resultou numa classe especial de verbos rotulados de "auxiliares".

Uma mudança estrutural ocorreu em francês quando se desenvolveu a construção negativa com *ne ... pas*. Em francês antigo (séculos IX-XIV), o marcador de negação da sentença era *ne*, que aparecia antes do verbo e também antes de quaisquer pronomes-objetos, como no exemplo (6), do século XIV, de Jehan Froissart (*Chroniques. Livre premier. Bataille de Cocherel*):

(6)   *mais on ne lui avoit voulu ouvrir les portes*
       "mas não se lhe quisera abrir as portas"

Já naquele período, era comum reforçar a negação pelo acréscimo de um substantivo depois do verbo, como *pas*, 'passo', *point*, 'ponto', *mie*, 'migalha' ou *gote*, 'gota'. No francês moderno, a negação é normalmente marcada colocando-se *ne* antes do verbo e *pas* depois. Agora, *pas* não significa mais 'passo', é apenas uma parte da construção negativa, como em (7):

(7)   *avant c'était une institution, qui comme toutes les administrations,* ne
       communiquait pas ...
       "antes era uma instituição, que como todas as administrações, não se
       comunicava..."

Hoje, embora se possa abandonar o *ne* (ver discussão abaixo), o *pas* é essencial para expressar a negação.

Todas as línguas que já foram estudadas diacronicamente exibem mudanças em todos esses aspectos. Entretanto, não é o simples fato da mudança que atrai nossa atenção, mas também a natureza da mudança. Existem certos padrões e rumos de mudança que vivem se repetindo na mesma língua ou em línguas diferentes. Vamos examinar esses padrões nos capítulos deste livro. Veremos que a mudança em si mesma é inerente à língua e pode nos dizer algo sobre a natureza da linguagem e suas estruturas. Portanto, estudar como as línguas mudam é só um outro modo de fazer linguística, ou seja, tentar entender como a linguagem funciona.

1.3. AS LÍNGUAS TAMBÉM CONSERVAM ASPECTOS ANTIGOS POR MUITO TEMPO

Na seção anterior, mencionamos a importância da dimensão social na mudança linguística. A língua é uma convenção. Isso significa que ela tem de ser usada basicamente do mesmo modo pelos falantes e ouvintes a fim de ser eficiente na comunicação. Além disso, a língua é específica a comunidades de falantes e ajuda a definir essas comunidades. Por esse motivo, cada falante tende a usar a língua de um modo que é muito, muito semelhante, senão idêntico, ao modo como é usada por outros membros da mesma comunidade. Aqui, "comunidade" se refere a grupos sociais ou geográficos, em geral as duas coisas. Ou seja, é possível que você fale de modo parecido ao de seus pais e irmãos e/ou das pessoas com quem frequentou a escola ou com quem você convive hoje em dia. Na verdade, todos nós temos a capacidade de nos adaptarmos a situações atuais modificando nossa escolha de sons, palavras e estruturas, para nos encaixarmos melhor, se assim quisermos.

A convencionalidade da língua refreia a mudança em certa medida. Já que os falantes têm de usar palavras, sons e padrões estabelecidos para se entenderem, esses padrões estabelecidos são reforçados, e isso contribui para sua estabilidade. Hoje em dia usamos muitas expressões, sons e construções que vêm sendo usados continuamente há séculos e até milênios. Por causa disso, as línguas contêm pérolas de informação sobre suas histórias. Seguem alguns exemplos.

As línguas europeias modernas contêm muitas palavras que podem remontar a milhares de anos atrás, à língua reconstruída chamada protoindo-europeia. Por exemplo, quando um falante se refere ao nariz com a palavra *nose* em inglês, *nez* em francês, *naso* em italiano, *nos* em russo ou *näsa* em sueco, ele está levando adiante uma tradição que começou mais de 6.000 anos atrás! A semelhança entre essas palavras ajuda a comprovar que as palavras para 'nariz' nessas línguas têm uma origem antiquíssima.

Outro lugar em que encontramos padrões antigos é a morfologia irregular. As mudanças vocálicas que existem em inglês em verbos como *take/took, choose/chose, fight/faught* são semelhantes a mudanças vocálicas encontradas em outras línguas germânicas, como neerlandês, alemão, islandês e outras línguas escandinavas. O fato de serem compartilhadas por essas línguas irmãs mostra que elas se originaram há mais de 2.000 anos. No entanto, seus falantes continuam a usá-las para assinalar o tempo passado.

Relíquias de formas mais antigas também se encontram em expressões idiomáticas, embora raramente sejam tão velhas quanto os exemplos anteriores. Por exemplo, a frase *agora é tarde, Inês é morta* contém uma forma de tempo composto que não existe mais em português: o passado formado com o verbo *ser* mais um verbo intransitivo. No português contemporâneo, diríamos *agora é tarde, Inês morreu* (ou *está morta*). Esse tipo de tempo verbal composto permanece em italiano e em francês: para dizer *eu cheguei*, diz-se, respectivamente, *sono arrivato* e *je suis arrivé*. Em português se conserva também a forma *é chegado [o momento]*, com a mesma estrutura.

Composições, expressões idiomáticas e palavras derivadas também costumam preservar termos antigos que desapareceram do resto da língua. Por exemplo, o composto inglês *werewolf* ('lobisomem') contém a antiga palavra para 'homem', que era *were, wera*. A expressão *the quick and the dead* ('os vivos e os mortos') emprega a palavra *quick*[3] em seu antigo sentido de 'vivo'.

Estruturas sintáticas mais antigas podem se preservar em contextos particulares. Na seção anterior vimos que no inglês do século XVI os verbos principais vinham antes do sujeito nas perguntas, como em *What say you of this gentlewoman?* ("O que você diz dessa dama?"). No inglês atual, o verbo não aparece antes do sujeito, mas os auxiliares, sim:

(8)   *What can you say about this lady?*
       "O que você pode dizer sobre essa senhora?"

---

3. O termo *quick* significa hoje em inglês 'rápido', um sentido derivado da ideia de 'vivo' [N.T.].

(9)   *What* should I *do to help you?*
"O que posso fazer para te ajudar?"

Os auxiliares eram verbos plenos num estágio anterior, mas, como são de frequência relativamente alta nesse tipo de construção, mantiveram a antiga posição invertida quando os outros verbos passaram a formar perguntas com *do*.

Línguas como o latim, que usavam sufixos para marcar o nominativo, o acusativo e outros casos, tinham formas casuais para nomes e pronomes. Hoje, muitas línguas europeias como inglês, espanhol, francês, italiano e português não distinguem mais os casos diferentes para os nomes. No entanto, todas essas línguas mantêm formas diferentes nos pronomes para os casos nominativo e acusativo, e algumas também distinguem uma forma para o dativo também. Assim, o espanhol tem formas nominativas singulares *yo* ('eu'), *tú* ('tu'), *él* ('ele') e *ella* ('ela'), que contrastam com as formas acusativas *me, te, lo* ('o') e *la* ('a'). Essas formas acusativas também se comportam de modo diferente dos nomes que funcionam como objetos, pois os pronomes vêm antes do verbo, enquanto os nomes objetos vêm depois. Essa diferença na posição talvez seja também a conservação de uma característica mais antiga.

Vemos por esses exemplos, portanto, que, apesar de tantas mudanças que as línguas sofrem com o passar do tempo, muitos aspectos das línguas também podem permanecer os mesmos por longos períodos. Embora saibamos que algumas mudanças ocorrem mais depressa e mais frequentemente do que outras – por exemplo, mudanças em vogais e consoantes ocorrem mais depressa e com mais frequência do que mudanças na ordem básica de sujeito, objeto e verbo numa língua (Perkins, 1989) –, ainda estamos muito longe de conseguir prever o que vai mudar numa língua e o que vai continuar o mesmo.

1.4. COMPROVAÇÕES DA MUDANÇA LINGUÍSTICA

Existem diversas fontes de comprovação da mudança linguística às quais recorreremos neste livro. Tradicionalmente, a fonte de comprovação mais típica vem da comparação de dois estágios ou períodos diferentes da mesma língua. Por exemplo, a comparação do inglês medieval e do inglês contemporâneo, ou a comparação do latim com as línguas românicas, o antigo nórdico com o norueguês atual, o chinês da dinastia Han com o madarim do século XXI. É claro que tais comparações exigem que os estágios mais antigos tenham um registro escrito, de modo que esse tipo de comprovação não está disponível para todas as línguas. Para línguas cujos registros escritos antigos estão disponíveis, podemos localizar facilmente mudanças que ocorreram.

Por exemplo, quando olhamos para estágios antigos do inglês e descobrimos que o pronome de 2ª pessoa do singular para sujeitos era *thou*, para objetos *thee*, e os possessivos, *thy/thine*. Hoje, como se sabe, esses pronomes não têm emprego a não ser em circunstâncias muito especiais (em geral, religiosas), e no lugar deles se usa para a 2ª pessoa do singular *you* para sujeitos e objetos e *your* para possessivos. Observe-se esta passagem da obra de William Shakespeare, do final do século XVI (*As you Like it*, 1.3):

(10) CELIA
O my poor Rosalind, whither wilt thou *go?*
wilt thou *change fathers? I will gave* thee *mine.*
I charge thee, *be not* thou *more grieved than I am.*

"Ó, minha pobre Rosalind, aonde [tu] vais?
Vais trocar de pais? Eu te darei os meus.
Eu te conjuro, não te aflijas mais do que eu."

Durante os quatrocentos anos passados desde que Shakespeare escreveu, esses pronomes de 2ª pessoa do singular desapareceram da fala espontânea corriqueira. No lugar deles, se usa *you*, que antigamente indicava 2ª pessoa do plural.

Mudanças sonoras também podem ser rastreadas em documentos históricos. Por exemplo, palavras que eram grafadas com um *t* entre vogais no latim são grafadas com um *d* em espanhol (que descende do latim, como todas as línguas românicas). Veja exemplos em (11). (Como é tradição na linguística românica, os substantivos latinos são citadas sem suas terminações de caso para representar o que se chama de latim vulgar.)

(11) | Latim | Espanhol | Português |
      |----------|----------|-----------|
      | *vita* | *vida* | *vida* |
      | *metu* | *miedo* | *medo* |
      | *rota* | *rueda* | *roda* |
      | *civitate* | *ciudad* | *cidade* |

Ao usar documentos escritos, precisamos ter comprovações do valor dos símbolos usados. Como sabemos que o *t* do latim representava [t], uma dental desvozeada ou oclusiva alveolar? Neste caso, temos os escritos dos gramáticos romanos, que descreveram os sons de sua língua e relatam que *t* representa uma oclusiva dental desvozeada. No caso do espanhol moderno, também precisamos questionar o valor do símbolo escrito. Embora o *d* normalmente represente uma oclusiva vozeada no mesmo ponto de articulação de [t], indicando que entre latim e espanhol essa oclusiva se tornou vozeada, se escutarmos com atenção o espanhol de hoje, perceberemos que agora a letra *d*, entre vogais, se pronuncia como uma fricativa interdental vozeada[4].

Tal como nesse exemplo, outra fonte de comprovação da mudança sonora está nas diferenças entre a representação escrita e a pronúncia contemporânea. Se tivermos boa comprovação de que a grafia de uma língua representou alguma vez a pronúncia de modo mais ou menos exato, então casos em que a pronúncia não corresponde mais à grafia indicam que ocorreu uma mudança. No exemplo do espanhol acima, podemos ter certeza de que em outra época a letra *d* representava uma oclusiva. O fato de agora ser uma fricativa significa que ocorreu uma mudança sonora. Outro exemplo é o *r* pós-vocálico em dialetos do inglês. Embora esteja presente na grafia, falantes britânicos, australianos e de alguns dialetos estadunidenses não

---

4. O mesmo fenômeno ocorre no português europeu, mas não no brasileiro. No brasileiro temos [ˈvida], enquanto no europeu se tem [ˈviða], a fricativa interdental alveolar a que se refere a autora [N.T.].

pronunciam um [ɹ] em palavras como *car, here, bird* ('carro', 'aqui', 'ave'). Produzem uma vogal longa ou uma vogal semelhante a um *schwa* em lugar do [ɹ] retroflexo[5].

Para línguas que não têm estágios mais antigos documentadas e cujos sistemas de escrita foram desenvolvidos há tão pouco tempo que não mostram muita diferença da pronúncia, há outras fontes de comprovação para as mudanças ocorridas. As mudanças se revelam quando comparamos dialetos e línguas aparentados. Como as línguas mudam o tempo todo, quando falantes da mesma língua ficam separados geograficamente porque um grupo migrou para longe do outro, a língua dos dois grupos pode mudar de maneiras diferentes. Com o tempo, o acúmulo de diversas mudanças resultará em dois grupos falando línguas diferentes e não mais capazes de se entender. Mas quando comparamos as duas línguas resultantes, vemos semelhanças e diferenças. As diferenças representarão mudanças, de modo que, a partir dessas diferenças, podemos retraçar as mudanças que ocorreram. Por exemplo, entre as variedades de quíchua (a língua dos incas agora falada numa vasta área da América do Sul), uma delas, o quíchua de Ancash (Peru), tem um /h/ inicial em palavras como *hara*, 'milho', onde as outras línguas têm um /s/ inicial. Levando em conta outras circunstâncias, podemos arriscar a conclusão de que o /s/ inicial da língua-mãe mudou em /h/ na variedade de Ancash em algum momento no passado.

Outro caso semelhante aparece na língua austronésia to'aba'ita, onde Lichtenberk (1991) descobriu que certas preposições se comportam mais ou menos como verbos. Por exemplo, a preposição ablativa *fasi* (significando 'longe de') toma um sufixo, como fazem os verbos, para indicar o objeto. No entanto, *fasi* nunca é usada como verbo naquela língua. Na língua aparentada kware'ae, porém, existe um verbo *fa'asi* que significa 'deixar,

---

5. O mesmo se dá em português: a letra *l* em final de sílaba (e de palavra) já não representa a lateral [l], porém a semivogal [w], no português brasileiro, e a velarizada [ɫ], no europeu. De igual modo, a grafia *ovo*, com *o* final, indica que em fase antiga da língua essa vogal final era pronunciada [o] e não [u], como é hoje [N.T.].

abandonar, distanciar-se de'. É uma comprovação para a hipótese de que *fasi* já foi algum dia um verbo em to'aba'ita.

Em línguas com e sem histórias escritas, as mudanças em curso geram variação, e o estudo dessa variação pode fornecer também excelentes comprovações sobre como se dá a mudança. Por exemplo, há muita variação nos dialetos do espanhol em torno de como se pronuncia o /s/, especialmente em final de sílaba. É comum que o /s/ soe mais como um /h/ ou que seja apagado por inteiro. Diversos dialetos caribenhos e alguns sul-americanos apresentam essa variação. Por exemplo, *estas casas* pode ser pronunciado [ehtahkasah] nesses dialetos ou mesmo [etakasa]. Essa pronúncia representa uma mudança que ocorreu nesses dialetos.

Outro caso de variação que parece representar uma mudança em progresso é a perda do *ne* em francês, parte da construção negativa que discutimos antes neste capítulo.

Conforme vimos na seção 1.2, o modo usual de negar uma oração em francês tem duas partes: *ne* vem antes do verbo e *pas*, depois. O *ne* é uma sílaba muito pequena com uma vogal reduzida que pode ser apagada, como em *n'est*, 'não é'. Ora, é comum que essa consoante, tanto quanto a vogal, seja apagada, deixando que o *pas* indique a negação. É uma mudança em progresso, como indica o fato de que os falantes mais jovens apagam o *ne* com maior frequência do que os mais velhos (Ashby, 1981).

De todas essas fontes de comprovação, as melhores e mais confiáveis são as mais diretas: o estudo da variação devida à mudança em curso. Nesses casos, podemos ver a mudança em andamento e podemos identificar os fatores que afetam sua origem e difusão. As outras fontes de comprovação são mais ou menos confiáveis, a depender do lapso temporal: estágios de uma língua separados por alguns séculos oferecem comprovação melhor do que estágios representados por um milênio; dialetos separados há alguns séculos oferecem comprovação melhor do que dialetos separados por alguns milhares de anos. Mas como os mesmos tipos de mudança ocorrem em línguas diferentes e em épocas diferentes, podemos usar uma ampla gama de comprovações para tentar compreender o como e o porquê da mudança. Neste livro, vou usar todos esses tipos de comprovação que nos ajudam a entender a natureza da mudança.

1.5. POR QUE AS LÍNGUAS MUDAM?

Até agora temos visto exemplos de mudanças que ocorreram em diferentes línguas, e comentei sobre o fato de que muita coisa também permanece a mesma numa língua ao longo do tempo. É a convenção, ou seja, a tendência a falar como os outros à nossa volta, que mantém inalterados certos aspectos da língua através de muitas gerações de falantes. Mas o que faz ela mudar? Uma resposta bem geral é que as palavras e construções de nossa língua mudam enquanto circulam através de nossas mentes e corpos e são transmitidas pelo uso de um falante para outro. Esse processo é o tema que estudaremos neste livro. Por ora, vou listar três tendências na mudança linguística que parecem ocorrer muito comumente.

Pelo fato da língua ser uma atividade que envolve tanto o acesso cognitivo (recuperar palavras e construções na memória) quanto rotinas motoras de produção (articulação), e pelo fato de usarmos as mesmas palavras e construções muitas vezes no curso de um dia, semana ou ano, essas palavras e construções ficam sujeitas aos tipos de processos que atingem as ações repetidas. Quando se aprende uma atividade nova, como dirigir um carro, que tem muitas partes diferentes, a prática ou a repetição permite que a pessoa se torne mais fluente à medida que aprende a antecipar e sobrepor uma ação a outra e a reduzir movimentos não essenciais. Processo semelhante ocorre quando a gente repete palavras e frases muitas vezes. Tal processo é visível em vários aspectos da mudança nos sons de uma língua, como veremos no capítulo 2. Também presenciamos o efeito da mudança quando palavras e construções sofrem um tipo de redução na carga de significado que transportam, como se dá quando certas frases são repetidas com frequência, tipo *como vai?* ou *tudo bem?*, que se tornaram meros cumprimentos e não exigem de fato uma resposta literal.

Outro processo onipresente na abordagem humana do mundo é a formação de padrões a partir de nossas experiências e a aplicação desses padrões a experiências e ideias novas. As línguas são cheias de padrões que se repetem, como por exemplo em português "acrescente um -*s* a um substantivo para torná-lo plural", ou padrões mais específicos, como a combinação convencional de palavras do tipo *ledo engano* em vez de *ingênuo engano*. Quando usamos a língua, estamos constantemente combinando padrões e, assim fazendo, fortalecemos determinados padrões. De igual modo, aplicamos padrões de maneiras inéditas. Esses atos durante o uso da língua podem levar à mudança. A mudança ocorre quando novos padrões emergem, quando padrões mudam sua distribuição ou quando desaparecem. Vários dos capítulos deste livro se ocuparão de como os padrões linguísticos mudam com o tempo e quais os fatores que influenciam a mudança numa direção particular.

O outro fator importante na mudança linguística é o modo como palavras ou padrões são usados em contexto. Muitas vezes, o significado fornecido por contextos de ocorrência muito frequente pode levar à mudança. Palavras e construções usadas em certos contextos ficam associadas a esses contextos. Se *tudo bem?* ocorre com frequência como a primeira frase quando as pessoas se encontram, ela se torna uma saudação e não exige mais uma resposta literal, quando muito uma resposta também padronizada (*tudo!*). Os ouvintes fazem inferências a partir do contexto em que as construções ocorrem e essas inferências podem se tornar parte do significado da construção. A construção *ir* + INFINITIVO VERBAL é usada frequentemente onde uma expressão de intenção pode ser inferida, como em *vou visitar minha irmã hoje*; por isso, a construção acabou passando a expressar intenção mesmo quando não há nenhum movimento implicado, como em *vou te dizer a verdade*.

Uma vez que os processos que falantes e ouvintes usam quando se comunicam são os mesmos para todas as línguas e seus usuários, a mudança linguística é muito semelhante entre as línguas. O que quero dizer com isso é que, por exemplo, para todos os casos que citei até agora neste capítulo, encontramos uma língua diferente, não aparentada, que passou ou está passando por mudança semelhante. Os detalhes podem ser diferentes em alguns aspectos, mas existe uma perturbadora semelhança nas mudanças entre as línguas e entre as épocas. Essa semelhança é que torna a mudança linguística interessante e digna de estudo.

1.6. A MUDANÇA LINGUÍSTICA É BOA OU RUIM?

Os linguistas consideram a mudança como parte integral da linguagem e um resultado inevitável do uso da língua. As mudanças são naturais à língua e não são nem boas nem ruins. Essa posição contrasta com a que às vezes é expressa na imprensa popular, a de que as mudanças em curso prejudicam ou degradam a língua. Uma vez que a língua existe por convenção social, muitas pessoas acham que ela deveria permanecer a mesma de quando elas entraram em cena. Por exemplo, o dialeto de inglês que eu cresci falando usava a 2ª pessoa do plural *you* ou *you all*. Hoje, um número crescente de falantes do inglês americano (especialmente os mais jovens) usam *you guys* (literalmente, "vocês, rapazes"). Eu particularmente não gosto de *you guys* porque soa muito informal e também porque parece inadequado para se dirigir às mulheres. No entanto, eu acabo usando essa forma, apesar de tudo, simplesmente porque tantas outras pessoas a usam. É muito difícil resistir a um padrão de fala que está sendo usado à nossa volta. Por isso, quando uma mudança ganha impulso, é improvável que possa ser detida.

O fato de *you guys* se referir antes a homens e agora poder se referir a qualquer pessoa é uma mudança muito natural, do tipo que acabamos de mencionar acima – o sentido de 'masculino' se perdeu. A mudança para *you guys* é boa ou ruim? Realmente, pouco importa, porque se a forma estiver tomando o lugar da 2ª pessoa do plural, não há nada que se possa fazer a respeito. Mas, de certa forma, é boa, porque resolve o problema da ambiguidade de *you*.

1.7. POR QUE ESTUDAR A MUDANÇA LINGUÍSTICA?

Entender a mudança linguística nos ajuda a entender os estados sincrônicos, sua estrutura, e a variação que se encontra neles. Por exemplo, considere-se a situação de *you guys* no inglês americano de hoje. Por que essa forma está sendo introduzida e ganhando terreno no uso? De que forma seu desenvolvimento se relaciona com o que acontece em outras línguas? Num estágio anterior do inglês havia uma distinção entre pronomes de 2ª pessoa do singular (*thou, thee, thy*) e 2ª pessoa do plural (*ye, you, your*). Logo se desenvolveu a prática de usar a forma plural por polidez, mesmo quando dirigida a uma só pessoa. Isso alterou a relação entre as formas *thou* (que eram usadas somente em situações familiares) e as formas *you* (que eram usadas em situações formais e para o plural). É possível reconhecer esse padrão em outras línguas europeias, como o espanhol, onde o *tú* familiar contrasta com o *usted* formal; o francês, onde *tu* contrasta com *vous*; ou o alemão, onde *du* contrasta com *Sie*[6].

O inglês já passou por esse estágio, mas o que aconteceu foi que as formas *you* foram incorporando usos em cada vez mais situações até que as formas *thou* se tornaram de uso rarefeito. O resultado é que o inglês vem usando o mesmo conjunto de formas para o singular e o plural há bastante tempo. Ora, se alguém quiser deixar bem claro que está se referindo à 2ª pessoa do **plural**, tem de acrescentar alguma coisa a *you*. Assim, encontramos *you all* > *you'll, you folks, you lot, you people, youse, you guys* e possivelmente diversas outras variantes. Neste momento, no inglês americano, a forma *you guys* está dominando o uso. Ela perdeu seu sentido de referência exclusiva aos interlocutores masculinos e agora está livre para se expandir por áreas geográficas e grupos sociais cada vez mais numerosos e pode

---

6. Também no português brasileiro, a forma *você* (originária de *Vossa Mercê*, um tratamento respeitoso) se transformou no pronome pessoal de 2ª pessoa mais íntimo e familiar. Em Portugal, *você* ainda conserva um traço de formalidade, situando-se entre o *tu*, extremamente íntimo, e *o senhor/a senhora*, mais formal [N.T.].

acabar se tornando o modo normal de indicar a 2ª pessoa do plural no inglês americano. Esse exemplo mostra como se entende melhor a situação presente no contexto de desenvolvimentos passados, bem como em desenvolvimentos em outras línguas.

No nível tipológico, entender a mudança linguística também é importante para explicar por que encontramos semelhanças tanto quanto diferenças entre as línguas mundo afora. Até mesmo línguas não relacionadas genealogicamente ou geograficamente passam por mudanças semelhantes. Por exemplo, línguas que têm vogais nasais fonêmicas sempre têm também vogais orais (não nasalizadas) e consoantes nasais fonêmicas. Nessas línguas, as vogais nasais são menos comuns do que as vogais orais; também nas línguas do mundo, vogais nasais fonêmicas são menos comuns do que as orais. Conforme argumenta Greenberg (1978a), todos esses fatos podem ser explicados com referência ao modo como as vogais nasais se desenvolvem diacronicamente. Nos casos típicos, as vogais nasais se desenvolvem por assimilação a uma consoante nasal vizinha. Se essa consoante em seguida desaparece, um fonema vocálico nasal permanece[7]. Esse processo ocorreu em francês, português e outras línguas mundo afora. Já que as vogais nasais só se desenvolvem em certos ambientes – próximos de uma consoante nasal –, elas serão menos comuns nas palavras do que as vogais orais. Desse modo, padrões de mudança linguística podem contribuir para nossa compreensão de padrões translinguísticos.

Ver a linguagem como um instrumento social dinâmico e sempre mutante nos ajuda a entender por que a estrutura linguística é do jeito que é. Conforme mencionei na primeira seção, a mudança é inerente à língua; de fato, a mudança cria a língua no presente e também criou no passado. Portanto, se estudar a mudança nos ajuda a identificar os fatores que criam a língua, também nos ajuda a entender como a linguagem surgiu e evoluiu.

---

7. Assim se deu em português: latim *lana* > *lāa* > *lã* [N.T.].

Além disso, há outras vantagens ou aplicações colaterais do conhecimento da mudança linguística. Um foco importante da linguística histórica tem sido a comparação de línguas para descobrir suas relações de família. As línguas da Europa e as da Ásia foram comparadas desse modo para o estabelecimento de famílias como a indo-europeia, a semítica, a fino-úgrica e a sino-tibetana, para citar apenas algumas. No capítulo 10, examinaremos como funciona o método comparativo. Existem várias línguas faladas hoje no mundo cujas relações com outras línguas e famílias linguísticas ainda não foram determinadas: por exemplo, as muitas línguas faladas em Papua-Nova Guiné e algumas das línguas nativas remanescentes das Américas. Essas relações podem um dia ser estabelecidas com base no que sabemos sobre mudança linguística.

O conhecimento de como as línguas de uma área geográfica se relacionam umas com as outras às vezes fornece comprovações sobre as migrações dos povos em tempos pré-históricos. Por exemplo, as línguas nativas americanas apache e navajo são faladas no sudoeste dos Estados Unidos, mas acontece que todas as outras línguas de sua família (atapascana) são faladas muito mais longe, ao norte, principalmente no noroeste do Canadá e no Alasca. Desse e de outros fatos concluímos que o grupo ou grupos que falam línguas atabascanas no sudoeste migraram desde o norte, deixando para trás seus parentes. Observações semelhantes podem ser feitas acerca dos movimentos populacionais em outras partes do mundo, como a África.

Outras informações sobre culturas pré-históricas emergem da reconstrução linguística. Por exemplo, mencionamos acima que muitas das línguas indo-europeias têm palavras semelhantes para 'nariz'. Não surpreende, já que todas as culturas precisam de algum modo de se referir a esse aspecto do rosto humano. Mais interessante é que a comparação de diversas línguas indo-europeias revela que havia também uma palavra comum para 'roda', 'cavalo', e verbos para 'cavalgar' e 'dirigir um veículo'. As coisas para as quais uma cultura tem palavras fornecem importantes informações sobre como a cultura está organizada e como ela se sustenta. Os estudiosos, assim, têm certeza de que os antigos indo-europeus tinham carros e cavalos. Estudos das palavras que remontam a tão longe nos permitem reconstruir aspectos da organização familiar e política, bem como da agricultura e da religião (Beekes, 1995).

Como este livro se concentra na mudança linguística e não na história das línguas, vamos explorar o método comparativo, mas não todas as suas aplicações. Nos concentraremos bem mais no como e por que as línguas mudam suas palavras, fonologia, morfologia, construções sintáticas e estrutura semântica.

Sobre a notação

Vários sistemas notacionais diferentes são usados em obras sobre mudança linguística. Os que seguem são recomendados para os estudantes usarem em sua própria redação. Essas convenções são seguidas neste livro tanto quanto possível. No entanto, quando um autor cuja obra vem citada usa convenções diferentes, nós as seguiremos.

Sons que se pretende sejam entendidos como *grosso modo* fonêmicos devem aparecer entre barras: português /lus/, 'luz'.

Quando se pretende uma transcrição fonética mais rigorosa, ela aparece entre colchetes: português [lujʃ], 'luz'.

A forma ortográfica de uma palavra, de qualquer língua, deve vir em itálico: inglês *sand*, espanhol *arena*, português *areia*.

A tradução ou glosa de uma palavra, sintagma ou sentença virá entre aspas simples: inglês *sand*, 'areia'.

Sons ou palavras reconstruídos aparecem precedidos de um asterisco: protoindo-europeu *nokt(i), 'noite'; frequentemente vêm em itálico.

Referências úteis em linguística histórica

Um dicionário de referência com ótimas etimologias e uma lista de raízes indo-europeias é *The American Heritage Dictionary*. Boston: Houghton Mifflin.

O *Oxford English Dictionary* apresenta histórias bem completas de palavras do inglês, incluindo vários exemplos de textos que datam do primeiro período documentado (cerca de 800 EC[8]) até o século XX. Está disponível *on-line*.

Um livro que dá exemplos de palavras comuns em trinta ou mais línguas indo-europeias: BUCK, C.D. (1949). *A Dictionary of Selected Synonyms in the principal Indo-European languages*. Chicago/Londres: University of Chicago Press [Disponível em brochura].

QUESTÕES PARA DISCUSSÃO

1) Observe o exemplo dado pela autora acerca das mudanças ocorridas no inglês americano e no britânico e reflita sobre as pronúncias do ditongo escrito <ei> (com em *cheiro, inteiro, brasileiro*) no português brasileiro e no português europeu. É possível deduzir qual a pronúncia mais antiga e a mais recente?

2) Que outras palavras nas línguas que você conhece têm ao mesmo tempo um sentido concreto e um abstrato? Pesquise num dicionário etimológico para ver qual sentido veio primeiro. O que você imagina encontrar sobre a palavra *varapau* com o sentido de "pessoa alta e magra"? Verifique nos dicionários se sua intuição está correta.

3) Vá até a página do Projeto NURC Digital (http://www.fale.ufal.br/projeto/nurcdigital/index.php?action=home), que contém material de língua falada urbana no Brasil desde a década de 1970. Pesquise as ocorrências de *nós* e *a gente* e compare os números. O que a diferença parece indicar?

4) Identifique um aspecto da fala de sua comunidade que lhe incomoda quando você ouve, como o depoimento da autora acerca de *you guys*. O que lhe incomoda a respeito desse aspecto? De que modo ele difere do que você falaria no mesmo contexto? Consegue pensar nas maneiras como esse elemento desempenha uma função útil ou distintiva na língua ou no porquê dos falantes preferirem usá-lo?

---

8. A abreviatura EC significa "Era Comum", enquanto AEC significa "antes da Era Comum". As datas coincidem com as convencionais antes e depois de Cristo, mas essa notação afasta a conotação religiosa tradicional [N.T.].

Mudança sonora

2.1 O QUE É MUDANÇA SONORA?

Os sons de uma língua podem mudar de diversas maneiras ao longo do tempo. Aquilo que designamos como "mudança sonora" é um tipo particular de mudança nos sons de uma língua. Temos interesse especial nesse tipo de mudança porque é muito comum, bastante sistemático dentro de uma língua e muito semelhante entre as línguas. Este e o próximo capítulo tratarão da mudança sonora, tal como definida no próximo parágrafo.

A mudança sonora é uma mudança na pronúncia de um segmento dentro de uma palavra (ou às vezes mais do que um segmento), condicionada pelo ambiente fonético, isto é, os sons circundantes. A mudança sonora é tipicamente regular, e com isso queremos dizer que ela afeta todas as palavras do léxico que têm tal som no ambiente fonético requerido. O segmento em questão pode mudar de diversas maneiras, conforme vamos examinar detalhadamente abaixo, ou pode mesmo desaparecer por completo. Seguem dois exemplos de mudanças sonoras bem estudadas.

1) Desde 1970, tem se verificado que em alguns dialetos do português brasileiro (especialmente no Rio de Janeiro e outras cidades grandes), as oclusivas dentais /t/ e /d/ se palatalizam diante da vogal alta anterior /i/ e da semivogal anterior /j/. Observe as palavras na tabela 2.1, com dados de Cristófaro-Silva e Oliveira Guimarães (2006).

Tabela 2.1 Palavras afetadas pela palatalização no português brasileiro

Variedades palatalizantes	Variedades não palatalizantes	Ortografia
ˈtʃĩpu	ˈtĩpu	tipo
ˈtʃĩtɐ	ˈtĩtɐ	tinta
ˈahtʃi	ˈahti	arte
ˈpatʃu	ˈpatju	pátio
tʃiˈatɾu	tiˈatɾu	teatro
ˈdʒitu	ˈditu	dito
ˈdʒĩdɐ	ˈdĩdɐ	Dinda
ˈahdʒi	ˈahdʒi	arde
ˈĩdʒju	ˈĩdʒju	índio
dʒiˈbaʃu	dʒiˈbaʃu	debaixo

Os exemplos da tabela 2.1 mostram as oclusivas dentais desvozeada e vozeada sofrendo palatalização antes da vogal alta anterior e da semivogal anterior, sejam elas tônicas ou átonas, nasais ou não. Embora a mudança seja muito recente[1], ela é bastante regular em certos dialetos. Neste caso, sabemos que uma mudança ocorreu porque há relatos diretos da década de 1970 e há dialetos que não mudaram. Essa mudança é considerada uma *assimilação* porque as oclusivas dentais se tornaram mais parecidas com a vogal e a semivogal palatais que as sucedem. Discutiremos a assimilação em detalhe na próxima seção.

2) Um segundo exemplo de mudança sonora ocorreu nos séculos XVI e XVII em inglês. Até aquela época, eram pronunciados o /k/ e o /g/ iniciais antes de /n/ em palavras como *knee* ('joelho'), *know* ('saber') e *gnaw* ('roer'), *gnat* ('mosquito'). No final do século XVII, essas consoantes já não eram pronunciadas em nenhuma palavra do inglês (Görlach, 1991). Sabemos que eram pronunciadas graças a relatos de gramáticos da época. De igual modo, em línguas aparentadas, esses encontros consonantais ainda

---

1. Ao contrário do que diz a autora, essa mudança não é "muito recente", pois vem documentada por gramáticos e filólogos brasileiros desde o início do século XX [N.T.].

são pronunciados. Por exemplo, em duas línguas irmãs do inglês, na palavra alemã *Knie* ('joelho') e na holandesa *knie* ('joelho'), o /k/ é pronunciado. Trata-se de uma mudança redutiva porque uma consoante se perdeu. Isso só ocorre no início da palavra. No interior da palavra, o /k/ e o /g/ permanecem em inglês, como em *acknowledge* ('reconhecer') e *signal* ('sinal'), porque estão no final de uma sílaba nessas palavras.

Essas duas mudanças ilustram os dois tipos mais comuns de mudança: assimilação e redução. Nas seções 2.2 e 2.3 vamos examinar cada um desses tipos em pormenor, explorando a variedade de mudanças que se enquadram nessas duas categorias e tentando entender suas causas fonéticas. Para tanto, vamos analisar cuidadosamente como a articulação dos sons muda na assimilação, na redução e em outros tipos de mudança e quais são suas consequências acústicas.

Antes de prosseguirmos, porém, é preciso sublinhar duas propriedades da mudança sonora:

1) Como mencionado acima, as mudanças sonoras são **regulares** no sentido de que, uma vez completadas, terão alcançado todas as palavras da língua que têm os sons afetados no ambiente condicionador. Isso não significa, porém, que todas as palavras são afetadas ao mesmo tempo à medida que a mudança segue adiante. Observe-se que todos os exemplos dados neste capítulo, a menos que se mencione as exceções, são regulares em todas as palavras da língua.

2) As mudanças sonoras também são **graduais**, não abruptas. Há várias maneiras de se perceber a mudança sonora como gradual e não abrupta. Primeiro, a maioria das mudanças sonoras mostram ser foneticamente graduais, avançando passo a passo mediante pequenos incrementos, acompanhados de variação. A perda gradual do /k/ terá avançado à medida que articulações mais fracas e breves do /k/ ocorriam até não se ouvir mais nenhum /k/. A assimilação de /t/ e /d/ a /i/ e /j/ também ocorreu gradualmente, à medida que, em estágios iniciais, o /t/ e o /d/ tomaram um desvio levemente palatal e, em seguida, se assimilaram de modo mais completo à

articulação pós-alveolar. Isso contrastaria com uma mudança abrupta, em que, por exemplo, o /k/ em *knee* estivesse presente e depois ausente sem nada no meio, ou se as pós-alveolares substituíssem abruptamente o /t/ e o /d/ no português brasileiro.

As mudanças sonoras também podem ser graduais em outro sentido: sua difusão pela comunidade. Quando as alveolares começaram a se palatalizar em dialetos do português brasileiro, alguns indivíduos seguiram adiante e outros mantiveram sua antiga pronúncia por mais tempo. Os dialetos em certas cidades como o Rio de Janeiro mudaram primeiro e depois, gradualmente, outras cidades adotaram a mudança.

Por fim, poderia haver gradualidade na maneira como a mudança afeta as palavras: em vez de todas as palavras mudarem de uma vez, algumas podem mudar antes do que outras. Esse fenômeno será tratado na seção 2.8 sob o título "Difusão lexical".

A seguir, vou ressaltar as explicações fonéticas para as mudanças sonoras que discutimos, referindo-me às mudanças na articulação e às mudanças resultantes em propriedades acústicas. Uma vez que uma propriedade importante da mudança sonora é ela ocorrer em ambientes fonéticos particulares, buscamos as causas na fonética. Dado que a mudança sonora tem motivação fonética, os mesmos tipos de mudança sonora ocorrem em línguas diferentes em diferentes períodos históricos, sejam essas línguas aparentadas ou não. Na discussão a seguir, esse ponto será enfatizado por meio de exemplos de mudanças semelhantes ocorridas em línguas diferentes.

Este capítulo trata de assimilação, lenição e fortalecimento. Outros tipos de mudança sonora, como as mutações vocálicas, são apresentados no capítulo 3. Além disso, o capítulo 3 trata da tonogênese (de como os tons emergem numa língua), mudanças prosódicas e mudanças motivadas por fatores como os padrões fonotáticos de uma língua.

2.2 ASSIMILAÇÃO

A assimilação é comum nas regras da fonologia sincrônica tanto quanto na mudança sonora. De fato, as regras da fonologia emergem através da mudança sonora, de onde se segue que as duas são muito parecidas. Um modo de identificar a assimilação é dizer que se trata de uma mudança pela qual um som se torna mais parecido com outro som adjacente. Para entender exatamente por que certas mudanças sonoras ocorrem, é útil considerar em detalhe como a sequência de sons em questão é articulada. Para a assimilação, é particularmente importante examinar os movimentos dos articuladores e a dimensão temporal. À medida que uma palavra é produzida, os articuladores se movem em certas sequências. Nosso sistema de escrita alfabética (incluindo o Alfabeto Fonético Internacional) é às vezes enganador em seu modo de representar os sons de uma palavra como unidades discretas. Sabemos, ao contrário, que o movimento de aproximação e de afastamento de certos alvos (como as consoantes oclusivas) é realmente o que importa na produção e identificação de sons, e que os gestos que produzem certos sons se sobrepõem e se influenciam reciprocamente. Por essas razões, vamos examinar as mudanças que ocorrem nas sequências de gestos articulatórios para cada tipo de mudança sonora que vamos tratar.

2.2.1 Assimilação como ressincronização gestual

A assimilação conforme definida acima ocorre porque os gestos usados para produzir os sons em questão mudam sua cronometria: eles podem ser antecipados, isto é, iniciados antes, caso em que podem se sobrepor a gestos precedentes; ou podem ser estendidos, isto é, não interrompidos tão depressa, caso em que podem se sobrepor ou perseverar em gestos subsequentes. Esses dois tipos de assimilação são tradicionalmente distinguidos como assimilação antecipatória e assimilação perseverativa. Outros termos também empregados são "assimilação regressiva" para a antecipatória e "assimilação progressiva" para a perseverativa. Prefiro os termos "antecipatória" e "perseverativa" porque descrevem melhor o que está se passando em termos de articulação. Na literatura fonética, a assimilação sincrônica que é perseverativa também é chamada de *carry over* ('levar adiante'), um termo que é ao mesmo tempo pronunciável e descritivo.

2.2.2 Assimilação antecipatória

A assimilação antecipatória ocorre quando o próximo gesto na sequência de gestos começa mais cedo e, portanto, se sobrepõe a outros gestos. Às vezes, essa sobreposição obscurece o gesto existente e, outras vezes, modifica-o. Como exemplo, observe-se a palatalização de /t/ e /d/ no português brasileiro discutida na seção 2.1. Aqui, vemos que a posição palatal da língua é antecipada e se sobrepõe à articulação da dental com a ponta da língua. Isso empurra o corpo da língua para frente rumo à área alveopalatal e produz o som estridente da africada. Uma assimilação semelhante se dá no inglês americano entre duas palavras que ocorrem juntas com frequência, como *did you*, *would you* e *last year*, em que a antecipação da semivogal palatal faz ela ocorrer simultaneamente com a oclusiva alveolar, produzindo uma africada pós-alveolar, [tʃ] ou [dʒ]. Mudanças parecidas em oclusivas coronais antes de vogais e semivogais altas anteriores ocorrem também em japonês. Nas línguas românicas, sequências de oclusivas coronais e de semivogal alta anterior também produziram africadas pós-alveolares (ver seção 2.2.5).

2.2.3 Palatalização de velares

Outra mudança sonora muito comum com palatalização afeta oclusivas velares antes de vogais anteriores, em geral vogais altas anteriores. É comum que as oclusivas velares sejam anteriorizadas para uma posição palatal antes de vogais anteriores; assim, é possível sentir a diferença em oclusivas inicias em palavras como *quilo* e *carro*. Em algumas línguas, essa assimilação é levada ainda mais adiante e a consoante que precede a vogal anterior se torna uma africada pós-alveolar. Isso se deu no inglês antigo e produziu palavras como *chin, church, choose, chest* ('queixo', 'igreja', 'escolher', 'peito'): compare-se com os equivalentes em holandês *kin, kerk, kiezen* e *kist*. Mudanças parecidas se processaram em línguas e famílias linguísticas tão separadas entre si quanto as eslavas, as indo-iranianas, as salishanas, as chinesas e as bantas. Seguem alguns exemplos da língua banta ci-bemba (Hyman e Moxley, 1996). As formas na coluna da esquerda são reconstruções do protobanto. A letra *c* representa [tʃ]; os acentos são marcas de tons.

Tabela 2.2 Palatalização de velares de início de radical em ci-bemba

a.	*-kít-	>	*-cít-a*	'fazer'
	*-kínd-	>	*-cínd-a*	'dançar'
	*-kèk-	>	*-cèk-a*	'cortar'
	*-kè-	>	*-c-à*	'aurora'
b.	*-kuuc-	>	*-kuus-a*	'esfregar'
	*-kum-	>	*-kum-*	'chegar ao fim'
	*-kóm-	>	*-kom-a*	'bater'
	*-kòc-	>	*-kòs-a*	'ser forte'
c.	*-kám-	>	*-kam-a*	'apertar; leite'

Os exemplos em (a) mostram a velar antes de uma vogal anterior, em que ela se palataliza, enquanto os exemplos (b) e (c) mostram que a velar não se altera antes de vogal posterior.

Dado que a africada pós-alveolar é ainda mais distante da área anterior do que a palatal (como em *quilo*) e usa uma parte diferente da língua, Guion (1998) argumenta que essa parte da mudança não é só uma anteriorização articulatória mais avançada, mas uma mudança baseada na semelhança acústica da palatal com a africada pós-alveolar. A palatal em *quilo* é mais semelhante à pós-alveolar do que à velar. A mudança também ocorre mais frequentemente com a velar/palatal desvozeada e pode ser auxiliada pelo surgimento de fricção na produção do som desvozeado, que é mais audível do que o vozeado.

Nas próximas seções, vamos prosseguir no tema da palatalização, porque há muitas mudanças importantes devidas a ela nas famílias linguísticas europeias, como a germânica, a eslava e a românica.

2.2.4 Metafonia-i como palatalização

Também dentro do universo da palatalização, houve um conjunto de mudanças vocálicas ocorridas no germânico primitivo. Uma vogal acentuada era afetada se houvesse uma vogal ou semivogal alta frontal na sílaba seguinte. Vogais baixas eram alçadas e vogais baixas eram posteriorizadas. Essa mudança se deu antes que o inglês antigo (anglo-saxão) tivesse seus primeiros registros escritos, por volta de 800 CE. Embora essa mudança, chamada "metafonia-i" (*"i-umlaut"*), também tenha ocorrido em outras línguas germânicas ocidentais e setentrionais (neerlandês, alemão e frísio), os exemplos da tabela 2.3 ilustram as consequências no inglês antigo. As palavras com asterisco são reconstruções – ou seja, não foram documentadas na escrita, mas obtidas pela comparação das diferentes línguas germânicas.

Tabela 2.3 Mudanças da metafonia-i no inglês antigo

	Vogais baixas sofreram alçamento	
æ > e	*sættjan > settan ('pôr')	*æġi > eġe ('medo')
æ + grupo consonantal normalmente permanece æ:		*fæstjan > fæstan ('jejuar')
a > e	*manni > *mænni > menn ('homens')	*sandjan > sendan ('enviar')
ā > ǣ	*hāli > hǣl ('saúde')	hāljan > hǣlan ('curar')
	Vogais posteriores se anteriorizaram	
o > œ > e	*dohtri > *dœhtri > dehter ('filha'), dativo singular	
ō > œ̄ > ē	*dōmjan > *dœman > dēman ('julgar')	
u > y	*fulljan > fyllan ('encher')	
ū > ȳ	*tūnjan > tȳnan ('encerrar, fechar')	

Além disso, os ditongos sofreram mudanças comparáveis. Observe-se que as vogais médias anteriores arredondadas foram atestadas em alguns documentos escritos, mas elas se tornaram não arredondadas muito cedo: por volta de 900 no saxão ocidental, um dos dialetos do inglês antigo (Moore e Knott, 1968). A vogal média anterior arredondada foi conservada em alguns dialetos até o período do inglês médio (1150-1470).

Como sugerem os exemplos, a metafonia-i é a fonte de algumas alternâncias vocálicas que sobrevivem no inglês contemporâneo. O par singular/plural *man/men* ('homem'/'homens') tem uma mudança de vogal por causa da metafonia-i. A marca de plural para esse e muitos outros substantivos era *-i*, de modo que agora temos alguns pares singular/plural que mudam sua vogal de posterior para anterior, como em *foot/feet* ('pé[s]'), *tooth/teeth* ('dente[s]'), e algumas palavras relacionadas por derivação, como *full/fill* ('cheio'/'encher') e *food/feed* ('alimento'/'alimentar'). Em alemão, onde ocorreu uma mudança comparável por metafonia, as vogais anteriores arredondadas permaneceram e as alternâncias entre vogais anteriores e posteriores fornecem a marcação de algumas categorias morfológicas, como os plurais dos substantivos, conforme se vê nos exemplos a seguir (usa-se a ortografia oficial; todas as vogais com trema são vogais anteriores)[2]:

(12) Alemão   Singular   Plural
                 der Garten   *die Gärten*   'o[s] jardim[ns]'
                 der Bruder   *die Brüder*   'o[s] irmão[s]'
                 der Boden   *die Böden*   'o[s] piso[s]'

A metafonia-i foi uma assimilação antecipatória pela qual o gesto palatal (anterior alto) da língua foi ressincronizado para acontecer mais cedo; de fato, ele se moveu através da consoante ou grupo consonantal para afetar a vogal tônica da palavra, alçando vogais baixas e anteriorizando vogais posteriores. O efeito na consoante interveniente nem sempre é evidente, mas consoantes velares foram palatalizadas e há alguma evidência de que outras consoantes também foram afetadas (A. Campbell, 1959). Em apoio à explicação da ressincronização, observe-se que a semivogal palatal se perdeu – como se tivesse se movido para adiante na palavra – ou, se a condicionante era uma vogal alta anterior, perdeu sua articulação alta.

Assim como outras mudanças sonoras, esse tipo não se restringe às línguas germânicas, mas tem sido documentado em yele (Papua Nova-Guiné:

---

2. Em alemão antigo, o plural dessas palavras se fazia em *-i*: *Garten, Garteni*. O *-i* final provocou a palatalização do *a* tônico, de modo que *Garteni* > *Gärten*, com o desaparecimento da marca *-i* de plural.

Henderson, 1996), onde uma vogal alta subsequente provoca o alçamento da vogal anterior, e em atchin (Oceania, Vanuatu: Capell e Layard, 1980).

2.2.5 Palatalização no romance primitivo

A semivogal palatal latina também exerceu forte impacto sobre o desenvolvimento fonológico das línguas românicas a partir do latim falado. A semivogal (chamada "iode" nos estudos românicos) podia se desenvolver a partir de um /i/ ou /e/ átonos que ocorria antes de outra vogal ou a partir de uma consoante; o iode afetava a consoante que o precedia assim como a sílaba precedente na maioria dos casos. A série de mudanças elencadas na tabela 2.4 começou no latim vulgar e prosseguiu até o período em que as línguas românicas começaram a se desenvolver. As formas finais na tabela são do espanhol. (É costume, ao listar desenvolvimentos do latim para as línguas românicas, citar os substantivos na morfologia de caso que sobreviveu no romance [geralmente o acusativo] e omitir a consoante final, pois ela se perdeu no romance.)

Tabela 2.4 Efeitos da palatalização no latim vulgar e no romance em ordem cronológica

---

Em cada caso, a primeira forma citada é latina e a última, espanhola (Menéndez-Pidal, 1968; Penny, 2002). Em alguns casos, estágios intermediários são reconstruídos com base nas descrições dos autores citados (marcados com *); em outros casos, estágios intermediários são atestados em dialetos ou em português. A grafia do latim é fonêmica, e a do espanhol é usada onde corresponder à representação fonêmica.

---

1) Oclusivas alveolares e velares desvozeadas se palatalizam antes de /j/[3]
(As vogais ainda não eram afetadas)
fŏrtia > *[fortʃa] > *[fwertsa] > [fwerθa] ou [fwersa]   *forza* ('força')
minacia > *[minatʃa] > *[minatsa] > [amenaθa] ou [amenasa]   *amenaza* ('ameaça')

---

3. Uma etapa foi omitida das sequências que ilustram a mudança: a africada vozeada em posição intervocálica e mais tarde desvozeada.

2 Vogais médias breves (que são frouxas e mais baixas do que as vogais longas e normalmente se ditongariam) são alçadas:
fŏlia se torna *hoja* [oxa] ('folha') em lugar do inexistente *hueja*
nĕrviu se torna *nervio* [nerβjo] ('nervo') em lugar do inexistente *niervio*

    a) Uma semivogal palatal antes ou depois de /l/ coalesce em /ʎ/. A semivogal que precede o /l/ veio de uma consoante velar; /ʎ/ mais tarde se tornou uma fricativa pós-alveolar e, por fim, uma fricativa velar:
    fīliu > *[filju] > [fiʎu] > [fiʒo] > [ixo]   *hijo* ('filho')
    vĕrmĭcŭlu > *[vermilju] > [vermeʎu] > [bermexo]   *bermejo* ('vermelho')

    b) /n/ seguido ou antecedido de uma semivogal palatal coalesce em /ɲ/:
    signa > *[senja] > [seɲa]   *seña* ('sinal')
    cŭnea > * [kunja] > [kuɲa]   *cuña* ('cunha')
    arānea > *[aranja] > [araɲa]   *araña* ('aranha')

3) Vogais altas breves e vogais médias longas se fundem no latim vulgar em posição átona
    ŏ e ō se tornam o
    ĕ e ē se tornam i
    Embora normalmente não influenciadas pelo iode formado pelas mudanças precedentes, quando mais tarde se formou uma semivogal palatal na sílaba seguinte, essas vogais ficaram altas, *i* e *u*.
    fŭgio se torna [ujo]   *huyo* ('fujo')
    vindĕmia se torna [bendimja]   *vendimia* ('vindima')

4) As oclusivas vozeadas dental e velar /d/ e /g/ se apagam diante de /j/
    radia > *raya* ('raia')
    exagio > *ensayo* ('ensaio')
    Labiais mais vogal palatal não são afetadas, com a exceção de que esporadicamente /b/ ou /v/ se apagam.

5) /k/ em final de sílaba se torna /j/, que se funde com /t/ para produzir /tʃ/
    nocte > [nojte] > [notʃe]   *noche* ('noite')
    lacte > [lejte] > [letʃe]   *leche* ('leite')

6) /rj/, /pj/ e /sj/ sofrem metátese. A palatalização se ressincroniza para a sílaba tônica.
riparia > *[ribaira] > [ribeira] > [riβera]   *ribera* ('ribeira')
casium > *[kaisu] > [keiso] > [keso]   *queso* ('queijo')

O que a tabela 2.4 mostra é uma longa cadeia de desdobramentos causados pela ressincronização antecipatória da semivogal palatal. Quase todas as consoantes e vogais da língua são afetadas de algum modo no transcurso de vários séculos. Dado que sabemos bastante coisa sobre a cronologia relativa dessas mudanças, a ordem em que consoantes e vogais foram afetadas nos oferece comprovação da suscetibilidade de certos sons de mudar sob a pressão de uma forte articulação palatal. Seguem alguns pontos a sublinhar acerca dessas mudanças.

A própria semivogal palatal derivou de uma vogal anterior átona antes de outra vogal, como em *cŭnea* ou *fīliu*. Os gramáticos latinos deixam claro que esse som foi antigamente uma vogal e depois se tornou semivogal, o que significa que pode ter sido mais alta e mais anteriorizada do que a vogal comparável (Kent, 1945). As primeiras consoantes afetadas foram as oclusivas dental e palatal desvozeadas /t/ e /k/. Como dito acima, as oclusivas desvozeadas são mais suscetíveis de se tornarem pós-alveolares africadas do que as oclusivas vozeadas. Se a assimilação fosse simplesmente um caso da consoante que se torna mais parecida com a semivogal, a semivogal teria permanecido. No caso de /t/ e /k/, a tabela 2.4 dá uma longa série de desenvolvimentos que levam até o espanhol moderno. O /tʃ/ que se desenvolveu na palatalização inicial sofreu mudanças posteriores, tornando-se mais posterior, /ts/, e logo se reduzindo a uma fricativa (/θ/ no espanhol castelhano e /s/ no espanhol latino-americano). A oclusiva velar desvozeada antes de vogais anteriores também se palatalizou e sofreu os mesmos desenvolvimentos de quando /k/ precedia /j/. Assim, o latim *circa* se torna o espanhol *cerca* ('perto') e *dīcit* se torna *dice* ('diz') (em latim, o *c* era pronunciado /k/ e em espanhol é /s/ ou /θ/).

As outras coronais, /n/ e /l/, são afetadas a seguir, mas neste caso o iode pode estar antes ou depois de /n/ e /l/. Em ambos os casos, os dois sons passam a ser articulados simultaneamente com a soante dental. Observe-se que o iode desaparece, o que evidencia a ressincronização. A lateral palatal mais tarde perde sua articulação palatal (assim, os dois lados da língua foram abaixados em vez de só um) e se tornou uma fricativa palatal, que mais tarde se tornou uma fricativa velar.

Depois que um /k/ em final de sílaba se tornou uma semivogal palatal, como em (5) na tabela 2.4, ele se fundiu com o /t/ subsequente para produzir um /tʃ/, mas essa africada não sofreu a mesma anteriorização das produzidas antes. Essa semivogal palatal, que se desenvolveu mais tarde, teve um efeito sobre a vogal baixa /a/, que foi alçada e anteriorizada em /e/, e por fim desapareceu em espanhol.

As consoantes labiais e as coronais, /r/ e /s/, em geral não foram afetadas. No entanto, um desenvolvimento muito interessante que dá uma forte comprovação para a ressincronização antecipatória é a metátese, isto é, a troca de posição do iode com o /p/, /r/ ou /s/ precedente, como se vê em (6) na tabela 2.4. (Voltaremos à metátese em 3.7.2.) Tal como na metafonia-i germânica, podemos observar o gesto palatal que atravessa a consoante (sem deixar nenhum efeito permanente) rumo à vogal da sílaba átona, alçando-a. Embora não surpreenda que o /p/ e o /r/ não sejam afetados pela antecipação do iode, o fato de /s/ permanecer não palatal causa admiração, visto que /t/, /n/ e /l/ são afetados. Não sei qual pode ser a explicação para isso[4].

Esse conjunto de mudanças condicionadas por uma semivogal palatal se desdobra pelos séculos entre o latim vulgar e o romance ocidental, demonstrando de que modo um grupo de mudanças relacionadas pode levar muito tempo para se manifestar completamente. Também mostra como a assimilação pode afetar tanto consoantes quanto vogais, e que um gesto que está sendo ressincronizado pode se mover por diversas posições de segmento.

---

4. Do latim *casiu-* temos *queso* em espanhol e *queijo*, em português, o que demonstra que, nesta língua, o /s/ se palatalizou pela presença do iode, como seria de se esperar, ao contrário do espanhol; daí a "admiração" expressa pela autora [N.T.].

2.2.6 Assimilação do ponto de articulação

Outro tipo comum de assimilação antecipatória é a assimilação ao ponto de articulação de nasais e obstruintes antes de outras consoantes. Por exemplo, oclusivas labiais e velares desvozeadas do latim em final de sílaba se assimilaram ao ponto de articulação da oclusiva desvozeada seguinte em italiano:

(13)	Latim	Italiano	
nocte-	notte	'noite'
factu-	fatto	'feito'
septem	sette	'sete'
scriptu-	scritto	'escrito'

Observe-se que é a consoante em posição final de sílaba que se assimila à da posição inicial de sílaba. A explosão de energia numa sílaba ocorre no início e diminui no fim, por isso a posição final de sílaba torna uma consoante mais vulnerável à mudança do que em outras posições. (Isso também vale para a lenição, conforme discutido na seção 2.5.8.) Nesse caso, o gesto de sílaba inicial é antecipado e assim se sobrepõe ao gesto de sílaba final, mascarando-o. Ou seja, o gesto original pode estar presente a princípio, mas sua percepção é mascarada pelo gesto de sobreposição. À medida que avança a mudança gradual, o gesto original de início de sílaba se perde.

Um tipo comum de mudança é a assimilação de uma consoante nasal ao ponto de articulação da consoante seguinte. Nos exemplos abaixo, do latim, podemos ver que um /n/ no final do prefixo *in-* se assimila em ponto de articulação à obstruinte subsequente e se assimila completamente ao /r/ e /l/ iniciais. Sabemos que o prefixo originalmente terminava em /n/ porque é essa a consoante que aparece quando o radical começa com vogal. (O /n/ antes de *c* era uma velar.)

(14)	Latim	
immobilis	'imóvel'
indignus	'indigno'
inornatus	'não ornado'

incommodus   'incômodo'
inhumanus   'inumano'
irreparabiliter   'irreparavelmente'
irresolutus   'irresoluto'
illegitimus   'ilegítimo'
illimitatus   'ilimitado'

Não foi uma mudança que se deu somente nesse prefixo. O prefixo *com-* também se assimilou de modo idêntico. Antes de vogal era *com-*, como em *comitium* ('comício'), mas tinha outras formas assimiladas: *corrideo* ('rir junto'), *collaboro* ('colaborar'), *condesertor* ('companheiro desertor'). Você provavelmente reconheceu essa assimilação que aparece em palavras do português e de outras línguas como *ilegal, irregular, importante, incompetente, colega, corresponder, continente* etc. Essas palavras foram emprestadas do latim já com o prefixo no radical e já assimilado.

Como se mencionou acima, é mais comum que as consoantes de final de sílaba se assimilem à consoante de início de sílaba. Às vezes ocorre o contrário: a consoante de início de sílaba se assimila à anterior, em final de sílaba. É a assimilação perseverativa, que vamos examinar na próxima seção.

2.3 ASSIMILAÇÃO PERSEVERATIVA

O tipo de assimilação que se opõe à antecipatória é aquele em que um gesto de um som que ocorre primeiro é estendido para o som subsequente. É um tipo de ressincronização de um gesto no sentido de que o ponto-final do gesto é levado adiante para coocorrer com o próximo conjunto de gestos. Essa direção de assimilação é muito menos comum tanto diacrônica quanto sincronicamente do que a antecipatória.

Um tipo de assimilação perseverativa que ocorre nas línguas indo-europeias envolve casos em que um /n/ se assimila a uma líquida precedente, como nos casos do protogermânico *wulna > *wullō > *wull* (= inglês antigo, 'lã'); *fulnaz > *fullaz > *full* (= inglês antigo, 'cheio'); *hulnis > *hyll* (= inglês antigo, 'colina') (Hock, 1986). Exemplos semelhantes são o protoindo-europeu *kolnis > *collis* (= latim, 'colina') e o inglês antigo myln > *mill* (= inglês contemporâneo, 'moinho'). L. Campbell (1999) também oferece um exemplo semelhante de alternâncias em finlandês: *kuul-nut* > *kuullut* ('ouvir'), *pur-nut* > *purrut* ('morder') e *nous-nut* > *noussut* ('erguer'). Assimilação parecida se encontra em kanakuru, uma língua tchadiana da Nigéria (Newman, 1974), e em kanuri, uma língua nilo-saariana (Cyffer, 1998). Nesses exemplos, ambas as consoantes são coronais, e um traço notável é que a nasalidade desaparece. De uma perspectiva gestual, deve-se ver uma nasal assimilando-se a uma não nasal como a perda do gesto que abre o véu palatino. As duas coisas acontecem nos exemplos acima: os dois gestos coronais se mesclam, enquanto o /l/, o /r/ e o /s/ – nenhum dos quais implica fechamento completo – afetam o fechamento da nasal e a perda da abertura do véu palatino, talvez em resposta à perda do fechamento.

Outra assimilação perseverativa sugerida é o vozeamento de oclusivas após consoantes nasais. Por exemplo, em zoque (México), isso ocorre quando morfemas se combinam e as duas consoantes são homorgânicas, como em *k'im* + *pa* ('ele ergue') que se torna *k'imba* (Zendejas, 1995). Também se encontra o vozeamento de oclusivas depois de nasal historicamente no kannada (Índia), em que o protodravídico *ontu ('um') se torna o canará *ondu*, e o protodravídico *kaṇṭV ('guerreiro') se torna o canará *gaṇḍu* ('corajoso') (Krishnamurti, 2003). De uma perspectiva gestual, o desvozeamento da obstruinte é criado por um gesto que abre a glote. O vozeamento dessa obstruinte não é tanto uma assimilação quanto, bem mais, a perda do gesto de abertura glotal. Nesse caso, o que parece ser uma assimilação perseverativa é mais bem descrito como a perda de um gesto.

Em nosso exame da assimilação antecipatória, vimos exemplos de uma consoante que se assimila ao ponto de articulação de uma consoante subsequente, como quando o latim *nocte* ('noite') se torna o italiano *notte*. Esse é o padrão usual para duas consoantes contíguas. No entanto, quando ambas as consoantes são coronais, a assimilação perseverativa é possível (Blevins,

2004). É o padrão geral nas línguas australianas, por exemplo, mas também ocorre em norueguês entre palavras, como quando /væt̪/ ('estado', particípio passado) com uma retroflexa final precede /dæːr/ ('ali') e produz /væʈɖæːr/ ('estado ali'). É claro, essa variação ocorre entre palavras, de modo que não sabemos se resultará numa mudança sonora[5].

Não é comum, mas a palatalização também pode ser perseverativa em vez de antecipatória. Por exemplo, o /k/ latino em final de sílaba antes de /t/ se torna uma semivogal palatal, como em *lacte* > português *leite*, e depois, em espanhol, a semivogal e o /t/ se fundem para se tornar a pós-alveolar /tʃ/ em *leche*. Ver a discussão acima.

Também há algumas assimilações em que o ambiente condicionador pode estar tanto antes quanto depois do segmento que mudou. Acredita-se que as línguas que constituem o quíchua se originaram de uma língua com apenas três vogais: *i, *u e *a. As vogais altas tanto antes como depois de consoantes uvulares foram abaixadas, como quando o protoquíchua *quʸqi ('dinheiro') é pronunciado [qɔlʸqe] e *suqta ('seis') é pronunciado [sɔqta] no quíchua cusquenho. Mesmo que uma soante intervenha, a uvular ainda assim abaixa a vogal: *sunqu ('coração') é [sɔnqo] e *pirqa é [pɛrqa] no quíchua cusquenho (Adelaar, 2004). Uma oclusiva uvular é produzida puxando a língua para trás para que entre em contato com a úvula, e isso leva a língua para longe da posição alta exigida pelas vogais [i] e [u].

2.4 CONCLUSÃO ACERCA DA ASSIMILAÇÃO

Em termos articulatórios, a assimilação sobrevém quando a sincronização dos gestos muda de modo que um gesto se sobrepõe a um conjunto adjacente de gestos e os afeta. A ressincronização antecipatória é mais comum do que a perseverativa. A diferença provavelmente se relaciona ao

---

5. Também no português europeu ocorre caso semelhante de assimilação perseverativa entre palavras: *os cintos* se pronuncia /uʃĩtuʃ/, com a palatal final do artigo /uʃ/ levada adiante para a pronúncia do substantivo *cintos* que, em outras circunstâncias, se pronuncia /sĩtuʃ/ [N.T.].

fato de que sequências de atividades neuromotoras se tornam fluentes por meio da antecipação da próxima ação na sequência. A fim de que a fala normal seja fluente, os falantes têm que poder antecipar os gestos numa sequência. Essa antecipação pode levar um gesto a ser produzido mais cedo. São menos claras as causas da assimilação perseverativa; uma sugestão é a de que os articuladores mais volumosos (como o corpo da língua e os lábios) não são ágeis o bastante para concluir seu gesto com precisão na fronteira de segmento (Recasens, 1999).

Dada a explicação da assimilação como devida a uma ressincronização gestual, segue-se que a maioria das assimilações envolverão sons que são contíguos. Um exemplo discutido aqui em que isso não se aplica é a metafonia, em que uma vogal ou semivogal não adjacente pode afetar uma vogal emitida primeiro. Nesse caso é porque a posição da língua para os gestos vocálicos pode prosseguir através das consoantes. No caso das mudanças sonoras românicas, a consoante e a vogal são afetadas, mas no caso da metafonia só a vogal é afetada (harmonia vocálica). O outro caso é o abaixamento das vogais altas em quíchua, em que uma soante pode vir entre a uvular e a vogal. Hock (1986) também defende que traços que não representam gestos, como o comprimento da vogal, nunca são assimilados.

2.5 REDUÇÃO OU LENIÇÃO

Usaremos o termo "redução" para qualquer mudança em que a magnitude ou duração de um gesto é reduzida. A lenição (ou "abrandamento") é uma categoria ampla dentro da redução que inclui a redução na articulação de consoante no meio ou às vezes no início de uma palavra. Nesta seção, examinaremos casos de lenição primeiro e depois abordaremos outros tipos de redução, incluindo as que afetam vogais. Não há motivo para insistir na distinção entre lenição e redução; os termos serão usados aqui de um modo que é coerente com a maior parte da literatura e conveniente para a exposição.

2.5.1 Lenição

Quando se trata de redução ou lenição, é preciso levar em conta dois aspectos da mudança: um diz respeito ao tipo de mudanças gestuais envolvidas e o outro, às posições em que a mudança tem mais chance de ocorrer. Ao discutir a lenição, consideraremos primeiro as mudanças gestuais, distinguindo dois tipos: redução a zero, em que a articulação consonantal se torna mais fraca e acaba desaparecendo, e a sonorização, em que a consoante se torna mais parecida com uma vogal.

2.5.2 Redução a zero

Ao definir a redução, usaremos uma definição articulatória coerente e não nos referiremos às propriedades acústicas ou perceptivas do som. Uma mudança será considerada uma redução se constituir uma redução na magnitude ou duração de um gesto articulatório. Às vezes, uma redução gestual pode ressaltar a força acústica ou perceptiva, mas não consideraremos isso uma redução. O motivo para enfatizar esse ponto é que alguns pesquisadores têm proposto que uma mudança de oclusiva para africada (que mais tarde se transforma em fricativa) é um fortalecimento, já que uma africada com a fricção de seu resultado é acusticamente mais forte do que uma oclusiva (Foley, 1977). Por exemplo, como parte da Segunda Mutação Consonantal Germânica (também chamada Mutação Consonantal do Antigo Alto-Alemão), oclusivas desvozeadas se tornam africadas, como no alemão moderno *Apfel* comparado ao inglês *apple* ('maçã'), *Zeit* [tsajt] ('tempo') comparado a *tide* [tajd] ('maré'). Em alguns contextos, essas oclusivas se tornaram fricativas: alemão *Schiff* [ʃif] vs. inglês *ship* [ʃɪp] ('navio'), alemão *aus* [aws] vs. inglês *out* [awt] (preposição), e alemão *machen* [maxən] vs. inglês *make* [mejk] ('fazer'). Em termos articulatórios, tais mudanças são reduções ou lenições, porque a duração da oclusão é reduzida. Também é significativo que as fricativas tenham surgido em alguns casos, porque a mudança de oclusiva para fricativa é indiscutivelmente uma redução. Um caso moderno de mudança de oclusivas desvozeadas para fricativas tem sido descrito para o inglês de Liverpool (Honeybone, 2001). Discussões mais demoradas sobre esse tipo de mudança se encontram na seção 2.10.

Essas mudanças são postas na categoria de "redução a zero" porque descobrimos que existem diversos casos em que as fricativas resultantes se reduzem ainda mais, como se mostra na seção seguinte.

2.5.3 Perda de articulação oral

A mudança de uma oclusiva numa africada ou fricativa pode ser o primeiro passo num processo de lenição mais longo, que leva ao fim e ao cabo à perda da articulação na cavidade oral, processo às vezes chamado "debucalização" (em que -bucca- deriva do termo latino para 'boca'). Por exemplo, a oclusiva bilabial desvozeada /p/ tem uma tendência a se enfraquecer e por vezes desaparece por completo. Assim, diversas línguas que têm outras oclusivas desvozeadas não apresentam /p/ (Maddieson, 1984). Tal mudança ao que parece ocorreu em japonês, que tem um /pp/ geminado, mas nenhum /p/ simples, exceto em empréstimos. O resultado da lenição de /p/ em japonês é uma fricativa desvozeada que ocorre no mesmo lugar de articulação da vogal subsequente: [ɸ] antes de [ɯ], [ç] antes de [i], e [h] antes de outras vogais. Mudança semelhante se evidencia do outro lado do mundo: a língua lumasaaba (banto), falada em Uganda, tem alternâncias que mostram uma mudança de /p/ em /h/ antes de /a/, em /j/ antes de vogais anteriores, e /w/ antes de vogais posteriores se nenhuma consoante nasal o preceder. Nos exemplos, as formas com /p/ têm o prefixo /iː-/, que antigamente era /in-/. O /p/ nessas palavras permaneceu depois que a consoante nasal foi apagada.

(15) Lumasaaba, dialeto luhugu (G. Brown, 1972)[6]
    iːpaya   'bode'   kahaya   'pequeno bode'
    iːpamba   'eu apanho'   kuhamba   'apanhar'

---

6. Em muitas línguas do grupo banto, o prefixo ka- forma diminutivos e ku-, infinitivos verbais [N.T.].

i:piso	'agulha'	*kuyiso*	'pequena agulha'
i:pe:la	'eu ofego'	*kupe:la*	'ofegar'
i:pola	'eu descanso'	*kuwola*	'descansar'
i:puna	'eu esfaqueio'	*kuwuna*	'esfaquear'

Além de ilustrar a redução do /p/ e sua assimilação à vogal seguinte, esses exemplos também ilustram o resultado de mudanças sonoras ocorrendo numa dada ordem. A redução do /p/ não ocorreu depois da oclusiva nasal, que era /m/ antes do /p/, porque a oclusão da nasal fortaleceu a oclusão de /p/. Mais tarde, a nasal se apagou antes de oclusivas desvozeadas, pondo o /p/ de volta em posição para a lenição. No entanto, aparentemente, a mudança que enfraqueceu o /p/ já não estava em curso, por isso o /p/ permaneceu.

Outras mudanças bem atestadas que resultam na perda da constrição oral envolvem a redução de fricativas como /s/ e /f/ a /h/. Uma mudança bem difundida em variedades de espanhol é a aspiração e perda do /s/ em final de sílaba. Quando o /s/ ocorre antes de uma consoante, nesses dialetos (particularmente o espanhol do Caribe, de algumas áreas da América Latina e da Andaluzia), a articulação alveolar desaparece e o resultado é uma fricativa glotal ou um período de desvozeamento, frequentemente transcrito como [h]: *estilo* [ehtilo], *felizmente* [felihmente]. Isso também se dá em final de palavra, particularmente quando se segue uma consoante: *animales finos* [animalehfinos] (Terrell, 1977). Em alguns dialetos, o /s/ também é reduzido entre vogais, especialmente se precedido de uma vogal média ou baixa, mesmo que esteja em posição inicial de palavra: *pasar* [pahar], *la señora* [laheɲora] (Raymond e Brown, 2012).

Outras fricativas também podem sofrer debucalização, ou perda da constrição oral. O /f/ do espanhol antigo foi reduzido a /h/ e em seguida desapareceu completamente na maioria das palavras, como em *fecho* > espanhol moderno *hecho* ('feito'); *fablar* > *hablar* ('falar'); *fumo* > *humo* ('fumo'). É uma mudança sonora que não se revelou totalmente regular. Além do ambiente fonético antes de /w/, que fortaleceu o gesto labial, dando o espanhol moderno *fuerte* ('forte'), *fuego* ('fogo'), os nomes próprios às vezes conservam o /f/, gerando pares como *Fernando* e *Hernando*, e algumas outras palavras conservaram o /f/. Ver Brown e Raymond (2012) para maior discussão de por que certas palavras mantiveram o /f/.

Uma fricativa velar pode estar sujeita a uma mudança bem semelhante. A oclusiva velar indo-europeia *k – que se encontra nas seguintes raízes ou palavras latinas: *cent-* ('cem'), *capere* ('pegar'), *cornu* ('chifre'), *-clinare* ('pender') e *canis* ('cão') – se tornou uma fricativa velar no inglês antigo, como se vê em *hund* ('cem'), *habban* ('ter'), *horn* ('chifre'), *hlœn* ('pender') e *hund* ('cão'). No inglês antigo, a letra *h* antes de uma consoante indicava apenas um período de desvozeamento, que agora desapareceu quase por completo. Em alguns dialetos, o /h/ inicial antes de uma vogal também se apaga. Em línguas urálicas, um /k/ original também se torna /h/ em húngaro.

Essas mudanças por lenição podem ser ordenadas em termos de trilhas de mudança – algumas sequências que ocorrem nas línguas do mundo, sejam elas aparentadas ou não. Essas trilhas são unidirecionais, isto é, as mudanças sempre procedem de uma oclusiva ou africada rumo a uma fricativa, daí a /h/ até zero, e não em outras direções. As trilhas estão delineadas na tabela 2.5. Na discussão acima, a maioria dos passos nessas trilhas foram documentados em mais de uma língua. Também há certa variação no modo como as trilhas se manifestam numa língua. Observamos acima a redução de /p/ que pode levar a um /h/ que se assimila à vogal seguinte. Pode também acontecer que o estágio africado não seja observado, e outras variantes também são possíveis. A tabela 2.5, porém, representa tendências gerais.

Tabela 2.5 Trilhas da lenição de oclusivas desvozeadas

Oclusiva desvozeada	> Africada	> Fricativa	> Desvozeamento	> Zero
p	> pf	> f	> h	> ø
t	> ts/tθ	> s/θ	> h	> ø
k	> kx	> x	> h	> ø

Nossos exemplos até agora têm envolvido oclusivas desvozeadas que se tornam fricativas, mas as oclusivas vozeadas também podem se tornar fricativas, especialmente em posição intervocálica. Essa lenição ocorre em espanhol, tanto na Espanha quanto na América Latina. As oclusivas vozeadas /b/, /d/ e /g/ se tornam fricativas entre duas vogais, seja dentro das palavras ou entre palavras. Assim, *lobo* se pronuncia [loβo], *lado* [laðo] e *lago* [laɣo][7]. Também é comum que a fricativa dental posteriormente se enfraqueça e se apague em palavras de alta frequência[8].

2.5.4 Vozeamento

Oclusivas e fricativas desvozeadas podem se tornar vozeadas, especialmente em posição intervocálica ou em outros ambientes vozeados. As oclusivas desvozeadas latinas /p/, /t/, /k/ e /kʷ/ se tornaram vozeadas entre vogais a partir do latim vulgar e, em seguida, na maioria das línguas românicas[9]. Os exemplos abaixo estão nas ortografias do latim e do espanhol. Aparecem ali também outras mudanças do latim ao espanhol, especialmente nas vogais. Vamos desconsiderá-las por enquanto. Tal como acabo de mencionar, essas oclusivas desvozeadas em espanhol são hoje pronunciadas como fricativas ou, por vezes, se apagam por completo.

(16)   Latim   Espanhol
       lupu   *lobo*
       ad-ripa   *arriba*
       vita   *vida*
       pratum   *prado*
       secure   *seguro*
       aqua   *agua*

---

7. O mesmo abrandamento de /b/, /d/ e /g/ intervocálicos ocorre no galego e no português europeu, mas não no português brasileiro [N.T.].

8. Exemplos de apagamento de /d/ intervocálico em espanhol são os particípios passados: *habla'o, acaba'o* etc. [N.T.].

9. Não se trata exatamente da "maioria" das línguas românicas, mas em *todas* as línguas românicas da Romània Ocidental (Suíça, França e Península Ibérica). O fenômeno não se registra na Romània Oriental (Itália, Bálcãs). É tradicional atribuir essa lenição das desvozeadas intervocálicas ao substrato celta [N.T.].

Pelo fato de ocorrer entre vogais, esse vozeamento é às vezes descrito como assimilação: o vozeamento das vogais se difunde pela consoante. No entanto, em termos articulatórios, o que realmente acontece é que o gesto glotal que leva as pregas vogais a se abrir para o vozeamento da oclusiva se reduz, perde magnitude e acaba desaparecendo, deixando um vozeamento contínuo através das vogais e da oclusiva. Nessa interpretação, é o enfraquecimento do gesto de abertura glotal que causa a mudança, o que permite classificá-lo apropriadamente como uma lenição.

Fricativas desvozeadas frequentemente também se vozeiam entre vogais. O inglês antigo tinha os fonemas fricativos desvozeados /f/, /θ/ e /s/, que foram vozeados entre vogais:

(17) Inglês antigo   Inglês contemporâneo
     seofon   seven   'sete'
     hefiġ   heavy   'pesado'
     ofer   over   preposição
     broþor   brother [ð]   'irmão'
     hwœþer   wheter [ð]   'se' (conjunção)
     risan   rise [z]   'erguer'
     dysiġ   dizzy   'tonto'

2.5.5 Degeminação

Consoantes geminadas são aquelas cuja constrição é mantida por mais tempo que as não geminadas. Muitas línguas fazem um contraste entre consoantes geminadas e não geminadas como inglês antigo, finlandês, latim, italiano e tâmil. Quando uma consoante geminada é abreviada para se tornar uma consoante simples, essa mudança também é considerada uma lenição porque a duração do gesto de fechamento total ou parcial é reduzido. O latim apresentava consoantes oclusivas geminadas, que foram reduzidas a oclusivas simples em muitas línguas românicas, permanecendo desvozeadas, como nos exemplos seguintes (*c* latino é /k/):

(18) Latim Português
cuppa copa
gutta gota
mittere meter
bucca boca

2.5.6 Mutações em cadeia: degeminação, vozeamento, espirantização

Vários dos processos de lenição que acabamos de ver estão interligados na história das línguas românicas. A tabela 2.6 mostra as três mudanças que formam uma mutação em cadeia

Tabela 2.6 Mutação em cadeia das oclusivas latinas

			Latim	Português
pp	>	p	*cuppa*	*copa*
p	>	b	*lupu-*	*lobo*
b	>	β/v	*probare*	*provar*
tt	>	t	*gutta*	*gota*
t	>	d	*vita*	*vida*
d	>	ð/ø	*radiu*	*raio*
kk	>	k	*bucca*	*boca*
k	>	g	*sacratu*	*sagrado*
g	>	ɣ/ø	*regale*	*real*

Observe-se que a degeminação que acabamos de examinar na evolução do latim ao português não causou uma fusão com as oclusivas desvozeadas não geminadas (simples) existentes em posição intervocálica porque as oclusivas simples existentes já tinham se tornado vozeadas em posição intervocálica. Isso significa que palavras que eram fonemicamente distintas antes da degeminação ainda são distintas: por exemplo, /pp/ não se fundiu com /p/; em vez disso, a distinção entre /pp/ e /p/ é agora uma distinção entre /p/ e /b/. Quando se trata das oclusivas desvozeadas que se tornam vozeadas, ocorreu finalmente alguma fusão, mas as oclusivas vozeadas tinham se tornado fricativas ou desapareceram, de modo que ainda existe uma distinção entre essas séries de oclusivas. De modo paralelo, o vozeamento dessas oclusivas simples não as levou a se fundir com oclusivas vozeadas existentes (pelo menos não de imediato) porque essas tinham se tornado fricativas ou desapareceram.

Esse conjunto de mudanças é chamado de mutação em cadeia porque as três mudanças parecem relacionadas, não só porque são todas mudanças por lenição, mas porque as três séries de fonemas consonantais permaneceram distintas. Para que isso aconteça, as oclusivas vozeadas tiveram primeiro de se tornar fricativas, em seguida as oclusivas desvozeadas começaram a se vozear e, por fim, as geminadas se tornaram simples. Essa é a ordem de eventos que preservaria os contrastes fonêmicos. Se as geminadas se simplificassem primeiro, elas ficariam indistinguíveis das oclusivas desvozeadas existentes e, assim, adquiririam vozeamento junto com elas. Outra possibilidade é que todas as três mudanças tenham ocorrido simultaneamente e, à medida que cada série de consoantes mudava gradualmente, todas permaneceram fonemicamente distintas. Como essa mudança ocorreu muito tempo atrás, não sabemos se as mudanças foram simultâneas ou consecutivas. No próximo capítulo veremos exemplos de mudanças vocálicas que também são mutações em cadeia.

2.5.7 Lenição como sonorização

Outro tipo de lenição, que se sobrepõe ao processo de vozeamento discutido como lenição nas seções anteriores, é a sonorização, pela qual uma consoante se torna mais soante ou mais parecida a uma vogal. Essas mudanças frequentemente ocorrem em posição final de sílaba. Tais mudanças se deram na língua hauçá (tchadiana), conforme descrito na Lei de Klingenheben. Consoantes labiais e velares em final de sílaba se tornam a semivogal [w] e as consoantes dentais se tornam /r/ como se vê na tabela 2.7. Trata-se de uma mudança reconstruída, mas a comprovação para ela pode ser encontrada no modo como os morfemas mudam em contexto e em diferenças dialetais (Newman, 2000).

Tabela 2.7 Lenição no hauçá

Velares em final de sílaba se enfraquecem em /u/		
Forma reconstruída	Hauçá	Forma relacionada
*talak-cì	talaucì 'pobreza'	talàkà 'homem comum'
*hagni	hauni 'esquerda'	hagu(n) 'esquerda'
*wàtàk	wàtau 'isto é'	wàtàkà (hauçá ocidental)
Coronais em final de sílaba se enfraquecem em /r̃/		
	far̃kà 'acordar'	fàdàkà 'acordar'
	ɓàr̃nā 'prejuízo'	ɓàta 'prejudicar'
Labiais em final de sílaba se enfraquecem em /u/ apenas no hauçá padrão		
		Hauçá ocidental
	Audù 'n. próprio'	Abdù
	kaurì 'espessura'	kabri

Mudanças semelhantes se deram em algumas línguas românicas. Por exemplo, o latim *debita*, 'dívidas', se tornou o espanhol antigo *debda* e o espanhol médio *deuda*; o latim *captivu-* se tornou o espanhol *cautivo*.

Essas mudanças ocorrem em posição final de sílaba, mas a sonorização também pode se dar entre duas vogais, como em kanuri (língua nilo-saariana), onde os fonemas /k/ e /g/ têm alofones que são semivogais /w/ e /y/ entre vogais. A semivogal palatal ocorre antes das vogais anteriores e a labiovelar, antes de vogais posteriores (Cyffer, 1998). O /b/ também se torna /w/ antes de vogais posteriores.

(19) Kanuri: /k/, /g/ e /b/ se sonorizam entre vogais
 lekáda > *leyáda* 'eles foram'
 fukáda > *fuwáda* 'eles sopraram'
 zabúna > *záwúna* 'eles comeram'

Outra forma de sonorização é o rotacismo, uma mudança pela qual um [s] ou [z] se torna um [r]. Essa mudança ocorreu em latim, como exemplifica a alternância *corpus/corpora* ('corpo': nominativo sing./acusativo plur.), *opus/ opera* ('obra': nominativo sing./acusativo plur.), e em germânico, em que o infinitivo do inglês antigo *cēosan* ('escolher') tem um particípio passado *co- ren*, e *wæs* (atual *was*) se alterna com *wære/wæron* (atual *were*). Essa mudança implica vozeamento e perda do fechamento fricativo; ocorre entre vogais.

Dentro de uma mesma língua, a lenição pode se manifestar como debucalização e sonorização ao mesmo tempo. Por exemplo, no dialeto de Lusoba da língua lumasaaba (banto), /p/ se sonoriza em /y/ ou /w/, dependendo da vogal seguinte, e /t/ se sonoriza em [r], mas /k/ se espirantiza em [x] (G. Brown, 1972).

2.5.8 Redução de encontros consonantais

Os apagamentos de consoantes em encontros consonantais também se classificam entre as reduções, pois envolvem a diminuição da magnitude de um gesto. O abreviamento que leva à perda final é a provável causa do apagamento de /k/ e /g/ iniciais antes de /n/ em inglês, a mudança sonora mencionada no início deste capítulo. No entanto, alguns apagamentos em torno de outras consoantes podem ser causados por sobreposição de gestos adjacentes, o que mascara as propriedades acústicas de uma consoante. Browman e Goldstein (1986) estudaram os movimentos dos articuladores enquanto um sujeito produzia o sintagma *perfect memory* ('memória perfeita'). Descobriram que mesmo quando nenhum /t/ era percebido no final de *perfect*, a língua ainda assim estava fazendo o gesto na borda alveolar. Mas como o gesto labial para o /m/ era antecipado, ele se sobrepunha completamente ao gesto do /t/ e o escondia acusticamente. O apagamento de t/d finais é um processo comum no inglês americano, e os contextos em que ele mais ocorre são os consonantais que seguem e precedem outra consoante. Assim, embora os estudos mostrem que /t/ e /d/ se tornam mais breves em certos contextos, a perda dessas consoantes finais também se deve à sobreposição de outros gestos.

Encontros em início de palavra podem se simplificar pela perda da segunda consoante. Na língua médio-índica páli (que se desenvolveu do sânscrito), os encontros iniciais foram reduzidos a uma só consoante, como nestes exemplos (Murray, 1982):

(20) Sânscrito   Páli
      prajñā   *paññā*   'conhecimento'
      krayavikraya *kayavikkaya*   'comércio'
      srotas   *sota*   'riacho'
      svapna   *soppa*   'sono'

Em alguns desses exemplos, grupos consonantais internos são simplificados por assimilação perseverativa.

2.5.9 Contextos em que ocorre redução

Os exemplos de lenição ou redução que examinamos nas seções anteriores mostram uma forte tendência a que esses processos ocorram em determinados contextos. Pesquisadores que têm observado essas predisposições sugerem uma divisão entre posições fortes e posições fracas, conforme mostrado na tabela 2.8 (Ségéral e Scheer 2008).

Tabela 2.8 Posições que favorecem (fracas) e desfavorecem (fortes) a lenição

	Exemplos em inglês
Posições fortes	
Início de palavra	*t*end
Sílaba inicial depois de uma consoante	af*t*er
Posições fracas (da mais forte à mais fraca)	
Intervocálica antes de vogal tônica	pre*t*end
Intervocálica antes de vogal átona	pre*tt*y
Final de sílaba antes de consoante	a*t*mosphere
Final de palavra	ha*t*

Você pode ter observado que a maioria das mudanças sonoras por lenição apresentadas acima ocorriam em posição intervocálica. Os exemplos citados não distinguiam entre consoantes no início de sílabas tônicas e átonas, mas é possível notar essa diferença na pronúncia do inglês americano de *pretend* vs. *pretty*, em que a realização do /t/ como um flepe (um processo de lenição, já que resulta do encurtamento da ponta da língua e de gestos glotais) normalmente ocorre antes de uma vogal átona. Os exemplos de sonorização que discutimos ocorriam em posição final de sílaba, bem como entre vogais. A posição inicial de palavra ou sílaba geralmente não acomoda processos de lenição, a menos que a lenição seja muito geral ou que as consoantes em início de sílaba sejam frequentemente precedidas de vogal. Estudos fonéticos têm mostrado que as consoantes em início de palavra ou sílaba são produzidas com mais força e são mais longas que as de final de sílaba (Keating et al., 2003).

2.5.10 Redução e apagamento de vogal

As vogais também podem se reduzir e apagar mas, é claro, sob condições diferentes das consoantes. Quando duas vogais estão próximas uma da outra, elas podem se fundir numa só vogal, preservando alguns traços das duas. O ditongo /aj/ pode fazer surgir uma vogal simples anterior, seja a anterior baixa /a/, como em dialetos do sudeste dos Estados Unidos, em que *I* ('eu') se pronuncia /a:/, ou uma vogal média como se encontra no resultado românico para o latim *ai*. Por exemplo, o sufixo de 1ª pessoa do singular do pretérito perfeito latino *-avi* perdeu sua consoante medial, gerando *-ai*, que se tornou *-ei* em português (*falei*) e *-e* em espanhol (*hablé*).

Quando as vogais se reduzem entre consoantes, o principal determinante é a falta de acento. A redução de vogal é mais proeminente em línguas que têm um acento forte, sobretudo se o acento for realizado como um aumento na duração junto com altura e volume. Ou seja, se o ritmo da língua é tal que as sílabas tônicas são mais longas e as átonas, mais breves, as vogais nas sílabas átonas têm mais chance de se reduzir (Bybee et al., 1998)[10]. Normalmente, a redução constitui uma mudança de uma vogal mais periférica (alta, posterior, anterior) para uma mais central e/ou média, como o *schwa* [ə]. Por exemplo, as vogais reduzidas do inglês são [ə] na última vogal de *Rosa* ou [ɨ], como na última vogal de *roses*. No entanto, existem línguas em que as vogais reduzidas são alçadas. Assim, no português brasileiro, o [o] e o [e] finais átonos se reduzem a [u] e [i] respectivamente, enquanto o [a] final se centraliza em [ɐ]. Ver exemplos na tabela 2.1.

Em línguas que não têm acento forte, a redução de vogais pode se dar por coalescência ou por desvozeamento. O desvozeamento de vogais ocorre num ambiente desvozeado – entre duas consoantes desvozeadas ou entre uma consoante desvozeada e o final da palavra, como se vê em vogais altas no japonês. Por exemplo, a primeira vogal de *kishitsu* ('temperamento') é desvozeada, como a última vogal de *desu* ('ser') quando está antes de uma pausa.

O desvozeamento, o abreviamento e a centralização podem acabar levando ao apagamento de vogais. Isso é bastante comum em sílabas finais átonas. Por exemplo, os substantivos do inglês antigo tinham vogais que marcavam número e caso, mas no inglês médio todas essas vogais tinham se reduzido ao schwa e, já no início do inglês moderno, a maioria dos schwas tinha desaparecido. (O /m/ final do dativo plural se tornou /n/ e depois também desapareceu.)

(21)   Inglês antigo *scip* ('navio')

	Singular	Plural
nominativo/acusativo	*scip*	*scipu*
genitivo	*scipes*	*scipa*
dativo	*scipe*	*scipum*

---

10. É o que se passa no português europeu, em que as vogais das sílabas átonas sofrem redução radical, quando não desaparecem por completo: *memória* [mˈmɔrjə], *perigo* [ˈprigu], *querer* [ˈkrerə] [N.T.].

2.6 REDUÇÃO E RESSINCRONIZAÇÃO ATUANDO JUNTAS

Nesta seção, abordamos uma sequência comum de mudanças sonoras que implica ressincronização e redução ao mesmo tempo. É comum entre as línguas que as vogais se nasalizem quando adjacentes a uma consoante nasal. A nasalização da vogal antes de uma nasal final de sílaba ocorre como um processo sincrônico regular em muitas línguas. Por exemplo, as vogais em inglês de *can*, *canned* e *can't* são pesadamente nasalizadas, o que significa que o véu palatal se abre durante sua articulação, permitindo que o ar flua através das passagens nasais. A razão para isso, obviamente, é a antecipação da abertura do véu para a consoante nasal. A nasalização parece ser mais extrema quando a nasal subsequente está na mesma sílaba, como nos exemplos acima do inglês, do que quando é intervocálica ou inicia a sílaba seguinte em palavras como *banana* (pronúncia em inglês: [bəˈnænə]). Essa diferença se deve ao modo como os gestos são organizados em sílabas. Descobriu-se que em inglês os gestos de início de sílaba que constroem uma consoante são sincronizados para serem simultâneos, enquanto os gestos de final de sílaba são mais espaçados e mais sequenciais (Browman e Goldstein, 1995).

Em algumas línguas, a nasalização da vogal é acompanhada pelo enfraquecimento da porção oclusiva da consoante nasal. Conforme dito acima, a posição final de sílaba é uma posição fraca para consoantes, e em algumas línguas a consoante nasal se apaga depois ou em conjunção com a nasalização da vogal. Esses dois desenvolvimentos conectados têm o efeito de criar novos fonemas vogais nasais, como nos exemplos a seguir do francês entre os séculos X e XIII:

(22) *fin*   > [fin]   > [fẽn]   > [fẽ]   'fim'
     bon   > [bõn]   >   > [bõ]   'bom'
     chanter > [ʃãnte]   >   > [ʃãte]   'cantar'
     enfant > [ẽnfãnt]   > [ãnfãn]   > [ãfã]   'criança'

Diferentemente de algumas línguas, as vogais do francês antigo se nasalizaram antes de consoantes nasais que estavam em final de sílaba e em início de sílaba, mas no francês médio as vogais nasais antes de consoantes nasais intervocálicas se tornaram orais de novo (Hajek, 1997). De igual modo, pode se notar em (22) que algumas das vogais nasais se tornaram também mais baixas. Uma vez apagada a consoante nasal, as vogais nasais contrastam com vogais orais em pares mínimos como *ange* [ã:ʒ] *vs. âge* [ɑ:ʒ] ('anjo' *vs.* 'idade'). Um processo desse tipo é a principal fonte de fonemas vogais nasais nas línguas do mundo.

Diversos estudos da nasalização de vogais e do apagamento de consoantes em línguas mundo afora têm revelado alguns padrões gerais de mudança. O primeiro, que já mencionei, é que a vogal tem mais propensão a se nasalizar e a consoante a se apagar se estiverem na mesma sílaba. Em francês, a consoante nasal só se apagou se estivesse na mesma sílaba. O português, no entanto, levou o processo um pouco mais adiante e também apagou as nasais intervocálicas, o que resultou em vogais ou ditongos nasalizados em posição final de palavra, ou numa vogal ou num ditongo oral em posição não final (Mattoso Camara Jr., 1972):

(23) Latim   Português
      manus   *mão*
      pōnit   *põe*
      tenēre   *ter*
      pōnere   *pôr*

Uma generalização que se pode fazer sobre esses feitos é implicacional: se uma língua tem nasalização de vogal e apagamento de nasal entre vogais, então também os tem quando a consoante nasal está em final de sílaba (Hajek, 1997; Ruhlen, 1978).

Segundo padrão: há certos contextos de final de sílaba em que a consoante nasal tem mais chance de se apagar, em particular quando a nasal precede uma fricativa e não uma oclusiva. No latim falado, o /n/ era apagado antes de /s/, como nestes exemplos com as consequências em português:

mensa > *mesa*; *tensu-* > *teso*. No inglês pré-antigo, houve uma perda similar de /n/ antes de fricativa. Compare-se o inglês *goose* ao alemão *Gans* ('ganso'), inglês *tooth* ao alemão *Zahn* ('dente'), inglês *five* ao alemão *fünf* ('cinco'). Numa mudança mais antiga, a nasal se apagou diante de /x/, deixando o inglês com formas aparentadas como *think/thought* ('pensar'/'pensado') e *bring/brought* ('trazer'/'trazido'), em que a grafia *gh* representava a fricativa velar /x/ (A. Campbell, 1959). A probabilidade maior de apagamento da nasal antes de uma fricativa do que antes de uma oclusiva se deve ao fato de que a oclusiva subsequente fortalece o fechamento da nasal, enquanto a fricativa tem o efeito de enfraquecer o fechamento da consoante nasal. Nesses exemplos, a nasalização sobre a vogal não se preservou.

Terceiro padrão: em casos onde há nasalização de vogal e apagamento de consoante em sílabas átonas, a nasalização tende a desaparecer, provavelmente por causa da menor perceptibilidade da nasalização da vogal em sílabas átonas.

O exemplo da nasalização de vogais ilustra o modo como a ressincronização e a redução podem agir juntas. Também mostra que, ao se comparar fenômenos semelhantes em línguas diferentes, sejam aparentadas ou não, podemos descobrir certos padrões de mudança recorrentes que nos ajudam a encontrar explicações para a mudança sonora.

2.7 COMODIDADE DE ARTICULAÇÃO E SEMELHANÇAS TRANSLINGUÍSTICAS EM MUDANÇAS SONORAS

Conforme vimos em vários dos exemplos dados neste capítulo, mudanças sonoras muito parecidas podem ocorrer em línguas sem parentesco e muito distantes no tempo e no espaço. Isso significa que ao menos algumas das forças que causam a mudança sonora não são específicas a línguas particulares, mas residem, bem mais, em caracteríscas que todos os seres humanos têm em comum. Uma fonte óbvia das semelhanças translinguísticas na mudança sonora é o aparelho fonador humano – que inclui a glote, a cavidade oral, a cavidade nasal, o véu do palato, a língua e os lábios. Os diferentes articuladores ativos que devem se mover através do tempo e do espaço para criar sons linguísticos também têm seus modos característicos de se mover, por causa do tamanho e forma dos músculos que os configuram. O alinhamento de articulações em sequência bem como a organização destas em sílabas têm um efeito sobre as articulações individuais. Todos esses fatores sem dúvida são semelhantes entre as línguas. Além disso, o efeito acústico das posições e dos movimentos dos articuladores será semelhante entre as línguas. Por essas razões, as explicações para a mudança sonora se baseiam mais comumente em fatores fonéticos.

Nossa discussão até aqui tem se concentrado na assimilação e na redução, que a maioria dos pesquisadores concordam se tratar dos tipos mais importantes. Diante desses dois tipos de mudança, não admira que termos como "comodidade de articulação" sejam frequentemente invocados para explicar a mudança sonora. Hockett (1958) sustenta que a direcionalidade da mudança sonora é causada pela "tendência a falar com displicência" (p. 456) ou, mais especificamente, pelo fato de que "o falante [é] bastante displicente quanto a seu objetivo (atingir um alvo articulatório) na maior parte do tempo" (p. 440). Hock (1986) também menciona "relaxamento" ou "enfraquecimento" do esforço articulatório e até mesmo "o fenômeno da língua preguiçosa" como a causa da lenição. Essas declarações são comuns em manuais populares e, de fato, refletem a concepção de senso comum da variação fonética como uma degeneração da pronúncia correta.

Embora seja fácil entender a intuição por trás daquelas declarações, são muitas as razões para não ficarmos satisfeitos com a caracterização da mudança sonora como devida a preguiça ou a desleixo, ou mesmo como a busca de comodidade. Lehmann (1992: 207) faz a válida observação de que o que parece fácil numa língua é difícil em outra; de fato, é a prática ou a falta dela que faz uma articulação parecer mais fácil ou mais difícil do que outra. Sem dúvida, o resultado de uma mudança sonora por redução pode também ser bastante complexo e difícil em algum nível, como quando a lenição no irlandês antigo produziu uma fricativa nasal bilabial (Thurneysen, 1956: 85).

De igual modo, a tese de que os falantes são preguiçosos ou desleixados sugeriria que os falantes de uma mesma língua poderiam reduzir uma articulação de maneira individual: dado o /t/ intervocálico, alguns falantes poderiam vozeá-lo, alguns poderiam fazer dele uma fricativa e outros, uma oclusiva glotal. Entretanto, dentro de uma comunidade de fala, a redução é bastante regular entre os falantes. Pode haver diferenças no grau de redução, mas as trilhas que a redução e a assimilação seguem são convencionais dentro do dialeto. De fato, diante da extensão com que falantes de um dialeto produzem sentenças que são tão parecidas em detalhes fonéticos que se é capaz de reconhecer a variedade de um falante, parece implausível alegar que os falantes são preguiçosos ou desleixados.

Apesar desses fatos, não é preciso rejeitar totalmente a ideia de que a mudança sonora é amplamente redutiva, mas em vez de invocar uma falta de esforço da parte dos falantes, é mais razoável ver a fala como apenas uma de muitas atividades neuromotoras finamente sintonizadas que podem ser automatizadas com o efeito de se tornarem mais eficientes. Com a repetição, as sequências de atos neuromotores se agrupam em unidades e, dentro dessas unidades, as sequências ficam mais integradas, com as transições entre as ações tornando-se mais suaves, enquanto partes das ações se sobrepõem. Assim, produzir uma palavra ou um sintagma contendo uma sequência de gestos articulatórios pode parecer análogo a outros comportamentos repetitivos, como dar partida no carro ou amarrar os sapatos. A assimilação e a lenição podem ser vistas, então, como uma consequência da articulação como uma atividade neuromotora praticada com altíssima frequência.

Um modo como os organismos reagem à experiência é aprendendo o que esperar a seguir ou o que fazer a seguir. Mesmo os não-humanos conseguem planejar uma ação iminente enquanto executam uma ação corrente. Experiências com humanos e macacos têm mostrado que, quando se aprende sequências de apertar botões, com a prática elas se agrupam como unidades inteiras (exatamente como fazem as palavras e os sintagmas quando são repetidos) (Rand, Hikosaka, Miyachi, Lu e Miyashita, 1998; para uma resenha dessas pesquisas, ver Rhodes, Bullock, Verwey, Averbeck e Page, 2004). Esses experimentos também mostraram que os processos necessários para executar um elemento iminente se sobrepõem à execução do elemento precedente. Para que a fala seja fluente, essa sobreposição no planejamento tem que ocorrer também: enquanto um falante está executando uma série de sílabas ou uma palavra, a próxima está em estágios de planejamento. O agrupamento de movimentos de produção na articulação e na antecipação do próximo movimento tem um impacto sobre as transições entre gestos articulatórios (ou segmentos) bem como sobre os próprios gestos.

Embora a articulação dos sons da língua seja uma atividade motora e sujeita às mesmas influências do que outras atividades motoras, a fala é diferente de atividades mais isoladas como amarrar os sapatos porque as mesmas atividades neuromotoras são repetidas através de palavras e sintagmas. Assim, uma mudança numa palavra ou sintagma pode também ocorrer em outras palavras e sintagmas. Além disso, essa atividade neuromotora específica está encaixada num sistema comunicativo convencionalizado e, como tal, é refreada pelo objetivo da comunicação. Por isso, a redução e a sobreposição não podem ser levadas longe demais. O outro efeito da comunidade é a identificação social. Os falantes gostam de se comportar como os outros membros da comunidade. Por essa razão, um grupo de falantes muda sua pronúncia todos na mesma direção. Fazem isso porque começam com pronúncias semelhantes e em seguida rastreiam as pequenas mudanças graduais uns dos outros e fazem eles mesmos suas mudanças parecidas. Gosto de pensar no modo como uma mudança sonora progride dentro de uma comunidade de fala como semelhante ao comportamento de bando que se dá quando pássaros voam juntos num grupo. Cada indivíduo está inconscientemente rastreando as pronúncias dos outros membros do grupo e, cada qual com sua pronúncia, tentando ficar dentro de uma fileira, tanto para os fins de ser compreendido quanto para atingir a meta de falar como um membro do grupo. Com as repetidas instâncias de uso de um som, ele pode muito lenta e gradualmente mudar no uso dos indivíduos.

A tendência à automação e à eficiência que produz as mudanças sonoras também explica por que a mudança sonora normalmente começa na fala espontânea em oposição à fala formal. Se, por um lado, há uma tensão entre tornar a articulação mais eficiente e manter a eficácia comunicativa, por outro, é nas situações mais familiares e casuais (como entre amigos íntimos ou membros da família) que as restrições que impedem a mudança de acontecer estarão mais relaxadas. Em tais situações, a comunicação é mais fácil por causa do *background* compartilhado e porque as restrições sociais conservadoras são menos aplicáveis, de modo que os padrões articulatórios mais eficientes estão livres para vir à tona.

2.8 DIFUSÃO LEXICAL

A discussão até agora tem enfatizado o fato de que a maioria das mudanças sonoras acaba afetando todas as palavras da língua que têm o som em questão no ambiente fonético exigido. De vez em quando, encontramos mudanças que deixam algumas palavras intactas, como no caso do /f/ do espanhol antigo que se enfraqueceu em /h/ em muitas palavras, mas não todas, conforme mencionado acima. Esses casos são designados às vezes como mudanças por "difusão lexical", ou seja, a mudança não conseguiu se difundir por todo o léxico. Isso sugere que nem todas as palavras são afetadas ao mesmo tempo quando uma mudança está em progresso. Por isso, uma importante dimensão a considerar no entendimento da mudança sonora é o modo como a mudança se espalha pelas palavras do léxico, ou seja, sua difusão lexical. Essa dimensão da mudança sonora tem sido desconsiderada em muitos estudos ou tida como desinteressante. A visão assumida aqui e em estudos mais recentes é a de que todas as mudanças sonoras têm de se difundir através do léxico de uma maneira ou de outra, gradual ou abruptamente, alcançando ou não a completude, mesmo que todas as palavras da língua sejam finalmente afetadas e a mudança sonora se revele regular.

William Labov sugeriu uma distinção entre mudanças sonoras "regulares" e mudanças por "difusão lexical" (Labov, 1981). O que essa distinção implica é que, quando uma mudança sonora regular está se processando, todas as palavras com o ambiente fonético exigido são afetadas ao mesmo tempo e no mesmo ritmo, e qualquer variação depende mais de fatores sociais do que de fatores lexicais. Estudos mais aprofundados de mudanças sonoras foneticamente condicionadas que se revelam regulares mostram que nem todas as palavras são afetadas simultaneamente; ao contrário, algumas palavras sofrem mudança antes e num ritmo mais acelerado do que outras. Um padrão comum encontrado é que palavras usadas mais frequentemente, ou usadas mais frequentemente no ambiente que condiciona a mudança, são afetadas mais cedo do que palavras com menor frequência de uso (Bybee, 2000b; Phillips, 2006).

É impossível estudar a difusão lexical de uma mudança que por fim se revela regular a menos que haja registros mostrando como as palavras foram afetadas enquanto a mudança estava em curso. Nossa melhor informação sobre difusão lexical vem de mudanças que podem ser estudadas atualmente, enquanto estão em progresso. Mudanças sonoras em marcha, como o apagamento de /t/ e /d/ finais em inglês, o apagamento do /ð/ intervocálico em espanhol, a redução das vogais átonas em inglês e neerlandês e a lenição do /s/ final em espanhol exibem efeitos de difusão lexical sistemática, isto é, palavras mais frequentes sofrem a mudança antes que palavras menos frequentes. Em todos esses exemplos, o ambiente fonético condicionador é o fator mais importante na previsão da mudança, mas na classe de palavras que têm o ambiente condicionador as palavras de alta frequência tendem mais a ser afetadas.

No caso do apagamento de /t/ e /d/ finais em inglês, o condicionamento fonético que favorece a mudança é uma consoante precedente (na mesma palavra) e uma consoante subsequente (na palavra seguinte). Todos os estudos desse fenômeno mencionam que as palavras *just*, *went* e *and* têm altos índices de apagamento e são quase sempre excluídas do estudo. São três palavras frequentíssimas, e isso poderia explicar seus índices altos de apagamento. De fato, quando todas as palavras são levadas em conta, com e sem ambientes condicionadores favoráveis, um forte efeito de tendência pode ser observado, como mostra a tabela 2.9 (Bybee, 2000b).

Tabela 2.9 Índice de apagamento de t/d no inglês americano num *corpus* inteiro por frequência de palavra

	Alta frequência	%	Baixa frequência	%
Retenção	752	45,6	262	65,7
Apagamento	898	54,4	137	34,3

Qui-quadrado: 41,67, p < .001, df = 1

Os resultados da tabela 2.9 repousam num corte bastante arbitrário entre frequência alta e baixa porque no momento ainda não se sabe exatamente como determinar o que é alto e o que é baixo. Além disso, se uma mudança seguir adiante, mais palavras de baixa frequência serão afetadas, de modo que o ponto de corte pode mudar com o tempo.

A redução e o apagamento de vogais também exibem efeitos robustos de frequência de palavra. Fidelholz (1975) demonstra que a diferença essencial entre palavras do inglês americano que reduzem uma vogal pretônica (como *astronomy, mistake* e *abstain*) e palavras foneticamente semelhantes que não reduzem (como *gastronomy, mistook* e *abstemious*) é a frequência da palavra. Van Bergem (1995) mostra que a redução de uma vogal pretônica em neerlandês também é altamente condicionada pela frequência. As palavras de alta frequência *minuut* ('minuto'), *vakantie* ('férias') e *patat* ('batata frita') são mais propensas a ter um schwa na primeira sílaba do que as palavras foneticamente semelhantes de baixa frequência *miniem* ('maginal'), *vakante* ('vacante') e *patent* ('patente').

É importante ter em mente que a frequência da palavra é só um dos vários fatores que operam quando se dá uma mudança sonora. O fator mais importante é o ambiente fonético que determina qual mudança ocorre. O papel da frequência ou repetição é levar a mudança adiante. Conforme mencionado na seção anterior, diversas mudanças sonoras parecem resultar da automação crescente que ocorre em comportamentos altamente repetitivos, como dirigir um carro. Uma vez que a repetição é importante para aumentar a automação, segue-se que palavras (e sintagmas) repetidos com frequência terão tido uma chance de sofrer uma automação mais extensa do que as que se repetem com menor frequência. Portanto, palavras de alta frequência sofrerão uma mudança sonora que automatiza a produção mais cedo do que as palavras de baixa frequência. De igual modo, palavras que são previsíveis em contexto podem se reduzir mais porque é mais fácil para o ouvinte identificar uma palavra previsível.

Como observamos, a maioria das mudanças sonoras acabam por se tornar regulares, afetando todas as palavras do léxico, mesmo as menos frequentes. A explicação para isso é que, à medida que mais e mais palavras têm o som mudado, os padrões de pronúncia geral da língua mudam, com os padrões mais antigos sendo substituídos por um mais novo que se aplica a todas as palavras.

Algumas mudanças sonoras que discutimos aqui se aplicam a finais ou inícios de palavras. Isso quer dizer que parte do ambiente condicionador é uma outra palavra. Já que usamos as palavras de maneira produtiva, a mesma palavra ocorrerá em muitas combinações diferentes com outras palavras. Significa que o ambiente condicionador pode diferir de um uso da palavra para outro. Por exemplo, a palavra inglesa *perfect* tem um /t/ final que se segue a uma consoante, o que faz dela uma candidata ao apagamento do /t/; esse apagamento tem mais chance de ocorrer se a palavra seguinte começar com uma consoante, como em *perfect memory*, do que se começar com uma vogal, como em *perfect accent* ('sotaque perfeito'). Os poucos estudos detalhados que têm sido feitos sobre tais mudanças em progresso mostram que a frequência com que a palavra ocorre no ambiente favorável à mudança é que determina a rapidez com que a palavra sofrerá essa mudança (Bybee, 2002; Brown e Raymond, 2012).

A difusão lexical nem sempre procede das palavras mais frequentes para as menos frequentes; algumas vezes, classes de palavras são afetadas; outras vezes, as palavras menos frequentes são mais propensas à mudança. A difusão lexical opera diferentemente em mudanças cuja motivação não é a automação da produção. No próximo capítulo, esses outros tipos de mudança serão discutidos e examinaremos também o papel que os padrões de mudança lexical podem ter em ajudar a determinar a motivação para a mudança sonora e outros tipos de mudança fonológica.

2.9 REDUÇÃO ESPECIAL

Além das mudanças sonoras que são altamente sistemáticas e lexicalmente regulares, também encontramos em todas as línguas casos de redução especial, uma redução que ocorre em itens de frequência particularmente alta como saudações, marcadores discursivos ou sequências gramaticais. Existem muitos exemplos familiares, como *adeus* (de "entrego-te a Deus" ou "encomendo-te a Deus") ou *credo* (de "credo em cruz", forma arcaica de "creio na cruz"). A popularíssima palavra *ciao* (ou *tchau*), usada em várias línguas europeias como despedida e algumas tanto para "olá" quanto para "adeus", provém da expressão vêneta *sciao* [ˈstʃao], de *schiavo vostro* ("sou vosso escravo, vosso servo"), do latim medieval *sclavus* ('eslavo', 'escravo'). Essas formas se encolhem pela omissão de palavras, como *vostro* na expressão que acabamos de mencionar, e também por redução fonológica, como a perda do /v/ em *schiavo* e a fusão de /skj/ em /tʃ/ na mesma palavra.

Termos de tratamento tendem igualmente a sofrer redução especial. O português *você* se desenvolveu a partir do sintagma mais longo e mais elegante *vossa mercê*, assim como o espanhol *usted*, de *vuestra merced*. O inglês antigo *hlafweard* que contém as raíses *hlaf* ('pão') e *weard* ('guardião') se reduziu a *hlaford* e por fim a *lord*. Tanto *Ms.* [mɪsɨz] ou [mɪzɨz] quanto *Miss* [mjs] são formas reduzidas de *mistress* ('senhora').

Essas reduções extremas não são aberrações, mas seguem normalmente os mesmos padrões das mudanças sonoras regulares: os gestos são ressincronizados e reduzidos ao mesmo tempo. Por exemplo, no português brasileiro a frase *deixa eu ver* pode se reduzir a [deʃoˈve] ou mesmo a [ʃoˈve]; em francês, *je ne sais pas* ('eu não sei') se reduz a [ʃeˈpa], assim como em inglês americano *I don't know* pode se pronunciar [ɑjɾə̃ˈno] ou [ajə̃no]. Todas essas mudanças ocorrem regularmente em outras palavras, mas em geral não a esse ponto. A redução extrema de sintagmas como os acima se deve em parte a sua alta frequência de uso e também aos contextos em que são usados. Às vezes, eles sofrem mudança semântica ou mudança em padrões de uso ao mesmo tempo em que se reduzem foneticamente.

Algumas vezes, a redução especial é uma precursora de mudanças regulares mais tardias. Uma mudança num morfema ou numa palavra específica de alta frequência pode mais tarde ser vista em ação de modo mais regular em todas as palavras. Por exemplo, a flexão da 2ª pessoa do plural em latim *-tis* se tornou *-des* em espanhol antigo pela mudança por vozeamento que vimos acima. Esse /d/ ficou sujeito a espirantização e enfraquecimento. No século XV, o morfema de 2ª pessoa do plural perdeu seu /d/ em todas as formas verbais, exceto o imperfeito do indicativo e do subjuntivo. Por exemplo, *amades > amaes* ('vós amais'). Mais tarde, no século XVII, o /d/ em outras formas também desapareceu: *amábades > amábais* ('vós amáveis') (Menéndez-Pidal, 1968). Essa mudança começou muito antes da perda mais geral de /d/ que está em curso hoje em dia, mas a mudança em si e o condicionamento são os mesmos que ocorrem agora.

Elementos gramaticais usados com frequência juntos também se contraem. Alguns exemplos: preposições se contraem com artigos, como em português *en + o > eno > no*; auxiliares se contraem com os pronomes sujeitos, como em inglês *I will* > *I'll*; negativas se contraem com verbos ou auxiliares frequentes, como em latim *non + volo* ('não quero') > *nolo*, ou em inglês *do + not* > *don't*. Esse fenômeno será discutido mais longamente em conexão com a gramaticalização no capítulo 6.

2.10 FORTALECIMENTO E INSERÇÃO

Como temos visto neste capítulo, a mudança sonora segue uma direção parcialmente previsível mesmo em línguas diferentes, e raramente encontramos mudanças que vão na direção oposta. A ampla maioria das mudanças sonoras documentadas se encaixam em uma das categorias discutidas acima, ou na categoria da mutação vocálica, que vamos examinar no próximo capítulo. No entanto, existem certas mudanças que não parecem ser nem assimilações nem reduções. De fato, há algumas mudanças que precisam ser vistas como fortalecimento. Abordamos essas mudanças nesta seção depois de explicitar a definição de fortalecimento.

Assim como a lenição foi definida como a redução em magnitude ou duração de um gesto, o fortalecimento, seu oposto, deve ser definido como o aumento na magnitude ou duração de um gesto. Nos tipos de mudanças sonoras que temos visto até agora, os gestos foram ou ressincronizados ou reduzidos, e nenhum gesto novo foi introduzido. Essas assimilações e reduções são, de longe, os tipos mais comuns de mudança sonora. Com isso, alguém poderia ficar tentado a afirmar que a mudança sonora nunca aumenta a magnitude de um gesto e nunca introduz gestos novos. De fato, alguns pesquisadores têm defendido essa posição (Mowrey e Pagliuca, 1995). Existem, porém, alguns casos bem documentados que não se encaixam bem nessa hipótese. Vamos examinar esses exemplos de fortalecimento depois de discutir alguns casos que aparentemente exibem fortalecimento mas que, de fato, não o exibem segundo a definição que usamos aqui.

Primeiro, há os casos que já mencionamos em que oclusivas (especialmente as desvozeadas) se tornam africadas em seu caminho para se tornar fricativas. Embora alguns pesquisadores considerem a criação de africadas desse modo como fortalecimento, porque são acusticamente mais fortes do que as oclusivas básicas, elas só se encaixariam em nossa definição de fortalecimento se os gestos implicados ganhassem em magnitude ou duração. Por exemplo, num caso bem estudado, o inglês de Liverpool, a oclusiva que se torna africada perde algo da duração da oclusão, provavelmente porque todo o gesto de oclusão diminuiu em magnitude, de modo que a mudança é, conforme classificamos acima, uma lenição (Honeybone, 2001). Se houvesse casos de africação em que a consoante se prolongasse, eles seriam descritos como exibindo fortalecimento.

Segundo, há casos em que um novo segmento aparece onde não ocorria antes. Casos comuns são aqueles em que uma obstruinte aparece num encontro consonantal. São as chamadas *consoantes excrescentes*. Alguns exemplos sistemáticos ocorrem nas formas verbais do futuro e do condicional em espanhol. Essas formas emergem quando auxiliares se sufixam ao infinitivo para criar um novo futuro. Em alguns verbos, a vogal na sílaba anterior ao sufixo acentuado foi apagada, deixando um grupo de nasal mais líquida. Em seguida, surgiu um /d/ nesses grupos.

(24) Espanhol

Sufixação	Apagamento de vogal	Consoante excrescente	
venir + á	*venrá*	*vendrá*	'virá'
poner + á	*ponrá*	*pondrá*	'porá'
salir + á	*salrá*	*saldrá*	'sairá'
valer + á	*valrá*	*valdrá*	'valerá'

Exemplos semelhantes envolvem o /t/ encontrado numa palavra do inglês como *prince* ('príncipe'), que em vários dialetos é pronunciada como *prints*, e a mudança histórica do inglês *brœmle* em *bramble* ('silva; sarça'). O latim *umeru-* se tornou *omro* e logo *ombro* em português, assim como o latim *nomine* deu *nomne*, *nomre* em espanhol antigo e hoje é *nombre* ('nome').

Para entender tais casos, é importante notar que a nova consoante /d/ ou /b/ está no mesmo ponto de articulação que a consoante que precede a líquida. Nada de novo foi adicionado em termos de gestos para o ponto de articulação: o que aconteceu é mais bem descrito como ressincronização. Se o gesto de abertura do véu palatino para a nasal terminar antes que a articulação da líquida comece, surgirá uma obstruinte vozeada. No caso de *prince*, o gesto de abertura da glote para o /s/ desvozeado é antecipado, transformando o fim do gesto do /n/ num /t/. No caso de um /l/ precedente, como em *salrá* para *saldrá*, um fator importante é o fato do /r/ depois de um /l/ ser vibrante, de modo que o /d/ se desenvolve na transição do /l/ para o /r/ vibrante. Essas consoantes excrescentes não são exemplos de fortalecimento, porém, bem mais, de ajustes em sincronização, principalmente antecipatória.

Embora um pouco menos claro, é possível ver as inserções de vogal também como emergentes dos contextos circundantes, o que normalmente envolve consoantes soantes (e às vezes fricativas) que podem ser estendidas em elementos silábicos. A vogal inserida é uma vogal mínima para a língua (geralmente a mesma que resultaria de uma redução vocálica) ou uma vogal que tem os mesmos traços das consoantes circundantes. Em neerlandês, um schwa breve se desenvolve entre um /l/ e uma obstruinte ou um grupo obstruinte no final de uma palavra. Assim, *melk* ('leite') se pronuncia [mɛlək] e o nome da cidade de Delft se pronuncia [dɛləft]. No gaélico irlandês, uma vogal é inserida em grupos semelhantes, entre um /r/ e uma consoante subsequente. Se a consoante é palatalizada, a vogal é um [i] alto anterior, se é uma não palatalizada, a vogal é um schwa (O Siadhail, 1980: 226).

(25)   Gaélico irlandês: ortografia e pronúncia
fearg   [fʲarəg]   'medo'   *feirm*   [fʲerʲimʲ]   'fazenda'
dorn   [dorən]   'punho'   *stoirm*   [sterʲimʲ]   'tempestade'
dearg   [dʲarəg]   'vermelho'   *tairbhe* [tarʲifʲi]   'bom, benéfico'
seomra   [soːmərə]   'quarto'   *airgim*   [arʲigʲimʲ]   'ofereço'

Assim, a vogal inserida ou epentética "brota" do ambiente gestual, do mesmo modo que as consoantes excrescentes. É por isso que a vogal "inserida" é alta anterior num ambiente palatal, mas um schwa em ambientes não palatais. Tal como com as consoantes, a ressincronização também está implicada. Os gestos para /r/ ou /l/ não são continuados através de toda a duração da sequência, mas ficam suspensos, gerando a vogal mínima. (Vogais inseridas também ocorrem comumente em palavras emprestadas, mas as mudanças que fazem um empréstimo se encaixar nos padrões fonológicos da língua não são consideradas mudanças sonoras.)

Semivogais entre vogais também "brotam" das vogais circundantes por serem as transições entre vogais. Uma vez que as próprias semivogais têm articulações mais extremas que as vogais, trata-se de um caso de aumento da magnitude de um gesto.

Os casos mais claros de fortalecimento são a geminação e o fortalecimento da semivogal. A geminação pode ser criada por ressincronização, como vimos nos exemplos (13) do latim para o italiano, mas quando uma consoante simples se torna uma consoante longa, então, por nossa definição, há um fortalecimento. Vamos examinar agora as condições em que isso ocorre. Temos exemplos na história do germânico ocidental e também na história do italiano. As explicações correntes alegam que esse tipo de geminação se relaciona com o acento tônico e com outras mudanças na estrutura da sílaba (Murray e Vennemann, 1983). Os exemplos abaixo mostram a comprovação da geminação no germânico ocidental representado pelo inglês antigo e pelo saxão antigo. O gótico representa algo mais próximo do estágio da pré-geminação (exemplos de Murray e Vennemann).

(26)	Gótico	Saxão antigo	Inglês antigo	
	satjan	*settian*	*settan*	'pôr'
	-skapjan	*skeppian*	*scieppan*	'criar'
	kunjis	*kunnies*	*cynnes*	'raça' (genitivo)
	halja	*hellia*	*hell(e)-*	'inferno'
	akrs	*akkar*		'acre'

Murray e Vennemann propõem que essa geminação ocorre porque as sílabas tônicas, como a sílaba inicial dos exemplos acima, tendem a ser longas (ou a ter duas moras). Assim, a consoante que precede o /j/ é atraída para a primeira sílaba, deixando que o /j/ ou o /r/ iniciem a segunda sílaba. Como a semivogal, e também o /r/, são elementos muito soantes, eles não oferecem um ataque [*onset*] ideal para uma sílaba. A geminação, que permite a um segmento menos soante iniciar a sílaba, cria um ataque silábico melhor. Murray e Vennemann aplicam análise semelhante à geminação do italiano pela qual o latim *sapiat* se torna o italiano *sappia* ('saiba') e *cufia* > *cuffia* ('boné'). Casos de geminação desse tipo exigem claramente mais pesquisa antes que possamos entender suas causas por completo. Parece, no entanto, que mudanças na prosódia (a natureza do sistema acentual), que estavam ocorrendo tanto no germânico quanto no romance daquela época, estão relacionadas à geminação. No próximo capítulo vamos discutir essas mudanças no tipo prosódico.

O outro fortalecimento consonantal comum relatado em diversas línguas pode ser chamado de fortalecimento da semivogal ou endurecimento da semivogal. Nessa mudança, as semivogais /j/ e /w/ em posição inicial de sílaba se fortalecem em fricativas /ʒ/ e /ɣw/. Um exemplo familiar é a pronúncia fricativa de /j/ e /w/ no espanhol argentino, onde *yo* ('eu') soa frequentemente como [ʒo]. É uma mudança regular nesse dialeto, com todas as palavras sendo afetadas, ao menos em alguma extensão[11].

Mudança semelhante se deu nas línguas germânicas gótico e nórdico antigo (Page, 1999). Uma semivogal depois de uma vogal breve se geminou e depois se fortaleceu. Nos exemplos abaixo, o antigo alto-alemão (AAA) mostra somente a geminação, enquanto o gótico e o nórdico antigo mostram o endurecimento (PIE: protoindo-europeu):

(27) | PIE | AAA | Gótico | Nórdico antigo | |
|---|---|---|---|---|
| *dwoj- | *zweiio* | *twaddjē* | *tveggja* | 'dois' (genitivo) |
| *drew- | *triuwi* | *triggwa* | *tryggva* | 'verdadeiro' |

---

11. Em latim não existiam as consoantes /ʒ/ e /v/, que se desenvolveram nas línguas românicas precisamente pelo fortalecimento das semivogais /j/ e /w/: *iactu-* > *jeito*; *iugu-* > *jugo*; *uacca* > *vaca*; *aue-* > *ave* etc. [N.T.].

À medida que o francês se desenvolvia a partir do latim, as semivogais palatais se fortaleceram numa posição diferente: após as labiais. Como nos exemplos do espanhol mostrados na tabela 2.4, a semivogal palatal já tinha afetado as consoantes coronais e velares e só permanecia depois das labiais. Naquela posição, ela se fortaleceu e a consoante labial desapareceu, criando as palavras do francês mostradas abaixo:

(28) | Latim | Francês | | |
|---|---|---|---|
| | *rubeus* | *rouge* | [ʁuʒ] | 'vermelho' |
| | *rabies* | *rage* | [ʁaʒ] | 'raiva' |
| | *cavea* | *cage* | [kaʒ] | 'gaiola' |

Pode-se ficar tentado a pensar que a labial palatalizada se desenvolveu diretamente numa consoante palatal, mas estágios intermediários em que aparecem *apje* por *ache* ('aipo') e *salvje* por *salge* ou *sauge* ('sálvia') atestam o endurecimento da semivogal seguida da perda da labial (Nyrop, 1914; Bateman, 2010).

Por fim, mudanças no comprimento das vogais, que ocorrem com frequência em sílabas abertas e/ou em sílabas tônicas, são fortalecimentos no mesmo sentido de que aumentam a duração de gestos. Tais mudanças estão também relacionadas a mudanças prosódicas, por exemplo, em que um acento que é marcado primordialmente por uma altura elevada ou aumento de intensidade muda para ser marcado também por um aumento na duração, como veremos no próximo capítulo. Quando a duração se associa com o acento, as sílabas acentuadas tendem a ser longas ou pesadas, enquanto as sílabas átonas tendem a se reduzir.

Nossa discussão sobre o fortalecimento mostrou que, embora seja menos comum que a lenição, há casos em que a duração ou magnitude de um gesto pode aumentar. Observe-se, porém, que não existe nenhum caso em que um gesto completamente novo apareça onde não ocorria antes. Por esse motivo, é importante examinar cuidadosamente os gestos implicados na mudança para buscar explicações.

2.11 CAUSAS DA MUDANÇA SONORA

Alguns pesquisadores acreditam que a variação fonética em si não é uma mudança sonora mas, sim, uma mudança na estrutura fonológica ou no inventário fonológico. John Ohala, numa série de artigos (ver Ohala, 2003), sugere que a mudança sonora ocorre quando o ouvinte percebe equivocadamente os sons na enunciação do falante. Por exemplo, no caso da nasalização de vogal antes de uma consoante nasal, como discutido na seção 2.4, uma minimudança sonora ocorrerá se o ouvinte julgar que a nasalização é inerente à vogal em vez de um resultado da presença da consoante nasal. Se muitos ouvintes fizessem assim, isso resultaria num tipo de reanálise ou fonologização da nasalidade da vogal. Para Ohala, a mudança sonora não é a difusão da nasalização para a vogal, mas a reinterpretação que se segue ao fato. Blevins (2004) concorda com essa tese e também propõe que a mudança sonora ocorre quando as crianças adquirem uma estrutura fonológica diferente da que os adultos têm. Isso pode acontecer de três maneiras, segundo Blevins: primeiro, do modo sugerido por Ohala; segundo, pela simples interpretação equivocada de sons ou sequências de sons; e terceiro, mudando-se a frequência com que uma variante é usada.

Quanto ao papel das crianças na geração de mudanças sonoras, as comprovações empíricas a partir de crianças que aprendem sua fonologia em situações em que a mudança está ocorrendo não sustentam a ideia de que as crianças iniciem a mudança. Ao contrário, um estudo cuidadoso das variantes das crianças e das dos adultos circundantes mostra que as crianças espelham com bastante sucesso a distribuição e a frequência das variantes que os adultos usam (Patterson, 1992; Díaz-Campos, 2004; Foulkes e Docherty, 2006). Esses estudos indicam que, embora as crianças possam ajudar a estender a mudança, elas provavelmente não são a fonte da mudança propriamente dita.

O que eu assumi anteriormente, ao introduzir a mudança sonora para o leitor, é que a variação mesma é o início da mudança sonora, e que a variação emerge primordialmente por razões articulatórias. Aumentos em eficiência implicam sobreposições crescentes de gestos ou redução de sua magnitude. Essa automação ocorre gradualmente enquanto a língua é usada. Mudanças em articulação são acompanhadas por mudanças na percepção à medida que os falantes ficam atentos às suas próprias variantes e às dos outros, de modo que a mudança em ambas as dimensões ocorre gradualmente. As mudanças são refreadas pela necessidade de se comunicar com clareza e pelas convenções estabelecidas na comunidade. Por essas razões, proponho que todos os aspectos da mudança sonora são graduais e que não há grandes saltos de uma estrutura fonológica para outra.

Leituras sugeridas

BLEVINS, J. (2004). *Evolutionary phonology*: the emergence of sound patterns. Cambridge: Cambridge University Press [Um panorama de larga escala dos padrões fonológicos com muitos exemplos de mudanças sonoras que criam esses padrões].

LABOV, W. (1994). *Principles of linguistic change* – Vol. 1: Internal factors. Oxford: Basil Blackwell.

LASS, R. & ANDERSON, J.M. (1975). *Old English phonology*. Cambridge: Cambridge University Press.

QUESTÕES PARA DISCUSSÃO

1) Nos seguintes exemplos do italiano, o /l/ ou /n/ da raiz verbal se assimila ao /r/ do sufixo de futuro:

val + rà	>	*varrà*	'valerá'
dol + rà	>	*dorrà*	'doerá'
ten + rà	>	*terrà*	'terá'
ven + rà	>	*verrà*	'virá'
pon + rà	>	*porrà*	'porá'

Que tipo de assimilação é esse? Em que posição está o elemento afetado?

Compare o desenvolvimento do italiano com a situação semelhante em espanhol apresentada em (24). Em que os dois casos diferem?

2) De que modo a "comodidade de articulação" pode se aplicar a atividades não linguísticas? Como a prática leva à antecipação crescente em atividades linguísticas de humanos e não-humanos?

3) Em que aspectos assimilação e lenição se assemelham?

Mudança sonora e mudança fonológica em perspectiva mais ampla

3.1 INTRODUÇÃO

O último capítulo discutiu um amplo conjunto de mudanças sonoras comuns e, neste agora, vamos examinar algumas das consequências da mudança sonora, alguns outros tipos de mudanças sonoras comuns e também algumas mudanças fonológicas que não se encaixam totalmente na definição de mudança sonora. Começamos pelo exame das consequências para os sistemas fonêmicos das mudanças sonoras dicustidas no capítulo anterior, levando em conta rupturas que criam novos fonemas e fusões que decretam a extinção de alguns fonemas antigos. Em seguida, vamos examinar de que modo o contraste fonêmico opera em mutações em cadeia, observando mutações vocálicas que podem ocorrer na forma de séries encadeadas, tal como as mutações consonânticas, conforme mencionamos no último capítulo. Também observaremos como o tom contrastivo emerge numa língua e como, em línguas com um forte acento, a mudança prosódica está associada a um feixe de outras mudanças. Depois, vamos examinar certos tipos de dissimilação, metátese e mudanças motivadas por padrões fonotáticos. Por fim, veremos mais uma vez as causas da mudança sonora e os fatores que podem ser levados em conta para se descobrir as causas da mudança sonora.

3.2 FONOLOGIZAÇÃO

Enquanto discutíamos tipos particulares de mudança sonora no último capítulo, vimos que cada tipo ocorre independentemente em línguas não aparentadas e, também, que as mudanças têm uma motivação fonética, normalmente na articulação. Vários linguistas têm observado que as mudanças sonoras emergem de tendências universais que estão presentes em muitas senão todas as línguas (Hyman, 1975; Ohala, 2003), mas, para que uma dessas tendências universais se torne uma mudança sonora, ela precisa assumir as propriedades específicas da língua. Chama-se fonologização o processo pelo qual uma tendência fonética universal se torna uma mudança sonora e é incorporada ao sistema fonológico específico de uma língua (Hyman, 1975). O primeiro passo na fonologização é que a tendência fonética se estenda para além do espectro normal previsto pelos efeitos coarticulatórios universais. Por exemplo, embora seja normal que uma vogal antes de consoante nasal na mesma sílaba obtenha dela alguma nasalização, quando essa nasalização passa a envolver uma abertura total ou quase total do véu palatino ou a maior parte da duração da vogal, diremos que a nasalização da vogal se fonologizou. É importante notar, porém, que, sendo esse processo bastante gradual, pode ser impossível determinar o momento exato em que uma tendência fonética se transfere para a fonologia de uma língua.

Um efeito importante da fonologização (e portanto da mudança sonora) em alguns casos é transformar um traço fonético que era antes redundante num traço contrastivo. Isso ocorre à medida que o ambiente condicionador enfraquece e o traço antes redundante se estende para além de seu espectro normal. Em nosso exemplo das vogais nasalizadas, se a consoante nasal em final de sílaba se enfraquecer à medida que a vogal se torna mais nasal, a nasalidade sobre a vogal se tornará mais importante do que a consoante para distinguir a palavra. Outro exemplo é o alongamento de vogais antes de consoantes vozeadas. É uma tendência universal, mas em inglês ela é bastante exagerada. Vogais do inglês em palavras como *bed* ('cama'), *pig* ('porco') e *tab* ('saliência') são quase duas vezes mais longas do que suas contrapartes em palavras como *bet* ('apostar'), *pick* ('pegar') e *tap* ('pancadinha'). Estudos experimentais têm mostrado que os falantes de inglês usam a diferença de comprimento da vogal para distinguir palavras com consoantes finais vozeadas *vs.* consoantes finais desvozeadas. De fato, mesmo se a consoante final for apagada, os falantes conseguem identificar corretamente as palavras. Diríamos, portanto, que a distinção de comprimento de vogal em inglês está fonologizada. No entanto, como ela ainda se baseia no vozeamento da consoante final, ela não é fonêmica no sentido tradicional; apesar disso, mudanças sonoras podem afetar o inventário fonêmico de uma língua, como veremos na próxima seção.

3.3 MUDANÇAS EM INVENTÁRIOS DE FONEMAS

Várias das mudanças sonoras discutidas no capítulo anterior têm um efeito sobre o inventário de fonemas de uma língua. Há três resultados possíveis da mudança sonora no tocante aos fonemas de uma língua: (1) nenhum efeito: todos os fonemas permanecem intactos; (2) a criação de um fonema novo e (3) a perda de fonemas antigos. Cada um desses três resultados será ilustrado nos parágrafos a seguir.

3.3.1 Nenhuma mudança nos fonemas

Nenhuma mudança no inventário geral de fonemas ocorre quando um novo alofone é criado por meio de mudança sonora. Quando as oclusivas desvozeadas do inglês são africadas no inglês de Liverpool, o dialeto ainda assim mantém todos os fonemas que tinha antes; só mudou sua realização fonética. Mesmo quando o /d/ e o /t/ do português brasileiro se palatalizam diante de /i/, o inventário de fonemas não se altera, porque o /d/ e o /t/ não palatalizados ainda existem como fonemas em posição inicial (*deus/teus*), depois de uma nasal (*anda/anta*), de um /r/ (*corda/corta*) e de um /w/ (*soldo/solto*).

3.3.2 Criação de um fonema novo

A criação de fonemas novos é algo mais interessante e implica diversos fatores que agem em conjunto. Um fator importante é a perda do ambiente condicionador. Consideremos as vogais nasais fonêmicas discutidas no capítulo anterior. A vogal é nasalizada quando seguida de uma consoante nasal em final de sílaba e essa consoante nasal também se enfraquece e por fim desaparece, como mostrado nos exemplos do francês em (29). No momento em que a consoante nasal não está mais presente, um novo conjunto de fonemas tem de ser reconhecido, já que existem pares mínimos como *âge* [aːʒ] ('idade') e *ange* [ãːʒ] ('anjo')[1].

(29)	fin	[fĩn]	> [fɛ̃n]	> [fɛ̃]	'fim'
	bon	[bõn]		> [bõ]	'bom'
	chanter >	[ʃãnte]		> [ʃãte]	'cantar'
	enfant	[ẽnfãnt]	> [ãnfãn]	> [ãfã]	'criança'

Alguns podem ver esse processo como abrupto, já que as vogais nasais ou são fonemas ou não são. Mas ele também pode se dar gradualmente, à medida que a vogal se torna mais nasalizada e a consoante nasal, mais breve. Em algum momento, embora a consoante nasal pudesse ainda estar presente, os usuários da língua passaram a tomar a nasalização da vogal como o indício principal da identidade da palavra.

Portanto, além da perda do ambiente condicionador, outro fator na criação de fonemas novos é a extensão da diferença fonética entre os outro-

---

1. O mesmo se deu na formação do português: *lana* > *lãa* > *lã*; *sonu-* > *sõo* > *som* [sõ]; *manu-* > *mão* [mãw̃]. Com o desaparecimento do ambiente condicionador, surgiram fonemas vogais nasais que se distinguem de suas contrapartes orais: *lã/lá*; *som/só*; *mão/mau* etc. [N.T.]

ra alofones do fonema. A nasalização precisa se tornar forte o bastante para ser tomada como o marcador de um contraste. Comprovação disso é o fato de que, quando uma sílaba átona vogal + nasal sofre nasalização da vogal e perda da consoante nasal, a nasalidade da vogal normalmente também se perde (Hajek, 1997). Ao que parece, numa sílaba átona, a nasalização não é acusticamente forte o bastante para se candidatar a contraste fonêmico[2].

Um diagnóstico infalível para o estabelecimento de um fonema novo é sua ocorrência fora do ambiente que outrora condicionou seu surgimento. Isso acontece, como acabamos de ver, quando o ambiente desaparece. Também pode acontecer quando o fonema aparece em novas palavras, como as tomadas de empréstimo de outra língua (ver seções 9.2.3 e 11.2.1). Por exemplo, a velar fricativa [x] do alemão desenvolveu uma variante palatal diante de vogais anteriores, como no par *ach* ('oh!') [ax] *vs. ich* ('eu') [iç]. Mas agora o [ç] também aparece no início de palavra em certos empréstimos do francês, como *Chemie* ('química'). Para que essa consoante ocorra em posição inicial, ela tem de ter se estabelecido como um som distinto de [x] nas mentes dos falantes. Um fator que pode ter ajudado é que a fricativa palatal continuou a se mover rumo à região pós-alveolar, dando [ʃ] em alguns dialetos, o que aumenta a diferença fonética para com [x]. Além disso, alguns poucos pares mínimos de palavras surgiram porque a fricativa palatal ocorre no sufixo diminutivo *-chen*, mesmo quando uma vogal posterior o precede, como na palavra *Kuhchen* [kuːçən] ('vaquinha') *vs. Kuchen* [kuxən] ('bolo').

3.3.3 Perda de um fonema

O modo mais óbvio para que um fonema se perca é ser apagado em todos os ambientes. O latim tinha um fonema /h/, que só ocorria em posição inicial de sílaba, mas já tinha se perdido no período do latim vulgar.

---

2. Por exemplo, latim *moneta* > português *mõeda* > *moeda*. A nasalização de õ desapareceu por não estar em sílaba tônica [N.T.].

Palavras com /h/ em latim aparecem em português sem /h/: *hodie* > *hoje*. O espanhol perdeu o /h/ latino tanto quanto o /h/ que derivava originalmente de /f/ em posição inicial: *habere* > *haber* [aber]; *facere* > *hacer* [aθer] ou [aser].

Outro modo de um fonema se perder é pela fusão de dois fonemas. Uma fusão em andamento no inglês americano resulta quando um antigo [ɔ] é pronunciado [ɑ], de modo que o contraste entre [ɔ] e [ɑ] como encontrado em palavras como *caught* vs. *cot* não existe mais para alguns falantes. Esses falantes têm o fonema [ɑ] em palavras como *hawk, bought, fought* onde outros mais conservadores têm [ɔ] nessas palavras. À medida que essa mudança prosseguir, o fonema [ɔ] se perderá nesses dialetos e pode acabar por desaparecer do inglês americano.

A perda de fonemas por fusão leva a menos contrastes numa língua, e alguns pesquisadores têm se perguntado se poderia haver forças que impedissem a fusão e preservassem o contraste, mesmo enquanto a mudança está em curso. Na seção 2.5.5 discutimos uma mutação em cadeia de consoantes que ocorreu nas línguas românicas. Lá vimos que, entre vogais, as oclusivas vozeadas latinas se tornaram fricativas, as oclusivas desvozeadas se tornaram vozeadas, e as oclusivas geminadas desvozeadas se tornaram oclusivas desvozeadas simples. Apesar dessas alterações na realização fonética, as distinções fonêmicas permaneceram intactas, ao menos no começo. Em tal mutação em cadeia, as fronteiras entre categorias fonêmicas exercem um papel na mudança sonora, talvez restringindo-a, talvez também disparando-a. Discutiremos mais essa questão nas seções seguintes, onde vamos examinar mutações em cadeia em sistemas vocálicos.

3.4 MUTAÇÕES VOCÁLICAS

3.4.1 A Grande Mutação Vocálica

Uma das mudanças sonoras mais famosas na história da língua inglesa é a chamada Grande Mutação Vocálica. Ocorreu no início do período moderno, principalmente no século XVI, embora algumas partes da mudança tivessem começado mais cedo e ela ainda hoje não tenha se completado, pelo menos em alguns dialetos. Essa mudança afetou as vogais "tensas" do inglês – vogais que anteriormente tinham sido longas. Cada uma dessas vogais mudou de posição, como se vê na figura 3.1, com as vogais altas se ditongando e todas as demais se tornando mais altas.

Figura 3.1 As mudanças ocorridas na Grande Mutação Vocálica do inglês moderno inicial (1400-1600)

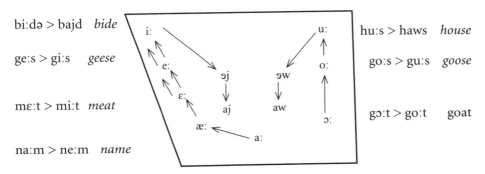

A Grande Mutação Vocálica teve consequências radicais para a correspondência letra-som em inglês (basicamente arruinando-a!) porque a ortografia da língua nunca foi completamente reformada depois que a mutação ocorreu. Como se vê, essa é a razão por que uma só letra, como *i*, pode ser pronunciada [aj] ou [ɪ].

No final do período do inglês médio, havia sete vogais longas, como se mostra em (30) com sua forma fonêmica e um exemplo de inglês médio traduzido em inglês contemporâneo (alguns desses fonemas vocálicos tinham mais de uma grafia).

(30) Vogais anteriores   Vogais posteriores
      /iː/   bide ('esperar')   /uː/   hūs   (house, 'casa')
      /eː/   gees (geese, 'gansos') /oː/   goos   (goose, 'ganso')
      /ɛː/   meat ('carne')   /ɔː/   gote   (goat, 'cabra')
             /aː/   name   ('nome')

Na Grande Mutação Vocálica (ver figura 3.1), cada uma dessas vogais mudou de articulação ou de posição no losango das vogais. As vogais altas longas começaram a se ditongar, à medida que o início da vogal não era produzido na posição alta, mas sim numa posição abaixada e mais central, fazendo [ɪi] > [ɨi] > [əj] para a vogal anterior, e [ʊu] > [ʉu] > [əw] para a vogal posterior. Mais tarde, em diversos dialetos, as vogais altas se tornaram os ditongos [aj] e [aw], como na pronúncia atual de *bide* [bajd] e *house* [haws].

As vogais médias /e:/ e /o:/ foram alçadas e se tornaram as altas /i:/ e /u:/ respectivamente, como se percebe na pronúncia atual de *geese* e *goose*. As vogais médias mais baixas, /ɛ:/ e /ɔ:/ também subiram um degrau para se tornar /e:/ e /o:/. Mais tarde, a vogal média anterior foi alçada ainda mais. A vogal baixa /a:/ foi anteriorizada em /æ:/ e depois alçada para /ɛ:/, só mais tarde terminando como /e:/.

Há vários pontos interessantes a observar acerca dessa mutação vocálica. Primeiro, as vogais anteriores e posteriores sofreram mudanças paralelas, com as vogais altas se ditongando e as demais sendo alçadas. Quaisquer que tenham sido as forças que causaram e impeliram essa mudança, elas se aplicaram igualmente às vogais anteriores e posteriores. Segundo, as vogais média e baixa se moveram cada uma para uma posição mais alta. Está claro que essa mudança foi foneticamente gradual; as vogais não saíram girando pelo espaço, pulando de uma posição para outra. Relatos de observadores da época (de cerca de 1500 a 1700) indicam que havia muita variação e que as mudanças se deram de forma muito gradual (Dobson, 1957). Terceiro, a maioria dos contrastes fonêmicos permaneceram no lugar, muito embora a qualidade fonética das distinções tivesse mudado. As únicas fusões se deram entre as vogais anteriores, quando /e:/ e /ɛ:/ se tornaram /i:/ (tornando *meat* e *meet* homófonos). Pelo fato da maioria dos contrastes fonêmicos ter permanecido, esse conjunto de mudanças é considerado uma mutação em cadeia.

Observando mutações vocálicas e outros tipos de mudanças em cadeia, André Martinet postulou que os fonemas tendem a manter uma distância perceptiva máxima um do outro (Martinet, 1952). Liljencrants e Lindblom (1972) propõem que os sistemas vocálicos são organizados para maximizar o contraste perceptivo em meio aos fonemas vogais. É por isso que a maioria dos sistemas vocálicos incluem as vogais /i/, /u/ e /ɑ/, que são os extremos do espaço vocálico em termos de articulação e percepção. Essa maximização de contraste poderia ser acionada quando mutações vocálicas estão ocorrendo, com as vogais mudando de posição para manter ou realçar o contraste perceptivo. Martinet postulava que numa mutação em cadeia há uma conexão de causa entre as várias mudanças interligadas; em outras palavras, uma mudança dispara outra mudança. Teoricamente, existem duas maneiras para que isso possa acontecer. Primeiro, poderia ocorrer uma mudança pela qual o território fonético de um fonema começa a se aproximar de um fonema vizinho. Nesse caso, por exemplo, se /a:/ é anteriorizado e então começa a se alçar, vai invadir o espaço de /ɛ:/, fazendo provavelmente com que essa vogal também comece a se alçar. Esse tipo de mudança é chamado de *cadeia de empurra* [push chain]. A segunda alternativa é que um fonema mude, deixando uma vaga que permite a um fonema vizinho expandir suas variantes na direção da vaga e possivelmente mudar seu centro de gravidade. Assim, se as vogais altas se ditongarem primeiro, deixando vagas as posições altas, as vogais médias ficam livres para se tornarem mais altas. Esse tipo de mudança é chamado de *cadeia de arrasto* [drag chain].

No caso da Grande Mutação Vocálica, não sabemos a sequência cronológica exata das mudanças, embora pareça que a ditongação e o alçamento das vogais médias mais altas tenham ocorrido antes que as outras mudanças (Dobson, 1957), fazendo dessa mudança uma cadeia de arrasto. Existem, é claro, outras alternativas que envolvem uma mescla de empurra e arrasto. Talvez as vogais médias estivessem se tornando mais altas e as vogais altas se ditongando ao mesmo tempo. Em geral, parece que as cadeias de arrasto (talvez em combinação com as de empurra) são o tipo mais comum. Recorde-se que a mutação em cadeia nas consoantes românicas deve ter começado com a lenição de oclusivas vozeadas em fricativas, deixando aberta a possibilidade de que as oclusivas desvozeadas se tornassem vozeadas. Teria sido também uma cadeia de arrasto. De todo modo, esses tipos de mutações em cadeia demonstram a importância do contraste fonêmico na contenção da mudança fonética. Contudo, não se deve esquecer que as fusões de fonemas ocorrem, de modo que o princípio de manutenção de contraste não é uma cláusula pétrea.

Uma razão por que é importante saber acerca da Grande Mutação Vocálica do inglês moderno inicial é o amplo impacto que ela teve sobre a correlação grafia-pronúncia e a criação de muitas alternâncias em morfemas. Não existiu nenhuma reforma da ortografia depois que a Grande Mutação Vocálica se processou, por isso a ortografia do inglês contemporâneo reflete uma época anterior à mudança. Por conseguinte, um grafema vogal pode ter várias pronúncias, como se vê em todos os modos como o *a* se pronuncia: *same* [ej], *Sam* [æ], *spa* [ɑ]. De igual modo, cada vogal tem pelo menos duas pronúncias principais. Isso porque todas as vogais que antes eram longas mudaram, enquanto as vogais breves, não. No ensino da ortografia do inglês ainda se diferencia as vogais longas das breves, muito embora já não exista contraste de duração vocálica em inglês. Os linguistas usam os termos "tensas" e "frouxas", embora a principal distinção entre os dois tipos de vogais seja distribucional: as vogais rotuladas de "frouxas" não podem ocorrer em sílabas abertas.

As duas (ou mais) pronúncias de cada vogal do inglês às vezes se exibem em alternâncias morfológicas (um tema a ser discutido no capítulo 4). Em verbos, tem-se mudanças de radical como *bite/bit*, *speed/sped* e *sweep/swept* que outrora correspondiam a diferenças de comprimento de vogal, mas hoje implicam também qualidade da vogal. Alternâncias semelhantes podem ser encontradas na morfologia derivacional, em que *decide* com [aj] alterna com *decision* com [ɪ], *nation* com [ej] alterna com *national* com [æ], e *serene* com [ij] alterna com *serenity* com [ɛ]. Todas essas alternâncias e muitas outras semelhantes remotam a uma alternância longa/breve de antes da Grande Mutação Vocálica. Como várias outras mudanças sonoras que serão discutidas no capítulo 4, essa teve um grande impacto sobre palavras morfologicamente aparentadas.

3.4.2 A Mutação Vocálica das Cidades do Norte

Como se notou acima, a Grande Mutação Vocálica se deu dentro do sistema das vogais longas. As vogais breves não foram afetadas ao mesmo tempo. Atualmente, no inglês americano, há uma série de mudanças vocálicas bastante salientes que se processam entre as vogais breves ou frouxas.

As vogais frouxas do inglês americano são aquelas que não podem ocorrer em sílabas abertas: ao contrário, precisam ser seguidas de uma consoante. São elas: /ɪ ɛ æ ɑ ɔ ʌ/. Essas vogais participam de uma mutação em cadeia que foi rotulada de "Mutação Vocálica das Cidades do Norte" (*Northern Cities Vowel Shift*) porque tem sido observada e estudada em Syracuse, Rochester, Buffalo, Cleveland, Detroit e Chicago. Como se trata de uma mudança em progresso, existe variação na extensão com que a mutação avança entre falantes a depender da idade, do gênero, da educação e de outros fatores. Além disso, algumas partes da mutação têm se difundido por outras regiões geográficas. A figura 3.2 mostra essa mudança usando símbolos fonêmicos e itens lexicais para indicar as vogais afetadas. Os números na figura indicam a ordem proposta para que as mudanças tenham ocorrido e a ordem em que as discutiremos.

Figura 3.2 A Mutação Vocálica das Cidades do Norte

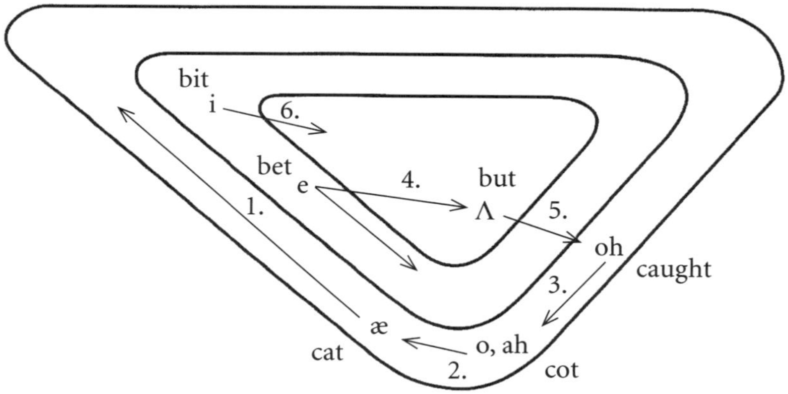

Fonte: Figura 14.1 de Labov, Ash e Boberg, 2006.

Dado que essa mudança começou bem recentemente e tem continuado a afetar mais vogais e mais falantes, os pesquisadores têm podido estudá-la em detalhe. Um modo de estabelecer a ordem em que as mudanças ocorreram é estudar as vogais de falantes de idades diferentes. Os falantes mais velhos terão vogais menos avançadas na mudança do que os mais jovens. Assim, podemos ver a mudança ocorrendo naquilo que se chama de *tempo aparente*. Além disso, como essa mudança vem sendo estudada desde os anos de 1970, também temos dados do tempo real. A síntese a seguir se baseia em Labov (1994):

1) A primeira mutação foi o alçamento de /æ/, como em *cat* ('gato'). O alçamento é mais extremo antes de uma nasal, como em *sandal* ('sândalo'), e depois de uma palatal, como em *Jackie*. A figura 3.2 mostra a vogal movendo-se de uma posição baixa anterior até ultrapassar a posição da vogal média. Como ainda existe muita variação, diferentes falantes podem ter uma vogal mais ou menos alçada. Essa vogal pode até se realizar foneticamente como um ditongo decrescente com um núcleo alto [iᵊ]. Labov caracteriza essa parte da mudança como quase concluída.

2) A segunda fase também está presente nos falantes mais velhos estudados. Implica a anteriorização de [ɑ] como em *cot* ('cabana') ou *Don* em [a] (uma vogal baixa anterior). Na figura, os símbolos fonêmicos /o/ e /ah/ são usados para essa vogal.

3) A terceira fase é a centralização e anteriorização de [ɔ] (representado fonemicamente na figura como /oh/) em [ɑ] ou [a] como em *caught* ('apanhado') ou *bought* ('trazido').

4) Em seguida, a vogal [ɛ] em *bet* ('apostar') (representada como /e/) tem viajado rumo à região central do espaço vocálico, gerando pronúncias como [drʌs] para *dress* ('vestir') e [rʌst] para *rest* ('descansar'). Como mostra a figura, para alguns falantes a vogal é até mais baixa (Labov, 2001: 473). Essa mutação e as duas seguintes são descritas por Labov (1994) como "novas e vigorosas".

5) A vogal central [ʌ], como em *but* ('mas') ou *strut* ('escorar'), está se movendo para a região posterior, onde costumava ficar a vogal de *caught* /ɔ/.

6) A vogal alta frouxa /ɪ/ (representada na figura como /i/) está se tornando mais baixa, aproximando-se da posição em que costumava ficar /ɛ/.

A esta altura deve estar claro que essa série de mudanças constitui uma mutação em cadeia e que, além disso, ao menos partes dela constituem uma cadeia de arrasto. O alçamento de /æ/ abriu espaço na região anterior e /ɑ/ se mudou para essa vaga. Em seguida, a vogal posterior /ɔ/ se mudou para o espaço deixado por /ɑ/.

Mutações desse tipo – em que fonemas invadem ou preenchem o espaço antes ocupado por um fonema diferente – podem causar mal-entendidos entre os dialetos. Minha experiência pessoal como falante do inglês americano do sudoeste ao me mudar para Buffalo (Nova York) nos anos de 1970 foi repleta dessas confusões. Quando me mudei para Buffalo, fui a uma festa onde me apresentaram um homem cujo nome era pronunciado [dan], com uma vogal baixa, mas muito anteriorizada. Fiquei sem saber se o nome dele era *Dan* ou *Don*! Soava mais como *Dan* para mim, mas, quando se compreende a Mutação Vocálica das Cidades do Norte, descobre-se que o nome dele era *Don*.

3.4.3 Princípios gerais de mutações vocálicas

Tal como outras mudanças sonoras que temos discutido, as mutações vocálicas exibem padrões gerais translinguísticos, isto é, mutações semelhantes ocorrem de modo independente em línguas diferentes. Com base em exemplos de mutações vocálicas em diversas línguas (várias delas indo-europeias, mas algumas de outras famílias), Labov (1994: 16ss.) propõe os seguintes três princípios da mutação vocálica:

(31) Princípio I: Em mutações em cadeia, as vogais longas sobem.
    Princípio II: Em mutações em cadeia, as vogais breves baixam.
    Princípio IIa: Em mutações em cadeia, os núcleos de ditongos decrescentes baixam.
    Princípio III: Em mutações em cadeia, as vogais posteriores se movem para a zona anterior.

A Grande Mutação Vocálica, que afetou somente vogais longas, ilustra o Princípio I, pois vimos que todas as vogais – exceto as que já eram maximamente altas – se tornaram mais altas por uma ou mais posições. Um bom número de línguas tem mutações vocálicas que seguem esse padrão. O Princípio II não se sustenta tão bem. Por exemplo, na Mutação Vocálica das Cidades do Norte, a vogal de *cat* sobe, mas as vogais de *bit* e *caught* baixam. O Princípio IIa se refere a ditongos com um núcleo inicial e uma semivogal alta a seguir, como em /ij/ ou /ej/. A tendência é que o núcleo se abaixe, como na Grande Mutação Vocálica, quando /ij/ e /uw/ se tornaram /aj/ e /aw/. Ela se agrupa ao Princípio II porque o núcleo é uma vogal baixa. Essa parte do Princípio II é bem atestada entre línguas, como se vê no trabalho de Labov (1994). O Princípio III dá conta de algumas mudanças na Mutação Vocálica das Cidades do Norte, ou seja, a posteriorização de /ɑ/ em /a/ ou /æ/, mas a centralização da vogal anterior /ɛ/ parece ir contra esse princípio.

Até o momento, não se propôs uma explicação para as mutações vocálicas que englobe todos os casos. Existem, porém, alguns fatores específicos que têm sido enfatizados para discussão. Segundo Labov (1994), a diferença em comportamento de vogais longas e breves é atribuída ao volume de esforço articulatório que entra na produção de vogais longas *vs.* breves. A tese é que a maior amplitude e duração das vogais longas leva sua articulação a ser estendida, não só em termos de altura da língua, mas também em arredondamento dos lábios. Em contrapartida, as vogais breves podem ser mais afetadas pela posição da língua para as consoantes circundantes e, por isso, tendem a se abaixar. Pelo fato de todas as vogais do inglês serem mais longas em sílabas tônicas e em monossílabos, as assim chamadas vogais frouxas não podem realmente ser classificadas como vogais breves no sentido do Princípio II. Estudos sobre a Mutação Vocálica das Cidades do Norte mostram que as vogais com acento primário estão mais avançadas em sua mutação do que as com acento secundário (Labov, 1994: 192), sugerindo que o comprimento é um fator. Outra abordagem para se entender a Mutação Vocálica das Cidades do Norte é distinguir entre vogais mais periféricas (as que estão nos extremos de altura, anterioridade e posterioridade) e as menos periféricas (as que são ligeiramente mais centrais). Propondo essa distinção, Labov descobre que vogais periféricas se alçam e as não periféricas se abaixam. Na figura 3.2, as vogais periféricas estão no triângulo exterior, e as mais centrais se acham nos dois triângulos internos.

Outro fator a considerar é a influência dos ambientes consonantais, que podem servir para disparar uma mutação vocálica. Por exemplo, o alçamento de /æ/, que parece ter dado início à Mutação Vocálica das Cidades do Norte, é mais avançado antes de uma consoante nasal, como em *hand* ('mão'), *can* ('poder') ou *sandal* ('sandália'). É possível que ele tenha começado nesse contexto e em seguida se difundido para outros contextos (Labov, 2010). Outro exemplo pode ser encontrado na anteriorização de /uw/ no sul dos Estados Unidos, bem como no inglês britânico padrão meridional, onde palavras como *tooth* ('dente') e *shoe* ('sapato') são pronunciadas com uma vogal anteriorizada embora preservando o arredondamento original da semivogal, gerando [ɨw] ou [iw] nessas palavras. Essa mudança é mais avançada depois de uma consoante ou semivogal palatais, sugerindo que ela pode ter começado como assimilação ao gesto de língua anteriorizado e então se difundido para outros contextos. Um /l/ subsequente inibe a mudança, provavelmente porque o /l/ do inglês é velarizado, o que significa que o dorso da língua é levantado em sua produção. Assim, o /l/ subsequente manteria a língua posicionada para trás.

Uma explicação alternativa para a anteriorização de /uw/ poderia ser a tendência geral, proposta por Martinet (1952): vogais posteriores tendem a se mudar para a zona anterior. A razão para isso é que o espaço vocálico não é um triângulo simétrico, de modo que existe menos espaço para se fazer distinções vocálicas entre vogais posteriores do que entre vogais anteriores. Dada a necessidade de se manter uma "margem de segurança" perceptiva, Martinet sugere que, se houver vogais posteriores demais, uma ou mais delas poderia se mudar para a zona anterior.

No capítulo anterior, identificamos um grande número de mudanças que foram o resultado da automação da produção, mudanças que envolviam a redução em magnitude de um gesto ou a crescente sobreposição de gestos. Também discutimos um número menor de mudanças que parecem ser exemplos de fortalecimento, ou seja, elas aumentam a magnitude do gesto. Uma questão a considerar rapidamente aqui é se as mutações vocálicas se enquadram em alguma dessas categorias de mudança ou se elas têm um tipo diferente de motivação. Como as causas das mutações vocálicas ainda não são totalmente conhecidas, esta discussão tem de ser algo especulativa. No entanto, podemos dizer o seguinte:

1) Na medida em que mutações vocálicas são motivadas pelas consoantes circundantes, a assimilação, ou a ressincronização de gestos, teria de estar envolvida. Observe-se que na Mutação Vocálica das Cidades do Norte as consoantes circundantes se revelaram um fator de peso no avanço da mutação.

2) Dado que as vogais baixas exigem que o maxilar se abra mais e que a língua se abaixe, e que as vogais altas exigem que o maxilar assim como a língua se levantem, o alçamento das vogais baixas e o abaixamento das altas seriam reduções gestuais.

3) A ditongação, como a encontrada na Grande Mutação Vocálica (por exemplo, [ıi] > [ɨi] > [əj] > [aj]) mostra um abaixamento do ataque [*onset*] da vogal, o que também pode ser visto como uma redução na magnitude do gesto de levantar a língua.

4) A anteriorização e a posteriorização para uma posição central ou neutra também podem ser analisadas como a redução em magnitude do gesto, mas a anteriorização e a posteriorização para além da posição central deve ter outra motivação, talvez assimilação às consoantes circundantes ou fortalecimento.

5) O alçamento ou abaixamento para além da posição da vogal média também seria considerado uma forma de assimilação ou fortalecimento.

Aguardamos investigações ulteriores das mutações vocálicas para entender melhor sua natureza.

Existe alguma comprovação do papel da difusão lexical nas mutações vocálicas. A Grande Mutação Vocálica acabou por afetar todo o léxico do inglês britânico padrão e do americano padrão, mas Ogura et al. (1991) mostram que a pronúncia do que era /iː/ no inglês médio ainda varia entre os dialetos do inglês, e essa variação tem um fator lexical: algumas palavras mudaram mais nesses dialetos do que outras. Estudos do alçamento do /æ/ na Filadélfia mostram que, mesmo com ambientes fonéticos semelhantes, algumas palavras mudaram enquanto outras, não. Assim, *bad*, *mad* e *glad* ('mau', 'louco' e 'feliz') têm consistentemente uma vogal alçada, mas *sad* e *dad* ('triste' e 'papai') em geral, não a têm (Labov, 1994). Em contrapartida, para as outras mutações vocálicas que Labov tem estudado, as condições fonéticas supridas pelas consoantes circundantes parecem ter muito maior importância do que quaisquer efeitos lexicais.

3.5 ORIGEM E EVOLUÇÃO DO ACENTO TÔNICO

O tipo prosódico de uma língua se baseia no modo como a língua usa altura (*pitch*), volume (*loudness*) e duração (o que cria propriedades rítmicas). Muitas línguas europeias (por exemplo, inglês, alemão e grego) são consideradas como dotadas de um acento tônico porque cada palavra tem uma sílaba proeminente que se manifesta como tendo uma altura mais elevada, maior volume e duração mais longa do que as outras sílabas da palavra. Outra possibilidade é o acento de altura, em que a sílaba proeminente pode ter um contraste no nível ou contorno da altura, mas nem todas as palavras ou sílabas têm uma altura atribuída (por exemplo, japonês). Contrastando com esses tipos existem as línguas tonais, em que cada sílaba de uma palavra pode ter um nível ou contorno de altura característico. Como quase sempre nas tipologias, existem também casos intermediários que são difíceis de classificar, como línguas tonais com padrões de tom altamente restritos para as palavras, ou casos de sobreposição, como uma língua tonal que tem também uma sílaba proeminente que é mais longa do que as outras (algumas línguas bantas, como o mwera e o setswana). Nesta seção e na próxima, vamos discutir as fontes das propriedades prosódicas sobre as palavras, padrões comuns de mudança em sistemas prosódicos e a interação de padrões prosódicos com mudança em consoantes e vogais. Não se deve esquecer que sabemos muito menos sobre como o tom e o acento mudam do que sobre como mudam as consoantes e vogais.

As línguas que têm uma sílaba tônica em cada palavra também podem ser de tipos diferentes. Em várias línguas, o acento de palavra é bastante regular e cai sobre uma sílaba específica da palavra, contando-se a partir do início ou do fim da palavra. Esse padrão é chamado de *acento demarcativo*. Por exemplo, o finlandês e o tcheco têm padrões acentuais muito regulares pelos quais o acento cai na primeira sílaba da palavra. O francês e o turco têm acento na última sílaba da palavra. Esses padrões têm a vantagem de assinalar as fronteiras entre as palavras. Outro padrão comum desse tipo é o acento paroxítono, isto é, o acento na penúltima sílaba. Esse padrão se encontra no quíchua e no suaíli. Além desses tipos em que o acento é bastante previsível, existem também línguas em que palavras diferentes têm diferentes padrões acentuais, ou seja, algumas palavras têm acento inicial, algumas, acento final, ou a estrutura morfológica da palavra pode determinar a posição do acento. Esse é o chamado acento lexical ou morfológico.

3.5.1 De onde surgiu o acento tônico?

Uma possível fonte do acento de palavra é a entonação sobre sintagmas (Hyman, 1977). A entonação é o padrão de mudanças de altura que ocorre ao longo de um enunciado, independentemente das palavras ou morfemas particulares que ele contém. Muito frequentemente, a entonação é diferente nas declarações, em contraste com as perguntas. Bolinger (1978) verificou que a entonação nas diferentes línguas geralmente inclui uma sequência alto-baixo no final das declarações, e em várias línguas há também uma altura elevada no início dos enunciados. Hyman postula que a altura elevada no início dos enunciados pode ser reanalisada como uma altura elevada inicial ou acento sobre a primeira sílaba das palavras. A altura elevada descendente no final dos enunciados pode ser reanalisada como acento final ou, se o padrão alto-baixo se distribuir sobre as duas últimas sílabas de uma palavra, o resultado seria o acento paroxítono. Se uma língua não tiver nenhum padrão acentual particular para as palavras (como em mapudungun, uma língua isolada falada no Chile e na Argentina), a produção das palavras isoladas ou nos começos e fins de enunciados produzirá um certo padrão de altura que os falantes podem associar à palavra como seu padrão acentual. Mesmo se uma língua já tiver um padrão de acento tônico ou de altura, ele pode ser substituído por um padrão motivado pela entonação, como parece ter acontecido em tcheco, onde o acento inicial substituiu o sistema altura--acento herdado. Algumas línguas bantas tonais têm uma penúltima sílaba alongada, que poderia ser reanalisada como uma sílaba tônica e que possivelmente substitui o sistema tonal. Portanto, uma possível fonte para o sistema de acento tônico seriam os padrões entoacionais – a altura elevada inicial ou a altura final descendente – que podem ser associados a palavras individuais.

As línguas que desenvolveram recentemente o acento tônico dessa maneira teriam acento demarcativo regular. Uma mudança posterior que ocorre com frequência é o acento demarcativo perder sua previsibilidade estrita por causa de outras mudanças, especialmente apagamentos de vogais, e se tornar um acento lexical ou morfológico. Discutiremos o acento morfológico no próximo capítulo, por isso vamos nos concentrar por ora no acento lexical, usando exemplos do latim.

O padrão acentual regular do latim clássico era que o acento caísse na penúltima sílaba (de palavras com duas ou mais sílabas), a menos que a sílaba fosse leve, isto é, contivesse uma vogal breve numa sílaba aberta, caso em que o acento caía na antepenúltima sílaba (acento proparoxítono). Esse sistema dependia do contraste entre vogais longas e breves. Assim, em palavras como *amāre* ('amar') ou *civitātis* ('cidade'), o acento estava na penúltima sílaba, mas em *popŭlus* ('povo'), o acento recaía na antepenúltima. Mais tarde, à medida que o latim se desenvolvia em espanhol, português e francês, o *u* breve de *popŭlus* se apagou, como também as sílabas finais de *amāre* e *civitātis*. Uma vez que o acento permaneceu na sílaba em que tinha residido antes, a colocação do acento já não era previsível pelas mesmas regras. Assim, em (32) vemos o desenvolvimento do latim para o espanhol e o português (as sílabas tônicas estão sublinhadas):

(32) Latim   Espanhol   Português
      pop*ŭ*lus   p*ue*blo   p*o*vo
      am*ā*re   a*mar*   a*mar*
      civit*ā*tis ciu*dad*   ci*da*de

Como se pode ver nas palavras do espanhol e do português, o acento não é mais previsível pela regra do latim. Assim, o apagamento de vogal, junto com o desaparecimento da distinção entre longas e breves, mudou a natureza do sistema acentual nas línguas românicas. Na próxima seção vamos examinar como e por que isso aconteceu.

3.5.2 Mudanças típicas em sistemas acentuais tônicos

Quando o acento tônico se desenvolve a partir de padrões entonacionais, a expressão inicial do acento é a altura elevada. Mencionamos mais acima, porém, que o volume e a duração também podem distinguir sílabas tônicas de sílabas átonas. A hipótese aventada por Bybee et al. (1998) é que, quando o acento se expressa principalmente por volume alto, o acento pode mudar para sílabas diferentes quando as condições mudam, mas quando se acrescenta a duração como um correlato do acento, ocorrem mudanças em consoantes e vogais que ancoram o acento em seu lugar histórico. Considere-se o turco, língua em que o acento é uma questão de altura elevada. O padrão regular é acentuar a sílaba final de uma palavra. Como o turco tem muitos sufixos, a sílaba final pode ser um morfema diferente em diferentes flexões da mesma raiz, como se vê em (33):

(33) odá   'quarto'
      odadá   'no quarto'
      odadakí   'aquele que está no quarto'
      odadakilér   'aqueles que estão no quarto'

Compare-se essa situação com a do inglês, em que o acento se expressa tanto por meio de duração quanto de altura elevada. O alongamento de sílabas tônicas e o abreviamento das átonas tornam foneticamente muito diferentes as consoantes e vogais de sílabas tônicas e átonas. Por exemplo, compare-se a palavra *attic* [ˈædɪk] ('sótão'), com acento inicial, e *attack* [əˈtæk] ('ataque'), com acento final. Não só as vogais iniciais são muito diferentes, como as consoantes mediais também. Se alguém mudar o acento de *attack*, o ouvinte talvez não saiba de que palavra se trata.

Quando a duração se torna um correlato do acento tônico, várias mudanças ocorrem nas consoantes e vogais: vogais se reduzem em sílabas átonas, vogais se alongam e se ditongam em sílabas tônicas, e consoantes se reduzem no início de sílabas átonas (por exemplo, o /t/ medial de *attic*). Por causa dessas mudanças, o acento pode deixar de ser demarcativo e se tornar, ao contrário, lexical e imprevisível. Tais mudanças ocorreram em línguas românicas e germânicas nos últimos dois mil anos. Nos exemplos em (32), vemos que algumas vogais átonas foram apagadas, em particular vogais finais e vogais subsequentes ao acento, que já eram breves desde sempre. Vogais médias breves se ditongaram em espanhol, como se vê em *pueblo*. À medida que a distinção fonêmica entre vogais longas e breves se perdeu, todas as vogais tônicas se tornaram ligeiramente mais longas do que as átonas.

As línguas germânicas também têm uma distinção fonêmica entre vogais longas e breves, que se transformou em inglês no sistema tensa/frouxa discutido na seção 3.3. Ao mesmo tempo, outras mudanças sugerem que a duração se tornara um correlato do acento. Entre o inglês antigo e o médio, vogais em sílabas átonas foram reduzidas e apagadas. Enquanto o inglês antigo distinguia *a*, *e*, *u* e *o* em sílabas finais, mais adiante todas se fundiram em *e*, que veio a ser pronunciado como um schwa [ə] e depois, em certos casos, desapareceu. Observe-se as seguintes palavras do inglês antigo e médio que exibem a mudança em vogais finais (Mossé, 1952):

(34) | Inglês antigo | Inglês médio | Inglês contemporâneo | | |
|---|---|---|---|---|
| | *sōna* | *sōne* | soon | [sun] | 'cedo' |
| | *dogga* | *dogge* | dog | [dɔg] | 'cão' |
| | *sceadu* | *schāde* | shade | [ʃeɪd] | 'sombra' |
| | *mōdor* | *mōder* | mother | [məðər] | 'mãe' |
| | *macod* | *māked* | made | [meɪd] | 'feito' |

Como se vê pela transcrição fonética do inglês contemporâneo, a vogal átona final foi apagada.

Portanto, uma sequência de mudanças acompanhou a mudança do acento tônico expresso sobretudo pela altura elevada para o acento expresso também pelo alongamento das sílabas tônicas e abreviamento das átonas. Como dito antes, outra consequência da redução e do apagamento da vogal é o desenvolvimento de acento lexical ou imprevisível. Veja os exemplos em (32) novamente. Quando vogais átonas se apagam, o acento não se transfere: ao contrário, ele permanece na sílaba onde estivera diacronicamente. Como essas mudanças todas têm a ver com a duração como correlata do acento, e não só da altura, Bybee et al. (1998) hipotetizaram que as línguas que apresentam acento lexical têm alta probabilidade de sofrer processos condicionados pelo acento, como a redução vocálica. Os autores testaram sua hipótese em 42 línguas selecionadas pela maior distância de relação genética. Os resultados foram coerentes com a hipótese: a redução vocálica foi o processo encontrado com maior assiduidade na pesquisa e ocorreu em línguas com acento lexical com frequência significativamente mais elevada do que em línguas com acento previsível. O alongamento vocálico e as mudanças consonantais condicionadas pelo acento não foram tão frequentes, mas também foram mais comuns do que em línguas com acento lexical ou imprevisível. Portanto, os dados translinguísticos sustentam a hipótese diacrônica proposta: a de que o desenvolvimento da duração como correlata do acento leva a mudanças em vogais e consoantes, e essas, por sua vez, ancoram o acento nas sílabas de modo que ele não terá chance de se mover se as condições na palavra mudarem.

3.6 DESENVOLVIMENTO DE TOM E MUDANÇAS TONAIS

Tal como vimos, em línguas com acento tônico existe uma sílaba por palavra que tem proeminência especial expressa por alguma combinação de altura, volume e duração. Em contrapartida, numa língua tonal, cada sílaba tem um nível de altura (como alto ou baixo) ou contorno (como ascendente ou descendente) característico. Duas palavras com a mesma estrutura segmental podem ter padrões tonais diferentes que as mantêm distintas. Esses padrões de altura normalmente não são acompanhados de diferenças de volume ou duração, embora haja algumas línguas que usam tanto a proeminência tonal quanto a acentual. Em muitas línguas tonais, podemos encontrar palavras que se distinguem unicamente por diferenças em seus padrões tonais. A língua nigeriana igala (Volta-Níger) tem três tons, um alto (A *á*), um médio (M *ā*) e um baixo (B *à*) que distinguem palavras como as seguintes (Welmers, 1973):

(35)   *áwó*   'galinha-d'angola'   *àwó*   'bofetada'
       áwō   'aumento'   *àwō*   'pente'
       áwò   'buraco (numa árvore)'   *àwò*   'estrela'

Como nesse exemplo, várias línguas africanas têm dois ou três níveis de tons e algumas também têm níveis de contorno, nos quais há uma mudança de altura. Muitas línguas asiáticas, como o chinês mandarim e suas irmãs, são línguas tonais e têm tipicamente contornos tonais junto com níveis tonais.

3.6.1 Tonogênese: como os tons surgem das consoantes

Nas últimas décadas, a questão de como as línguas adquirem tons tem sido um tema de pesquisa que vem produzindo interessantes resultados, de modo que hoje compreendemos muito melhor o fenômeno. Há muito mais de um século, os pesquisadores observaram que os tons alto e baixo correspondiam diacronicamente a distinções entre consoantes desvozeadas e vozeadas. Ou seja, onde uma língua tem uma distinção de vozeamento em consoantes iniciais, outra língua aparentada tem uma distinção entre tom alto e tom baixo.

A pesquisa ulterior sobre as línguas da família mon-khmer tem indicado que as distinções de tom nem sempre provêm diretamente de distinções no vozeamento do ataque, mas frequentemente atravessam um estágio com distinções na qualidade da voz (Thurgood, 2002). De fato, em diversas línguas tonais, as diferenças de altura são acompanhadas por diferenças na qualidade da voz (às vezes chamada de *registro*). Pelo fato de o vozeamento do ataque da consoante, a altura e a qualidade da voz (por exemplo, modal ou normal, soprosa [*breathy*] ou crepitante [*creaky*]) serem todos controlados pela laringe, Thurgood oferece uma "explicação laríngea" da tonogênese nessas línguas (Thurgood, 2007: 268-269). O padrão mais comum é que as vogais depois de ataques vozeados tenham qualidade de voz mais soprosa e altura mais baixa, em contraste com vogais depois de ataques não vozeados, que têm uma qualidade de voz modal (normal) e altura mais elevada. Essas diferenças na qualidade da voz são a chave para se entender como o vozeamento das consoantes dá origem a tons, porque embora o ataque de uma vogal subsequente a uma consoante desvozeada tenha uma altura mais elevada do que o ataque de uma vogal subsequente a uma consoante vozeada, essas diferenças sozinhas provavelmente não são salientes o bastante para levar ao desenvolvimento de tons (Thurgood, 2007: 268-269). Quando, durante uma oclusão vozeada, ocorre um relaxamento dos músculos que controlam as pregas vocais, isso cria uma abertura ligeiramente maior das pregas, o que pode ter o efeito de produzir uma articulação mais soprosa do ataque. A altura da vogal subsequente também é rebaixada. A consoante soprosa pode vir a se tornar desvozeada e se fundir com as consoantes desvozeadas no sistema, enquanto a vogal soprosa e de tom baixo mantém o contraste entre palavras com consoantes que eram anteriormente vozeadas e as que eram desvozeadas. Um desdobramento ulterior comum é a perda da soprosidade com a permanência apenas da altura rebaixada.

Uma forte comprovação para essa sequência de eventos sugerida provém de estudos de dialetos da mesma família, como os dialetos do khmu, uma língua aparentada ao khmer e ao vietnamita, estudada por Suwilai Premsriat (2004). Esses dialetos representam todos os estágios no desenvolvimento do tom: um estágio inicial com um contraste de vozeamento do ataque, [glaːŋ] ('pedra') *vs.* [klaːŋ] ('águia'); um estágio intermediário com voz soprosa onde antes estava o ataque vozeado, [kla̤ːŋ] *vs.* [klaːŋ]; e um estágio final sem nenhuma voz soprosa mas um contraste de tom, [klàːŋ] *vs.* [klâːŋ].

Há casos em que a perda da consoante final levou a mudanças em altura. A redução da articulação oral (a debucalização, ver seção 2.5.3) das consoantes finais conservou apenas suas qualidades laríngeas, as quais, como no caso das consoantes iniciais, incluíam soprosidade, voz crepitosa e distinções de altura. Por exemplo, quando uma fricativa se reduz a [h] e depois o [h] se apaga, isso deixa uma altura baixa, que faz do tom precedente um tom descendente. Assim, a palavra vietnamita para 'lenha', *cùi*, com um tom descendente e nenhuma consoante final, corresponde na língua aparentada thavung a *kuyh* ou *kuuʃ* com o mesmo significado.

Embora o desenvolvimento de tons a partir de consoantes possa parecer um tipo de mudança muito exótico, todos os mecanismos implicados se enquadram em duas categorias que já nos são familiares: redução e fonologização.

Tabela 3.1 Monossilabização em vietnamita

Ruc	Vietnamita	Glosa
kŭcit[3]	cɛt[3] *(chết)*	'morrer'
ĭcim[1]	cim[1] *(chim)*	'pássaro'
rə̆ka[1]	ɣa[2] *(gà)*	'galinha'
kăhɔy[3]	kʰɔi[3] *(khói)*	'fumaça'

Redução: Muito do trabalho sobre tonogênese tem sido feito sobre o vietnamita e línguas mon-khmer aparentadas. Fica claro ao se comparar as línguas aparentadas que o vietnamita em particular sofreu redução fonológica extrema, de uma língua com palavras majoritariamente dissílabas para uma língua com palavras majoritariamente monossílabas. Pode-se ver isso na tabela 3.1, extraída de Stebbins (2010), em que palavras cognatas em ruc, uma língua muito próxima do vietnamita, são comparadas com as vietnamitas. O que se pode observar é que palavras de duas sílabas em ruc têm só uma sílaba em vietnamita, e que a sílaba que é preservada é a final. A razão para isso é que a sílaba final tinha o acento primário e a primeira sílaba, átona, se perdeu. (Dados do vietnamita de Stebbins, 2010: 58; e do ruc, Hayes, 1992.)

Junto com a redução que conduz a palavras monossílabas, o vietnamita e línguas aparentadas sofreram perda de consoante na sílaba remanescente. Como mencionado acima, a perda do contraste de vozeamento se deu enquanto as consoantes vozeadas se tornavam soprosas e depois desvozeadas. Essa mudança pode ser caracterizada como a redução na magnitude do gesto (o tensionamento do músculo laríngeo específico, o músculo cricotireoídeo) que aproxima as pregas vocais para produzir o vozeamento.

O vietnamita está agora num estágio em que a voz crepitante derivada da perda da oclusiva glotal final também está se perdendo. Esses padrões de perda com outras reduções está afetando palavras de frequência alta antes de palavras de frequência baixa (Stebbins, 2010). Stebbins também sublinha que essas mudanças são unidirecionais. Não sabemos de nenhum caso em que tons se perdem e consoantes emergem. Esse fato também qualifica essas mudanças como redutivas.

Fonologização: A transferência de contraste de vozeamento consonantal para qualidade de voz (ou registro) e para tom alto e baixo é um caso clássico de fonologização. À medida que um conjunto de configurações gestuais contrastivas se reduz, outro conjunto assume o papel de distinguir palavras.

3.6.2 Mudanças de tom

Como se poderia esperar, quando tons ocorrem em sequência dentro de palavras e entre palavras, eles podem mudar por causa dos tons ou pausas circundantes. Em certos aspectos, essas mudanças se assemelham às mudanças em consoantes e vogais que examinamos neste capítulo e no anterior, e em outros aspectos elas são bem diferentes. Nesta seção, resenhamos algumas das tendências gerais que têm sido encontradas nos modos como os tons mudam.

Um tipo de mudança em tons que é superficialmente semelhante a mudanças segmentais é uma mudança em altura, quando uma sequência B-A (baixo-alto) se torna M-A (médio-alto) ou B-M (baixo-médio). Em outras palavras, o B é elevado antes de um A ou o A é baixado antes de um B. Hyman e Tadadjeu (1976) compararam mais de vinte línguas bantas da savana oriental para entender as mudanças que elas sofreram. Uma mudança que pode ser vista é esse tipo de assimilação "vertical". No dialeto mais conservador, o mankon, a palavra de três sílabas para 'dente' é *nìsɔ̀ŋɔ́*, com o padrão tonal B-B-A. Em outro dialeto, o mbui, a palavra cognata tem duas sílabas, *nìsɔ̀ŋ*, com um padrão tonal de superfície M-M. Hyman e Tadadjeu postulam que a sequência de mudanças em mbui foi B-B-A > B-BA (em que BA é um tom de contorno ascendente) > M-M com os dois tons se ajustando. Hyman (2007) observa que mudanças da sequência B-A para M-A ou B-M são muito mais comuns do que mudanças que envolvem a sequência A-B. A estabilidade de sequências A-B é enfatizada por outro fenômeno pelo qual o A em sequências assim se torna na verdade super-alto. Desse modo, na palavra do engenni *únwónì* ('boca'), o segundo A é super-alto (Hyman, 2007).

Um tipo ainda mais comum de mudança de tom é a chamada *difusão de tom* ou assimilação horizontal. É uma mudança perseverativa pela qual o tom de uma sílaba se difunde sobre a sílaba seguinte. A comprovação para esse tipo de mudança vem de alternâncias sincrônicas, como a que se encontra na língua bamileke (região de Batcham, banto das savanas orientais), onde o substantivo *kã́*, 'caranguejo', que tem um tom alto no singular, apresenta um tom ascendente tão logo se acrescenta o prefixo do plural com seu tom baixo: *mɔ̀kã̌*, 'caranguejos'. Nesse exemplo, um tom ascendente é criado porque o tom baixo do prefixo se difunde parcialmente para a sílaba seguinte. Em outros casos, um tom pode se difundir sobre várias sílabas sucessivas, como no exemplo (36a) do nguni (região de Ndebele, banto), em que o tom alto do prefixo se difunde até a antepenúltima sílaba, de modo que, quanto mais sufixos forem acrescentados, mais para diante se difunde o tom A (Hyman, 2011):

(36) a. Ndebele   b. Zulu
      ú-kú-hlek-a   u-kú-hlek-a   'rir'
      ú-kú-hlék-is-a   u-ku-hlék-is-a   'divertir (fazer rir)'
      ú-kú-hlék-ís-an-a   u-ku-hlek-ís-an-a   'divertir-se (um ao outro)'

Comparando as formas do ndebele com as cognatas do zulu, vemos que o A se difunde para se transferir para a antepenúltima sílaba. No entanto, essa transferência ocorreu primeiro através de difusão e depois através de mudança de todos os tons de A para B, exceto os dois últimos. A difusão do tom alto nesse caso parece ser mais comum do que casos em que um tom B ou M se difunde. O interessante é que ela também é perseverativa, e não antecipatória, o que a torna diferente da assimilação segmental (Hyman, 2007).

Outro modo como as mudanças de tom diferem das mudanças segmentais é que, quando se perde a vogal ou sílaba sobre a qual reside um tom (por meio do tipo habitual de processos de lenição discutidos na seção 2.5), o tom pode permanecer, movendo-se para uma sílaba adjacente. Quando isso acontece, se o tom da sílaba adjacente for o mesmo, ele será absorvido sem deixar vestígio. Mas se o tom for diferente, então pode se criar um tom de contorno, que pode permanecer ou sofrer simplificação ulterior (Hyman e Tadadjeu, 1976). Outro resultado possível é o que se conhece em fonologia sincrônica como *tom flutuante* – um tom cujo impacto pode ser observado ainda que não tenha nenhum material segmental associado exclusivamente a ele.

Hyman e Tadadjeu (1976) estudaram a construção associativa nas línguas bantas das savanas orientais mencionadas acima. Conseguiram reconstruir marcadores gramaticais dessa construção (que difere segundo a classe do nome) que foram apagados na maioria dos dialetos, enquanto o efeito do tom permanece. Por exemplo, no babete a palavra para 'estrangeiros' quando produzida isoladamente tem dois tons B, *pòyù*, mas quando ela está na construção associativa com uma palavra como 'mensagem', *ŋkù*, o sintagma é *ŋkù póyù*, 'a mensagem dos estrangeiros', com um tom A na primeira sílaba (o prefixo) de 'estrangeiros'. De onde veio esse A? Hyman e Tadadjeu e outros especialistas nessas línguas reconstruíram um marcador gramatical dessa construção que tinha um tom A nessa classe de nomes. Embora o marcador segmental tenha desaparecido, o tom A que ele tinha antes se transferiu para a primeira sílaba do segundo nome. Ao comparar diversas línguas, os pesquisadores conseguem reconstruir os marcadores associativos para todas as classes de nomes, incluindo seus tons, e podem prever o comportamento de cada classe de nomes nesta construção.

3.6.3 Entonação interagindo com tom

Em muitas línguas tonais africanas, mudanças de altura semelhantes a entonação ocorrem sobre um grupo de respiração de um enunciado, isto é, a cadeia de palavras entre pausas. O padrão típico é chamado de *downdrift* ('deriva descendente') porque as alturas dos tons gradualmente se movem para baixo à medida que o enunciado prossegue e porque um tom A que vem depois de um B não é tão alto quanto os A anteriores. Uma sequência B-B ou A-A não se abaixa, só o A depois de um B, dando um padrão como (37):

(37)   A
```
                A
        B               A
                B
                            B
```

Numa sequência como essa, se a sílaba que comporta um tom B for apagada, o próximo A não se eleva ao nível do precedente: ao contrário, permanece em sua altura rebaixada. Esse A rebaixado é chamado de *downstep* ('um passo abaixo'). Por exemplo, em akan (uma língua de Gana), quando o pronome possessivo /mí/ ('meu') se combina com o nome /ɔ̀-bʊ́/ ('pedra'), o prefixo nominal /ɔ̀-/ é apagado. No entanto, o A do nome permanece em sua altura que sofreu *downstep*, produzindo /mí ↓bʊ́/, em que ↓ indica um A rebaixado (Schachter e Fromkin, 1968). De fato, esse processo cria um novo tom na superfície e, em algumas línguas, essa pode ser a fonte de um novo tom médio. É mais um exemplo que ilustra a estabilidade dos tons quando as mudanças ocorrem nas vogais.

3.6.4 Redução de tom

Na seção 2.9, discutimos alguns casos de redução especial, nos quais uma palavra ou sintagma de frequência alta sofre uma redução que não é necessariamente geral na língua na época. Essa redução também se dá com os tons. Por exemplo, no chinês mandarim, em que existem quatro tons contrastivos – um tom de nível alto e três tons de contorno –, se uma sílaba tiver um acento fraco ou for átona, ela perde sua altura contrastiva e é classificada como tendo um tom neutro (Li e Thompson, 1981). O marcador de negação *bu* ('não'), que pode ter um tom ascendente ou descendente, é normalmente produzido com tom neutro em ritmos de conversa normal e quando não se pretende dar ênfase (Wiedenhof, 1995). Outro exemplo mais complexo de uma mudança que está em andamento agora no mandarim falado envolve o numeral 1, yi^{55}, com um tom de nível alto que frequentemente precede o classificador ge^{51}, que tem um tom alto descendente. Nessa combinação, seguindo o padrão regular, o numeral tem um tom ascendente: yi^{35}. Numa construção com um nome, em que ele significa 'um N', ocorre a seguinte mudança (Tao, 2006):

(38) $yi^{55} + ge^{51} + N > yi^{35} ge^{51} + N$

Como essa combinação é usada com muita frequência numa função semelhante ao do artigo indefinido *um* do português, a segunda parte, o classificador, se reduz, perdendo seu tom para ter apenas o tom neutro e reduzindo a vogal a um schwa:

(39) $yi^{55} + ge^{51} + N > yi^{35} gə + N$

Numa redução mais avançada, a consoante /g/ pode se tornar uma semivogal e se apagar, e o schwa pode também se apagar, deixando apenas yi^{35}, que, em vez de ter seu tom 55 original, tem agora um tom imutável 35, mas só onde antes ele era seguido de ge^{51} e só onde é usado na nova função de artigo indefinido.

3.7 MUDANÇAS ESPECÍFICAS A CERTAS LÍNGUAS

As mudanças sonoras que temos discutido até agora são mudanças que podem ser documentadas em línguas diferentes, não aparentadas, e portanto podem ser teorizadas como decorrentes de princípios fonéticos universais, mesmo que não tenhamos confirmado a natureza desses princípios em todos os casos. A literatura sobre mudança sonora também inclui outras mudanças que são influenciadas por fatores específicos às línguas e que podem não seguir a mesma direção entre as línguas. Várias dessas mudanças também não são regulares dentro do léxico, isto é, só afetam algumas palavras. Mesmo nesses casos, porém, conseguimos identificar certas condições que levam a mudanças que são semelhantes entre as línguas.

3.7.1 Dissimilação

Na seção 2.2, observamos que as assimilações são casos em que um segmento se torna mais semelhante a um segmento adjacente ou próximo. A dissimilação é, nesse sentido, o oposto, já que o termo se refere a casos em que um segmento se torna diferente de um próximo. No entanto, a dissimilação não é somente o oposto da assimilação porque não ocorre sob as mesmas condições nem da mesma maneira. Por um lado, o ambiente condicionador quase nunca é contíguo ao ponto em que a mudança ocorre; ao contrário, ele fica separado do segmento em mudança por um ou mais segmentos. Por outro lado, as dissimilações em geral não são lexicalmente regulares[3]. Além disso, o mecanismo de ressincronização não parece aplicável às dissimilações; relacionado a esse aspecto está o fato de que o resultado da dissimilação parece ser sempre um segmento que já existia na língua, diferentemente da assimilação, que pode criar segmentos novos. Por fim, as dissimilações são bastante raras se comparadas às assimilações. Vamos começar com alguns exemplos e depois examinar possíveis explicações para a dissimilação.

As dissimilações frequentemente envolvem palavras que têm mais do que uma consoante líquida. Um exemplo famoso ocorre em latim, onde o sufixo *-alis*, como em *liberalis*, se torna *-aris* quando o radical termina em *-l*, como em *popularis* ('popular'). Essa alternância no sufixo era bastante regular em latim e sobreviveu quando palavras com o sufixo foram tomadas de empréstimo por outras línguas, como o português, em que encontramos *nacional, ocidental, animal* em contraponto a *regular, velar, tubular*. Outros exemplos de dissimilação semelhante ocorreram enquanto o latim se desenvolvia nas línguas românicas. O latim *peregrinus* se tornou o italiano *pellegrino*[4]. Muitos exemplos podem ser encontrados na passagem do latim ao espanhol, como mostrado em (40), em que vemos que palavras com duas ocorrências de /r/ frequentemente mudaram o segundo para /l/,

---

3. Um exemplo de dissimilação que é lexicalmente regular é a que atingiu o ditongo [ej] no português europeu, que se tornou [ɐj] em todas as palavras que o contêm: *queijo* [kɐjʒu]. O mesmo fenômeno se deu em alemão: *Ei* [ɐj] ('ovo'), *Stein* [ʃtɐjn] ('pedra'), *sein* [zɐjn] ('ser') etc. No português brasileiro, ao contrário, o ditongo [ej] sofre assimilação quando ocorre diante de consoantes palatais e da vibrante [r]: *queijo* [keʒu], *peixe* [peʃi], *cheiro* [ʃeru], mas *jeito* [ʒejtu], *amei* [amej], *meigo* [mejgu] etc. [N.T.].

4. Em português existiram as formas *pellegrino* e *piligrino*, mas no século XVI, quando a língua sofreu um processo de gramatização e de regulação ortográfica, a forma *peregrino*, mais próxima do étimo latino, foi imposta como a única correta. Em variedades populares nordestinas se encontra ainda a forma *piligrino* [N.T.].

mas há também um caso (o último exemplo) em que o segundo /l/ de uma palavra se tornou /r/[5]:

(40) Latim   Espanhol
      arbor   *árbol*   'árvore'
      robre   *roble*   'carvalho'
      marmore *mármol*   'mármore'
      carcere *cárcel*   'cárcere'
      locale   *lugar*   'lugar'

Uma explicação oferecida por John Ohala para essas dissimilações pode ser rotulada de hipercorreção perceptiva (Ohala, 2003). Sua hipótese se baseia na descoberta de que os ouvintes *normalizam* o fluxo de fala iminente filtrando traços previsíveis que não são parte do contraste fonêmico. A hipótese de Ohala é que os ouvintes às vezes normalizam incorretamente. Como a qualidade rótica do /r/ pode se estender sobre mais de um segmento, o ouvinte erroneamente conclui que o segundo /r/ nas primeiras quatro palavras acima soa como um /r/ por causa dos traços estendidos desde o primeiro /r/. A teoria de Ohala prevê que os traços que se dissimilam são os que podem se difundir sobre vários segmentos como o traço rótico dos exemplos. Essa previsão ainda precisa ser testada. Ele também prevê que a dissimilação ocorre somente dentro de palavras, já que a normalização é uma função da decodificação de palavras particulares. Essa previsão parece estar correta, e poderíamos observar, além disso, que a explicação pela interpretação equivocada implicaria que a mudança seria feita palavra por palavra e não acabaria se tornando regular. Outra previsão que parece correta é a de que um segmento novo não é criado, como frequentemente se dá com a assimilação. A razão para isso é que o ouvinte está tentando identificar que segmentos (dentre os existentes na língua) ele está ouvindo. Ohala

---

5. Em português temos *coronel*, do latim *colonellu-*, e *caramelo*, do latim *calamellu-*, em que o primeiro /l/ foi dissimilado em /r/. A forma antiga *aluguer* (variante de *aluguel*) também apresenta o mesmo fenômeno. O inglês *colonel*, apesar do primeiro *l* da escrita, se pronuncia ['kɚnl], conforme uma grafia *coronel*, que existiu até o século XVII [N.T.]

também prevê que o ambiente condicionador não desaparece na mudança, como se passa frequentemente com a assimilação.

Outros traços que parecem ser afetados por um tipo de dissimilação são os traços dos estados laríngeos, como a aspiração ou a laringalização de obstruintes. Um caso famoso que afeta tanto o sânscrito quanto o grego é a desaspiração de oclusivas aspiradas quando há uma oclusiva aspirada subsequente na mesma palavra. No grego antigo, essa dissimilação é visível em formas flexionadas, como as que têm reduplicação. Quando um verbo com uma consoante inicial aspirada é reduplicado, o prefixo reduplicado tem uma oclusiva desvozeada "básica", por exemplo: *tí-thē-mi* ('posto') e *pé-phūka* ('convertido'). Em radicais que têm duas oclusivas aspiradas, a segunda é não aspirada se uma consoante como /s/ se lhe seguir, de modo que a oclusiva aspirada inicial aparece, mas se a segunda permanece aspirada, a primeira se torna não aspirada, assim: *thrík-s* ('cabelo', nominativo singular) e *trikh-ós* ('cabelo', genitivo singular) (Beekes, 1995). Esse padrão, contudo, não é completamente regular (Buck, 1933). Outras línguas também têm restrições sobre a presença de duas consoantes produzidas com alguns estados laríngeos na mesma palavra ou raiz. O hauçá (Newman, 2000) e o maia iucateque não podem ter duas consoantes glotalizadas na mesma palavra a menos que sejam idênticas. Relata-se que o quíchua também só tem uma consoante glotalizada por palavra. Observe-se que, em todos esses casos, o resultado é sempre uma consoante "básica". Não ocorrem casos em que haveria duas consoantes básicas se dissimilando, de modo que uma se tornasse ejetiva ou aspirada. Assim, parece que a dissimilação que envolve traços laríngeos poderia ser parcialmente motivada por redução, na qual um estado ou sequência laringal mais complexa se torna simples.

Segundo Ohala, outros traços que podem ser afetados por dissimilação são a palatalização, a labialização e a faringalização. Como a dissimilação é bastante rara e frequentemente não regular dentro do léxico, é possível que não haja uma única explicação que dê conta de todos os casos.

3.7.2 Metátese

A metátese fica evidente na notação alfabética quando se vê que um segmento trocou de lugar com um segmento contíguo. Assim se passou em português: na transição do latim ao português, os grupos /rj/, /pj/ e /sj/ sofreram metátese, com a transposição da semivogal: *riparia* > *ribaira > *ribeira*; *apiu-* > *aipo*; *basiu-* > **baisu-* > *beijo*. Consideramos tratar-se de uma ressincronização porque parece ser uma continuação da ressincronização antecipatória da semivogal palatal, que teve tamanho impacto na fonologia românica. Outros casos, porém, não são ressincronizações articulatórias tão óbvias: ao contrário, como argumentaram alguns pesquisadores, eles sobrevêm por causa de dificuldades perceptivas.

Investigações sobre a metátese têm mostrado que ela pode ser lexicalmente regular como também esporádica, e pode ir em diferentes direções em línguas diferentes. Tem se observado também que a metátese tende a ocorrer em sequências com traços específicos como glotais, líquidas e semivogais (Blevins e Garrett, 1998; Hume, 2004). Uma questão importante sobre a metátese é se ela é foneticamente gradual, com estágios intermediários, ou foneticamente abrupta, com um segmento saltando, por assim dizer, sobre o outro. A metátese consoante-vogal (C-V) parece ser gradual, como quando a sequência /rV/ em inglês se metatetiza em /Vr/ em casos como *pretty* ('bonito', usado como advérbio intensificador com o sentido de 'bastante') que se pronuncia [pəɹɾi]. Aqui, a qualidade rótica se funde com a vogal, e fica somente a ilusão do /ɹ/ seguindo a vogal. Esse, é claro, pode ser um tipo de redução, já que ocorre principalmente em palavras de frequência alta.

Hume (2004) sublinha a natureza da metátese como fenômeno específico a uma língua mostrando línguas em que a direção da mudança é a oposta. Em húngaro, quando a palavra *teher* ('carga') assume o sufixo plural *-ek*, a ausência da segunda vogal traz consigo a sequência *-hr-*, produzindo *tehrek. No entanto, essa forma foi afetada pela metátese, dando *terhek* para o plural. Essa metátese afeta outras que teriam um /r/ ou semivogal em contato com /h/. Em contraste, situação semelhante em pawnee (língua caddoana, Estados Unidos) mostra uma direção oposta da mudança. Quando a sequência /rh/ surge em combinação de morfemas, ela muda em /hr/: *ti-ir-hisask-hus* > *tihirisasku* ('ele é chamado'). Supondo em ambos os casos que a análise sincrônica reflita uma mudança diacrônica, parece que a metátese pode ir em ambas as direções.

Uma metátese envolvendo consoantes coronais estridentes ocorre regularmente em certos paradigmas verbais do hebraico moderno. Algumas formas dos verbos perfectivos assumem um prefixo que normalmente tem a forma /hit/, como se vê em (41a), mas quando o radical começa com uma coronal estridente, a consoante muda de lugar com o /t/ do prefixo, que concorda em vozeamento com a consoante do radical, como se vê em (41b):

(41) Sequência de morfemas   Forma de superfície
  a) hit-nakem   hinakem   'ele se vingou'
      hit-raxec   hitraxec 'ele se lavou'
      hit-balet   hidbalet 'ele ficou proeminente'
      hit-darder hiddarder 'ele declinou'
  b) hit-sader   histader 'ele ficou organizado'
      hit-zaken   hizdaden 'ele envelheceu'
      hit-calem   hictalem 'ele tirou fotos de si mesmo'
      hit-ʃamer   hiʃtamer 'ele se preservou'

A hipótese de Hume acerca da origem da metátese tem duas partes. Primeiro, os traços que são atribuídos a uma ordem diferente são traços que podem se difundir sobre mais de um segmento, tornando difícil sua atribuição a um segmento. Esse fator é semelhante ao que Ohala propõe para as dissimilações – uma dificuldade em percepção que atrapalha saber qual traço pertence a qual segmento. Segundo, Hume propõe que os falantes tendem a interpretar a sequência ambígua na ordem que lhes é mais familiar – a sequência que é mais comum em sua língua. Isso explicaria por que a metátese pode ir numa direção numa língua e numa direção diferente em outra língua: dependeria apenas de qual sequência é mais comum na língua. Por exemplo, no caso do hebraico moderno, as sequências com a coronal estridente antes de /t/ são muito mais comuns do que a ordem inversa. Veremos na próxima seção que existem outras tendências motivadas por uma propensão a substituir uma sequência menos comum por uma mais comum.

A hipótese de Hume, portanto, explica por que existem certos traços envolvidos em metátese (em vários casos, os mesmos traços encontrados em dissimilação) e por que a metátese pode ir em direções opostas em línguas diferentes. Tal como a dissimilação, a metátese ocorre dentro de palavras e é frequentemente esporádica, só afetando algumas palavras do léxico.

3.7.3 Mudanças com motivação fonotática

Frequentemente, mudanças difíceis de explicar com base na fonética translinguística podem ser motivadas pela familiaridade que os falantes têm com certas sequências fonotáticas em sua língua. Sequências raras podem ser substituídas por outras mais comuns, especialmente as que ocorrem em mais palavras ou têm uma frequência de tipo mais alta. Veremos em nossa discussão em capítulos posteriores que uma alta frequência de tipo leva à produtividade na morfologia e na sintaxe, e nos casos a examinar aqui, tanto quanto na metátese, que acabamos de discutir, ela parece afetar também mudanças na fonologia.

Por toda a América Latina de língua espanhola, há uma tendência em alguns dialetos a usar um /k/ em final de sílaba antes de /t/ ou /s/ em palavras grafadas com /p/, como em *concepto*, pronunciado *conce[k]to*. Essa tendência tem atraído muita atenção desde a introdução do refrigerante Pepsi nesses países. Tantos falantes substituem o segundo /p/ de Pepsi por um /k/ que em 2010 uma publicidade oficial da bebida começou a escrever o nome como *Pecsi*. Uma propaganda diz: *Si tomás Pecsi, ahorrás* ("Se você toma Pecsi, você poupa"), e abaixo dessa frase também aparece: *Si tomás Pepsi, también* ("Se toma Pepsi, também"). (Você pode buscar "Pecsi" no Google e ver exemplos da propaganda.) Uma mudança de uma labial para uma velar decerto não é uma mudança gradual foneticamente condicionada – então, qual é a motivação para essa pronúncia? E.L. Brown (2006) estudou a frequência de ocorrência [*token*] e de tipo [*type*] de /p/ e /k/ finais de sílaba no Corpus de Español e descobriu que uma oclusiva velar final de sílaba é sete vezes mais frequente em textos do que uma oclusiva labial final de sílaba. Além disso, as oclusivas velares em final de sílaba ocorrem em quatro vezes mais palavras do que as oclusivas labiais em final de sílaba. Portanto, a reação de um falante de espanhol a esse encontro raro pode muito bem ser alterá-lo para algo mais familiar. No espanhol falado na Espanha, surgiu outra reação: os falantes simplesmente omitem o /p/ e dizem "Pessi" (você pode encontrar um vídeo no YouTube de um comercial da Pepsi com o jogador de futebol Fernando Torres dizendo "Pessi" em vez de "Pepsi", em http://www.youtube.com/watch?=RwoLKc6udR0).

Uma mudança baseada em padrões fonotáticos comuns tem em comum com a metátese e a dissimilação o fato de poder ser lexicalmente esporádica, reutilizar segmentos já existentes na língua, ocorrer de maneira foneticamente abrupta e não se mover na mesma direção entre as línguas. A natureza intralinguística específica da mudança tem a ver com o fato de que padrões fonotáticos específicos da língua estão dirigindo seu resultado.

3.8 CAUSAS DA MUDANÇA SONORA E DA MUDANÇA FONOLÓGICA

Neste capítulo e no anterior, abordamos um amplo espectro de tipos diferentes de mudança sonora. No capítulo 2, nos concentramos nas mudanças por assimilação (ressincronização) e por lenição (redução). Essas mudanças tendem a ser lexicalmente regulares, foneticamente graduais e semelhantes entre as línguas. Neste capítulo, discutimos outras mudanças que são regulares, graduais e semelhantes translinguisticamente: mutações vocálicas, mudanças relacionadas ao acento tônico, tonogênese e mudanças em tons. A seção 3.7 tratou de mudanças que parecem mais específicas a cada língua em sua motivação: dissimilação, metátese e mudanças motivadas pela fonotática. Na medida em que esses tipos de mudança são diferentes, esperamos encontrar causas diferentes para eles.

Enquanto prosseguíamos pela discussão, mencionei algumas outras características da mudança sonora que podiam diferir segundo os tipos de mudança. Essas características podem ser usadas para nos ajudar a compreender as causas da mudança. Sumarizo-as aqui:

1) O caminho fonético e o ambiente condicionador da mudança – isto é, que traços fonéticos são afetados e sob quais circunstâncias.

2) O caráter gradual ou abrupto da mudança em termos fonéticos. Por exemplo, [d] pode mudar gradualmente para [ð], mas [p] não pode mudar gradualmente para [k].

3) A presença de mudanças semelhantes em muitas línguas não aparentadas *versus* mudanças que vão em direções opostas em línguas diferentes, como no caso da metátese.

4) Diversas mudanças sonoras criam novos segmentos ou tons ou novas sequências de segmentos (assimilação, lenição), mas para outras o resultado é um segmento existente (dissimilação) ou um rearranjo para se obter uma sequência de segmentos existente ou mais comum (metátese).

5) Em algumas mudanças, o ambiente condicionador se perdeu (isso ocorre frequentemente na assimilação e na tonogênese), enquanto em outras o condicionamento permanece (lenição, dissimilação).

6) Algumas mudanças se dão apenas dentro de palavras (dissimilação, metátese, mutações vocálicas), enquanto outras se dão entre as fronteiras de palavras (assimilação e lenição), ou seja, entre duas palavras.

7) Muitas mudanças exibem padrões de difusão lexical. A assimilação e a lenição em particular afetam primeiro palavras de alta frequência; outros tipos de mudanças podem afetar primeiro itens de baixa frequência (mudanças baseadas em dificuldades de percepção).

8) A maioria das mudanças sonoras são lexicalmente regulares – isto é, acabam por afetar todas as palavras da língua que têm o ambiente condicionador relevante (assimilação e lenição, mutações vocálicas, tonogênese). Algumas mudanças são mais esporádicas – isto é, afetam somente algumas palavras e não outras (dissimilação, metátese e algumas mutações vocálicas).

O estudo da mudança sonora é um dos pilares da linguística histórica e a base para a comparação das línguas que leva ao estabelecimento de relações genealógicas entre elas (como se explica no capítulo 10). Como se poderia esperar, a mudança sonora não é um fenômeno isolado: ao contrário, ela afeta outros aspectos da linguagem. Nos dois próximos capítulos veremos como as alternâncias criadas pelas mudanças sonoras acabam por afetar a morfologia das línguas flexionais e as mudanças subsequentes que daí decorrem.

QUESTÕES PARA DISCUSSÃO

1) O famoso linguista Jim McCawley costumava brincar dizendo que se ficou sabendo que a Grande Mutação Vocálica tinha começado quando um homem entrou num bar e pediu uma *ale* [eɪl] e o atendente lhe disse que a peixaria ficava ao lado. Como o empregado do bar pronunciava *ale* e como pronunciava o freguês? Qual deles demonstrou o início da Grande Mutação Vocálica?

2) Reflita sobre as mudanças discutidas nos capítulos 2 e 3, aplique os critérios reunidos na seção 3.8 a algumas dessas mudanças. Que questões de pesquisa ulteriores são sugeridas pelas respostas que encontrou ou pelas lacunas de informação existentes?

3) Quais são alguns dos modos pelos quais acento e tom interagem com a entonação?

4) Quais são algumas das razões por que a assimilação ocorre mais comumente que a dissimilação?

5) Considere como as consoantes mudam e como as vogais mudam. De que modo elas são semelhantes e de que modo, diferentes?

4

A interação da mudança sonora com a gramática

4.1 COMO A MUDANÇA SONORA AFETA A MORFOLOGIA

Os sons são usados em palavras, morfemas e sintagmas, de modo que a mudança sonora tem um impacto sobre a língua que vai além de alterar somente a pronúncia de algumas palavras. Uma vez que a mudança sonora é geralmente regular (afetando todas as palavras com as condições fonéticas necessárias), ela se aplica dentro de paradigmas morfológicos e construções *sintáticas* com o resultado de que algumas instâncias de um morfema podem sofrer mudança, enquanto outras do mesmo morfema (num contexto diferente) não sofrem. Por exemplo, no inglês antigo, fricativas desvozeadas se tornaram vozeadas entre sons vocálicos: /f, þ, s/ > /v, ð, z/[1]:

(42) Inglês antigo   Inglês contemporâneo
      seofon   >   *seven*   'sete'
      hefig   >   *heavy*   'pesado'
      giefan   >   *give*   'dar'
      lufian   >   *love*   'amar'
      oþer   >   *other* [ð]   'outro'
      broþer   >   *brother* [ð]   'irmão'

---

1. A letra þ era usada no inglês antigo para representar a interdental surda presente na língua atual em palavras como *think, thorn, moth* etc. [N.T.]

weorþig	>	*worthy* [ð]	'merecedor'
ceosan	>	*choose* [z]	'escolher'
wæs	>	*was* [z]	'[eu] era'
rīsan	>	*rise* [z]	'erguer'

Em algumas palavras da mesma família morfológica, essa mudança sonora criou uma alternância que é exemplificada aqui com o inglês contemporâneo, embora nem todos os falantes apresentem essa alternância:

(43) Inglês contemporâneo, pares singular/plural

Sing	Plural		Sing	Plural		
wife	*wives*	'esposa/s'	*house*	*houses*	[z]	'casa/s'
thief	*thieves*	'ladrão/ões'	*bath*	*baths*	[ðz]	'banho/s'
knife	*knives*	'faca/s'	*path*	*paths*	[ðz]	'trilha/s'
calf	*calves*	'bezerro/s'	*roof*	*roofs/rooves*		'telhado/s'
turf	*turves*	'turfa/s'	*hoof*	*hooves*		'casco de animal'

Nessas palavras, o vozeamento não se deve mais ao condicionamento fonético, já que a fricativa não é intervocálica em palavras como *wives* e *thieves*. De fato, o vozeamento das fricativas não é mais um processo produtivo ou uma mudança sonora no inglês, como se vê pelo fato de agora existirem palavras com fricativas desvozeadas entre vogais, como *glasses, kissing, ether* e *offer* ('vidros', 'beijar', 'éter' e 'oferecer'). Embora a mudança sonora não seja mais aplicável ou produtiva, a fricativa vozeada permanece nas palavras em (42) e também na maioria delas em (43). Isso mostra que, quando uma mudança sonora se completa e se torna obsoleta, as palavras que ela afetou não voltam a ser o que foram antes. Ao contrário, a mudança sonora tem um efeito permanente sobre as palavras que estavam na língua na época da mudança.

Como algumas palavras têm o condicionamento fonético para a mudança sonora e outras, não, as alternâncias emergem em palavras da mesma família morfológica. Assim, no paradigma singular-plural do inglês contemporâneo, alguns nomes têm duas formas, uma para o singular (com uma fricativa desvozeada) e uma para o plural (como uma fricativa vozeada). Quando os paradigmas (grupos de palavras aparentadas pela flexão) exibem variantes de morfemas (alomorfes), dizemos que existe uma alternância no paradigma. Pode haver também alternâncias em palavras que são afetadas por derivação, como em *give/gift* ('dar'/'dádiva') ou *thieve/thief* ('roubar'/'ladrão').

As alternâncias também podem ter condicionamento fonético, como tinham enquanto a mudança sonora estava viva e produtiva, digamos, no inglês antigo, como em (42), ou podem ter condicionamento morfológico ou lexical, como demonstram as formas em (43). As formas em (43) exibem uma alternância morfologicamente condicionada porque a variação em forma só ocorre no plural. Ela não ocorre, por exemplo, no possessivo, muito embora o marcador de posse seja o mesmo que o marcador de plural. Assim, tem-se *my wife's* [waɪfs] *car* ('o carro da minha mulher'), não *my wife's* [waɪvz] *car*. A alternância também tem condicionamento lexical, porque nem todos os nomes apresentam a alternância: palavras como *grass*, *chief* e *myth* ('grama', 'chefe' e 'mito') não têm uma fricativa vozeada no plural. De fato, as palavras com a alternância são consideradas irregulares; simplesmente aprendemos quais palavras têm essa mudança e quais, não. O condicionamento lexical e o condicionamento morfológico frequentemente andam juntos, como nesse caso.

O que observamos nos substantivos em (43) é que a alternância é associada à expressão do conceito de plural (daí a estranheza de *my* [waɪvz] *car* {'o carro das minhas mulheres'} numa cultura que pratica a monogamia). Tão logo as alternâncias criadas por mudança sonora se tornam parte de um paradigma, elas passam a representar os significados expressos nas formas do paradigma e, assim fazendo, elas se *morfologizaram*, o que significa dizer que as alternâncias criadas por uma mudança sonora deixaram de estar condicionadas pela fonética para terem uma associação com a morfologia. Essa passagem da mudança de fonética para morfológica é a direção mais comum de mudança. Casos de mudança de condicionamento morfológico para fonético são praticamente desconhecidos. Assim, temos mais um caso em que existem tendências nítidas na direcionalidade da mudança linguística.

4.2 MORFOLOGIZAÇÃO

Dada a tendência comum às mudanças sonoras de assumir condicionamento morfológico (e às vezes sintático, bem como lexical), é razoável perguntar: por que esta direção da mudança? A mudança está bem à mão: as mudanças sonoras começam por razões fonéticas, como vimos nos capítulos 2 e 3, mas a função básica da língua é a expressão do significado e, por isso, diferenças em sons que surgem por razões fonéticas tendem a ficar associadas a significados, se as condições forem adequadas (Bybee, 2001; Dressler, 2003). Ou seja, se as variantes ocorrem em contextos nos quais o significado é diferente, então as variantes se tornam parte da expressão do significado. Nesta seção, vamos discutir alternâncias que surgem em paradigmas morfológicos e, na próxima, alternâncias que se tornaram parte das construções morfossintáticas.

O exemplo da seção anterior envolveu certos substantivos que exibem uma alternância entre formas no singular e no plural – isto é, um conjunto de itens lexicais é afetado. Outro caso, envolvendo desta vez formas que são aparentadas por derivação, veio à tona por causa do abreviamento de certas vogais longas no inglês médio. Recorde-se, conforme se viu no capítulo anterior, que o inglês médio tinha pares de vogais longas e breves, e que as longas sofreram a Grande Mutação Vocálica no início do inglês moderno. Antes que isso acontecesse, vogais longas que estavam na antepenúltima sílaba da palavra se abreviaram. A maioria das palavras com três ou mais sílabas se formaram pela adição de sufixos, de modo que esse abreviamento ficou associado a certos afixos. Depois da Grande Mutação Vocálica, as vogais longas e breves diferiam também em qualidade. Assim, no inglês contemporâneo ocorrem alternâncias vocálicas em palavras como as seguintes:

(44) Vogal longa original   Vogal abreviada
    vain [veɪn]   *vanity* [ˈvænədi]   'vão'/'vaidade'
    crime [kraɪm]   *criminal* [ˈkrɪmənl]   'crime'/'criminoso'
    sign [saɪn]   *signify* [ˈsɪgnəˌfaɪ]   'signo'/'significar'
    cone [koʊn]   *conical* [ˈkɑnəkəl]   'cone'/'cônico'
    pronounce [prəˈnaʊns]   *pronunciation* [prəˌnənsiˈeɪʃən]   'pronunciar'/'pronúncia'

Sabemos que essa alternância está morfologizada porque há palavras com a mesma estrutura que não apresentam a vogal abreviada na antepenúltima sílaba:

(45)   *obese* [oʊˈbis]   *obesity* [oʊˈbiːsəti]   'obeso'/'obesidade'
    pirate [ˈpaɪrət]   *piracy* [ˈpaɪrəsi]   'pirata'/'pirataria'

Conforme dito acima, as exceções mostram que a antiga mudança sonora se tornou improdutiva. Há também palavras que variam segundo o dialeto do falante, como *plenary* ('plenário'), que pode ser pronunciada com [iː] ou [ɛː], e *privacy* ('privacidade'), que tem [aɪ] no inglês americano e [ɪ] no inglês britânico. Assim, uma mudança sonora que antes era regular ficou associada somente a algumas palavras e alguns sufixos derivacionais.

Há outros modos mais complexos mediante os quais uma mudança sonora pode criar alternâncias condicionadas morfológica e lexicalmente. Segue um caso em que a alternância só ocorre num afixo gramatical. O famoso caso das passivas do maori foi trazido à luz por Hale (1973), após ter estudado a estrutura morfológica das línguas polinésias. Em (46), vemos as formas verbais do maori – primeiro, a forma básica do verbo (sem nenhum afixo) e, na segunda coluna, a forma passiva. Se examinarmos as passivas em comparação com as formas básicas, veremos que o sufixo passivo consiste de uma C + *ia*, mas a consoante varia conforme o verbo.

(46)   Passivas do maori
    Forma básica   Passiva
    awhi   *awhitia*   'abraçar'
    hopu   *hopukia*   'apanhar'
    aru   *arumia*   'carregar'

tohu	*tohuŋia*	'apontar'
mau	*mauria*	'carregar'
wero	*werohia*	'esfaquear'

Essa situação emergiu porque, num estágio pré-histórico do polinésio, as próprias formas básicas verbais terminavam em consoante: **awhit*, **hopuk*, **arum*, **toruŋ*, **maur* e **weroh*.

Uma mudança sonora regular apagou todas as consoantes em final de palavra. Isso fez com que todas as formas básicas perdessem sua consoante final, mas as consoantes permaneceram quando ocorriam dentro de uma palavra, como na forma passiva. Por isso, hoje existem vários alomorfes do sufixo passivo, entre eles -*tia*, -*kia*, -*mia*, -*ŋia* e -*hia*. Sabemos que ocorreu morfologização nesse caso por causa de mudanças que simplificam o sistema usando o alomorfe -*tia* no lugar dos outros (Hale, 1973; Harlow, 2007). Um exemplo se mostra quando o prefixo causativo *whaka* é seguido pela passiva de uma palavra que não tem em si mesma uma passiva, como um substantivo, conforme se mostra em (47) (Harlow, 2007: 117):

(47)   *whaka-māori-tia*
       CAUS-maori-PASSIVA   'traduzir em maori'

O mesmo se dá quando empréstimos polissílabos são apassivados, como em (48), em que a palavra-fonte é o inglês *broom* ('vassoura'):

(48)   *puruma-tia*   'varrer'

Harlow (2007: 117) aponta que -*tia* é usado "cada vez mais em raízes indígenas simples polissílabas", ou seja, raízes não derivadas, como por exemplo:

(49)   *kōrero-tia*   'falar'
       walata-tia   'cantar'

Essas formas inovadoras mostram que os falantes já não associam a consoante com a raiz precedente, mas assumem a consoante como parte do sufixo passivo. Isso por sua vez estabelece uma situação com múltiplos alomorfes, que pode ser difícil de aprender e memorizar. Um desses alomorfes está começando a substituir os outros. Essa substituição se deu por nivelamento analógico, que examinaremos melhor no próximo capítulo.

Como exemplo final de uma alternância criada por mudança sonora, vamos observar uma que se torna uma parte importante da expressão de uma categoria morfológica. Na seção 2.2.4, vimos que na história do alemão ocorreu uma mudança sonora chamada metafonia-i. Ela anteriorizou uma vogal posterior quando havia uma vogal ou semivogal anterior alta na sílaba seguinte. Como o sufixo de plural em alemão para alguns substantivos era -*i*, criou-se uma alternância entre singular e plurais, como se vê em (50a). Não se esperaria que substantivos com um sufixo de plural diferente, -*a*, como em (50b), tivessem uma vogal anteriorizada no plural. No entanto, uma vez que passou a servir como marca de plural, a vogal anteriorizada foi às vezes estendida a paradigmas em que ela não estava originalmente por causa da mudança sonora (Hock, 2003). No próximo capítulo, vamos examinar a extensão analógica mais demoradamente.

(50)   Alto-alemão antigo   Alto-alemão moderno
         Singular   Plural   Singular   Plural
a.   *gast*   *gasti*   *Gast*   *Gäste*   'hóspede'
b.   *boum*   *bouma*   *Baum*   *Bäume*   'árvore'

4.3 ALTERNÂNCIAS EM CONSTRUÇÕES MORFOSSINTÁTICAS

Às vezes, alternâncias que ocorrem por razões fonéticas podem se enraizar em construções que abrangem mais de uma palavra. Um exemplo em inglês é a alternância no artigo indefinido *a/an*, em que a forma com a consoante final ocorre antes de palavras que começam com uma vogal e a outra forma, antes de palavras que começam com consoante. Esse padrão emergiu quando o artigo indefinido se desenvolveu da forma átona (inglês antigo: *ān*) do numeral 'um' (inglês antigo: *āne*) durante o período do inglês médio. O artigo se desenvolveu dentro da construção de sintagma nominal em que ele tinha uma íntima coerência com a palavra seguinte. No inglês médio, o /n/ final em sílabas átonas desapareceu na maioria dos casos. No caso do artigo, ele desapareceu quando a palavra seguinte começava com consoante, mas foi mantido quando a palavra seguinte começava com vogal. Esse padrão ainda é parte da construção hoje em dia. Comprovação interessante da íntima coerência do artigo com o substantivo subsequente vem de casos em que o /n/ que ocorria antes de vogal foi reanalisado como pertencente ao nome. Por exemplo, a palavra *nickname* ('apelido') remonta a um composto do inglês antigo, *eke-name*: 'adição' + 'nome'. Ao que parece, a palavra ganhou seu /n/ inicial do artigo indefinido, quando *an ekename* foi tomado como *a nekename*. Outros exemplos semelhantes de reanálise são apresentados no próximo capítulo[2].

Também é possível encontrar casos semelhantes, e mais complexos, em que as alternâncias ocorrem entre palavras. São casos frequentemente chamados de *sândi externo*, em que se usa um termo de origem sânscrita (*sandhi*, 'ligação')[3]. O fenômeno chamado *liaison* ('ligação') em francês também surgiu do apagamento de consoantes finais, ocorrido na língua entre os séculos XVI e XVII. O resultado dessa mudança sonora foi que muitas palavras, sobretudo substantivos e alguns adjetivos, perderam completamente suas consoantes finais. Por exemplo, substantivos como *haricot* ('grão de vagem, feijão'), *buffet* ('aparador'), *bois* ('madeira, bosque'), *goût* ('gosto'), *tabac* ('tabaco') e *sirop* ('xarope') são pronunciados sem uma consoante final. No entanto, palavras que ocorriam frequentemente em condições gramaticais ou idiomáticas particulares que as colocavam diante de uma vogal tenderam a desenvolver uma alternância. Condições semelhantes internas às palavras existiam antes do sufixo feminino, que era vocálico e assim produzia alternâncias entre substantivos e adjetivos masculinos e femininos,

---

2. Na história do português existem casos também de reanálise de artigo + substantivo em substantivo puro. Por exemplo, a veste *abatina* ('do abade') passou a ser *batina*, pois o *a-* inicial foi reanalisado como artigo. O mesmo se deu com *obispo* > *o bispo* > *bispo*. Na direção oposta, *a lesão* foi reanalisado como *alesão* > *aleijão* > *o aleijão* [N.T.].

3. Exemplo de sândi externo em português é o surgimento da consoante [ɲ] em sintagmas como *nem eu, bem aqui, ninguém ouviu* etc.

como se dá com *petit* [pəti] ('pequeno') e *petite* [pətitə] ('pequena'), que hoje, com a perda do schwa final, produz a alternância [pəti]/[pətit].

Naquela época também surgiu uma forte tendência, que permanece hoje, para a ressilabificação avançada quando uma consoante final era seguida de uma vogal (Encrevé, 1983; Green e Hintze, 1988). Esse processo, chamado *enchaînement* ('encadeamento'), leva uma consoante final para uma sílaba inicial quando se segue uma vogal dentro do mesmo grupo de pausa. Palavras ou morfemas que ocorrem frequentemente em construções que os colocam em posição pré-vocálica conseguem manter sua consoante final nessas construções. Aqui vamos ver somente alguns contextos que apresentam essa alternância (com base em Morin e Kaye, 1982; e Tranel, 1981: 233). Por exemplo, os casos em (51), que mostram construções de determinante + substantivo, têm a consoante indicada quando a palavra seguinte começa com vogal, mas não têm nenhuma consoante quando a palavra seguinte começa com consoante. O *[z]* e o *[n]* entre colchetes indicam que essas consoantes são pronunciadas como a consoante inicial de sílaba. O *(s)* ou *(n)* entre parênteses indicam que a consoante não é pronunciada:

(51) Determinantes
(a) *vo[z] enfants*   'vossos filhos'   *vo(s) livres*   'vossos livros'
(b) *le[z] autres*   'os outros'   *le(s) personnes*   'as pessoas'
(c) *u[n] ancien ami*   'um velho amigo'   *u(n) journal*   'um jornal'

De igual modo, nos exemplos em (52) com pronomes clíticos e verbos, os pronomes só terminam em consoante se a palavra seguinte começar com vogal:

(52) Pronomes clíticos
(a) *nou[z] avons*   'nós temos'   *nou(s) voulons*   'nós queremos'
(b) *il[z] ont*   'eles têm'   *ils(s) veulent*   'eles querem'
(c) *allon[z]-y*   'vamos lá'
(d) *parle-t-il?*   'ele fala?'

O exemplo (52d) é bem interessante porque o -*t*- é escrito como se não pertencesse nem ao verbo nem ao pronome. Originalmente, porém, esse -*t*- era o sufixo de 3ª pessoa do singular do verbo (cf. latim: *amat*, 'ele ama'). Esse /t/ foi apagado em francês na maioria dos casos, mas na 3ª pessoa do singular, quando se dá inversão da ordem verbo-sujeito na pergunta, ele se preserva.

Há muitos outros casos em que o surgimento de uma consoante final antes de uma palavra começando por vogal é variável. Em todos os casos, as duas palavras afetadas são usadas frequentemente juntas; por exemplo, sintagmas preposicionais como *dans*[z] *un mois* [dãzẽmwa], 'dentro de um mês'. Em outros casos, sintagmas fixos como *États-Unis* ('Estados Unidos') ou *rien à faire* ('nada a fazer') sempre têm a primeira consoante final pronunciada. Esses casos sugerem que sintagmas que são processados juntos se comportam como uma palavra só e, assim, a consoante se parece mais com uma consoante medial e, portanto, é pronunciada. Ao mesmo tempo, contudo, nos casos opcionais, as palavras componentes do sintagma são afetadas por diversos casos em que a palavra aparece sem uma consoante. Assim, a presença ou ausência da consoante é variável.

Embora não superficialmente semelhante, o padrão tonal da construção associativa no banto das savanas orientais (examinado na seção 3.6.2) provavelmente surgiu de modo bem parecido. A construção associativa consiste de dois sintagmas nominais em sequência e tem o sentido muito geral de "SN_1 de SN_2", como no exemplo (53) do babete (falado nos Camarões) (Hyman e Tadadjeu, 1976):

(53)   ŋkù péɣù   'a mensagem dos estrangeiros'

O problema interessante com a construção associativa em várias das línguas aparentadas desse grupo é que ocorrem certas mudanças de tom. No exemplo (53), o tom alto na primeira vogal do segundo nome só ocorre nessa construção. Em outros usos, o substantivo 'estrangeiros' tem um tom baixo. Dado que o substantivo anterior só tem também tons baixos, é particularmente interessante que haja uma mudança para um tom alto. Conforme mencionei na seção 2.6.2, os estudiosos que comparam as diferentes línguas da família propuseram uma solução para esse quebra-cabeça. Parece ter havido em tempos remotos um morfema que marcava a relação associativa e esse marcador era ou uma V ou uma sílaba CV e, no caso mostrado em (53), ele tinha um tom alto. A representação segmental do morfema foi reduzida e desapareceu, mas a mudança tonal causada sobre o segundo substantivo permaneceu, e agora é o único marcador gramatical da construção. Numa análise sincrônica, assume-se que um "tom flutuante" causa a alternância nessa construção, o qual é rotulado de tom "flutuante gramatical". Semelhante ao caso da ligação em francês, onde há várias consoantes envolvidas na alternância (/z/, /n/ e /t/), o morfema associativo aparentemente, em alguma época, tinha diversos alomorfes, alguns dos quais tinham tons baixos além do tom alto recém-ilustrado. Portanto, é possível observar em algumas classes nominais os efeitos de um tom baixo flutuante.

Nesta seção, vimos que os efeitos da mudança sonora podem se fixar em algumas construções gramaticais, de modo que as alternâncias só ocorrem nessas construções. Esse resultado se dá quando a mudança sonora (ou mudança de tom) atravessa as fronteiras de palavra e onde as duas palavras implicadas estão numa íntima relação morfossintática ou ocorrem juntas com frequência. Observe-se que os casos do inglês e do francês envolvem morfemas gramaticais (artigos, pronomes clíticos) e que o caso do banto envolve a perda dos traços segmentais de um morfema gramatical.

4.4 INVERSÃO DE REGRA

Em 1972, Theo Vennemann introduziu a noção de "inversão de regra" no estudo da morfologização (Vennemann, 1972). Ele observou que a direcionalidade de uma alternância condicionada morfologicamente é às vezes a oposta da mudança sonora que ocorreu. Já vimos alguns casos. Por exemplo, consideramos a alternância entre o artigo indefinido *a/an* do inglês como a adição de um /n/ antes de palavra iniciada por vogal, mas historicamente foi de fato um apagamento. O mesmo vale para a ligação do francês, embora haja certo desacordo sobre se o melhor tratamento sincrônico envolve apagamento ou adição de uma consoante (Tranel, 1981). Em ambos os casos, uma vez que existem mais palavras iniciadas por consoante do que por vogal, a forma alternante que carece de consoante é a que domina.

Um caso de inversão de uma alternância de um morfema gramatical interno à palavra é o dos sufixos do plural, do possessivo e do passado em inglês. Os sufixos regulares do plural e do possessivo têm três alomorfes (/s/, /z/ e /ɨz/) e o passado tem três alomorfes paralelos (/t/, /d/ e /ɨd/). Como se sabe, o alomorfe desvozeado ocorre depois de um radical que termina em consoante desvozeada (*cats* ['gatos'], *cat's* ['do gato'], *walked* [wɔ:kt] ['andou']), o alomorfe com a vogal ocorre com radicais que terminam em sibilantes no caso do plural e do possessivo (*classes* ['classes'] e *class's* ['da classe']) e depois de radicais que terminam em /t/ ou /d/ no passado (*added* [adɨd], 'adicionou'). A consoante simples vozeada ocorre nos demais casos. A maioria das análises sincrônicas veem a vogal dos alofones /ɨz/ e /ɨd/ como inserida, já que esses alofones ocorrem nos ambientes mais restritos, de modo que é mais simples responsabilizar o condicionamento pelo surgimento da vogal do que por sua ausência. Historicamente, porém, a alternância surgiu por causa do apagamento da vogal átona: o sufixo originalmente continha uma vogal pronunciada, como nas formas do inglês médio *lovede* ou *loved* ('amou') e *endes* ('fins'). Portanto, se considerarmos hoje que essa vogal foi inserida é porque, então, se deu uma inversão da regra[4].

Na morfologização, à medida que as categorias morfológicas começam a ter precedência sobre as fonológicas, o que antes era uma simples mudança sonora pode se dividir segundo a função morfológica e reverter sua direção

---

4. Caso semelhante se dá em português. As palavras que terminam em *-z* e *-r* formam seu plural com a terminação *-es*, um alomorfe da marca de plural mais geral, *-s*: *cruz/cruzes, luz/luzes, mar/mares, sabor/sabores*. Sincronicamente, parece haver a inserção de um [i] para evitar o choque das consoantes, mas historicamente esse *-e* representa a continuação do plural latino: *crucem* (acusativo singular)/*cruces* (acusativo plural). Com o apagamento do *-m* e, posteriormente, do *-e* do acusativo singular, as palavras passaram a terminar em consoante: *cruce-* > *cruz*; *mare-* > *mar* etc. O plural, no entanto, nunca perdeu o *-e-* do acusativo, donde *cruces* > *cruzes*; *mares* > *mares* etc. [N.T.].

de mudança somente em algumas categorias. Por exemplo, o vozeamento de certos radicais no plural em inglês antigo, como ilustrado em (42) e (43) acima, criou uma alternância em que o singular é tomado como básico e a variante vozeada como condicionada pela marcação de plural. Mas outras alternâncias resultaram do vozeamento intervocálico original. Fricativas intervocálicas em verbos também se vozearam, estabelecendo alternâncias entre o radical do infinitivo ou do presente e o particípio passado, como em *leave/left* ('sair'/'saído') ou *lose*[z]/*lost* ('perder'/'perdido'). Exemplos mais antigos são o inglês médio *bilēven/bilefte* ('acreditar'/'acreditado'), *bereave/bereft* ('privar'/'privado') e *heaved* ('levantado'). Contraste-se essa situação com a perda da alternância em substantivos, que está ocorrendo entre alguns falantes do inglês americano, na qual a fricativa desvozeada do singular sobrevive em *hou[s]es* ('casas') ou *ba[θ]s* ('banhos'). Portanto, a alternância ficou invertida sob pressão morfológica, mas só em verbos e não em substantivos. A alternância em substantivos é morfológica, conforme dito antes, mas não é invertida.

4.5 TELESCOPAGEM DE REGRA

À medida que os resultados da mudança sonora ficam mais enraizados na língua, eles também às vezes continuam sua trajetória fonética, de modo que as alternâncias que ficaram estabelecidas por vezes envolvem sons que são muito distintos foneticamente. Não é o que se dá em geral com vozeamento ou desvozeamento, como no exemplo que acabamos de ver, mas na assimilação o segmento resultante às vezes sofre mudança ulterior. Por exemplo, os processos de palatalização examinados na seção 2.2.3 frequentemente começam com a assimilação de uma velar a uma vogal ou semivogal anterior alta, produzindo uma oclusiva ou fricativa palatal. Em alguns casos, porém, a consoante palatal pode se mover mais adiante em articulação, gerando um [tʃ] pós-alveolar ou mesmo um [ts] ou [s]. Essa sequência de eventos ocorreu nas línguas românicas, produzindo em português formas verbais como *digo*, do latim *dico* (com vozeamento da velar), que alterna com *diz*, do latim *dicit*. A alternância também se vê em formas aparentadas por derivação como *opaco* vs. *opacidade*, *histórico* vs. *historicismo*. Alternâncias semelhantes ocorrem em francês (a partir das mesmas mudanças sonoras românicas): *opaque/opacité*, *publication/publicité*, e do francês essas alternâncias entraram no inglês, já que as palavras francesas foram tomadas de empréstimo com as alternâncias intactas. Assim, depois dessa longa história, o português, o francês e o inglês têm palavras que exibem alternâncias entre [k] e [s]. Todos os estágios intermediários desapareceram, por isso Hyman (1975) chamou esse fenômeno de "telescopagem da regra". Por causa da telescopagem, é frequente que as alternâncias motivadas morfologicamente envolvam uma distância fonética muito maior do que as alternâncias motivadas foneticamente.

4.6 O DESENVOLVIMENTO DE EXCEÇÕES

Conforme mencionado mais acima, um forte indicador de que os resultados de uma mudança sonora se morfologizaram e não são mais produtivos num plano fonético é o desenvolvimento de exceções à mudança. São várias as fontes das exceções. Aqui vamos examinar brevemente a pronúncia de palavras emprestadas e o resultado de mudanças sonoras subsequentes.

Quando um processo fonético, ou uma mudança sonora em andamento, é produtivo, ele se aplicará a itens novos, como palavras emprestadas. Quando os falantes de uma língua pronunciam palavras de outra língua que não conhecem muito bem, usarão seus padrões fonéticos nativos e os aplicarão da melhor maneira possível à palavra estrangeira. Assim, quando o vozeamento de fricativas mostrado em (42) e (43) era produtivo, os empréstimos teriam sido pronunciados com uma fricativa intervocálica vozeada. Por isso, palavras emprestadas do nórdico antigo, introduzidas no período do inglês antigo, sofreram vozeamento: *geyser* [giːzə] (< *geysa*, com [s], 'gêiser'), *give* [gɪv] (< *giefan*, 'dar'), *raise* [reɪz] (< *reisa*, com [s], 'erguer'), *scathe* [skeɪð] (< *scatha*, com [θ], 'ferir') etc. No entanto, palavras tomadas de empréstimo mais tarde de outras línguas não têm o vozeamento: *ether* [iθər] ('éter'), do latim via francês antigo, século XV; *fife* [faɪf] ('pífano'), do alemão ou do francês, século XV; *mathematics* [mæθ(ə)ˈmædɪks], do grego via francês, século XVI. Esses exemplos indicam que, no final do século XIV, o vozeamento intervocálico das fricativas já não era produtivo[5].

Às vezes, as condições fonéticas para uma mudança sonora são estabelecidas por mudanças sonoras subsequentes; se a mudança sonora original então se aplicar, ela ainda estará produtiva e em progresso; se não se aplicar, é porque se tornou improdutiva e as alternâncias que ela criou se morfologizaram. Um exemplo é a palatalização de velares no romance que se mencionou na seção 4.5. Velares simples se palatalizaram diante de vogais anteriores, mas as velares labializadas[6], não. No entanto, as velares labializadas tenderam a perder seu traço labial antes de todas as vogais, exceto /a/. Em algumas palavras, a labialidade foi perdida cedo e as velares dessas palavras seguiram a palatalização: latim *coquĕre* [ˈkōkʷĕre] > *co[k]er* > *co[ts]er* > *cozer*. Na maioria das palavras, porém, a perda da labialidade se deu mais tarde, e as velares resultantes não se palatalizaram: *que, quinze, águia*, em que a grafia mostra a presença mais antiga da labialidade, enquanto a pronúncia moderna é velar, não palatal nem [s].

Considere-se outro exemplo em que se desenvolveram exceções. No dialeto de Luhugu da língua lumasaaba (banto, Uganda) há uma alternância consonantal que evidencia um processo de lenição pelo qual uma oclusiva bilabial desvozeada enfraquecida se assimilou à vogal seguinte (G. Brown, 1972). A lenição é condicionada por uma vogal precedente e não ocorre quando o /p/ é antecedido de uma consoante nasal, o que reforça o fechamento bilabial:

---

5. O mesmo se deu em português. A síncope de vogal átona postônica e o vozeamento das sonoras intervocálicas, que agiram durante a pré-história da língua (antes do século X), transformaram o latim *opera* em *obra*. Quando foi importada a palavra italiana *ópera*, no século XVII, essas mudanças sonoras já não eram produtivas fazia muitos séculos [N.T.].
6. As velares labializadas são [gʷ], como em *água*, e [kʷ], como em *quadro* [N.T.].

(54) Luhugu
       Substantivo   Diminutivo
       impiso   'agulha'   *kayiso*
       impale   'calças'   *kahale*
       impusu   'gato'   *kawuso*

Num dialeto muito aparentado, o de Lufumbo, a nasal do prefixo da classe nominal foi apagada posteriormente, deixando a vogal prolongada e gerando as seguintes formas:

(55) Lufumbo
       Substantivo
       i:piso   'agulha'
       i:pale   'calças'
       i:pusu   'gato'

Essas formas agora têm as condições certas para a lenição do /p/, no entanto o /p/ permanece inalterado, o que indica que a mudança sonora por lenição se tornou improdutiva. Assim, as alternâncias mostradas em (54) podem ser consideradas morfologizadas. Evidência ulterior para isso são as formas diminutivas em (56), que G. Brown (1972: 81) relata serem produzidas comumente pelas crianças:

(56) Formas infantis
       Diminutivo
       kapiso   'agulhinha'
       kapale   'calças'
       kapusu   'gatinho'

As crianças que produzem essas formas ainda não aprenderam a alternância morfológica e estão usando a consoante encontrada na base nominal no diminutivo sem mudá-la. Tais formas indicam que as crianças estão perfeitamente à vontade com o /p/ no ambiente lenizador e que a mudança sonora já não é produtiva.

4.7 A MUDANÇA SONORA PODE SER CONDICIONADA GRAMATICALMENTE?

Até aqui, neste capítulo, temos examinado de que modo a mudança sonora impacta a morfologia e a sintaxe de uma língua. Agora, vamos examinar se a morfologia e a sintaxe da língua podem afetar a mudança sonora. Nos capítulos 2 e 3, enfatizamos que a mudança sonora é foneticamente condicionada, e vimos exemplos neste capítulo que mostram que a mudança sonora se aplica mesmo se ela cria alternâncias em paradigmas ou construções. Portanto, seria razoável supor que a mudança sonora é cega a tudo, menos à fonética. De fato, essa é uma hipótese formulada no século XIX por linguistas alemães e que ficou conhecida como *hipótese neogramática* (Wilbur, 1977). A hipótese neogramática postula que a mudança sonora é sempre regular, aplicando-se a todos os itens lexicais que têm o condicionamento fonético, a despeito de fatores gramaticais ou lexicais. Isso significaria que não poderia haver uma mudança sonora que ocorresse só em substantivos ou verbos, ou só num morfema particular. Significaria também que não deveria haver nenhuma exceção às mudanças sonoras em paradigmas morfológicos ou construções gramaticais.

Em nossa discussão sobre a mudança sonora nos capítulos 2 e 3, vimos que em geral a hipótese se sustenta. No entanto, também observamos que há uma variação substancial enquanto uma mudança está em progresso, e parte dessa variação envolve itens lexicais. Vimos que há evidências, ao menos para alguns tipos de mudanças, de que palavras de frequência alta mudam antes que as de frequência mais baixa. Se a mudança acaba por se tornar regular, então a hipótese não é invalidada. Contudo, o período de variação em que fatores lexicais e (como veremos abaixo) gramaticais parecem desempenhar um papel implica que às vezes as mudanças sonoras não se concluem conforme previsto. No que vem a seguir, serão discutidos casos assim, mas se verá que em caso algum são os fatores gramaticais em si que estão causando a mudança ou as exceções a ela, mas sim, ao contrário, que as condições fonéticas se mostrarão primordiais se expandirmos nosso entendimento do contexto fonético para incluir os contextos mais amplos em que palavras e morfemas são usados.

4.7.1 Mudanças no contexto morfológico

Na seção 2.9 discutimos a "redução especial", mudanças fonéticas que só ocorrem em certos sintagmas de alta frequência. Elas em geral não são consideradas mudanças sonoras no sentido em que a entendiam os neogramáticos, mas, como se enfatizou lá, em alguns casos a redução especial é um prelúdio a uma mudança mais geral que ocorrerá mais tarde. O caso em questão era o enfraquecimento e apagamento do /d/ intervocálico no sufixo de 2ª pessoa do plural do espanhol no século XV-XVI. Essa mudança parecia restrita a um dado morfema, mas podem ter sido as condições fonéticas do morfema tanto quanto sua frequência que levaram a mudança a ocorrer mais tarde ali do que em outro lugar.

Outro caso interessante envolve o apagamento em marcha de /t/ e /d/ finais no inglês americano. A variação implicada nesse caso tem sido estudada intensamente, e tem havido mais interesse nas condições morfológicas que parecem encorajar o apagamento e nas que parecem refreá-lo. Primeiro, é preciso dizer que o fator condicionador mais forte no apagamento de /t/ e /d/ é o ambiente fonético. O apagamento é favorecido antes de uma consoante, especialmente uma obstruinte na palavra seguinte e depois de uma consoante na mesma palavra.

Visto que /t/ e /d/ são usados para assinalar o tempo passado em inglês, este caso apresenta uma situação em que morfologia e mudança sonora interagem. Um achado inicial foi que, quando /t/ ou /d/ era o morfema de tempo passado, o apagamento era menos provável (Labov, 1972; Guy, 1980; Neu, 1980). Uma explicação pronta para essa tendência é que o apagamento é refreado se um morfema significativo está por se perder. Um apoio ulterior a essa hipótese é que, quando o sufixo de tempo passado ocorre num verbo que também tem uma mudança de radical (*tell/told* ['contar'/'contou']); *leave/left* ['partir'/'partiu']) que poderia assinalar o tempo passado, o apagamento tem mais probabilidade de ocorrer. No entanto, investigações posteriores sobre os contextos em que o apagamento ocorre revelam um efeito de frequência da palavra. Bybee (2000b) descobriu que o apagamento era mais provável em palavras de frequência alta e, mais importante, que o apagamento do sufixo de tempo passado era mais provável em formas de tempo passado de frequência alta do que em formas de frequência baixa. Esse achado lança dúvida sobre a hipótese de que o apagamento é refreado para preservar informação morfológica. Além disso, Bybee encontra um efeito muito forte de frequência entre os verbos que têm o sufixo e também a mudança no radical. Só os mais frequentes deles (*told, felt, left, kept* e *sent*) têm níveis elevados de apagamento. Os de frequência baixa, como *found, lost* e *meant*, têm níveis mais baixos de apagamento. Novamente, isso lança alguma dúvida sobre a hipótese de preservação do significado.

Mas qual é a causa da probabilidade menor de apagamento no tempo passado? Uma observação mais acurada dos ambientes em que as palavras ocorrem nos ajuda a responder. Um /t/ ou /d/ final é um *ambiente alternante*. Isso quer dizer que, na fala corrente, às vezes a palavra está em condições favoráveis para o apagamento (antes de consoante, *perfect memory*, em que o /t/ de *perfect* tende a se apagar) e às vezes, não (antes de uma vogal, *perfect answer*). Ora, se as condições fonéticas fossem tudo o que está em jogo aqui, teríamos então um alinhamento perfeito de apagamento com uma consoante subsequente. Mas, evidentemente, alguma outra coisa está em jogo, pois há casos em que o apagamento ocorre quando se segue uma vogal e casos em que o apagamento não ocorre quando se segue uma consoante. Bybee (2002) investigou essa questão mais detidamente e descobriu que palavras que tendem a ocorrer mais antes de vogais tinham menores índices de apagamento geral, mesmo diante de uma consoante, e palavras que tendiam a ocorrer mais antes de consoantes tinham índices maiores de apagamento geral, mesmo antes de uma vogal. Ou seja, o índice em que o apagamento afeta uma palavra depende da frequência com que uma palavra ocorre no ambiente favorável, como se a palavra estivesse gradualmente acumulando uma consoante final reduzida e, então, usando-a quando as condições fonéticas não forem favoráveis.

Tabela 4.1 Ocorrência de /t/ ou /d/ em contextos diferentes e seu apagamento nesses contextos

	Ocorrência _#V	Ocorrência _#C	Ocorrência _pausa	Apagamento _#V	Apagamento _#C
Todas as palavras	21%	64%	15%	37%	59%
Tempo passado	40%	47%	13%	07%	47%
Auxiliares negativos	10%	80%	10%	86%	84%

N = 1272

A tabela 4.1 mostra essa relação entre a frequência com que uma palavra ocorre no ambiente para apagamento e o apagamento efetivo. Resulta que os verbos no passado ocorrem antes de vogal 40% do tempo, enquanto 21% das ocorrências totais ocorrem antes de vogais. Esse fato distribucional afeta o comportamento das formas de tempo passado antes de vogais, dando-lhes somente 7% de índice de apagamento, mas também afeta o índice de apagamento antes de consoantes, baixando-o para 47% quando o índice para todas as palavras é de 59%. Em contrapartida, os auxiliares negativos (*didn't, wasn't, isn't, shouldn't* etc.) ocorrem antes de consoantes 80% do tempo; eles também têm um índice de apagamento muito mais alto diante de consoantes – 84% –, mas também mesmo antes de vogais: 86%. Assim, novamente, parece que o índice de apagamento é afetado pela frequência com que a palavra ocorre no ambiente fonético certo e, em seguida, parece afetar a palavra quando ela ocorre em outros ambientes.

A próxima pergunta é: por que os verbos no passado ocorrem antes de vogais com tanta frequência e por que os auxiliares negativos ocorrem antes de consoantes? Respondamos primeiro à segunda pergunta: o item que se segue a um auxiliar negativo é, na maior parte do tempo, um verbo e os verbos tendem a começar por consoante. Quanto aos verbos no passado, eles ocorrem antes de preposições e partículas, como *on, out, up, away* etc., e antes de pronomes iniciados por vogais, como *it* e *us*, assim como pronomes cujas consoantes iniciais tendem a ser apagadas (*him, her* e *them*).

Por conseguinte, parece que a distribuição particular das palavras na língua falada afeta a rapidez com que elas serão impactadas por uma mudança sonora. Se a ocorrência em ambiente favorável for o principal fator no modo como as palavras sofrem mudança sonora, então, de fato, as condições fonéticas são realmente primordiais, mesmo naqueles casos em que inicialmente a morfologia parecia estar refreando a mudança.

4.7.2 Mudanças em fronteiras de palavras

O efeito de fronteiras de palavras sobre a mudança sonora tem sido discutido na literatura como uma instância de condicionamento gramatical da mudança, já que as fronteiras de palavras não fazem parte do condicionamento fonético, mas refletem, bem mais, a estrutura lexical da língua. Uma abordagem feita para explicar como as fronteiras de palavras funcionam na mudança sonora é dizer que a mudança sonora começa em posição pré-pausa (antes do silêncio, que é um fator fonético) e então se generaliza para a posição final de palavra (Hock, 1986). O exemplo do desvozeamento de final de palavra em alemão é explicado assim: no antigo alto-alemão, a palavra *tag* ('dia') terminava numa oclusiva vozeada [tak]. No entanto, antes de uma pausa, ela é desvozeada (observe-se o desvozeamento parcial de oclusivas e fricativas vozeadas em palavras do inglês como *and, bad, tub* e *tag* antes de uma pausa)[7]. Hock postula que esse desvozeamento se esten-

---

7. Também em português, o -z que se apresenta em final de palavras perde seu vozeamento em pausa absoluta: *faz* [fas], mas ele é recuperado diante de vogal (*faz e acontece*) ou de consoante vozeada (*faz bem*) em sintagmação [N.T.].

de por analogia à posição final de palavra, de modo que no alto-alemão moderno todas as obstruintes são desvozeadas no final de uma palavra. Segundo o autor, a mudança sonora original foneticamente condicionada que ocorreu antes de pausa se alterou para incluir a informação gramatical de fronteira de palavra.

Outra abordagem para os fenômenos de final de palavra é reconhecer (como propus na seção anterior) que a posição final de palavra é um ambiente alternante. Para o apagamento de /t/ e /d/ vimos que o contexto subsequente determinava como o apagamento se processaria e que ele introduzia a variação lexical. Consideremos agora outro exemplo, em que a mudança ocorre dentro da palavra e também entre fronteiras de palavras. Diversos dialetos do espanhol, especialmente nas Américas, têm uma variante debucalizada de /s/ que ocorre no interior da palavra antes de uma consoante, como em *feli[h]mente, e[h]tilo, denti[h]ta*. No final de uma palavra antes de uma consoante, essa redução também se dá: *animale[h] finos*. Se uma vogal se segue na próxima palavra, alguns dialetos apresentam muito pouca redução, enquanto outros, em que a mudança está mais avançada, apresentam redução variável: *mientra[h] eso* ('enquanto isso'), *no va[s] a encontrar* ('não vais encontrar'). A questão é: por que há redução em fronteira de palavra antes de uma vogal quando essa redução não ocorre no interior da palavra?

Como observamos na seção anterior, o contexto entre palavras é um ambiente alternante. Em espanhol, como em várias outras línguas, as palavras começam com consoantes muito mais do que com vogais. Na fala corrente, o /s/ ocorre antes de uma consoante mais do que 50% das vezes, enquanto a posição antes de vogal e antes de pausa se dividem de modo equânime (20-25% para vogais, 23-28% para pausas). Portanto, a maioria das palavras ocorre antes de uma consoante duas vezes mais frequentemente do que antes de uma vogal, de modo que a variante com a consoante domina e, por conseguinte, se estende ao contexto de antes de vogal, gerando o [h] reduzido antes de uma vogal. Conforme observado, no interior da palavra antes de uma vogal, o [s] permanece não reduzido na maioria dos dialetos. Por conseguinte, teríamos, no final, uma mudança assim descrita: /s/ se torna /h/ (ou se apaga) antes de uma consoante e no fim de uma palavra, como nestes exemplos:

(57)   Final de palavra   Antes de consoante   Antes de vogal
        mientra[h]   *denti[h]ta*   *hermo[s]a*
        comemo[h]   *e[h]tilo*   *ca[s]a*

Pareceria, então, que a fronteira de palavra condicionou a redução, mas na verdade foi a consoante no início da palavra seguinte.

Casos assim podem também resultar em mudanças que parecem irregulares. Por exemplo, em posição inicial de palavra o /f/ do espanhol antigo se tornou /h/ e hoje não é mais pronunciado, mas isso só em algumas palavras. Diversos estudiosos vêm tentando entender por que algumas palavras ainda têm /f/ enquanto outras, não. Observe estas palavras do espanhol moderno, todas com /f/ inicial em latim:

(58)   f > h > Ø   /f/ inicial mantido
        hijo   'filho'   *fijo*   'fixo'
        hecho   'feito'   *fecha*   'data'
        hallar   'achar'   *favor*   'favor'
        horno   'forno'   *foco*   'foco'
        humo   'fumaça'   *fumar*   'fumar'

Alguns estudiosos explicam que as palavras com /f/ sofreram a redução, mas que o /f/ foi subsequentemente reintroduzido com base na língua escrita ou outros fatores. Brown e Raymond (2012) sugerem uma explicação em termos dos contextos fonéticos em que as palavras eram usadas. O /f/ labiodental tem mais probabilidade de se reduzir (se debucalizar) quando precedido de uma vogal aberta. Eles estudaram os contextos de uso de palavras com /f/ inicial num texto escrito durante o período de variação, ou seja, enquanto a mudança sonora estava em progresso. Para todas as palavras que começavam com /f/ em latim, eles foram verificar com que frequência a palavra precedente terminava numa vogal não alta, ou seja, o contexto favorável para a redução. Descobriram que as palavras que em espanhol moderno têm a grafia *h* (não pronunciado hoje) tinham significativamente mais probabilidade de serem precedidas por uma vogal não alta do que as palavras que hoje ainda têm /f/. Assim, parece que, quando o período de variação terminou, as palavras que ocorriam mais frequentemente no ambiente para redução acabaram tendo o som reduzido, enquanto as que ocorriam mais frequentemente precedidas de um som que não induzia à redução acabaram não se modificando, com /f/. Concluímos, então, que a mudança não é condicionada pela fronteira de palavra, mas sim pelos elementos fonéticos no contexto.

4.7.3 Ambientes alternantes dentro de palavras

Ambientes alternantes também podem ocorrer no interior de palavras. Vimos em seções anteriores deste capítulo que a mudança sonora pode se dar apesar de ambientes alternantes e que ela pode criar alternâncias que por fim se morfologizam. Mas às vezes o efeito do ambiente alternante pode ser visto no período em que uma mudança ainda é variável. Timberlake (1978) encontrou comprovação para isso no dialeto mazoviano do polonês, em que um processo de palatalização estava em marcha quando os dados foram coletados.

Nos exemplos de Timberlake, uma mudança sonora progride mais lentamente num morfema que ocorre num ambiente alternante. Considere-se os seguintes exemplos do dialeto mazoviano do polonês (Timberlake, 1978: 313-314). As transcrições são de Timberlake e suas fontes. Os exemplos em (59) mostram que velares em posição inicial de raiz são sempre mais ou menos palatalizadas antes de /i/. (O símbolo [ʲ] indica palatalização completa e ['] indica palatalização parcial; *c* representa [ts].)

(59) Polonês mazoviano: ambiente uniforme
kʲij 'graveto'
skʲiba 'cume'
gʲipsu 'gesso'
kʲılômetr 'quilômetro'
g'ıńe 'curvas'

Em ambientes alternantes, representados aqui pela posição anterior a um sufixo, as oclusivas se palatalizam antes de /i/ em somente cerca de metade dos exemplos registrados, como se vê em (60):

(60) Polonês mazoviano: ambientes alternantes
    prog'ɪ   'lareiras' (cf. progu [gen. sg.])
    drog'ɪ   'estradas' (cf. droga [nom. sg.])
    burak'ɪ   'beterrabas'
    jarmak'ɪ   'feiras'
    morg'ɪ   'acres'
    rog'ɪ   'chifres'
    gruskɪ   'peras'
    hackɪ   'patos'
    zmarsckɪ   'rugas'
    drugɪ   'outro'
    robakɪ   'vermes'

Quando a velar está no final da raiz, ela ocorrerá às vezes num contexto palatalizante e às vezes, não. Essa é a razão, segundo Timberlake, por que o processo de palatalização é refreado mesmo quando o condicionamento está presente. Parece, então, que as diferentes formas da raiz que ocorrem em diferentes ambientes têm efeitos umas sobre as outras. Da situação descrita para esse dialeto há duas consequências possíveis: no final, estabelece-se uma alternância para as formas em (60) ou a palatalização falha para as formas em (60) e nenhuma alternância se estabelece.

Esse caso pode ser relevante para situações em que parece que uma alternância não consegue se estabelecer apesar de uma mudança sonora regular estar impactando a língua. Um exemplo provém do romance, resultante da palatalização de /k/ e /g/ diante de vogais e semivogais anteriores no latim falado, que discutimos nas seções 2.2.5 e 4.6. Essa mudança sonora produziu algumas das alternâncias no português nas segunda e terceira conjugações verbais: por exemplo, o verbo latino *dicere* ('dizer') tem seu final de raiz /k/ diante de uma vogal anterior na maior parte do paradigma e ocorre antes de uma vogal posterior somente na 1ª pessoa do singular do presente do indicativo e do presente do subjuntivo (todo *c* deve ser lido como /k/):

(61) O verbo latino *dicere*

Presente do indicativo		Presente do subjuntivo	
dico	*dicimus*	*dicam*	*dicamus*
dicis	*dicistis*	*dicas*	*dicatis*
dicit	*dicunt*	*dicat*	*dicant*

Imperfeito do indicativo: *diceabat*
Futuro: *dicet*

Quando o /k/ se palatalizou, estabeleceu-se uma alternância nesse paradigma, que ainda permanece em português moderno, como se vê em (62):

(62) Português: verbo *dizer*

Presente do indicativo		Presente do subjuntivo	
digo	*dizemos*	*diga*	*digamos*
dizes		*digas*	
diz	*dizem*	*diga*	*digam*
Imperfeito:	*dizia* etc.		

Nos verbos da primeira conjugação, porém, as condições fonéticas são quase exatamente inversas: as vogais posteriores ocorrem no indicativo e as vogais anteriores, no subjuntivo. Embora existam as condições para uma alternância de radicais terminados em velares, nenhuma alternância do tipo surgiu. Assim, os verbos *chegar, pagar, negar* e *rogar* têm formas de subjuntivo com a velar: *chegue, pague, negue, rogue*. Em ambos os casos, há um ambiente alternante, mas em um deles uma alternância realmente se firmou, enquanto no outro, não.

Pode se tentar duas abordagens para explicar a falta de alternância nos verbos da primeira conjugação. Primeiro, seria possível alegar que a alternância se estabeleceu mas que, mais tarde, foi nivelada (ver capítulo 5) – ou seja, novas formas com a velar foram construídas; ou, segundo, que, por causa do ambiente alternante, a alternância nunca se estabeleceu. No momento, não se sabe qual abordagem é a correta nesse caso ou, de fato, em outros casos semelhantes.

4.7.4 Conclusão: mudança sonora afetada pela gramática

Diante dos vários exemplos que resenhamos nas seções precedentes, não se pode advogar com vigor pelo abandono da hipótese neogramática da previsibilidade fonética da mudança sonora. Parece, ao contrário, que os investigadores precisam reconhecer que o contexto fonético mais amplo em que as palavras são usadas pode ser parte do ambiente condicionador. Dado o contexto mais amplo, as palavras e morfemas ocorrem com diferentes probabilidades no ambiente fonético para uma mudança, o qual afeta as chances de que sofram a mudança. Uma vez que a mudança sonora é foneticamente gradual e caracterizada por muita variação enquanto está avançando, diferenças na distribuição das palavras podem ser a causa de diferenças no resultado. Mas não é a categoria gramatical ou lexical que importa, porém, bem mais, os contextos de uso no discurso. Portanto, até agora, parece que os neogramáticos estavam certos: as mudanças ocorrem dentro de um contexto fonético.

4.8 CONCLUSÃO

Enquanto os capítulos anteriores examinavam as razões fonéticas para a mudança sonora, este se ocupou de como a mudança interage com a gramática de uma língua. Primeiro, examinamos como as alternâncias causadas pela mudança sonora se tornam uma parte dos paradigmas morfológicos. No capítulo 5, vamos considerar mudanças analógicas ulteriores que afetam essas alternâncias. Segundo, examinamos como alternâncias causadas por mudança sonora podem se tornar parte de construções morfossintáticas. Também discutimos algumas mudanças mais específicas, como a inversão de regra e a extensão da mudança fonética na telescopagem da regra. Em seguida, vimos como exceções à mudança sonora podem se desenvolver com o tempo. Por fim, consideramos o outro lado da moeda: fatores gramaticais podem afetar a mudança sonora enquanto esta avança? Aqui vimos exemplos de mudanças que pareciam ser afetadas por morfemas particulares ou por fronteiras de palavras. Em cada caso, porém, conseguimos concluir que não eram os elementos gramaticais em si mesmos que afetavam a mudança sonora, mas sim os contextos fonéticos em que eles ocorriam.

QUESTÕES PARA DISCUSSÃO

1) Em diversas variedades do português brasileiro, o /s/ em final de sílaba e de palavra soa palatal: *dois* [dojʃ], fenômeno popularmente conhecido como "S chiado". Essa pronúncia é geral no português europeu. No entanto, nessas variedades brasileiras, a palatalização desaparece se a palavra seguinte começa com /s/: *dois sinais* [dojsinajʃ], enquanto no português europeu o que se tem é [dojʃinajʃ]. Qual dessas duas pronúncias é mais recente? E por quê?

2) Compare o espanhol *comprarlo, venderla, amarlos* com o português *comprá-lo, vendê-la, amá-los*. As formas portuguesas *-lo, -la, -los, -las* remontam ao latim vulgar *lo, la, los, las* que, na história da língua, se reduziram a *o, a, os, as*. Sincronicamente, aquelas formas são consideradas como alomorfes de *o, a, os, as*. Explique-as, no entanto, segundo o conceito de "inversão de regra" apresentado em 4.4.

3) Ainda com relação a *comprá-lo, vendê-la, amá-los*, de que forma a interação fonética-morfologia é responsável pelo apagamento do /r/ final dos infinitivos?

4) A redução especial discutida na seção 2.9 invalida a hipótese neogramática?

5

Mudança analógica

5.1. ANALOGIA

O termo *analogia*, tal como usado na linguística, tem um sentido específico e um geral. Na linguística histórica, ele se aplica normalmente à mudança morfológica, mais especificamente à mudança dentro de paradigmas morfológicos: é disso que trata este capítulo. O uso mais amplo do termo se aplica à sintaxe e se refere a um processo pelo qual expressões inovadoras se moldam com base em expressões existentes, e não com base em regras, uma questão a que retornaremos no capítulo 8.

Este capítulo se ocupa de mudanças na morfologia, isto é, na forma das palavras (e não no significado, de que trataremos nos dois capítulos seguintes). A definição de mudança morfológica que uso aqui é a seguinte: a remodelagem de uma palavra com base na semelhança com outras palavras existentes na língua. No capítulo anterior, vimos que as mudanças sonoras introduzem alternâncias e irregularidades nos paradigmas morfológicos. As mudanças analógicas frequentemente são responsáveis por essas alternâncias, seja operando para eliminá-las ou, menos habitualmente, para estendê-las a novos itens lexicais.

A mudança analógica raramente tem regularidade lexical da maneira como frequentemente a tem a mudança sonora. Ou seja, enquanto a mudança sonora tende a afetar todos os itens lexicais que têm as condições fonéticas apropriadas para mudar, a mudança analógica claramente opera sobre um item de cada vez e, quase sempre, não afeta todos os itens lexicais ou paradigmas que têm as condições requeridas. Essa propriedade da mudança analógica faz ela parecer irregular e talvez imprevisível. No entanto, quando se tem uma visão mais ampla de muitas mudanças analógicas históricas documentadas e de fenômenos encontrados na fala das crianças e em experimentos, podemos observar algumas tendências muito gerais. Este capítulo resenha esses tipos de mudanças tradicionalmente agrupados sob o rótulo de analogia e discute algumas tendências gerais na direcionalidade da mudança.

5.2 ANALOGIA PROPORCIONAL

Muitos falantes de inglês provavelmente já fizeram uma pausa antes de decidir se o pesadelo que tiveram na noite anterior foi algo com que eles *dreamed* ou *dreamt* ('sonhou'). A existência dessas duas formas alternativas é o resultado da analogia. A mudança analógica é descrita frequentemente como resultante de uma analogia proporcional ou quadriforme, um tipo de raciocínio que encontramos habitualmente em testes de inteligência. Assim, a fim de entender de onde vem a forma alternativa *dreamed* que substitui a mais antiga *dreamt*, se poderia propor a seguinte analogia quadripartida:

(63)   *seem* : *seemed* :: *dream* : *dream<u>ed</u>*

O problema com essa explicação é que ela, sem dúvida, não descreve o mecanismo cognitivo pelo qual se realizam as mudanças como a do exemplo. Para começar, tais mudanças raramente se baseiam em somente um outro conjunto de formas; quando ocorre analogia, é porque existem múltiplas formas na língua com o mesmo padrão, como se vê na maioria dos verbos em inglês que acrescentam -*ed* para o tempo passado sem mudança de vogal: *dimmed, tapped, changed, tweaked, passed* etc.[1] Além disso, o falante não tem que invocar três formas para produzir uma quarta, porque o padrão geral resultante das muitas formas que o exibem está disponível na memória como uma generalização. Nas seções a seguir, veremos que os mecanismos que produzem inovações analógicas são variados, mas nenhum deles exige uma proporção quadripartida.

5.3 NIVELAMENTO ANALÓGICO

A mudança ilustrada de *dreamed* em substituição a *dreamt* é um exemplo de nivelamento analógico. Diz-se que ocorreu nivelamento quando a forma nova elimina uma alternância que existia na forma mais antiga. Examine-se o seguinte conjunto de formas do presente e do passado em inglês:

(64) Base/Presente   Passado e Particípio Passado
      [iː]   [ɛ]
      keep   kept   'manter'
      leave   left   'partir, abandonar'
      sleep   slept   'dormir'
      sweep   swept   'varrer'
      feel   felt   'sentir'
      kneel   knelt   'ajoelhar'
      mean   meant   'significar'
      dream   dreamt   'sonhar'
      creep   crept   'arrastar-se'
      leap   leapt   'pular'
      weep   wept   'chorar'

Em todas essas formas (uma classe de verbos), o sufixo *-t* é acrescentado (mesmo em casos onde a consoante precedente é vozeada, como em *felt, knelt* e *meant*) e a vogal do presente é [iː], mas a vogal do passado e do particípio passado é [ɛ]. Esses verbos então apresentam uma alternância

---

1. A autora se refere à mudança da qualidade da vogal no par *dreamed* [drimɨd] / *dreamt* [drɛmt] [N.T.].

vocálica no radical. (Tenho certeza de que você reconhece que se trata de um resultado da Grande Mutação Vocálica discutida no capítulo 3: a vogal da base era longa e foi abreviada no inglês médio quando a ela se seguia o grupo com -*t*.)

No inglês contemporâneo, às vezes ocorrem as formas *dreamed, kneeled, creeped, leaped* e *weeped* em lugar de *dreamt, knelt, crept, leapt* e *wept*. Alguns dicionários reconhecem essas formas e todas as cinco ocorrem em *corpora* do inglês americano. Essas formas exemplificam o nivelamento analógico. É importante não pensar nessas mudanças como, por exemplo, *leapt* [lɛpt] mudando para *leaped* [liːpɨd]. Ao contrário, *leaped* é uma forma nova criada ao se tomar a forma básica *leap* e aplicar a ela o padrão regular do tempo passado. Sabemos disso porque ambas as formas ainda existem em variação hoje em dia, ainda que em algum momento a forma mais antiga possa vir a desaparecer. Em alguns casos, quando se dá a mudança analógica, a forma antiga permanece em circulação com um sentido diferente. Por exemplo, a forma comparativa do adjetivo *old* ('velho') costumava ser *elder* ('mais velho'). Hoje, a forma comparativa normal é *older*, mas *elder* (e o superlativo *eldest*, 'o mais velho') ainda se usa em contextos específicos, sobretudo quando se fala de irmãos, como em *the elder sister* ('a irmã mais velha').

No caso de *dreamed, creeped, kneeled, leaped* e *weeped*, também se pode falar de regularização. Já que o sufixo *-ed* sem nenhuma alternância no radical é o que se considera regular em inglês, mudanças que transferem verbos de classes mais irregulares para as regulares podem ser consideradas regularizações. Quando as crianças, durante o processo de aquisição, criam formas regulares como *fazi* (por *fez*) ou *trazi* (por *trouxe*), os pesquisadores falam de hiper-regularização. O processo é mais comum entre as crianças do que entre os adultos, mas formas como *me entreti* (por *me entretive*), *intervi* (por *intervim*) e *[se ele não se] conter* (por *contiver*) mostram que os adultos também participam dele. Esses verbos não estão entre os que seriam usados por crianças pequenas.

Como se pode notar pelos verbos em sua forma de passado em (64), somente alguns apresentam uma tendência a sofrer nivelamento ou regularização. Como observamos no início do capítulo, a mudança analógica ocorre em uma forma de cada vez e raramente chega a se completar do modo como se completam as mudanças sonoras. Note-se também que o mecanismo descrito acima, a criação de uma forma nova (e não a mudança de uma forma antiga), aponta para a mudança ocorrendo em um verbo de cada vez. Assim, podemos perguntar: que fatores determinam os verbos que sofrem nivelamento?

Um fato que tem sido identificado é a frequência com que a forma irregular ocorre. Se uma forma de passado em inglês tiver uma alternância e for de altíssima frequência, é improvável que venha a sofrer regularização. A razão é que ela terá uma forte representação na memória dos falantes uma vez que tiverem aprendido a língua, e isso tornará fácil o acesso à forma do passado (isto é, fácil de ser encontrada na memória e reativada no uso). Se for fácil o acesso à forma, não haverá chance alguma de que uma forma nova se componha ou, se for usada, que seja assumida por outros falantes. Em contrapartida, se uma forma do passado tiver baixa frequência, pode ser mais difícil acessá-la, e se o falante não a reativar imediatamente, o padrão regular pode ser ativado na produção de uma forma nova, regular.

Compare-se agora a lista de formas do passado em (64) organizada pela ordem de suas ocorrências no Corpus of Contemporary American English (COCA), com 450 milhões de palavras:

(65)

Presente	Passado e Particípio Passado	Frequência por milhão no COCA
leave	*left*	310
feel	*felt*	253
keep	*kept*	139
mean	*meant*	91
sleep	*slept*	20
sweep	*swept*	19
dream	*dreamt/dreamed*	13,5
leap	*leapt*	9
kneel	*knelt/kneeled*	6
creep	*crept/creeped*	5,5
weep	*wept/weeped*	4

A contagem de frequência do passado/particípio passado inclui tanto a forma conservadora quanto a regularizada, de modo que constituem uma contagem da frequência com que o verbo aparece no passado. Como se vê em (65), os seis verbos que têm a mais alta frequência no inglês contemporâneo não têm variantes niveladas ou regularizadas, mas os cinco com a mais baixa frequência têm todos essas variantes.

Parece, no entanto, que a frequência de uso não é o único fator que afeta o nivelamento. Os diferentes verbos que têm variantes regularizadas se comportam de modo diferente. Por exemplo, embora *dreamed* e *leaped* sejam mais frequentes que as variantes conservadoras, nos demais verbos a variante regularizada é menos frequente, muito menos frequente ainda no caso de *wept/weeped*. Outro indício de que a frequência de ocorrência não é o único prognosticador de nivelamento é o fato de que a diferença de frequência entre *slept* e *swept*, por um lado, e de *dreamt*, pelo outro, não é tão grande assim, como se vê em (65). O que está claro, porém, é que os verbos de frequência alta resistem ao nivelamento analógico; boa comprovação disso é que os verbos irregulares (e, de igual modo, substantivos e adjetivos) são altamente frequentes em todas as línguas[2]. Os outros fatores que podem estar em jogo são desconhecidos por enquanto.

O exemplo de *creeped* mostra outro modo como uma forma regular pode se desenvolver. Na busca por *creeped* no COCA, houve 84 casos que ocorreram no sintagma *creeped (someone) out* ('causar em alguém uma sensação de medo; assustar') ou BE *creeped out* ('estar assustado, apavorado') (que não contabilizei em [65]). De fato, nesse sintagma, *crept* nunca ocorreu, somente *creeped*. Segue um exemplo:

(66)   Truth was, receiving the dead roses <u>creeped me out</u>. (COCA, 2008)
        'A verdade é que receber as rosas mortas me deu calafrios.'

Nesse uso, *creep* não é um verbo intransitivo que significa 'mover-se lentamente', mas sim um verbo transitivo que significa algo como 'causar

---

2. De fato, os verbos mais comuns em português, por exemplo, são todos irregulares: *ser, estar, ter, ir, vir, ver, dar, fazer, poder* etc. [N.T.]

medo ou arrepios' em alguém. Aparentemente, *to creep someone out* é uma reconstrução do sintagma *give someone the creeps* ('causa calafrios em alguém'). Esse último sintagma está em circulação desde meados do século XIX, enquanto o anterior aparece por primeira vez no final da década de 1990 e se torna frequente depois de 2000. O exame de dados do Corpus of Historical American English (COHA) revela que *the creeps* se referia a uma sensação de arrepio na pele quando uma pessoa sente medo ou asco.

Quando os verbos derivam de substantivos, eles tendem a ser regulares. Por exemplo, *to ring* no sentido de 'formar um anel' no exemplo a seguir é regular:

(67)   Any Chinese city <u>is ringed with</u> appliance stores; where once they offered electric fans, they now carry vibrating massage chairs. (COCA. National Geographic, 2001; Bill McKibben)
'Qualquer cidade chinesa é circundada [*literalmente*, 'rodeda por um anel'] de lojas de utensílios; onde antes ofereciam ventiladores elétricos, agora exibem cadeiras vibradoras para massagem.'

Não seria possível dizer **Any Chinese city is rung with appliances stores* nem mudar a sentença para a voz ativa, **Appliance stores rang the city*; manter o verbo regular ajuda a conservar sua relação com o substantivo[3]. Sem dúvida, o aumento na frequência do padrão regular do particípio passado, que será discutido mais longamente na próxima seção, é ajudado pela forte tendência do inglês a formar verbos novos a partir de substantivos. Por ora, é importante notar que, nesses exemplos, *creeped* e *ringed* não são instâncias de nivelamento analógico, mas sim de verbos novos formados de substantivos.

Vimos, então, que o nivelamento analógico é a perda de uma alternância em que uma forma do paradigma que tem uma alternância é usada para criar formas novas que não têm a alternância. O nivelamento analógico afeta paradigmas de baixa frequência, enquanto os de frequência alta tendem a resistir ao nivelamento. Veremos mais exemplos de nivelamento

---

3. O verbo *to ring* tem no passado a forma *rang* e seu particípio passado é *rung* [N.T.].

nas seções a seguir. Uma questão importante sobre o nivelamento é saber qual variante no paradigma é aquela que serve como base para a criação de formas novas e, portanto, é a que sobrevive. Trataremos dessa questão na seção 5.4.

5.4 PRODUTIVIDADE

Outra questão que se levanta para explicar o nivelamento analógico é: o que determina qual será o padrão regular? Por exemplo, por que são as novas formas como *leaped* e *dreamed* que aparecem e não outras como **sept* de *seep* ('sorver') (em lugar de *seeped*) ou **bept* de *beep* ('bipar') (em lugar de *beeped*) ou **semt* de *seem* ('parecer') (em lugar de *seemed*)?

A razão é que alguns padrões são altamente produtivos e outros, menos produtivos. A produtividade é a probabilidade com que um padrão ou construção se aplicará a um item novo. Neste momento, em inglês, o sufixo de tempo passado *-ed*, sem mudança interna do radical verbal, é o padrão produtivo. As coisas nem sempre foram assim, o que mostra que a produtividade pode ir e vir, como se verá abaixo.

Existe uma forte relação entre a produtividade de um padrão e o número de itens a que ele se aplica, relação chamada *frequência de tipo* da construção. No inglês contemporâneo, há cerca de 180 verbos com algum tipo de irregularidade – nenhum sufixo (*cut*, 'cortar'/'cortado'), mudança de vogal (*break/broke*, 'quebrar'/'quebrado'), mudança de consoante (*teach/taught*, 'ensinar'/'ensinado') –, mas a esmagadora maioria dos verbos forma seu tempo passado com o sufixo *-ed* (e os alomorfes [d], [t] e [ɪd]) e nenhuma outra mudança. Pelo fato de haver tantos verbos com esse padrão, ele é o que se aplica mais frequentemente a verbos novos introduzidos na língua por empréstimo (*ski/skied*, 'esquiar'/'esquiado', do norueguês; *waltz/waltzed*, 'valsar'/'valsado', do alemão) ou por derivação (*creep/creeped* de *the creeps* ['os calafrios'], *hammer/hammered*, 'martelar'/'martelado', do substantivo *hammer*, 'martelo'). É claro que esses e muitos outros acréscimos ao padrão o tornam ainda mais produtivo[4].

No inglês antigo a situação era bastante diferente. Os verbos que tinham mudanças vocálicas no passado (chamados "verbos fortes") eram mais numerosos do que hoje. O padrão "fraco" usava o sufixo *-ede* ou *-ode*; esses verbos eram menos numerosos do que hoje. A maioria dos padrões com mudança de vogal (chamada "metafonia" [*umlaut*]) são muito antigos, remontando a mudanças vocálicas no protoindo-europeu (ver capítulo 10). O sufixo se desenvolveu mais tarde, decerto no protogermânico (já que todas as línguas germânicas têm esse sufixo). Sua fonte, muito provavelmente, foi o tempo passado do verbo equivalente a *to do* ('fazer'), que pode ser reconstruído como **dedō-* e **dedē-* com desinências de pessoa e número acrescidas. O uso de um verbo (ou substantivo verbal) mais o passado desse verbo provavelmente teve a princípio um significado, porém mais tarde se tornou um modo de formar o tempo passado de novos verbos a partir de substantivos ou de palavras emprestadas (*ende*, 'fim', subst. > *endian*, *enede-*, 'findar', 'findou'). As mudanças pelas quais duas palavras se tornam uma palavra simples com um afixo são os processos de *gramaticalização*, e serão explicados mais demoradamente no capítulo 6. Por ora, basta dizer que tanto a perda de significado quanto a redução da forma fonológica são concomitantes normais da gramaticalização.

Observe-se que os verbos fortes do inglês antigo tinham muitas alterações diferentes de vogal; de fato, costumam ser divididos em sete classes distintas. Mostramos a seguir um verbo representativo de cada classe:

---

4. Exemplo semelhante é o que acontece em português e nas demais línguas românicas no que diz respeito às conjugações verbais: os verbos da primeira conjugação (infinitivos terminados em *-ar*) são cerca de dez vezes mais numerosos que os da segunda e terceira conjugações juntas (*-er* e *-ir*), além de serem em sua vastíssima maioria regulares. Assim, todo verbo novo criado por derivação ou por empréstimo se incorpora automaticamente à primeira conjugação: *escâner* > *escanear*; *link* > *linkar*; *funk* > *funkear* etc. [N.T.].

(68) Classes de verbos fortes do inglês antigo

Infinitivo	3ª p. presente	Passado sing.	Passado plur.	Part. Passado
rīdan ('cavalgar')	rītt	rād	ridon	riden
smēocan ('fumar')	smīecþ	smēac	smucon	smocen
drincan ('beber')	drincþ	dranc	druncon	drunken
brecan ('quebrar')	bricþ	brœc	brœcon	broken
etan ('comer')	itt	æt	æton	eten
standan ('ficar de pé')	stent	stōd	stōdon	standen
grōwan ('crescer')	grēwþ	grēow	grēowon	grōwen

Devido à complexidade do sistema e ao fato de que as mudanças vocálicas assinalavam a diferença entre presente e passado, teria sido difícil incorporar verbos novos a ele. Assim, o sufixo de verbo fraco *-ede, -ode* veio bem a calhar, sobretudo à medida que mais palavras eram emprestadas ao inglês do francês durante a conquista normanda (a partir de 1066) e que o número de verbos com o sufixo aumentava dramaticamente. Os acréscimos fizeram aumentar gradualmente a produtividade do padrão com sufixo. À medida que isso acontecia, alguns dos verbos fortes se regularizaram. O verbo *smoke*, por exemplo, da lista acima, é hoje regular, assim como *reap, shove, help, burn, mourn, heave, wax, flow, row, mow, seethe, delve* ('amadurecer', 'empurrar', 'ajudar', 'queimar', 'prantear', 'erguer peso', 'encerar', 'fluir', 'remar', 'ceifar', 'fervilhar', 'penetrar fundo'), entre outros, eram verbos fortes no inglês antigo e hoje são regulares.

O nivelamento ou regularização é um mecanismo pelo qual as classes de verbos fortes se encolheram em tamanho enquanto a classe sufixada cresceu. O outro mecanismo que faz aumentar o número de verbos com sufixo é o total desaparecimento de verbos da língua. Alguns verbos fortes listados na obra *Anglo-Saxon Primer* de Henry Sweet (1845-1912) e não mais usados no inglês contemporâneo são: *hrīnan* ('tocar'), *mīþan* ('esconder'), *stīgan* ('ascender'), *brūcan* ('gozar'), *beorgan* ('proteger'), *weorpan* ('lançar') e *hātan* ('chamar'). Esses verbos desapareceram à medida que outros vieram substituí-los (ver capítulo 9 para maior discussão), e sua perda fez pender a balança para o lado dos novos verbos formados com o sufixo *-ed*.

Afixos derivacionais também competem pela produtividade. O sufixo para formar substantivos de adjetivos em inglês, -*ness* (*happiness* ['felicidade'], *redness* ['vermelhidão'], *creepiness* ['rastejamento']), é muito produtivo hoje e, ao que parece, também era amplamente usado no inglês antigo (Riddle, 1985), junto com outros sufixos como os antepassados de -*ship* (inglês antigo -*scipe*, -*shepe*), -*hood* (inglês antigo -*hēd*) e -*dom*. Segundo Riddle, havia muita variação no inglês antigo com formas concorrentes afixadas às mesmas raízes, como nestes exemplos:

(69)   *raunesse, rauhede*   'crueza'
        gladness, gladscip   'alegria'
        wīsness, wīshede, wīsdom   'sabedoria'
        blīnhēde, blindness   'cegueira'
        dronkenesse, drunkenhede, drunkeshepe   'embriaguez'
        derkness, deorkhede   'escuridão'

No inglês contemporâneo, os sufixos -*ship*, -*hood* e -*dom* são usados em pouquíssimas palavras (*fellowship* ['companheirismo'], *falsehood* ['falsidade'], *freedom* ['liberdade']), enquanto -*ness* é relativamente produtivo e usado em várias palavras diferentes para produzir um substantivo abstrato a partir de um adjetivo.

5.5 TENDÊNCIAS NA MUDANÇA ANALÓGICA: A RELAÇÃO PRIMITIVO-DERIVADO

Nesta seção, vamos tratar de algumas fortes tendências que aparecem na mudança analógica em função da estrutura dos paradigmas. Elas oferecem modos de prever que forma sobreviverá e servirá de base para formas novas na mudança analógica (seções 5.5.1 e 5.5.2) e como as categorias semânticas expressas no paradigma determinam as formas com mais probabilidade de mudar.

5.5.1 A forma básica do paradigma

A primeira questão que examinaremos é como determinar a forma de um paradigma que serve como base para formações novas. Tomando o exemplo discutido mais acima, perguntamos: por que, no nivelamento de *leaped/leapt*, a nova forma de passado é criada com base no presente e não uma nova forma de presente criada com base no passado? Ou seja, dado que há duas formas do radical – uma com a vogal tensa [i:] e uma com a vogal frouxa [ɛ] –, por que a alternância é nivelada pela criação de uma nova forma do passado (*leaped*) em vez de um novo presente, *lep*, *leps* e até mesmo *lepping*?

Uma abordagem a essa questão aponta que a forma mais "primitiva" ou mais simples do paradigma serve de base para que se criem formas novas (Kuryłowicz, 1947). Isso abre a questão sobre o que constitui a forma básica de um paradigma, que pode ser diferente em diferentes análises. Outra abordagem nomeia as categorias, observando que os tempos presentes servem como a base para os passados, os indicativos para os subjuntivos, e a 3ª pessoa do singular para as outras formas de pessoa/número (Mańczak, 1958). Essa abordagem é mais concreta, porém não consegue se generalizar para muitos casos.

Uma abordagem que tenta uma generalização sobre categorias de diferentes tipos recorre aos conceitos de *marcado/não-marcado*, baseados em traços semânticos, conforme desenvolvidos por Roman Jakobson (Jakobson, 1939). Jakobson observa que o membro não-marcado de uma categoria como gênero (masculino) difere do membro marcado (feminino), o que afirma a presença de uma propriedade porque o não-marcado ou indica a ausência da propriedade ou nada diz acerca dessa propriedade. É por isso que formas como *aluno* ou *consumidor* podem ser usadas para indicar tanto homens quanto mulheres, ao passo que *aluna* ou *consumidora* estão restritas a referentes femininos. Em alguns casos, identificamos a forma literalmente "não-marcada" de um paradigma porque ela não tem nenhum afixo. Greenberg (1966) acrescentou o critério de frequência aos propostos por Jakobson. Ele demonstrou que o membro não-marcado era geralmente o mais frequente. Levando em conta esses critérios, a abordagem marcado/não-marcado pode ser generalizada para outras categorias como se vê na tabela 5.1, que se inspira em Greenberg (1966).

Tabela 5.1 Relação marcado/não-marcado para categorias específicas

MEMBRO NÃO-MARCADO	MEMBRO MARCADO
Nomes, pronomes e adjetivos:	
singular	plural, dual, trial, paucal
casos retos (nominativo, acusativo)	casos oblíquos
nominativo	acusativo
absolutivo	ergativo
masculino	feminino, neutro
adjetivo simples	comparativo, superlativo
grau normal	diminutivo, aumentativo
numerais cardinais	numerais ordinais
numerais mais baixos	numerais mais altos
3ª pessoa, 1ª pessoa	2ª pessoa
Verbos:	
voz ativa	voz passiva, reflexiva, média, recíproca
indicativo	outros modos
presente	passado, futuro
perfectivo	imperfectivo
afirmativo	negativo
declarativo	interrogativo

Cuidado, porém: há problemas com a aplicação da definição semântica (presença ou ausência de uma propriedade) em várias das categorias, e há paradigmas em que nenhum membro carece de afixo. Essa abordagem, portanto, também apresenta problemas de generalização para todas as categorias de maneira definitiva. Apesar disso, o desdobramento que aparece na tabela 5.1 nos oferece um modo rudimentar de prever como o nivelamento analógico se aplica a paradigmas flexionais.

Apesar do relativo sucesso desse desdobramento geral, a abordagem baseada nos critérios semânticos é refutada por casos em que o nivelamento do paradigma de um item lexical vai na direção oposta do nivelamento de outros paradigmas. Mańczak (1958) oferece um exemplo assim: para os nomes geográficos, o nivelamento favorece o caso locativo, o caso usado para se responder a "onde?"

Tiersma (1982) chamou a atenção para um interessante padrão de nivelamento na língua frísia (germânico ocidental). Em frísio, os substantivos frequentemente têm alternâncias vocálicas no singular e no plural, como mostrado em (70a), e essa alternância é nivelada conforme (70b), com um novo plural formado usando-se a vogal do singular.

(70) Substantivos em frísio
  a) Alternância conservadora
  Singular/plural
  hoer/hworren   'prostituta'
  koal/kwallen   'carvão'
  miel/mjillen   'refeição, ordenha'
  poel/pwollen   'poça'

  b) Formas inovadoras
  Singular/plural
  hoer/hoeren
  koal/koalen
  miel/mielen
  poel/poelen

O nivelamento mostrado em (70b) é o que se esperaria dadas as relações de marcação mostradas na tabela 5.1. No entanto, há também alguns substantivos que sofrem nivelamento em que um novo singular se formou com o uso do ditongo do plural, conforme se vê em (71).

(71) Substantivos em frísio
  a) Alternância conservadora
  Singular/plural
  earm/jermen   'braço'
  goes/gwozzen   'ganso'
  hoarn/hwarnen 'chifre'
  kies/kjizzen   'dente'
  spoen/spwonnen 'estilhaço'
  toarn/twarnen 'espinho'
  trien/trijnnen 'lágrima'

  b) Formas inovadoras
  Singular/plural
  jerm/jermen
  gwos/gwozzen
  hwarne/hwarnen
  kjizze/kjizzen
  spwon/spwonnen
  twarne/twarnen
  trjin/trjinnen

Os exemplos em (70) e (71) monstram de modo conclusivo que uma abordagem exclusiva em termos de categorias gerais como exibido na tabela 5.1 não preverá todos os casos da direção do nivelamento. Tiersma enfatiza que, enquanto os substantivos em (70) mostram o padrão habitual de distribuição em que o singular é usado com mais frequência do que o plural, os substantivos em (71) exibem a distribuição oposta: as entidades a que se referem esses substantivos vêm aos pares ou em grupos, de modo que a forma plural é a de uso mais frequente. Tiersma argumenta que não é a marcação semântica que determina a direção do nivelamento, mas sim a frequência de uso. A forma mais frequente não só tem menos probabilidade de mudar (conforme observamos em termos dos paradigmas que tendem a se nivelar) como também tem a maior probabilidade de servir de base para a mudança. Uma vez que a forma não-marcada, como se vê na tabela 5.1, é na maioria dos paradigmas também a forma mais frequente, referir-se à frequência e não à basicidade semântica pode explicar as mudanças exibidas em (70), ou seja, aquelas previstas pela *marcação geral* [*general markedness*], e também as mudanças em (71), aquelas previstas pela *marcação local* [*local markedness*], segundo os termos de Tiersma.

Por conseguinte, o que aprendemos nessa excursão através de várias propostas é que pode haver um modo bem concreto e testável de se prever como o nivelamento se revelará. A referência à frequência de uso é muito mais testável do que a referência à teoria da marcação. Além disso, podemos formular uma hipótese muito geral que engloba diversos tipos de casos para além do nivelamento analógico, conforme veremos nas próximas seções. O princípio é o seguinte:

(72)   Formas de maior frequência resistem à mudança baseada na estrutura de outras formas ou padrões e têm maior probabilidade de servir de base para tais mudanças em formas de menor frequência.

Já discutimos o mecanismo cognitivo por trás dessa hipótese. Cada ocorrência de uma palavra ou sintagma fortalece sua representação na memória, tornando-a de acesso mais fácil em ocasiões subsequentes. As formas que têm uma forte representação na memória terão menos chance de mudar e mais chance de serem as formas acessadas e usadas quando uma forma menos frequente for difícil de acessar. Essa hipótese se aplica a paradigmas de alta frequência com irregularidades que resistem à mudança, e se aplica às relações entre formas de um paradigma, com as menos frequentes sendo tomadas como base da mudança, se esta ocorrer.

Retornando aos paradigmas que resistem à regularização, considere-se os substantivos em inglês que têm o plural expresso por uma alternância vocálica: *foot/feet* ('pé[s]'), *tooth/teeth* ('dente[s]'), *mouse/mice* ('rato[s]'), *goose/geese* ('ganso[s]'), *child/children* ('criança[s]'), *man/men* ('homem[ns]') e *woman/women* ('mulher[es]'). Esses substantivos plurais são ou de alta frequência (*men, women*) ou o plural é de frequência igual ou maior do que o singular, como no caso de referentes que tendem a vir em pares ou em grupos (*feet, teeth, mice* e *geese*).

A hipótese em (72) não foi testada num número suficiente de casos para determinar com que segurança ela prevê a direção do nivelamento. Como é normal, deve haver outros fatores que interagem com a frequência de uso. No entanto, é o fator mais promissor e também o mais testável que já se propôs. Na próxima seção, veremos de que modo a frequência de uso pode influenciar outro tipo de mudança morfológica – a criação de marcadores zero.

5.5.2 Subanálise e criação de zeros

Em paradigmas nominais ou verbais, frequentemente existe uma forma que não comporta nenhum afixo ou outra marca, mas que, apesar disso, sinaliza um significado flexional. Por exemplo, nos substantivos do português, o singular não tem afixo; assim, *gato* não tem afixo algum, mas é interpretado como singular no uso, como em *o gato arranhou o sofá*. O gato não se refere apenas vagamente a um ou a múltiplos gatos: é definitivamente singular. Nesta seção vamos examinar de que modo o vazio – a falta de um afixo – pode ter significado.

A ausência significativa de um afixo é um indicador de uma categoria obrigatória, uma categoria que a morfossintaxe exige que tenha algum expoente. Outro exemplo é o presente do indicativo em português. Se digo *eu tomo leite desnatado*, meu interlocutor sabe que quero dizer que habitualmente tomo leite desnatado. O significado "estou tomando leite desnatado neste exato momento" se expressa por meio de *estar* + *-ndo* (gerúndio), e a ausência dessa forma (o aspecto progressivo) indica significado habitual. Em contrapartida, no pretérito perfeito, a falta de uma forma progressiva não obriga a um significado aspectual habitual. A frase *ele tomou leite desnatado* pode ser tanto habitual em significado quanto significar apenas uma ocasião, como em *ontem à noite ele tomou leite desnatado* em comparação a *ele sempre tomou leite desnatado*. Assim, a distinção progressivo/habitual não é obrigatória no pretérito perfeito, só no presente.

Em consequência do que observamos acima a respeito da frequência relativa das formas, a forma com marca-zero de um paradigma tende a ser a mais frequente (Greenberg, 1966). Há duas tendências diacrônicas que explicam essa correlação. Uma diz respeito aos tipos de itens que tendem a sofrer gramaticalização, o processo que cria afixos. Discutiremos isso nos dois próximos capítulos. O outro modo como surgem zeros nas formas mais frequentes é através da subanálise de formas que anteriormente tinham afixos, um processo que vamos examinar agora.

Em muitas línguas, a forma de 3ª pessoa do singular nos paradigmas verbais tem marca-zero, mas em outros casos ela tem uma marca. Nosso interesse aqui está nos casos em que aparece um sufixo explícito, mas em que a forma é reanalisada como se tivesse uma marca-zero. Watkins (1962) apresenta diversos exemplos do desenvolvimento de línguas célticas que mostram uma reestruturação de paradigmas completos por causa de uma análise da forma de 3ª pessoa singular como tendo marca-zero para pessoa e número. Os exemplos a seguir ilustram uma reestruturação semelhante nas formas verbais do pretérito de dialetos occitânicos do sul da França. As formas do provençal antigo em (73) podem ser tomadas como um ponto de partida. Nelas, parece que a vogal tônica poderia ser considerada como a marca do pretérito com os sufixos de pessoa/número *-i, -st, -t, -m, -tz* e *-ren* acrescidas à sequência *canté-*. (As formas do presente diferem porque têm acento na vogal da raiz: *cántat*, 3ª pessoa sing. presente.)

(73) Provençal antigo: formas do pretérito (Anglade, 1921: 262, 294), *canta*, 'cantar'
    1ª sg. *cantéi*   1ª pl. *cantém*
    2ª sg. *cantést*   2ª pl. *cantétz*
    3ª sg. *cantét*   3ª pl. *cantéren*

No dialeto de Charente mostrado em (74), aparece um *t* na 2ª pessoa sing. e em todas as formas do plural. A única mudança na 1ª pessoa sing. foi que o ditongo *-éi* se simplificou em *-í*. A questão intrigante é: de onde veio o *t* na 2ª pessoa sing. e nas formas do plural? Diante da alta frequência da forma de 3ª pessoa sing., Bybee e Brewer (1980) propõem que a 2ª pessoa sing. e todas as formas do plural foram refeitas tendo por base a 3ª pessoa sing. mais o acréscimo dos sufixos de pessoa/número: por exemplo, *cantét + em* dá a 1ª pessoa plural.

Essa mudança ocorreu porque a forma de alta frequência da 3ª pessoa sing. é tomada pelos falantes como básica do paradigma do pretérito. Assim, o *-t* daquela forma é assumido para ser uma marca de pretérito, não uma marca de 3ª pessoa sing. Uma vez acrescentadas as marcas de pessoa/ número, o *-t-* de fato se torna o signo do presente. O fato da 1ª pessoa sing. não sofrer mudança também decorre do princípio (72): já que as formas de 1ª pessoa sing. são igualmente de altíssima frequência, essa forma resiste às refacções e perdura.

(74)   Dialeto de Charente
    1ª sg. *cantí*   1ª pl. *cantétem*
    2ª sg. *cantétei*   2ª pl. *cantétei*
    3ª sg. *cantét*   3ª pl. *cantéten*

Um resultado ligeiramente distinto se encontra em outro dialeto occitânico do sul da França, o de Clermont-Ferrand. Neste caso, a 1ª pessoa sing. é refeita junto com as outras formas, mas a 3ª pessoa sing. perdeu seu *-t*, por mudança sonora regular:

(75)   Dialeto de Clermont-Ferrand
1ª sg. *cantéte*   1ª pl. *cantétem*
2ª sg. *cantétes*   2ª pl. *cantétetz*
3ª sg. *canté*   3ª pl. *cantéton*

Esses exemplos e vários semelhantes mostram que a alta frequência de uma forma morfologicamente complexa pode levá-la a ser subanalisada ou tomada como uma unidade mais simples do que era antes. Ou seja, as formas de pretérito da 3ª pessoa sing. tinham três morfemas: a raiz, a vogal tônica para o pretérito, e o -*t* final para a 3ª pessoa sing. Na reanálise, a palavra tem só duas partes, a raiz e o -*ét*, que agora é considerado como signo do pretérito. Veremos nos exemplos a seguir, e também em outros contextos neste livro, casos em que uma forma de alta frequência se torna *autônoma* no sentido de que suas partes componentes já não são mais associadas a essas partes usadas em outras palavras ou sintagmas (ver também a seção 9.5).

A criação de formas marcadas duplamente também ilustra o efeito da autonomia. Tiersma (1982) recorreu aos plurais com marcas duplas para sustentar sua tese acerca dos substantivos que ocorrem mais frequentemente no plural e, por isso, são tomados como autônomos e, assim, subanalisados. No holandês médio, a palavra para 'sapato' era *schoe*, mas o singular moderno é *schoen*. Essa era a forma plural mais antiga e hoje existe um novo plural, *schoenen*. A forma plural foi tomada como básica e usada para o singular porque os sapatos normalmente vêm em pares. Outros exemplos de plurais com marca dupla no holandês aparecem em (76), embora nestes casos o singular permaneça inalterado.

(76)   Plurais redobrados em holandês

Singular	Plural antigo	Plural moderno	
blad	*blader*	*bladeren*	'folha'
ei	*eier*	*eieren*	'ovo'
hoen	*hoender*	*hoenderen*	'galinha'
kalf	*kalven*	*kalveren*	'bezerro'
kind	*kinder*	*kinderen*	'criança'
lam	*lammer*	*lammeren*	'cordeiro'
rad	*rader*	*raderen*	'roda'

Todos esses substantivos se reportam a termos que tendem a ser referidos no plural. Talvez ajudado pelo fato de que a marca de plural -*er* era só uma das várias marcas de plural, e menos produtiva que o plural -*en*, o substantivo plural mais antigo foi tomado como uma unidade singular em vez de uma raiz com afixo. Por conseguinte, os falantes acrescentaram um afixo de plural de acordo com o significado da palavra, resultando no que parece, do ponto de vista etimológico, serem duas marcas de plural. O inglês antigo também criou alguns plurais duplos, mas o único que permaneceu na língua foi o plural de *child, children* ('criança[s]'), que contém tanto o plural em -*er* (hoje extinto no inglês) quanto o plural em -*en*, hoje raro na língua.

Nesta seção vimos que formas complexas de alta frequência às vezes são tomadas como unitárias (não consistindo de partes componentes) e usadas como base para a criação de formas novas dentro de paradigmas flexionais. Também observamos que algumas formas de alta frequência resistem à mudança conforme previsto pela hipótese enunciada em (72).

5.6 MUDANÇAS DENTRO DE CATEGORIAS MAIS RELACIONADAS

Os exemplos recém-discutidos mostram a mudança dentro de paradigmas flexionais de uma forma mais básica para outras formas. Agora precisamos falar um pouco mais sobre como as formas de paradigmas são organizadas de tal modo que podem se afetar umas às outras. Muitas línguas flexionais têm categorias de tempo, aspecto e modo além das de pessoa e número. Essas categorias diferem umas das outras na medida em que afetam o significado do verbo, com as diferenças aspectuais tendo o efeito maior, seguidas de tempo, modo e pessoa/número (Bybee, 1985). Segue-se daí que as formas mais intimamente relacionadas entre si no plano semântico ocorrem dentro do mesmo aspecto, tempo ou modo, enquanto formas verbais em aspectos diferentes serão as mais distantemente relacionadas das formas flexionais de um paradigma. Em termos de nivelamento de alternâncias, é mais provável que as alternâncias entre formas mais intimamente relacionadas sejam as primeiras a ser niveladas, enquanto as alternâncias entre formas menos relacionadas serão mais estáveis.

Esse ponto pode ser ilustrado com as formas do verbo *to do* ('fazer') no inglês antigo e médio, como se vê em (77) (Moore e Marckwardt, 1951).

(77)

			Inglês Antigo	Inglês Médio
Pres. indic. sing.		1	*dō*	*do*
		2	*dēst*	*dost*
		3	*dēþ*	*doth*
Plural			*dōþ*	*do*
Pret. indic. sing.		1	*dyde*	*dide, dude* [dyde]
		2	*dydest*	*didest, dudest*
		3	*dyde*	*dide, dude*
Plural			*dyden*	*dide(n), dude(n)*

Note-se que no inglês antigo há uma alternância vocálica no presente do indicativo, que tem /o:/ na 1ª do singular e no plural, e /e:/ na 2ª e 3ª do singular. Além disso, a vogal do pretérito é diferente das duas vogais do presente: trata-se de uma alta arredondada. A mudança que ocorreu durante o período médio do inglês eliminou a alternância vocálica no presente mas não afetou aquela vogal do pretérito. No presente, a vogal da 1ª do singular (uma forma de altíssima frequência) e do plural substituiu as vogais da 2ª e 3ª do singular. A variação que se vê no período médio se deve ao fato de que a vogal anterior arredondada foi desaparecendo gradualmente. Tal como em outros paradigmas verbais dos períodos antigo e médio, toda e qualquer alternância entre as vogais do presente foi gradualmente nivelada, mas em geral permaneceu a diferença de vogais entre o presente e o pretérito.

O processo pelo qual as formas mais intimamente relacionadas entre si tendem a ter as mesmas formas do radical pode ser visto em paradigmas sincrônicos, em que as alternâncias são mais comuns nas formas de aspecto, tempo e modo do que nas de pessoa/número dentro do mesmo aspecto, tempo ou modo. Por exemplo, a mudança mais extrema de radical em verbos do português se dá entre o radical do presente/imperfeito *vs.* o radical do pretérito de alguns verbos, como mostrado em (78). A maioria dessas alternâncias remonta ao latim ou além. As formas de pessoa/número dentro do presente e do pretérito usam a mesma forma do radical. A estabilidade dessas alternâncias fornece comprovação de que a estrutura de paradigmas é um determinante da probabilidade de ocorrerem mudanças analógicas, junto com a frequência de distribuição de formas dentro do paradigma.

(78)　　Português
　　　　1ª sing. presente　　　　1ª sing. pretérito
　　　　　ponho　　　　　　　　*pus*
　　　　　tenho　　　　　　　　*tive*
　　　　　faço　　　　　　　　　*fiz*
　　　　　estou　　　　　　　　*estive*
　　　　　quero　　　　　　　　*quis*
　　　　　digo　　　　　　　　　*disse*
　　　　　vejo　　　　　　　　　*vi*

5.7 EXTENSÃO

A extensão analógica é o oposto do nivelamento, no sentido de que por meio da extensão começa a aparecer uma alternância num paradigma que antes não tinha alternância alguma. O nivelamento é muito mais comum do que a extensão porque existe uma forte tendência a haver uma forma para um significado. No entanto, a extensão ocorre, e sob certas circunstâncias. Nesta seção, vamos examinar dois tipos bastante diferentes de extensão: um em que uma alternância do radical que expressa uma distinção significativa é difundida a outros itens lexicais, e outro em que uma alternância é introduzida por extensão de um alomorfe de um afixo.

Em ambos os casos, a frequência de tipo do padrão estendido é um fator de forte determinação na mudança.

O primeiro caso envolve uma alternância vocálica numa classe de verbos que eram verbos fortes no inglês antigo. Conforme mencionado antes, o desenvolvimento de formas do passado do inglês antigo para o contemporâneo envolve predominantemente a regularização ou perda de tais verbos, embora a frequência de ocorrência seja um fator em sua preservação. Desafiando essa tendência geral, uma classe de verbos se expandiu por meio do acréscimo de novos membros, em sua maioria verbos que antes eram regulares. Na tabela 5.2 vemos exemplos desses verbos. As formas de passado marcadas com um asterisco não eram membros originais dessa classe, mas passaram a ter a alternância vocálica por extensão analógica. A discussão dessa classe se baseia em Bybee e Moder (1983).

Tabela 5.2 Uma classe verbal semiprodutiva em inglês

	/ɪ/	/æ/	/ʌ/	/ɪ/	/ʌ/
-m	swim	swam	swum		
-n	begin	began	begun	spin	spun
	run	ran	run	win	won
-ŋ	ring	rang	rung*	cling	clung
	sing	sang	sung	fling	flung*
	spring	sprang	sprung	sling	slung*
				sting	stung*
				string	strung*
				swing	swung
				wring	wrung
				hang	hung*
				bring	brung**
-nk	drink	drank	drunk	slink	slung
	shrink	shrank	shrunk		
	stink	stank	stunk		
-k				strike	struck*
				stick	stuck*
				sneak	snuck**
				shake	shuck**
-g				dig	dug*
				drag	drug**

* Não era verbo forte no inglês antigo, mas se tornou forte por analogia, segundo Jespersen (1942).
** Dialetal, não era verbo forte no inglês antigo.

Alguns pontos interessantes sobre essa classe de verbos devem ser mencionados. Primeiro, note-se que os verbos na coluna da esquerda têm três formas, uma para o presente/infinitivo, uma para o passado e outra para o particípio passado. Os verbos na coluna da direita têm só duas formas, pois a forma do passado foi substituída pela do particípio. É uma tendência geral em inglês, embora em alguns casos seja a forma do passado que substitui o particípio, tal quando *shown* é substituído por *showed*, ou *proven* por *proved*. Todos os verbos acrescentados à classe têm apenas as duas formas. Ninguém explicou ainda por que a forma do particípio substitui a do passado nessa classe.

Como se vê na coluna da esquerda, essa classe tinha historicamente radicais verbais que terminavam em uma das três consoantes nasais do inglês: /m/, /n/ e /ŋ/. No inglês antigo, o -*g* final após uma nasal muito provavelmente era pronunciado. A classe também incluía verbos terminados em -*nd*, como *bind*, *grind*, *find* e *wind*. Esses verbos sofreram um alongamento da vogal por causa de seus grupos consonantais finais e, depois da Grande Mutação Vocálica, acabaram tendo as formas de passado *bound*, *ground*, *found* e *wound*. Esse alongamento vocálico removeu da classe os verbos terminados em alveolares e deixou aqueles com velares como o tipo mais comum, especialmente uma vez que existiam membros da classe terminados em -*nk*, como *drink*. Depois dessa mudança, a maioria dos verbos na classe ficaram com um formato fonológico semelhante. Observando-se os novos verbos que se juntaram à classe, fica claro que essa definição fonológica da classe foi muito importante para atrair membros novos, já que todos eles têm uma consoante ou um grupo velar final.

Outra importante observação acerca dos novos membros da classe é que nem todos têm consoantes nasais em sua coda silábica. A classe original se definia pela consoante nasal em qualquer ponto de articulação na coda, mas agora a classe se define por uma consoante velar na coda, como se vê em *struck* e *dug* e outros verbos semelhantes. Assim, o formato fonológico do verbo é muito importante, mas ele também pode mudar com o tempo à medida que muda o tipo de membro pertencente à classe.

Note-se também que, na classe do inglês antigo, todas as formas do presente tinham a vogal /ɪ/, mas entre as formas inovadoras a vogal no presente não é tão importante. *Strike, hang,* e *drag* têm a vogal "errada". Isso significa que é o formato final da forma do passado que determina o pertencimento à classe, não a relação entre o presente e o passado. Portanto, nenhuma analogia de quarta proporcional poderia ser oferecida para explicar essas inovações. Ao contrário, as formas inovadoras do passado são construídas com base numa generalização sobre as formas do passado existentes.

Já que nenhuma outra alternância de verbos fortes do inglês antigo se estendeu para outros verbos, devemos nos perguntar o que torna essa classe especial. Primeiro, já vimos que há uma firme caracterização fonológica do formato do radical do verbo (que, aliás, inclui uma forte tendência a ter um grupo consonantal inicial com *s-*). Um segundo fator pode ser a frequência de tipo dessa classe. De todas as classes de verbos fortes do inglês antigo que sobrevivem hoje, esta tem o maior número de membros. A frequência de tipo do padrão (junto com sua forte definição fonológica) torna-o aplicável a outros verbos que se encaixam na definição fonológica. Note-se que não há tendência a estender a vogal /ʌ/ a verbos como *fit* ou *sip*.

O segundo exemplo de extensão de uma alternância envolve sufixos que formam plural de substantivos no português brasileiro. Em português, o plural dos substantivos se faz normalmente com o acréscimo de um /s/, como em *janela/janelas*. No entanto, para substantivos que no singular terminam em *-ão* existem três modos de formação do plural: no primeiro, acrescenta-se o *-s* como esperado, mas nos outros dois o ditongo nasal sofre uma mudança:

(79)   Português brasileiro
       Singular   Plural
       irmão   *irmãos*
       leão   *leões*
       pão   *pães*

Embora pudesse parecer que o padrão regular de acrescentar *-s* ao singular seria o padrão favorecido aqui, para os substantivos terminados em *-ão* o plural em *-ões* é de longe o mais comum, pois 97,8% dos substantivos com essa terminação no singular (mais de 7.000) usam *-ões* no plural (Huback, 2011). Por essa razão, há uma tendênia a usar o plural *-ões* em palavras que, pela mudança sonora normal, deveriam ter *-ãos*, como em *anão*, que historicamente tem o plural *anãos*, mas hoje é muito mais comum apresentar o plural *anões*.

Há duas maneiras de enxergar essa mudança. Seria possível dizer que a alternância entre o radical singular e o plural se estendeu a substantivos que antes não a tinham, caso em que ela seria semelhante à do exemplo do inglês que acabamos de examinar. O outro modo de analisar essa mudança é dizer que o ditongo nasal mais *-s* marca o plural e que existem alomorfes do sufixo plural, que incluem *-ãos*, *-ões* e *-ães*. Essa parece uma análise mais complexa, já que a maioria dos substantivos se pluralizam pelo simples acréscimo de *-s*, mas, se não considerarmos que os três alomorfes ditongos nasais estão em competição, não poderemos explicar por que a mudança não é simplesmente a eliminação da alternância em favor do mero acréscimo de *-s*.

Em ambos os casos de extensão analógica vistos aqui, o padrão que se estendeu a novos paradigmas é aquele com a mais alta frequência de tipo, ou seja, o mais alto número de itens lexicais distintos sujeitos ao padrão. No caso dos plurais do português brasileiro, Huback (2011) mostra que os substantivos com alta frequência de ocorrência tendem a não sofrer a mudança (*mãos, irmãos, cães, pães*, por exemplo). É o mesmo padrão que se encontra comumente quando está ocorrendo nivelamento analógico.

5.8 O DESENVOLVIMENTO DA SUPLEMENTAÇÃO

Você já se perguntou por que as formas do presente do verbo *ir* são *vou, vais, vai* etc., em vez de alguma coisa mais parecida com *ir*? Nesta seção vamos tratar de outro modo pelo qual podem ser introduzidas irregularidades num paradigma: pela suplementação. O termo *suplementação* pode ser usado para se referir a qualquer tipo de irregularidade sincrônica nas formas da raiz de um paradigma, mas seu sentido original era mais restrito: ele se refere a paradigmas cujos membros originalmente vinham de raízes lexicais completamente diferentes. *Ir* se encaixa nessa definição histórica porque, em latim, *ire* ('caminhar', 'andar') era um verbo com seu próprio paradigma flexional, enquanto *vaděre* ('ir', fonte de *vou, vais, vai* etc.) era outro verbo, perfeitamente regular. Hoje, porém, as únicas formas possíveis para *ir* no presente são *vou, vais, vai* etc., enquanto *vaděre* sobrevive apenas em seus derivados *evadir* e *invadir*. Assim, *vou* e *ia* estão numa perfeita relação normal presente/imperfeito, muito embora suas formas sejam radicalmente diferentes. Trata-se de um paradigma supletivo.

Existe muito debate sobre como se deveria tratar as formas irregulares e supletivas nas gramáticas sincrônicas, mas nosso interesse aqui é como os paradigmas supletivos emergem diacronicamente. De início, vamos examinar os tipos de exemplos de paradigmas supletivos que se encontram nas línguas mundo afora. Algumas generalizações são possíveis. Primeiro, os paradigmas supletivos são mais comuns em línguas flexionais e ocorrem com menos frequência em línguas aglutinantes. Segundo, a maioria das línguas que têm suplementação apresentam apenas alguns casos. Terceiro, os paradigmas supletivos estão geralmente entre os paradigmas mais frequentemente usados. Por fim, é possível fazer várias generalizações sobre as categorias que tendem a se expressar por formas supletivas, como veremos a seguir.

A suplementação é particularmente comum em paradigmas verbais e favorece distinções de tempo e aspecto (Veselinova, 2003). Em outras palavras, há mais casos de suplementação como os encontrados em *vou/ia*, onde os radicais diferentes correspondem a tempos diferentes, do que outros tipos. Por exemplo, em português, o pretérito perfeito de *ir* é *fui*, enquanto o imperfeito é *ia*. A língua centro-americana chalcatongo também tem suplementação correspondente a aspecto:

(80)   Chalcatongo (otomangue, mixteca), 'vir' (Veselinova, 2003: 97)
      Habitual   Progresivo   Perfectivo
      nbíí   *bèi*   *na-kii*

O verbo irlandês 'ir' também mostra suplementação para tempo e aspecto. O radical do aspecto imperfectivo deriva do presente com mudança sonora, mas as formas do passado e do futuro vêm de fontes lexicais diferentes:

(81)   Irlandês (céltico), *teim*, 'ir'

	Presente	Imperfeito	Passado	Futuro
1ª sing.	*téim*	*théinn*	*chuas*	*raghad*
2ª sing.	*téan*	*théithéa*	*chuais*	*raghair*
3ª sing.	*téann*	*théadh*	*chuaigh*	*raghaidh*

Em substantivos, a distinção mais comum marcada por suplementação é a de singular/plural, como em inglês *person/people* ('pessoa[s]'). Um estudo mostra que o substantivo mais frequente a apresentar suplementação significa 'criança', enquanto nomes que significam 'mulher', 'homem' e 'pessoa' também apresentam frequente suplementação (Vafaeian, 2010). Os adjetivos estão igualmente sujeitos a suplementação, como se vê em inglês *good, better, best* e *bad, worse, worst* ou em português *bom, melhor, ótimo* e *mau, pior, péssimo*.

Ocorre também às vezes que uma ou mais formas de pessoa/número numa categoria tempo/aspecto de um verbo tenham formas provindas de radical lexical diferente. Em alemão, o presente do verbo *sein* ('ser') consiste da 1ª singular *bin* e da 2ª singular *bist*, de um verbo cognato ao inglês *be* (protoindo-europeu **bhew-*) e da 3ª singular *ist*, de outra raiz (protoindo-europeu **es-*). O verbo *ir* do português apresenta as seguintes formas, em que as do presente provêm do latim *vadĕre*, as do imperfeito, do latim *ire* e as do perfeito, do latim *esse* (que, já em latim, era uma forma supletiva, proveniente da mesma raiz do protoindo-europeu **bhew-* mencionada acima):

(82)   Português *ir*

	Presente	Imperfeito	Perfeito
1ª sg.	*vou*	*ia*	*fui*
2ª sg.	*vais*	*ias*	*foste*
3ª sg.	*vai*	*ia*	*foi*

De certa maneira, a junção de formas vindas de paradigmas diferentes em um só paradigma é um desenvolvimento estranho. Ela exige que uma forma abandone seu paradigma original e se reúna a outro, substituindo uma forma que já estava ali. Também exige certa mudança de significado, já que os itens lexicais chamados a contribuir provavelmente eram semelhantes, mas não idênticos, no plano semântico. Algumas das propriedades das formas supletivas nos ajudam a entender como se dá esse processo. Primeiro, o fato de paradigmas supletivos serem todos altamente frequentes e envolverem verbos com significado muito geral como 'ser', 'ir', 'vir', 'dizer', 'fazer', 'ver', 'dar', 'sentar', 'ter', 'comer' e 'morrer' (Veselinova, 2003) significa que em qualquer língua é provável haver mais do que um verbo em cada um desses domínios semânticos. De igual modo, verbos altamente frequentes costumam ter múltiplos significados e usos, o que leva a uma situação em que dois ou mais verbos podem estar competindo por um uso específico e, portanto, podem vir a ser usados em um tempo ou aspecto mais do que em outro (Rudes, 1980). Relacionada a esse último ponto é a tendência da suplementação ocorrer ao longo de categorias que expressam mudanças mais amplas de significado, como tempo e aspecto, e não pessoa e número, exceto para os verbos mais frequentes.

Outro ponto interessante é que alguns dos casos documentados mostram que as formas supletivas que existem atualmente substituíram outras formas que eram supletivas. Por exemplo, no inglês antigo, *gān*, 'ir', tinha um tempo passado supletivo, *ēode*. Foi essa a forma substituída por *went* no inglês médio. Essa comprovação sugere que *ēode* estava sofrendo redução, já que é documentado em diversas formas como ꝫ*ede*, *yode*, *yude*. Talvez porque a forma estivesse sofrendo alguma redução, os falantes podem ter preferido usar uma forma mais plena como *went* (particípio passado do verbo *wend*, 'ir em certa direção lentamente ou por um desvio'). Quanto a isso, note-se que o latim *ēo*, 'vou', com as formas de presente e perfeito mostradas em (83), de fato não tinha radical algum no presente e que só a vogal *ī* era o radical no perfeito. A substituição por outros verbos como *vadēre* e *esse*, em português e espanhol, e *ambulare*, em italiano e francês, colocou portanto algum material fonológico de volta no paradigma:

(83)   Latim *ire*, 'ir'

	Presente		Perfeito	
	singular	plural	singular	plural
1ª	*ēo*	*īmus*	*iī*	*iimus*
2ª	*īs*	*ītis*	*iistī*	*iistis*
3ª	*it*	*eunt*	*iit*	*iērunt*

Junto com outros aspectos que mencionamos sobre verbos de alta frequência – o de terem significado geral e significado diferente em contextos diferentes –, as outras razões para verbos de alta frequência desenvolverem suplementação poderiam ser sua tendência a se reduzirem, de modo que o acréscimo de formas vindas de outros paradigmas lhes dá uma forma fonológica mais explícita.

5.9 REANÁLISE MORFOLÓGICA

Outros tipos de mudança na estrutura das palavras se encaixam na definição de mudança analógica como a refacção de uma forma com base em outras formas ou padrões existentes na língua. Um tipo é a reanálise ou metanálise, em que parte do material fonológico numa sequência é atribuído a um morfema ou palavra diferente daquela à qual pertencia originalmente. Por exemplo, por causa da alternância no artigo indefinido do inglês entre *a* e *an*, alguns substantivos perderam seu *n-* inicial, enquanto outros acrescentaram um *n-*. A palavra francesa *naperon*, 'avental', foi tomada de empréstimo no inglês médio como *napron*, mas a sequência *a napron* ('um avental') foi reanalisada como *an apron*, com o *n-* sendo interpretado como pertencente ao artigo indefinido. A palavra cognata *napkin* ('guardanapo') não foi sujeita a essa reanálise. Na direção oposta, o termo composto *ekename*, literalmente 'nome acrescentado', adquiriu um *n-* inicial do artigo indefinido, o que gerou *nickname* ('apelido')[5].

---

5. Exemplos de mesmo fenômeno em português: a vogal inicial de *obispo* foi reanalisada como o artigo definido, de modo que hoje o termo é *bispo*; o mesmo se passou com a veste *abatina*, que foi reanalisada como *a batina*. No sentido oposto, o sintagma *a lesão* foi interpretado como *alesão*, donde o substantivo *aleijão* que, no processo, mudou de gênero gramatical [N.T.].

Um tipo semelhante de reanálise também ocorre entre morfemas dentro de uma palavra. Em francês se acrescenta um sufixo *-ier* para formar um substantivo agentivo como em *charpente* ('armação de madeira'), *charpentier* ('carpinteiro'); *cheval* ('cavalo'), *chevalier* ('cavaleiro'). Por causa do número de substantivos que perderam sua consoante final por mudança sonora – por exemplo, *argent* [aʀʒɑ̃] ('prata'), em que o /t/ permanece na formação agentiva, *argentier* [aʀʒɑ̃tje] ('argentário') –, se tornou comum acrescentar *-tier* a substantivos que não têm consoante final, como *clou* ('prego') que deu *cloutier* ('fabricante de pregos'), mesmo que o nome originalmente tivesse outra consoante que não /t/, como em *tabac* [taba] ('tabaco'), *tabatier* ('tabaqueiro'). Note-se que essa reanálise é semelhante ao caso das passivas do maori discutido na seção 4.2.

Uma segmentação errônea mais radical ocorre de vez em quando na criação de novos morfemas derivacionais. O termo *alcoholic* ('alcoólico') se divide de modo bem transparente em dois morfemas: *alcohol* + *ic*. Criou-se porém um sufixo novo tomando-se muito mais da palavra e acrescentando isso a outras palavras ou pseudorradicais: *chocoholic, foodaholic, workaholic*[6]. Ao se tomar mais do que apenas *-ic* de *alcoholic*, surge um morfema novo que tem parte do significado de *alcoholic*, em particular o sentido de dependência para com uma substância ou atividade designada pelo nome do radical.

Certa motivação para a reanálise provém da *etimologia popular*, um tipo de análise que tenta estabelecer o significado da palavra toda a partir do significado das partes. Um exemplo célebre é a palavra *hamburger*, que se referia originalmente à cidade alemã de Hamburgo mais o sufixo gentílico *-er* ('hamburguês', 'hamburguense'). Em inglês, a palavra passou a ser usada para se referir a um sanduíche de carne moída dentro de um pão redondo. Por causa de seu significado geral, os falantes interpretaram a sílaba *ham* como referência a um tipo de carne ('presunto', embora, é claro, seja o tipo errado de carne), deixando a parte *burger* para representar 'sanduíche num pão redondo'. Desse modo se criou um novo morfema que se esten-

---

6. Caso semelhante no português brasileiro tem sido o uso da terminação *-teria* (de *sorveteria* = *sorvete* + *ria*) para a formação de palavras como *lancheteria* ou *danceteria*.

deu a diversos outros compostos: *fishburger, cheeseburger, veggie burger* ou simplesmente *burger*.

Alguns exemplos de outras línguas são relatados por Campbell (1999). A palavra do espanhol *vagabundo* foi transformada para ficar mais transparente em *vagamundo*, 'aquele que vaga pelo mundo'. *Jerky* como no inglês *beef jerky* ('carne-seca') foi tomado de empréstimo ao espanhol *charqui* ('charque'), que por sua vez é um empréstimo do quíchua *č'arqi* ('carne-seca'). Os falantes de inglês interpretaram o termo como relacionado a *jerk* ('sacudir, mover bruscamente') e usam esse verbo para designar a carne processada, dando origem ao sintagma *jerked beef* ('carne-seca', literalmente: 'carne sacudida').

Um último tipo de mudança por meio de reanálise morfológica é a *derivação regressiva*, pela qual uma nova palavra se forma arrancando-se afixos ou o que parecia serem afixos de uma palavra. Um exemplo contemporâneo é o uso, em inglês, do verbo *to orientate* ('orientar'), de *orientation*. O inglês já teve um verbo *to orient*, mas esse verbo novo surgiu por derivação regressiva, eliminando-se o *-tion* de *orientation*. Também em inglês, as palavras *cherry* ('cereja') e *pea* ('ervilha') terminavam antigamente em *-s* (*cherry* vem do francês *cherise*, e *pea* do inglês antigo *pise*). Como são termos que tendem a ocorrer no plural, seria normal interpretar a forma simples como plural e eliminar o *-s* para formar o singular.

5.10 PARALELOS ENTRE MUDANÇA ANALÓGICA E LINGUAGEM INFANTIL

É provável que você tenha notado que alguns dos exemplos de mudança analógica apresentados são familiares, no sentido de que se parecem com os erros que as crianças cometem quando estão adquirindo sua língua, ou erros de aprendizes de segundas línguas. Às vezes, adultos falantes nativos cometem erros analógicos também. Tais erros em geral seguem as tendências esboçadas aqui. Um erro comum encontrado tanto em crianças quanto em adultos é a regularização ou nivelamento, como quando as crianças dizem *pido* em vez de *peço*. Esses erros podem ser induzidos em adultos colocando-os sob pressão numa situação experimental (Bybee e Slobin, 1982). As crianças tendem a regularizar com o padrão que tem a maior frequência de tipo, não só em inglês, mas em outras línguas como francês e húngaro (MacWhinney, 1978). As extensões também ocorrem tanto entre crianças quanto entre adultos, com erros como *escrevido* por *escrito*; quando apresentados a verbos inexistentes, crianças e adultos de língua inglesa produzem formas como *sping/spung*, um exemplo que envolve a extensão do padrão vocálico encontrado na classe semiprodutiva de verbos descrita mais acima.

As crianças em aquisição de línguas flexionais tendem a usar as formas das 1ª e 2ª pessoas do singular mais cedo do que as outras. Esses erros mostram que elas usam tais formas como a base para criar outras formas, especialmente dentro do mesmo tempo e aspecto. Por exemplo, uma criança confrontada com as três conjugações verbais do polonês mostradas em (84) produziu de modo coerente formas de 1ª pessoa do singular que eram compostas do radical da 3ª do singular mais o sufixo *-m* (da 3ª conjugação). Note-se que essa estratégia levou ao nivelamento da alternância do radical em favor da alternante na 3ª do singular (Smoczynska, 1985): $sz = [ʃ]$; $cz = [tʃ]$; $rz = [ʒ]$; $ę = [ɛ̃]$.

(84)   Polonês: formas do presente no singular

	Conjugação 1		Conjugação 2		Conjugação 3
	'escrever'	'pegar'	'fazer'	'ver'	'ler'
1ª	pisz-ę	bior-ę	rob-i-ę	widz-ę	czyt-a-m
2ª	pisz-e-sz	bier-e-sz	rob-i-sz	widz-i-sz	czyt-a-sz
3ª	pisz-e	bierz-e	rob-i	widz-i	czyt-a

Formas infantis da 1ª pessoa singular

| 1ª | piszem | bierzem robim | widzim | czytam |

As crianças também exibem marcação local, usando uma forma de alta frequência para fazer outras formas mesmo quando não é a mais 'básica'. Por exemplo, crianças que aprendem hebraico geralmente formam o plural pelo singular, por exemplo de *simla* ('vestido') um plural *simlot* (cf. plural adulto *smalot*), mas em casos em que o plural é mais frequente do que o singular, elas formam um singular pelo plural, como se vê em (85) (Berman, 1985): $c = [ts]$.

(85) Hebraico
  Formas adultas   Singular infantil
  singular   plural
  cédef   cdafim   cdaf   'concha de molusco'
  dim'a   dma'ot   dma'a   'lágrima'
  écem   acamot   acama   'osso'

Outras inovações infantis também são paralelas a algumas das mudanças que discutimos aqui. As crianças produzem formas com marca dupla como *feets* (em lugar de *feet*, 'pés', plural de *foot*) e *broked* (em lugar de *broke*, 'quebrado', passado de *break*). Também comprovam que estão agindo para analisar as partes das palavras e derivados. Os pais podem citar muitos exemplos da etimologia infantil de seus filhos, como na época em que meu filho analisou *Tuesday* ('terça-feira') como *Two-s-day* ('dois' + 'dia') e então mudou *Monday* ('segunda-feira') em *One-day* ('um' + 'dia').

O fato de, na aquisição da morfologia, as crianças frequentemente produzirem formas que correspondem aos tipos de mudança morfológica que ocorrem na diacronia não significa necessariamente que as mudanças emergem por meio da aquisição da língua (ver a discussão na seção 11.1.4). As crianças habitualmente corrigem suas inovações quando estas não combinam com a fala de seus pares ou dos adultos. O que o paralelo mostra é que os mesmos tipos de análise e formação de padrões ocorrem tanto em crianças quanto em adultos, e esses padrões se tornam a fonte da mudança na língua.

5.11 CONCLUSÃO

Ao sintetizar a discussão sobre a analogia, vale a pena observar as muitas diferenças entre mudança sonora e analogia que resultam dos mecanismos de mudança muito diferentes aplicados em cada caso. A mudança sonora pode ser caracterizada como mudanças nos hábitos articulatórios guiando a formação e a ressincronização de gestos que formam palavras e frases. Embora pelo menos algumas mudanças sonoras afetem mais cedo palavras de alta frequência do que palavras de baixa frequência, há uma forte tendência para que o resultado da mudança sonora afete todas as palavras de uma língua de maneira uniforme. A analogia se aplica ao que se poderia considerar como um nível cognitivo mais alto, já que ela envolve generalizações acerca da estrutura de palavras morfologicamente complexas. A analogia tende a afetar um paradigma por vez e geralmente deixa alguns paradigmas intactos, uma vez que os paradigmas de alta frequência resistem à mudança por causa de seu peso maior na memória. Enquanto a mudança sonora é governada por fatores fonéticos, a analogia é governada por fatores semânticos (o significado das categorias morfológicas) tanto quanto por semelhança fonológica. Um modo de resumir essas diferenças é uma afirmação agora chamada de "Paradoxo de Sturtevant": a mudança sonora é regular mas produz irregularidade (morfológica); a analogia é irregular mas produz regularidade (dentro de paradigmas) (Sturtevant, 1947).

Acreditou-se no passado que a mudança analógica também fosse "irregular", no sentido de que não se pode prever a direção da mudança, isto é, que variante prevalecerá quando uma alternância for nivelada, ou se ocorrerá nivelamento ou extensão. Neste capítulo, várias tendências gerais de mudança analógica foram examinadas, e todas essas tendências têm um forte fundamento. No entanto, às vezes elas estão em competição umas com as outras, o que torna difícil prever quais mudanças ocorrerão em qualquer paradigma específico. Considere-se este exemplo de mudanças analógicas que se movem em duas direções: em espanhol há alguns verbos da 3ª conjugação que têm uma alternância no radical de /i/ com /e/, como *pedir*, cuja 1ª pessoa do singular do presente é *pido*, mas a 1ª do plural é *pedimos*. É comum em dialetos do espanhol encontrar alternâncias que foram niveladas: *pidir, pido, pidimos*. Por outro lado, há dialetos em que essa alternância tem sido estendida a verbos que antes não tinham alternância alguma, como *escribir* ('escrever'): 1ª do singular do presente, *escribo*; 1ª do plural, *escribimos*. Em alguns dialetos, essas formas são *escrebir, escrebo, escrebimos*. Duas pressões diferentes estão agindo aqui: uma é a tendência ao nivelamento (criando uma forma para um significado) e a outra é a semiprodutividade de uma classe com razoável frequência de tipo – há mais de vinte verbos com a alternância. Essas tendências concorrentes tornam difícil prever a mudança analógica. No entanto, há uma mudança logicamente possível que não ocorre: não há relatos de nivelamento da alternância em favor de formas com /e/. Isso porque /e/ só ocorre nas formas de menor frequência e menos básicas do paradigma. Portanto, ainda que não possamos chegar a uma previsão única, podemos ao menos descartar algumas possibilidades graças ao que sabemos das tendências gerais na mudança analógica.

Leituras sugeridas

BYBEE, J. (1985). *Morphology*: a study of the relation between meaning and form. Amsterdã: John Benjamins, esp. os capítulos 1 a 5.

GREENBERG, J. (1966). *Language universals*: with special reference to feature hierarchies. The Hague: Mouton.

HOCK, H.H. (2003). Analogical change. In: JOSEPH, B.D. & JANDA, R.D. (eds.). *The handbook of historical linguistics*. Oxford: Blackwell, p. 441-460.

RUDES, B.A. (1980). On the nature of verbal suppletion. In: *Linguistics*, 18(7/8), p. 665-676.

QUESTÕES PARA DISCUSSÃO

1) Procure ver como são os particípios passados dos verbos italianos *mettere, mordere, offendere, rumpere, vincere, suspendere* e compare-os com os particípios passados do português *meter, morder, ofender, romper, vencer* e *suspender*. Sabendo que os particípios italianos são muito próximos de seus étimos latinos, como explicar as formas do português?

2) Numa edição de 1964 do conhecido *Dicionário Caldas Aulete* aparece o seguinte verbete: "**pêgo**: particípio popular brasileiro de *pegar*. [Só os incultos empregam êste têrmo.]" Como explicar a formação de *pego*? E como relacioná-la às formas que vêm surgindo recentemente como *trago* (particípio de *trazer*) e *chego* (de *chegar*)?

3) Compare o uso de *óculos* no singular (*meu óculos novo*) com palavras como *pires, ônibus, lápis*, e tente explicá-lo.

4) Por que a palavra *grama* é frequentemente usada no feminino no português brasileiro (*duzentas gramas*), mas o mesmo não ocorre com *programa* ou *diagrama*?

5) Em espanhol e francês os verbos *ir* e *aller* são ainda mais complexos do que o que foi descrito no capítulo. Observe a conjugação completa desses verbos e identifique quantos verbos diferentes se juntaram para formar esses paradigmas.

Gramaticalização: processos e mecanismos

6.1 INTRODUÇÃO

Neste capítulo e no próximo, vamos examinar o processo de gramaticalização (às vezes também chamado de "gramaticização"), pelo qual novos morfemas gramaticais passam a existir. Conforme dito antes, os morfemas gramaticais podem ser contrapostos aos morfemas lexicais (como substantivos e verbos) por estes serem considerados itens de "classe aberta", isto é, uma língua pode facilmente acrescentar novos membros à classe, enquanto os morfemas gramaticais são considerados de "classe fechada" porque, uma vez estabelecida uma classe, ela não acrescenta novos membros com facilidade. À medida que nossa discussão prosseguir, ficará mais claro por quê.

Exemplos de morfemas gramaticais são afixos, auxiliares, artigos, pronomes, preposições e posposições. Todos os morfemas gramaticais sofrem grandes restrições quanto ao lugar onde podem ocorrer: os afixos são presos a radicais, os auxiliares ocorrem com verbos principais, os artigos com substantivos, os pronomes em lugar de sintagmas nominais, as preposições e posposições com sintagmas nominais. Ou seja, os morfemas gramaticais ocorrem em construções particulares. Parte da história de como eles se desenvolvem diz respeito a como se desenvolvem as construções em que eles aparecem.

Neste capítulo e no próximo, examinaremos como essas formas gramaticais se desenvolvem ao longo do tempo. Você talvez se surpreenda ao descobrir que quase todas provêm de itens lexicais, como substantivos e verbos, ou de combinações de itens lexicais e gramaticais. De fato, essa ideia só ganhou circulação nas últimas décadas, à medida que mais e mais estudos demonstram que, nas línguas do mundo, os morfemas gramaticais se desenvolvem de maneira muito parecida. O capítulo começa com um resumo de como se desenvolveu em inglês o auxiliar de futuro *will*, e prossegue com observações sobre como se desenvolveram os futuros nas línguas românicas. Em seguida, examinamos processos e mecanismos gerais que são aplicados na gramaticalização. No capítulo 7, fazemos uma discussão sobre os muitos caminhos de mudança que levam ao estabelecimento de morfemas gramaticais de diferentes tipos nas línguas do mundo.

PARTE I – COMO SE DESENVOLVEM AS MARCAS DE FUTURO

6.2 ESTUDO DE CASO: *WILL* EM INGLÊS

Ao estudar como *will* se tornou um auxiliar de futuro em inglês, observaremos mudanças que ocorreram em sua forma fonética, em suas propriedades morfossintáticas e em seu significado ou função. Todas essas mudanças ocorreram juntas no longo e gradual processo de gramaticalização. Visto que há mudanças que afetam diferentes tipos de comportamento, é possível dizer que a gramaticalização não é apenas um processo, mas vários processos que se dão juntos.

Pincemos a história de *will* quando começam a aparecer textos extensos no inglês antigo, no século IX d.C., embora se possa dizer algo sobre mudanças que já tinham ocorrido por volta dessa época. *Willan* (*will* + *an* = 'querer' + sufixo de infinitivo) era um verbo empregado com muita frequência e já tinha uma variedade de usos. Podia ser usado como verbo pleno com um objeto direto, como no exemplo (86), em que o objeto é um sintagma nominal, e em (87), em que o objeto é uma oração com *that* (ðæt). Nestes exemplos, que mostram que *willan* era antigamente um verbo pleno, o significado é muito parecido com o do verbo pleno do inglês contemporâneo *want* ('querer'). Os exemplos 86-89 são tirados do *Old English Dictionary*.

(86) *Ne drincð nan man eald win, & wylle sona þæt niwe.* (1000 WS Gospels: Luke)
'Nenhum homem bebe vinho velho e imediatamente quer novo (vinho).'

(87) *Hē cwæð: Hwæt wilt ðū ðæt īc ðē do?* (Blickling Homilies 19.33)
'Ele diz: O que queres tu que eu faça por ti?'

Também era comum usar *willan* com um complemento infinitivo, como nos exemplos (88) e (89). Esse uso às vezes exprimia a intenção do sujeito de fazer alguma coisa.

(88) *Hwyder wilt þu gangan? Min Drihten, ic wille gangan to Rome.* (Blickling Homilies 191)
'Aonde tu queres ir? Meu Senhor, quero ir a Roma.'

(89) *Ic wille mid flōde folc ācwellan.* (1296 Genesis)
'Tenciono matar as pessoas com um dilúvio.'

Além desses usos, *willan* podia indicar disposição e até, às vezes, ser interpretado como expressão do futuro.

No inglês médio, a frequência de uso de *will* com um complemento infinitivo aumenta, enquanto o uso com objeto acusativo diminui significativamente. Com um complemento verbal (um infinitivo, mas sem *to*), o significado é geralmente disposição ou intenção, e o sintagma é usado por uma primeira pessoa para expressar resolução ou fazer uma promessa. Os exemplos abaixo são de *Sir Gawain and the Green Knight* (meados do século XIV). Enquanto no inglês antigo o singular e o plural eram distintos e a 2ª pessoa do singular era *wilt*, no inglês médio a marca de plural desapareceu, e a vogal final era apagada de modo variável. A forma da 2ª pessoa do singular, *wilt*, continua a ser usada. *Wil* e *wyl* são grafias variantes, mas é provável que não representem diferentes pronúncias (Bybee e Pagliuca, 1987).

(90) Intenção
Now wyl I of hor seruise say yow no more. (verso 130, narrador falando)
'Agora não tenciono dizer mais de seu serviço (de mesa).'

(91)   Disposição
        And ȝe _wyl_ a whyle be style
        I schal telle yow how þay wroȝt. (versos 1996-1997, narrador falando)
        'E se vocês quiserem se calar um momento,
        eu lhes contarei como eles agiram.'

A verdadeira marca registrada de um tempo futuro é a expressão de uma previsão acerca do futuro feita pelo falante. Esse uso não era comum no inglês médio e só ocorre uma vez na narrativa de *Gawain* de onde provêm nossos exemplos. Este é o único exemplo de previsão:

(92)   Previsão
        For mon may hyde his harme, bot vnhap ne may hit,
        For þer hit onez is tachched twynne _wil_ hit never. (versos 2511-2512)
        'Pois um homem pode esconder seu infortúnio, mas não pode desfazê-lo.
        Pois uma vez ali atado, ele nunca se afastará.'

No estágio seguinte de desenvolvimento, a primeira fase do inglês moderno, surgem algumas mudanças na forma. As grafias contraídas começaram a ser usadas, como *I'll, we'll, you'll* e *thou'll*, e com menos frequência *he'll* e *she'll*. As contrações (incluindo *'twill* para *it will*) indicam uma redução fonológica que é simultânea ao aumento na frequência. Quanto à função, a maioria dos exemplos ainda expressa intenção, promessa ou disposição, embora haja mais instâncias de previsão. Os exemplos a seguir são todos de *O mercador de Veneza* (*The Merchant of Venice*), de Shakespeare, escrita por volta de 1600:

(93)   Intenção
        Well, old man, I _will_ tell you news of your son: (2.2)
        'Bem, meu velho, vou lhe dar notícias de seu filho:'

(94)   Intenção
        I'_ll_ end my exhortation after dinner. (1.1)
        'Vou concluir minha exortação após o jantar.'

(95)   Disposição
        Yes, to supply the ripe wants of my friend, I'_ll_ break a custom. (1.3)
        'Sim, para suprir os desejos maduros de meu amigo, vou romper um costume.'

(96) Previsão
I fear he <u>will</u> prove the weeping philosopher when he grows old, being so full of unmannerly sadness in his youth. (1.1)
'Temo que ele se revelará o filósofo choroso quando ficar velho, sendo tão cheio de tristeza descortês em sua juventude.'

(97) Previsão
*I am half afeard
Thou <u>wilt</u> say anon he is some kin to thee,
Thou spend'st such high-day wit in praising him.* (2.9)
'Receio que me vás dizer que ele é algum parente teu, tamanho brilho dispensas em elogiá-lo.'

Uma diferença notável entre o inglês moderno inicial e o inglês contemporâneo é que os usos de previsão se tornaram mais comuns, embora os de intenção e disposição continuem a ocorrer. Uma contagem informal que eu mesma fiz de cerca de 100 ocorrências de *will* em duas peças de Shakespeare (*The Comedy of Errors* e *The Merchant of Venice*) mostra que os usos de pura previsão, como em (96) e (97) respondem por menos de 20%, comparados a uma contagem do inglês contemporâneo (britânico) por Coates (1983), que encontrou previsão em 50% de todos os usos de *will*. Assim, notamos que, quando o significado muda na gramaticalização, novos sentidos se desenvolvem (por exemplo, previsão), e mudanças subsequentes mostram os novos sentidos tornando-se mais frequentes. Ao longo de todo o caminho da gramaticalização existe polissemia, e as mudanças de significado consistem de mudanças na frequência de alguns dos sentidos. Observe-se que no inglês contemporâneo *will* ainda é usado para intenção, disposição tanto quanto previsão. Seguem alguns exemplos do *corpus* do inglês britânico de Coates:

(98) Intenção
I'<u>ll</u> put them in the post today.
'Vou colocá-los hoje no correio.'

(99)   Disposição
   Give them the name of someone who will sign for it and take it in if you are not at home.
   'Dê-lhes o nome de alguém que possa assinar e receber isso se você não estiver em casa.'

(100)   Previsão
   I think the bulk of this year's students will go into industry.
   'Acho que o grosso dos estudantes deste ano vai entrar na indústria.'

Em termos de propriedades morfossintáticas, *will* é um membro da classe dos auxiliares modais em inglês, uma classe que tem propriedades distintas das dos verbos plenos. Essa classe não existia ainda no inglês antigo, mas se desenvolveu à medida que *will* e os outros auxiliares modais (*shall, may, can, must, should, might, could, would*) se gramaticalizavam. As propriedades que esses auxiliares têm são: trocam de lugar com o sujeito nas perguntas; a negativa *not* vem depois deles; não apresentam *to* no infinitivo; não têm o -*s* da 3ª pessoa do singular. As três primeiras dessas propriedades são antigas, e todos os verbos as tinham no inglês antigo e no médio. Enquanto outros verbos plenos perdiam essas propriedades, os auxiliares modais se fixavam com firmeza em suas construções em consequência de sua alta frequência e da gramaticalização, tendo portanto conservado tais propriedades (cf. a hipótese do último capítulo de que as formas de alta frequência resistem à mudança). A perda do sufixo de 3ª pessoa do singular é uma propriedade antiga de uma pequena classe de verbos de altíssima frequência cujas formas no presente eram antigamente de tempo passado. A outra propriedade dos auxiliares modais – não ter infinitivo nem particípio – é um desenvolvimento mais recente e está ligado às mudanças de significado que sofreram. Por causa da perda de seu significado lexical mais antigo, eles não são mais usados como verbos plenos e não podem entrar na posição do verbo principal nas construções.

6.3 FUTUROS FLEXIONAIS ROMÂNICOS

O desenvolvimento do tempo futuro no romance ocidental é um caso famoso de gramaticalização porque nele podemos ver a trilha completa de mudança, desde um item lexical (*habēre*, 'ter, possuir') em construção com um infinitivo de verbo pleno até chegar a sufixos flexionais para o futuro. O desenvolvimento começa com uma construção latina em que um infinitivo ocorre com as formas flexionadas do verbo *habēre*. O sentido primitivo da construção indica uma predestinação para que ocorra uma dada situação (Benveniste, 1968). Curiosamente, o inglês *shall* em usos iniciais também insinuava com frequência uma predestinação, mas acabou por indicar uma sensação de que um arranjo se fez e será portanto levado a cabo. Mudança semelhante se deu com a perífrase latina à medida que ela entrava em circulação nos séculos VI e VII e passou a ser usada para matizes de obrigação, intenção e, por fim, previsão.

Em termos da forma da construção, o infinitivo tendia a anteceder as formas flexionadas de *habēre* e o /h/ nessas formas desapareceu: *essere habetis* ('sereis'), *venire abes* ('virás') e *videre habe* ('verá') (século VI, Benveniste, 1968). Sobreveio redução ulterior, incluindo a perda do /b/ medial, gerando formas como o português *cantarei*, o espanhol *cantaré*, o francês *chanterai* e o italiano *canterò*. Ilustrando melhor com o português, o futuro se forma pelo acréscimo das formas reduzidas de *haver* ao infinitivo (uma forma que termina em *-r*):

(101) Português: futuro flexionado de *cantar*
    1ª sg.   *cantar + ei*   1ª pl.   *cantar + emos*
    2ª sg.   *cantar + ás*   2ª pl.   *cantar + eis*
    3ª sg.   *cantar + á*   3ª pl.   *cantar + ão*

O processo pelo qual as formas do auxiliar ficaram presas ao infinitivo foi longo e gradual. A princípio, outros itens podiam ocorrer entre o infinitivo e o auxiliar. Assim, no espanhol antigo, quando se desenvolveram os pronomes clíticos-objeto, eles tendiam a ocorrer antes do verbo finito e depois da forma não finita. Isso os colocava entre o infinitivo e o auxiliar. Essa foi a posição usual deles no espanhol antigo. De fato, parece que, depois de algum tempo, os pronomes clíticos eram os únicos itens que podiam separar o infinitivo e o auxiliar. Seguem alguns exemplos do século XV que mostram o pronome-objeto *lo* separando as duas partes da construção. Observe-se que em (102) o primeiro verbo (*diesmará*) está no tempo futuro e tem seu afixo, enquanto o segundo verbo (*dar*) é seguido do pronome-objeto e depois pelo auxiliar:

(102) <u>diesmará</u> *vuestro pan y vuestro vino y* <u>dar</u> <u>lo</u> <u>ha</u> *a sus vasallos*. (Mejía, século XV)
       'tomará um dízimo de vosso pão e vosso vinho e dá-lo-á a seus vasalos'.
(103) *todo sarmiento que en mi no lleuare fructo* <u>cortar</u> <u>lo</u> <u>ha</u>.
       (Meditaciones de Pseudo-Agostino)
       'toda vinha que em mim não der fruto, cortá-la-á.'

Ao fim e ao cabo, esse padrão sintático desapareceu e o pronome-objeto passou a aparecer antes da sequência verbal completa, como em *lo dará* ou *lo cortará*. Nesse momento, a sequência é consistentemente escrita como uma só palavra e o auxiliar se tornou um sufixo[1].

O caso do futuro românico ilustra três pontos. Primeiro, os morfemas gramaticais de tempo futuro podem se desenvolver de construções que indicam obrigação, assim como de construções que indicam volição. Segundo, se as condições forem propícias, os elementos que se gramaticalizam podem ficar afixados ao item lexical na construção. Terceiro, mesmo o processo de afixação é gradual e caracterizado por variação enquanto está em andamento.

6.4 MARCAS DE FUTURO A PARTIR DE VERBOS DE MOVIMENTO

Até agora vimos morfemas gramaticais de futuro que se desenvolveram de verbos de volição ou obrigação em inglês e nas línguas românicas. Mas

---

1. Cabe lembrar que, em português, essa sintaxe permaneceu e se cristalizou na forma da mesóclise, uma colocação pronominal exclusiva da língua portuguesa, ainda que restrita, ao menos no Brasil, a gêneros textuais mais monitorados e, mesmo neles, em vias de desaparecimento (as grandes empresas jornalísticas proíbem seu uso por parte dos redatores) [N.T.].

a história não termina aqui para o inglês, o espanhol, o francês e o português. Mal a gente começou a achar que a língua tinha estabelecido um modo muito funcional de assinalar o tempo futuro, eis que aparece outra construção gramaticalizante que empurra o futuro mais antigo para fora do caminho. No inglês e nas línguas românicas citadas, surge uma construção que usa o verbo 'ir' e começa a se deslocar para a função de assinalar o sentido futuro. A construção em inglês consiste do verbo *go* no aspecto progressivo com *to*-infinitivo:

(104)   SUJEITO + *BE* + *going* + *to* + VERBO
       I   am going to dance
       'Eu estou indo dançar'

Observe-se que toda a construção entra no processo de gramaticalização e que todos os componentes de significado são necessários para criar um significado novo. O verbo *go* ('ir') no aspecto progressivo com um infinitivo provê o sentido de que o sujeito está se movendo na direção de uma meta sinalizada pelo verbo. Isso equivale a um sentido de propósito, como em *I am going to Santa Fe to see my sister* ('Estou indo a Santa Fé para ver minha irmã'). Trata-se de um tipo de expressão bastante comum em inglês e, de fato, pode ocorrer com outros verbos também, como em *I'm walking to the drugstore to get some aspirin* ('Estou caminhando até a farmácia para comprar aspirina'). Mas *go* é o verbo de maior frequência nessa construção e ele se expande para expressar funções como intenção, como em *I'm going to mail these letters today* ('Vou postar essas cartas hoje'), e até previsão: *it's going to rain tomorrow* ('vai chover amanhã').

Essa construção gramaticalizada também sofre considerável redução fonética no inglês americano, e a parte *going to* agora é por vezes escrita *gonna*, um indício de uma redução da vogal na sílaba tônica e a redução de [ŋtʰu] a um flepe nasal com um *schwa*. Em sintagmas com *I*, a redução é ainda mais drástica, a algo como [aimə̃ɾ̃ə]. Nos últimos dois séculos, essa construção tem experimentado um radical aumento de frequência de uso e agora aparece em muitos lugares onde *will* teria sido usado antigamente.

Conforme dito acima, um processo semelhante está ocorrendo em francês, espanhol e português, com o resultado de que o futuro flexionado que discutimos na seção anterior está sendo agora substituído pela construção composta do verbo *ir* mais a preposição *a* em espanhol, e só do infinitivo em português e francês. Em espanhol, esse novo futuro com *ir* ocorre em 67% das expressões de futuro; em francês, em 78%; e em português, em 99% (Poplack, 2011). Assim, em todos os casos, a construção gramaticalizada já é usada na maioria das ocorrências em que se expressa futuro; de fato, em português o processo de substituição já está quase concluído.

6.5 ALGUMAS GENERALIZAÇÕES ACERCA DE FUTUROS E GRAMATICALIZAÇÃO

Nas três seções anteriores, apresentamos três fontes diferentes para os morfemas gramaticais de futuro: verbos volicionais, construções de obrigação e construções de movimento-na-direção-de. Isso poderia nos levar a crer que cada língua que examinamos deve ter uma fonte diferente para os morfemas gramaticais de futuro. No entanto, não é o caso. As três fontes que acabamos de examinar são as principais atestadas em muitas línguas do mundo. Segue uma lista (não exaustiva) de línguas com cada tipo de morfema gramatical de futuro (dados de Bybee et al., 1994):

(105)
a) **Futuros de volição**: inglês, inuit, dinamarquês, grego moderno, romeno, servo-croata, sogdiano (iraniano oriental), tok pisin.
b) **Futuros de obrigação**: basco, inglês, dinamarquês, línguas românicas ocidentais.
c) **Futuros de movimento**: abipon, atchin, bari, cantonês, cocama, dinamarquês, inglês, guaymi, krongo, mano, margi, maung, mwera, nung, tem, tojolabal, tucano e zúñi; também francês, português e espanhol.

Como mostra a lista, uma coisa realmente espantosa é que, em línguas sem nenhum parentesco, a gramaticalização usa o mesmo material lexical e procede de um modo muitíssimo parecido. No próximo capítulo vamos considerar as fontes comuns de gramaticalização para diversos tipos de morfemas gramaticais, mas por ora continuamos a examinar as propriedades das construções em processo de gramaticalização.

Embora essas fontes dos futuros sejam bastante diferentes umas das outras, o modo como elas gradualmente evoluem para expressar o sentido de futuro é bastante semelhante. Parece que elas normalmente atravessam primeiro o importante estágio de expressar "intenção do sujeito" para somente depois indicar "previsão", o que traça a seguinte trilha de gramaticalização:

(106) volição
obrigação > intenção > futuro (previsão)
movimento-na-direção-de

Apesar de alguma variação no modo como essa trilha se desdobra em línguas específicas, a tendência geral, e sem dúvida a direcionalidade da mudança semântica, aparenta ser a mesma entre as línguas.

Além disso, as propriedades formais dos itens gramaticalizados e suas construções sofrem mudanças semelhantes. Há também direcionalidade nessas mudanças. Givón (1979) propõe uma trilha de mudança que é aplicável entre as construções gramaticais e também entre as línguas. A trilha começa com "discurso", que para o autor significa sequências de palavras frouxamente conectadas; prossegue na "sintaxe", que são construções com estrutura e significado mais fixos; e termina na "morfologia", ou seja, morfemas afixados, como vimos no caso do futuro flexional românico.

(107) discurso > sintaxe > morfologia

Com essa trilha de mudança em mente, Givón (1971) propôs seu refrão agora famoso: "a morfologia de hoje é a sintaxe de ontem". Pense-se no exemplo dos futuros românicos: quando o infinitivo ocorria com um auxiliar (*cantar hei*), falamos de sintaxe; quando o auxiliar se torna um sufixo (*cantarei*), falamos de morfologia.

O fato de desses princípios gerais parecerem valer em muitas instâncias em muitas línguas significa que os mecanismos de mudança que afetam as construções em processo de gramaticalização são os mesmos entre as línguas. No restante do capítulo vamos explorar os mecanismos de mudança que, juntos, criam o processo de gramaticalização.

PARTE II – MECANISMOS DE MUDANÇA

Conforme vimos, a gramaticalização envolve mudanças de aspectos diferentes da construção afetada: sua forma fonética, seu comportamento gramatical e seu significado. Nas seções a seguir, vários aspectos da gramaticalização são discutidos separadamente com vistas a identificar os mecanismos de uso da língua subjacentes a cada aspecto da mudança. As seções 6.6-6.10 contêm discussões de mudanças na forma fonética e morfossintática, e as seções 6.11-6.13 se concentram em mudanças de significado.

6.6 AMÁLGAMA[2] E REDUÇÃO FONÉTICA

Um fator que promove redução na gramaticalização é a formação de amálgamas. Um amálgama [*chunk*] é uma sequência de elementos que são processados juntos. Palavras e morfemas usados repetidamente juntos formam amálgamas, e as palavras e morfemas em construções em processo de gramaticalização fornecem exemplos particularmente bons. À medida que o amálgama é usado mais e mais vezes, ele tende a sofrer mais e mais redução e fusão fonética interna. As partes invariantes desses amálgamas sofrem mais mudança. Considere-se a construção de futuro-movimento do inglês:

(108)   SUJEITO + *BE* + *going to* + VERBO

As partes invariantes dessa construção, *going to*, são as que mais mudam. Essa sequência sofre redução vocálica a *schwa*, o que é comum em inglês,

---

2. O termo inglês *chunk* significa 'naco, bocado' e é empregado na linguagem cotidiana, corriqueira. Por se tratar de elementos que se aglutinam para ser processados juntos, conforme a definição da autora, optamos por traduzir a palavra por *amálgama*, com um dos sentidos apresentados no *Dicionário Houaiss*: "mistura de elementos diferentes ou heterogêneos que formam um todo", embora em alguns textos traduzidos para o português se mantenha o termo *chunk* [N.T.].

resultando num *schwa* na primeira sílaba (tônica) e na última (*to*): [gə̃ɾ̃ə].
O [ŋ] se assimila ao [t], mas este, propenso a se tornar um flepe nesse contexto, se funde com a nasal precedente para formar um flepe nasalizado. A vogal que precede a nasal é nasalizada. As outras partes da construção são esquemáticas, ou seja, múltiplos itens diferentes podem ocorrer nessas posições: o sujeito pode ser qualquer pronome ou sintagma nominal, o verbo *be* tem múltiplas formas a depender do sujeito, e qualquer verbo pode ocorrer na posição VERBO. As formas de *be* se contraem com o sujeito (especialmente se for um pronome), como fazem quando *be* tem outras funções, mas nenhuma outra parte da construção se reduz. Assim, podemos concluir que as partes da construção mais propensas a se reduzir e se fundir são as que mais comumente se usam juntas[3].

Como os diferentes morfemas gramaticais de futuro que discutimos acima provêm de diferentes construções e ocorrem em línguas diferentes, eles têm padrões diferentes de redução. O futuro *will* do inglês, como o *be* no futuro de movimento e os auxiliares em geral na língua, se funde com o pronome antecedente, o que dá *I'll, you'll, he'll, she'll* e *they'll*, bem como *that'll* e *what'll*. A forma contraída também ocorre variavelmente com sintagmas nominais plenos. Em contraste, a flexão de futuro românica, que ocorre depois da forma de infinitivo do verbo pleno, se funde com o verbo lexical, apesar de um grande número de verbos diferentes (na verdade, todos os verbos!) ocorrerem nessa posição. Parece, em geral, que, quando um morfema gramatical em desenvolvimento ocorre **depois** do item lexical ao qual se funde, ele tem muito mais chance de formar um afixo (um sufixo, no caso) do que quando ocorre **antes** do item lexical. Esse é um dos fatores que explicam por que existem muito mais sufixos do que prefixos nas línguas do mundo.

Quando examinamos a mudança sonora no capítulo 2, observamos que as mudanças sonoras de natureza redutiva tendem a ocorrer primeiro em

---

3. Exemplos do mesmo processo de amalgamação em português brasileiro: *deixa eu ver* = [ʃoˈve]; *não é?* = [nɛ]; *que é de?* = [keˈde], [kaˈde], [kɛˈdʒi] [N.T.].

palavras de alta frequência do que em palavras de baixa frequência. As mudanças redutivas que vemos na gramaticalização são apenas exemplos radicais desse padrão. De igual modo, as mudanças fonéticas específicas que ocorrem, como acabamos de ver, são habitualmente apenas exemplos mais radicais de redução vistos em outras partes da língua.

Alguns pesquisadores, como Bisang (2004), observam que em algumas línguas, especialmente as línguas não flexionais (línguas isolantes ou analíticas) do Sudeste Asiático, não ocorre redução fonética na gramaticalização. É preciso notar, porém, que certas reduções fonéticas são sutis e só poderiam ser identificadas olhando-se com cuidado para os moldes fonéticos de morfemas lexicais e gramaticais, como sua duração, tom e as propriedades fonéticas de consoantes e vogais. Uma vez que no vietnamita, como vimos no capítulo 3, as palavras de alta frequência são mais curtas e têm mais redução de tom, é provável que haja uma extensão da fusão e redução fonológica de morfemas gramaticais em desenvolvimento paralela à extensão da mudança semântica, e que algumas línguas tenham mais das duas coisas e algumas, menos. As línguas que Bisang examina são exemplos de línguas que sofrem menos gramaticalização tanto de forma quanto de significado.

6.7 ESPECIALIZAÇÃO OU PERDA DE CONTRASTE PARADIGMÁTICO

As construções em processo de gramaticalização sofrem mudanças que afetam os itens que podem ocorrer nas diferentes posições na construção. Algumas posições restringem a gama de itens que podem ocorrer, às vezes a somente um (especialização), enquanto outras posições expandem a gama de itens (expansão de categoria). Examino o primeiro fenômeno nesta seção e o segundo, na próxima.

Hopper (1991) discute a especialização usando o exemplo da construção negativa em francês. O francês herdou a partícula negativa do latim, que no francês antigo era *ne*. Ela aparecia antes do verbo. Além disso, surgiu no francês antigo uma construção em que o *ne* pré-verbal era suplementado por um nome que denotava uma "pequena quantidade". Essa construção sobrevive no francês moderno como a principal forma de negação, como em (109), em que *pas* ('passo') ocorre depois do verbo *boit*:

(109)   Il *ne* boit *pas* de vin.
        'Ele não bebe vinho.'

No francês antigo, *pas* não era o único substantivo a ocorrer na construção negativa. Os outros eram:

(110)   *point*   'ponto'
        gote   'gota'
        areste   'espinha de peixe'
        mie   'migalha'
        amende   'amêndoa'
        beloce   'abrunho'
        eschalope 'vagem'

No século XVI, esse grupo de substantivos tinha se reduzido a somente os seguintes, entre os quais *pas* e *point* eram os de uso mais comum:

(111)   *pas*   'passo'
        point   'ponto'
        mie   'migalha'
        goutte   'gota'

Hoje em dia, somente *pas* e *point* são usados, e *pas* é a partícula de negação neutra. Trata-se de um caso de especialização, já que do grupo de palavras que antes apareciam na construção, só duas permanecem. Os significados mais antigos de negação apenas com *ne* não estão mais disponíveis. É característico da gramaticalização que *pas* tenha perdido seu significado de 'passo', como no exemplo (109). Por ocorrer na construção negativa, *pas* assumiu significado negativo. Agora é comum que o *ne* seja apagado ou omitido da construção, com apenas *pas* indicando a negação. *Pas* também ocorre em outras construções para indicar a negativa, como no sintagma *pas beaucoup*, 'não muito'.

Outro exemplo de especialização se encontra no desenvolvimento da construção perfectiva em inglês. Hoje, a construção perfectiva usa uma forma de *have* mais o particípio passado para assinalar um significado de passado com relevância corrente, ou um passado que continua no presente, como abaixo:

(112) For centuries children _have learned_ to walk with push toys and _have played_ with rattles. (COHA 1980)
'Há séculos as crianças têm aprendido a andar com brinquedos de empurrar e têm brincado com chocalhos.'

Essa construção começou a se gramaticalizar no inglês antigo a partir de uma construção possessiva com *habban* ('ter') com verbos transitivos numa forma adjetival, gerando um sentido resultativo, como em (113) (Traugott, 1972):

(113) Ic   hæfde   hine   gebundenne
       Eu   tenho   ele (acus.)   amarrado
       'Eu o amarrei'

Segundo Traugott, essa construção fez surgir outra semelhante, usando o particípio passado, como em (114). Esta construção se tornou o perfeito composto do inglês:

(114) ic   hæbbe   nu   gesæd   hiora   ingewinn
       eu   tenho   agora   dito   suas   batalhas íntimas
       'Agora eu disse suas [deles] batalhas íntimas'

Com verbos que indicam uma mudança de estado e alguns outros intransitivos, a construção continha o verbo *be* ('ser') em vez de *have* ('ter'). Tanto as formas adjetival quanto participial ocorrem; (115) contém o particípio:

(115) Hie   wæron   cumen   Leoniðan   to fultume.
       Eles   eram   vindos   Leonitha   socorrer
       'Eles tinham vindo socorrer Leonitha'

Havia, então, dois auxiliares diferentes usados no perfeito: 'ser' e 'ter'. Essa situação ocorre em outras línguas, como francês, italiano e alemão, em que o auxiliar 'ser' é usado com certos verbos intransitivos e o auxiliar 'ter' com todos os outros verbos. Em inglês, porém, o auxiliar 'ter' tomou a dianteira mesmo com verbos intransitivos. Já no início do inglês moderno, ainda havia algumas expressões com o verbo 'ser', como em *he is risen* ('ele se ergueu') ou *he is come* ('ele veio') em algumas traduções pioneiras da Bíblia. De igual modo, um solitário verbo de alta frequência conserva uma forma em 'ser': *he is gone* contrasta com *he has gone* ('ele se foi'). O primeiro tem um sentido resultativo, pois significa 'ele se foi e ainda não está aqui', enquanto a forma com 'ter' tem o sentido corrente do perfeito composto. A perda do auxiliar 'ser' no perfeito composto do inglês é outro exemplo de especialização[4].

A especialização se dá porque uma variante aumenta em frequência mais do que as outras, iniciando um processo de autoalimentação. A variante mais frequente é mais acessível e, assim, usada com mais frequência, o que aumenta sua acessibilidade. Seu significado se generaliza ou se desbota mais (ver seção 6.9) e fica enraizado na construção. As variantes menos usuais diminuem de frequência e podem finalmente desaparecer. O item que permanece na construção gramaticalizada é aquele que antes tinha uma frequência de tipo mais alta, o que o tornou a variante mais produtiva. Tal como em casos de nivelamento analógico (ver seção 5.3), no entanto, os itens lexicais de alta frequência com a variante menos produtiva podem resitir à conquista, ao menos por algum tempo.

6.8 EXPANSÃO DE CATEGORIA

Construções em processo de gramaticalização também têm *slots* ou categorias que começam como semanticamente restritos, mas se expandem

---

4. Caso semelhante se deu na história do português. O auxiliar de tempo composto era, inicialmente, *haver* (*Todolos bẽens que m'há feitos* = Todos os bens que me tem feito, s. XIV), com sentido de passado. As locuções com *ter* guardavam um sentido possessivo e não significavam passado, tendo, antes, um sentido resultativo (*Manto que ten tendudo* = 'manto que ele traz ou mantém estendido'). No entanto, por inferência semântica, para que o sentido resultativo aparecesse (*estendido*) foi preciso, antes, estender o manto. A partir daí, as construções com *ter* + particípio passado deixaram de ser resultativas e se tornaram equivalentes às de *haver* + particípio. Hoje, no vernáculo brasileiro, só as construções com *ter* + particípio ocorrem na produção de tempos compostos [N.T.].

ou se tornam mais esquemáticos (abarcando mais significados) durante o processo. Nosso primeiro exemplo é o auxiliar modal *can* do inglês, que antigamente era um verbo que significava 'saber (como)' e era usado somente com um pequeno número de infinitivos; hoje, pode ser usado com qualquer verbo. Vamos comparar a situação no inglês antigo com a do inglês contemporâneo, com base em Bybee (2003).

Em textos em inglês antigo, o verbo *cunnan*, do qual deriva *can*, era usado com um sintagma nominal objeto, como em conhecer uma pessoa, uma língua, um livro ou uma habilidade. Também era usado com o sentido de compreender, como neste exemplo:

(116)   Ge dweliaþ and ne <u>cunnon</u> halige gewritu. (Ags. Evangelho de Mateus xxii)
'Tu és levado ao erro e não conheces a sagrada escritura'.

Não era usado com muita frequência com um complemento infinitivo, mas, quando era, o complemento infinitivo podia denotar uma habilidade, como em (117):

(117)   mid hondum <u>con</u> hearpan grētan (c. 1000 Versus Gnom. 172)
com mãos   sabe harpa   tocar
'com suas mãos ele sabia como tocar a harpa'

Observe-se que em inglês contemporâneo é possível traduzir por *he knows* ou *he can*, de modo que esse exemplo não está muito distante de outro em que houvesse um sintagma nominal objeto.

De modo um tanto surpreendente, *cunnan* também era usado com verbos que indicavam entendimento, como se esse sentido de *know* não fosse forte o bastante e outro verbo tivesse de ser acrescentado para expandir o que ele significava, como neste exemplo:

(118)   Nu   <u>cunne</u> ge tocnawan heofenes hiw. (Ags. Evangelho de Mateus xvi)
agora sabes tu distinguir do-céu   cor
'Consegues agora distinguir a cor do céu?'

Nesse espírito também há exemplos com verbos de comunicação em que *cunnan* significa 'ter o conhecimento para falar honestamente', como neste exemplo:

(119) Wera   þa   me   soðlice   secgan <u>cunnon</u>. (c. 1000 Elena 317)
     Homens então me   sinceramente falar podem
     'Os homens então podem me falar sinceramente'.

Em todos esses casos, que são representativos do uso de *cunnan* com um infinitivo em inglês antigo, o significado de saber ou saber-como é muito forte. Um dos modos como *can* mudou no inglês médio foi expandindo essas classes verbais de estados mentais intelectuais para estados mais emocionais (como 'amar'), de comunicação para verbos que incluem aprendizagem e consolo, e de habilidades especiais para ação explícita mais geral. Em todos esses casos, um sujeito humano ainda é necessário. Essa expansão indica que *can* se moveu do sentido de habilidade mental para um sentido mais geral de 'capacidade'. Mais tarde, no período moderno inicial, começaram a aparecer exemplos com o sentido de 'possibilidade real', o que significa 'é possível [que]', como em (120):

(120)   Til we be roten, <u>kan</u> we nat be rype. (A. Rv. 3875)
        'Até apodrecermos, não nos é possível estar maduros.'

Uma vez emerso o sentido de possibilidade, então a posição de sujeito se abre para sujeitos não humanos, inanimados, como em (121):

(121)   There is a great number that fayne would aborde, our ship <u>can</u> holde no more.
        (BARCLAY. *Ship of Fooles*, 1570)
        'Há um grande número que quer vir a bordo, nosso navio não pode suportar mais.'

Portanto, a classe de verbos possíveis no infinitivo se expandiu para incluir todos os verbos do inglês, e a posição do sujeito também se expandiu de apenas humanos para todas as entidades. Essa expansão é indicativa de mudança de significado, em particular generalização ou desbotamento, que discutiremos na seção 6.11.

Um segundo exemplo, algo diferente, vem das línguas oeste-africanas, em que um verbo que significa 'dizer' se tornou um complementizador. Lord (1976) demonstra que o complementizador *bé* em ewe (Níger-Congo, kwa) provém do verbo 'dizer' (ver também Lord, 1993). Quando *bé* é usado como verbo, nenhum complementizador é necessário, como se vê abaixo:

(122) me-<u>be</u>   me-wɔ-e
       1ª sg-dizer   1ª sg-fazer
       'Eu disse que fiz'

No entanto, com outros verbos com sentido semelhante, o complementizador *bé* ('que') aparece:

(123) me-glbɔ   bé   me-wɔ-e
       1ª sg-dizer   que   1ª sg-fazer
       'Eu disse que fiz'

O ewe é uma língua com construções verbais seriais, ou seja, é comum haver dois ou mais verbos em sequência que compartilham o mesmo sujeito. Aparentemente, *bé* se gramaticalizou a partir de uma construção em que dois verbos *dicendi* ocorriam em sequência. O segundo verbo perdeu sua capacidade de se flexionar (observe: nenhuma marca de sujeito em *bé*) e perdeu seu significado. Agora, *bé* também ocorre com outros verbos além dos *dicendi*, como os de (124), para introduzir um complemento oracional, como no exemplo (124).

(124) Ewe: verbos que tomam o complementizador *bé*
       gblɔ   'dizer'   ŋlɔ   'esquecer'   ŋlɔ   'escrever'
       kpɔ   'ver'   se   'ouvir, perceber'
       bu   'pensar'   dí   'querer'   xɔse   'acreditar'
       nyá   'saber'   kpɔ́ mɔ́   'ter esperança'   ná   'assegurar'
       vɔ   'temer'

(125) atá   kpɔ   bé   kofí   wɔ   dɔ́a
       'Ata   viu   que   Kofi   fez   o trabalho'

Como o verbo-fonte significava 'dizer', supomos que a princípio *bé* foi usado com verbos *dicendi*. No entanto, a classe de verbos que tomam esse complementizador se expandiu grandemente para verbos e sintagmas que introduzem complementos oracionais. Tal como no caso de *can*, a expansão dos itens lexicais acompanhantes vai junto com a perda do sentido primitivo do elemento em processo de gramaticalização.

6.9 DESCATEGORIZAÇÃO

Conforme vimos, quando um substantivo ou verbo se torna fixo numa construção gramaticalizada, ele perde aspectos de seu significado e pode ficar desconectado de instâncias do mesmo substantivo ou verbo usado em outros contextos. À medida que se torna mais fixo na construção em vias de gramaticalização, ele perde as propriedades morfossintáticas que o classificam como substantivo ou verbo. A perda de traços morfossintáticos representativos de sua classe lexical é chamada de "descategorização" (Hopper, 1991). Podemos ilustrar o processo observando o verbo modal *can* e o conectivo *while* do inglês.

Considere-se o auxiliar modal *can*. No inglês antigo, *cunnan* se comportava mais como um verbo pleno, mas no inglês contemporâneo é estritamente um auxiliar. Que propriedades de verbo pleno ele perdeu?

1) A capacidade de assumir um objeto: no exemplo (117) vimos *cunnan* ocorrer com um sintagma nominal objeto. Esse uso prosseguiu no inglês médio, mas não ocorre no contemporâneo: **I can the piano* (*'Eu posso o piano').

2) A perda da forma do infinitivo: no inglês antigo, o infinitivo *cunnan* era usado às vezes, e no inglês médio há exemplos como (126) em que *conne* tem de ser considerado como um infinitivo porque é usado com o auxiliar *shall*:

(126)   *Criseyde shal not conne knowen me.* (CHAUCER. *Troilus and Cressida*, 1, 1.404)
        'Cressida will not be able to recognize me'
        'Créssida não vai conseguir me reconhecer'

No inglês contemporâneo são bastante incomuns exemplos de dois auxiliares modais ocorrendo juntos, e só aparecem em alguns dialetos em determinadas combinações. Conforme se pode ver na tradução em inglês contemporâneo de (126), o problema não é tanto uma incompatibilidade semântica, já que o futuro com *be able to* é bastante aceitável e semanticamente adequado. No entanto, se *can* perdeu muito de seu sentido de 'capacidade', de modo que hoje significa possibilidade real, a qual em si mesma pode se referir ao futuro, a combinação de futuro com *can* se torna extremamente rara e insólita, deixando portanto de existir.

3) A perda da flexão verbal: no inglês antigo, *cunnan* era um verbo que não tinha uma flexão de 3ª pessoa do singular no presente. Era membro de uma classe chamada "verbos pretérito-presente" porque o presente era flexionado como se estivesse no passado ou na forma do pretérito. A maioria dos outros auxiliares modais modernos era membro dessa classe também. Assim, mesmo no período antigo, esses verbos tinham algumas características incomuns. À medida que continuavam a mudar e a se gramaticalizar, perderam ainda mais possibilidades flexionais porque se distanciaram semanticamente de suas formas passadas. A forma de passado de *can* é etimologicamente *could* e, de fato, *could* é usado às vezes como o passado de *can* em contexto, como em *When I was seven I could do a back bend* ('quando eu tinha sete anos, conseguia me dobrar para trás'). Mas também é usado com um sentido hipotético, como em *You could come with us* ('você poderia vir conosco'), em que não indica nenhum tempo passado, mas situa a referência de tempo no futuro. Portanto, *can* e *could* se distanciaram um do outro e já não se encontram numa relação presente-passado estrita.

Como exemplo de descategorização de um substantivo, considere-se a conjunção *while*. *While* (*hwil* em inglês antigo) significava 'um lapso de tempo', e ainda podemos usar o substantivo dessa maneira em algumas expressões fixas, como *all the while* ('durante todo esse tempo'), *a long while* ('um longo tempo'). No entanto, quando é usado para introduzir uma oração, como em (127) e (128), ele não está funcionando como substantivo e, portanto, não pode assumir nenhuma das características de um substantivo. Ou seja, nem em (127) nem em (128) é possível acrescentar um artigo (*a* ou *the*), um demonstrativo ou um adjetivo. Também nesses exemplos, *while* não está em nenhuma das posições habituais do substantivo – não é o sujeito nem o objeto do verbo, nem o objeto de uma preposição.

(127) He crosses the street in search of help <u>while</u> she tries one final approach.
(COCA. Falado, 2012)
'Ele atravessa a rua em busca de socorro enquanto ela tenta uma abordagem final.'

(128) And <u>while</u> they weren't making a fortune, it was enough for the down payment.
(COCA. Falado, 2012)
'E embora não estivessem fazendo uma fortuna, era bastante para o pagamento antecipado.'

A extensão da gramaticalização de *while* está indicada pelos dois exemplos. O exemplo (127) mostra o sentido de tempo – a primeira oração descreve uma situação que ocorre ao mesmo tempo que a da segunda oração. O exemplo (128) também apresenta valor temporal, mas, além dele, tem o sentido de concessão – a despeito das contraindicações da primeira oração (eles não estavam obtendo muito dinheiro), a situação na segunda oração ocorreu mesmo assim[5].

O que se passa no caso de *can* é que o verbo de que ele deriva já não é mais usado como verbo pleno. No caso de *while*, o nome de que deriva ainda é usado de modo limitado em locuções fixas (por isso, *a long while* e *a short while* são possíveis, mas não *a boring while ['um tempo entediante']). Em outros casos, porém, o item lexical que deu origem a um morfema gramatical pode ainda existir em sua forma plena. O complementizador do ewe perdeu suas propriedades verbais (não pode assumir prefixos ou sufixos), mas o verbo de que ele derivou não mudou. O inglês *have* ('ter') na construção do perfeito composto examinada na seção 6.5 está obviamente gramaticalizado nessa construção, porém o verbo lexical *have* "possessivo"

---

5. A passagem de 'simultaneidade de ação' para 'concessão'/'oposição' também se verificou em português. No português europeu, *entretanto* significa exclusivamente 'enquanto isso', ao passo que no português brasileiro *entretanto* tem valor exclusivo de 'porém, contudo, todavia'. O mesmo se deu em francês, em que *cependant* significava, originalmente, 'enquanto isso' e hoje significa apenas 'contudo, porém, todavia' [N.T.].

ainda existe e é usado como verbo pleno. De fato, o *have* gramaticalizado no perfeito composto se comporta como um auxiliar, pois se contrai com a negativa *not* para forma *hasn't*, *haven't* e *hadn't*, mas o verbo pleno não se contrai no inglês americano:

(129)   *I was shocked to hear that school lunches <u>haven't</u> changed in fifteen years.*
   (COCA. Falado, 2012)
   'Fiquei chocado ao ouvir que os almoços da escola não mudaram em quinze ano.'

(130)   *Obviously most people <u>don't</u> have (*haven't) four or five cars.*
   (COCA. Falado, 2012)
   'Obviamente, a maioria das pessoas não tem quatro ou cinco carros.'

De igual modo, o auxiliar se contrai com o sujeito (131), mas não o verbo pleno (132):

(131)   *I mean, <u>I've</u> said that from te very beginning.* (COCA. Falado, 2012)
   'Quer dizer, tenho dito isso desde o princípio.'

(132)   *You know what? I <u>have</u> (*I've) an amazing, yummy, big old car.*
   (COCA. Falado, 2012)
   'Eu tenho um carrão velho, gostoso e divertido, sabe?'

Assim, ambas as situações podem ocorrer: o item lexical que entrou na construção gramaticalizada pode deixar de ser usado em outros contextos ou pode permanecer na língua com sua função lexical e significado. Em qualquer dos casos, porém, o item lexical primitivo na construção gramatical perde suas propriedades morfossintáticas primitivas por causa dos significados e funções que a construção assume como um todo[6].

---

6. A primeira situação foi a que se deu com *haver* em português (e *haber* em espanhol), que já foi um verbo pleno de valor possessivo mas hoje é usado exclusivamente como auxiliar ou apresentacional ("*Há* muita gente aqui") ou mesmo com mero advérbio em português ("Cheguei *há* uma hora"). Perdeu suas propriedades morfossintáticas (só é usado na 3ª pessoa do singular) e seu significado de posse. A segunda situação é a do verbo *ter* em português que, embora tenha se tornado um auxiliar para a formação de tempos compostos ("Não *tenho* ido ao cinema ultimamente") ainda conserva seu significado de verbo pleno e suas propriedades morfossintáticas ("Não *temos* casa própria, moramos de aluguel") [N.T.].

Alguns pesquisadores consideram a descategorização como um caso de reanálise porque um item que antes era membro de uma categoria linguística se transferiu para outra categoria. Seria possível dizer que os usuários da língua o reanalisaram. De fato, alguns estudiosos definem a gramaticalização como a reanálise de um item lexical como um item gramatical. A definição original de gramaticalização por Antoine Meillet – *"l'attribution du caractère grammatical à un mot jadis autonome"* ("a atribuição do caráter gramatical a uma palavra outrora autônoma", Meillet, 1912) – parece enfatizar a reanálise. No entanto, tal como usado neste contexto, "reanálise" é somente um termo abrangente para o resultado de múltiplas mudanças que ocorrem na gramaticalização. (Ver a seção 11.1.3 para outra visão de como a reanálise e a gramaticalização se relacionam.)

6.10 ENRIJECIMENTO DE POSIÇÃO

Outra mudança morfossintática que acompanha a gramaticalização é o enrijecimento de posição. Frequentemente, o item-fonte para o desenvolvimento de um morfema gramatical era uma palavra que podia ocorrer em diferentes posições na oração. O exemplo a seguir mostra outra fonte lexical para um morfema gramatical de futuro, bem menos comum, embora bastante lógica: um advérbio de tempo. No tok pisin (uma língua crioula de Papua-Nova Guiné), o sintagma do inglês *by and by* está se gramaticalizando num marcador tanto de intenção quanto de futuro. Antigamente era uma forma plena, *baimbai*, mas agora ela ocorre muito mais habitualmente na forma reduzida *bai*. Nos registros mais antigos, ela ocorre no início de uma oração, como em (133) e (134); mais adiante surgiu uma variante pré-verbal. Romaine (1995) estuda as ocorrências de *bai* em início de oração e pré-verbais num grande *corpus* de crianças e adultos de diferentes dialetos, incluindo falantes de tok pisin como primeira e segunda língua, e conclui que a tendência é cada vez maior rumo à posição pré-verbal.

(133)   Forma mais antiga: *baimbai mi go*   'daqui a pouco eu vou'

(134)   Forma atual variante: *bai mi go*   'eu irei'

(135)   Forma inovadora: *mi bai go*   'eu irei'

Em geral, durante a gramaticalização, há uma tendência à estabilização de uma única variante. Neste caso, a variante assume a posição mais próxima do verbo, já que sua semântica é relevante para o verbo. Segue um exemplo do *corpus* de Romaine:

(136)   *Supos sios i kampa bikpela, em <u>bai</u> gim graun long ol <u>bai</u> sonampim aus lotus.*
        'Se a congregação ficar grande, ela dará terra para eles construírem uma igreja.'

Um desenvolvimento semelhante na língua africana bari (nilo-saariana) coloca o morfema gramatical de futuro *dé* antes do verbo quando indica tempo, mas no início da oração quando funciona como advérbio, 'então' (Heine e Reh, 1984; Spagnolo, 1933)[7].

6.11 MUDANÇA DE SIGNIFICADO: DESBOTAMENTO OU GENERALIZAÇÃO

Uma observação inicial acerca de mudança de significado sofrida por itens lexicais em construções em vias de gramaticalização é que o significado do item lexical fica *desbotado* [*bleached*] de especificidades de significado, ou generalizado à medida que se perdem componentes específicos de significado. Um bom exemplo é a mudança de significado no desenvolvimento do verbo *cunnan* ('saber [como]') do inglês antigo até o *can* do inglês contemporâneo. Como vimos na seção 6.8, *cunnan* significava 'saber' e, portanto, era usado em contextos que indicavam um sujeito possuidor de capacidade mental ou conhecimento. Durante o período do inglês mé-

---

7. Um caso de enriquecimento de posição no vernáculo do português brasileiro é o dos pronomes oblíquos, que ocorrem exclusivamente *antes* do verbo principal, o que permite iniciar orações com eles ("*Se* esqueceu de mim?") e até usá-los em próclise a particípios passados em tempos compostos ("Ela *tinha* durante muito tempo *se iludido* com as promessas dele"), colocação impensável no português europeu [N.T.].

dio, à medida que *can* se expandia para ser usado com cada vez mais verbos, ele perdeu o componente "mental" de seu significado e passou a indicar a capacidade interna de um agente, englobando tanto a capacidade mental quanto a física. Essa etapa semântica é considerada desbotamento ou generalização. Existe uma íntima relação entre os contextos de expansão de uso e a generalização de significado, de tal modo que os contextos expandidos levam à generalização que, por seu turno, leva à expansão ulterior de contextos. A tabela 6.1 (a) e (b) mostra esses dois estágios.

Tabela 6.1: *Estágios de desenvolvimento de* can

a)	*capacidade mental*:	condições mentais capacitantes existem no agente
b)	*capacidade*:	_____ condições capacitantes existem no agente
c)	*possibilidade genérica*:	_____ condições capacitantes existem _____

O terceiro estágio ilustrado na tabela 6.1 é a mudança para possibilidade genérica (*root possibility*: possibilidade não epistêmica). Nessa etapa, nenhum agente é necessário; ao contrário, *can* indica condições capacitantes gerais, como em (137), em que o sujeito é o *you* impessoal e *can* significa 'é possível [fazer X]'. Aqui a possibilidade não depende só das capacidades do sujeito, mas sim, de modo mais geral, também das propriedades da transcrição:

(137) *if you – you know, go through the transcript, you <u>can</u> find little bits here and there.*
(COCA. Falado, 2012)
'se você, sabe, percorrer a transcrição, você pode encontrar pedacinhos aqui e ali'

Assim, neste terceiro estágio, o contexto fica aberto a todos os tipos de sujeitos e verbos.

O aumento na frequência de uso que acompanha caracteristicamente a gramaticalização também contribui para o desbotamento ou generalização. Quando um vocábulo ou sintagma é usado repetidamente, nós nos habituamos a ele, e ele perde algo de seu impacto (Haiman, 1994). Um bom exemplo de mudança lexical se encontra nos xingamentos. Em contextos sociais onde raramente são usados, seu uso tem muita força, mas em contextos onde ocorrem repetidamente, eles perdem seu impacto. Além disso, conforme observamos nos capítulos anteriores, palavras, sintagmas e construções usados frequentemente são de acesso mais fácil na memória do que os menos frequentes. O acesso mais fácil significa que construções frequentes em vias de gramaticalização vão ter, por sua vez, sua frequência de uso aumentada. Isso leva a mais habituação e, portanto, a mais desbotamento. O significado desbotado e o acesso mais fácil que vem junto com a frequência de uso leva a maiores aumentos de frequência tanto quanto a expansão para novos contextos. Esses fatores em ação simultânea impelem a gramaticalização para adiante, criando o efeito de direcionalidade que examinaremos na seção 6.14.

6.12 MUDANÇA SEMÂNTICA POR ACRÉSCIMO DE SIGNIFICADO PELO CONTEXTO

Nem toda a mudança de significado para uma construção em vias de gramaticalização consiste da perda do significado lexical: em alguns casos, há acréscimo de significado por causa da interpretação que a construção recebe no contexto. O meio mais comum de acréscimo de significado são as inferências feitas pelo ouvinte no contexto particular em que a construção é usada. Mudanças devidas a inferências podem ocorrer múltiplas vezes ao longo da trilha de gramaticalização. Por exemplo, os futuros do inglês com *will* e *be going* que examinamos nas seções 6.2 e 6.4 respectivamente passaram por um estágio de expressão de intenção. Essa função emergiu via inferência.

Falantes e ouvintes estão continuamente fazendo inferências enquanto se comunicam. Os falantes não conseguem colocar em linguagem tudo o que pretendem veicular ou descrever, mas se valem do conhecimento de mundo e do conhecimento de contexto do ouvinte para se fazerem entender. Os ouvintes operam para extrair a mensagem principal do que ouvem.

Eles não apenas decodificam palavras e construções como também se perguntam o tempo todo: "Por que ele/ela está me dizendo isso?" Ou seja, o falante tenta discernir os motivos e objetivos do falante na comunicação: isto é inferência.

O que vem a seguir é um diálogo de uma peça de William Shakespeare em que vemos claramente que o sentido literal das falas não é o que realmente é veiculado pelos falantes:

(138) Duke: *Sir Valentine, whither away so fast?*
Valentine: *Please it Your Grace, there is a messenger*
That stays in to bear my letters to my friends,
And <u>I am going to</u> deliver them.
Duke: *Be they of much import?*
(1595, Shakespeare. *Two Gentlemen of Verona*, 3.1.151)

Duque: *Sir* Valentine, aonde vai tão apressado?
Valentine: Com permissão de Vossa Graça, há um mensageiro que aguarda para levar minhas cartas a meus amigos, e <u>eu estou indo</u> entregá-las.
Duque: Elas são importantes?

A pergunta do Duque significa: "Aonde está indo com tanta pressa?" (*whither* significa 'aonde' e era possível, no início do inglês moderno, eliminar o verbo *go*, 'ir'). Observe-se que a resposta de Valentine não oferece realmente a localização de para onde ele está indo, mas sim o objetivo ou intenção: entregar cartas a um mensageiro. Observe-se também que essa resposta satisfaz ao Duque: ele visivelmente não queria de fato saber o destino exato da corrida, mas sim seu objetivo ou intenção. Sabemos disso pela pergunta seguinte, que é acerca das cartas. Portanto, embora os dois personagens estejam falando de "ir", o que num sentido literal exigiria informação acerca de lugar, ambos na verdade estão falando de intenção e não de movimento no espaço. Em outras palavras, Valentine inferiu que o Duque perguntava sobre intenção e não movimento no espaço, e acertou nessa inferência.

Se as inferências sobre a intenção acompanharem usualmente uma construção como *going to* VERBO, elas ficam convencionalizadas como parte do significado da construção. O resultado é um novo significado expresso pela construção. Observe-se que em muitos casos os dois significados, de movimento no espaço e de intenção, ocorrem juntos, como em (138). Mas em algum momento o significado de intenção passa a ser usado lá onde o movimento no espaço não está necessariamente expresso, como em (139):

(139)   *You see I am <u>going to</u> make you a wampum belt of the shells you brought, and I want you to tell me how to put them together.* (COHA 1824)
'Veja, vou lhe fazer um cinto *wampum*[8] com as conchas que você trouxe e quero que você me diga como colocá-las juntas.'

O uso de *be going to* como intenção é particularmente comum com a 1ª pessoa. Quando usado com a 3ª pessoa, pode expressar intenção também, mas neste caso há uma inferência de previsão (futuro puro) como em (140). Esta inferência também se torna parte do significado da construção. O próximo passo é seu uso para previsão quando a intenção não está expressa, como em (141). Observe-se que neste exemplo um objeto inanimado é o sujeito de *be going to*.

(140)   *Most charming young lady, I must plead your cause; they are <u>going to</u> disinherit you.* (COHA 1814)
'Encantadora senhorita, tenho de defender sua causa; eles vão deserdá-la.'

(141)   *It's <u>going to</u> be a fair job to cut it out, but when it comes, it is not only beautiful, but worth a price.* (COHA 1909)
'Vai ser um trabalho fácil cortá-lo, mas quando ficar pronto, não será só bonito mas bem valioso' (falando de um casulo).

Esses exemplos são apenas ilustrativos; não são exemplos em que a mudança necessariamente ocorreu. Note-se também que, em todos os tipos de mudança de significado que examinamos aqui, a introdução de um sentido

---

8. *Wampum*: designação dada a contas feitas de conchas de moluscos marinhos, pelas tribos ameríndias da região nordeste do continente norte-americano [N.T.].

novo não exige a perda dos sentidos mais antigos. Isso acontece gradualmente com o tempo. Portanto, as construções em vias de gramaticalização e os morfemas gramaticais em geral são habitualmente polissêmicos, ou seja, têm múltiplos significados e usos cada vez que ocorrem. A construção *be going to* no inglês contemporâneo pode exprimir movimento no espaço para um propósito, intenção do sujeito ou previsão da parte do falante, ou qualquer um desses ao mesmo tempo!

6.13 METÁFORA

Outra fonte para novos significados para construções em vias de gramaticalização é a extensão metafórica. Uma metáfora mapeia uma relação estrutural de um domínio (geralmente mais concreto) para outro (geralmente mais abstrato). Metáforas espaciais baseadas no corpo humano (ou, menos comum, animal) são particularmente frequentes no desenvolvimento de preposições e posposições. Heine et al. (1991b) mostram que as línguas africanas são especialmente ricas nesse tipo de desenvolvimento metafórico. Por exemplo, citam o substantivo do suaíli *mbele*, que significa 'peito' mas também 'lado da frente, parte da frente' quando se aplica a objetos não humanos. A relação espacial entre o peito e o corpo humano todo é retraçada sobre outros objetos por metáfora. *Mbele* também se usa como preposição locativa significando 'diante de' e até mesmo como advérbio temporal significando 'antes'.

Heine et al. (1991b) examinam 125 línguas africanas e descobrem que as partes do corpo usadas mais comumente para construções relacionais são 'cabeça' para 'sobre', 'costas' para 'atrás', 'face' para 'frente', 'barriga, estômago' para 'em, dentro', e 'nádegas, ânus' para 'sob' ou 'atrás'. A metáfora permite que o nome da parte do corpo se torne mais geral e abstrato, à medida que pode se aplicar a objetos de todo tipo. Corpos humanos e alguns outros objetos, como relógios, televisores ou casas, têm frentes e traseiras intrínsecas, e termos como 'face' podem ser aplicados a eles metaforicamente, como neste exemplo de Svorou (1994):

(142) Bari (nilo-saariana, Spagnolo, 1933)
   i   kɔmɔŋ   na   kadi
   em   face   POSS   casa
   'diante da casa'

Em contraste, outros objetos como árvores e montanhas não têm frentes ou traseiras intrínsecas. Esses termos relacionais são estendidos a objetos "sem frente" levando-se em conta a perspectiva do observador. Um objeto que está entre o observador e uma árvore é tomado como estando diante da árvore, e um objeto que está mais longe do que a árvore é tomado como estando atrás da árvore. (Ver a seção 7.7 para mais exemplos de fontes para termos locativos.)

Uma conhecida metáfora lexical produz palavras temporais com base em palavras espaciais, incluindo movimento espacial, como em *está chegando a hora* ou *o tempo está correndo*. Com isso, seria possível alegar que a mudança numa preposição como o suaíli *mbele* ou o português *ante* ou *atrás* de um sentido espacial para um temporal poderia ser uma extensão metafórica. O problema com esse argumento é que o sentido espacial também poderia fazer surgir inferências sobre o domínio temporal (Svorou, 1994). Se alguém chega *diante de* outra pessoa, também chega *antes* dessa pessoa[9]. Em outras palavras, o movimento através do espaço e o movimento através do tempo estão inextricavelmente ligados. Por isso, a construção do inglês *be going to* – movimento rumo a uma meta – não se tornou um futuro por meio de extensão metafórica, porque o sentido temporal já estava ali. De fato, conforme vimos na seção 6.12, a construção *be going to* passa por um estágio em que assinala intenção, uma inferência a partir do movimento rumo a uma meta, e depois, finalmente, outra inferência de previsão fica associada à construção, produzindo o sentido de futuro. Portanto, é importante estudar os estágios intermediários no desenvolvimento do significado para descobrir os mecanismos que se aplicam. Olhar apenas

---

9. Não por acaso, em *diante* e *antes* está presente a mesma preposição latina *ante* [N.T.].

para um estágio inicial e final poderia extraviar a análise que tenta determinar como a mudança se deu.

6.14 OUTRAS PROPRIEDADES GERAIS DA GRAMATICALIZAÇÃO

No próximo capítulo, veremos o pleno impacto da gramaticalização ao examinar como demonstrativos, determinantes, passivas, marcas de caso, marcadores discursivos e outras construções se gramaticalizam, para além dos exemplos de tempo, modalidade, complementizadores, negativas e conjunções que discutimos neste capítulo. O que tais exemplos mostram é que em todas as línguas, em todas as épocas, a gramaticalização é um fator importante na criação de morfemas gramaticais e construções gramaticais. Nesta seção, vamos considerar algumas propriedades gerais da gramaticalização.

O processo de gramaticalização é **gradual** e caracterizado por **variação** tanto na forma quanto no significado. Construções em vias de gramaticalização podem expressar (e normalmente expressam) dois ou mais significados. As formas na construção podem ter variantes em seu formato fonético tanto quanto em outras propriedades morfossintáticas.

A gramaticalização é um **processo contínuo**. Uma vez formada uma construção e criado um morfema gramatical, pode se dizer que a gramaticalização ocorreu, mas normalmente a mudança não para aí, e a construção continua a se tornar cada vez mais gramatical até finalmente desaparecer ou ser substituída por outra construção com função semelhante.

Os processos de gramaticalização **se movem em uma direção**, uma propriedade chamada de "unidirecionalidade". Obviamente, isso é verdadeiro por definição, já que se uma construção estivesse se tornando menos gramatical não poderíamos chamar o processo de "gramaticalização". No entanto, o fato é que têm sido documentados milhares de casos de construções que se tornam mais gramaticais com o tempo, e que têm sido relatados muito menos casos de gramaticalização que estanca e muitíssimo menos ainda em que a gramaticalização parece reverter. Por essa razão, a gramaticalização é frequentemente considerada um processo disseminado e difuso que afeta muitas construções de uma língua, movendo-as na mesma direção: a de se tornarem mais gramaticais.

Este capítulo começou com uma discussão da gramaticalização dos morfemas gramaticais de futuro em inglês e nas línguas românicas. O que vimos ali foi que o futuro com 'ir' em inglês, português, espanhol e francês está substituindo um futuro mais antigo (*will* em inglês e infinitivo + *haver* nas línguas românicas). Por isso, às vezes falamos de ciclos de gramaticalização: uma construção que se desenvolve apenas para ser substituída por outra mais adiante. Esses ciclos podem ocorrer bastante depressa ou muito lentamente. Uma vez que um morfema gramatical progrediu a ponto de seu significado se generalizar muito, um novo morfema gramatical numa nova construção surge com o sentido mais específico e, à medida que ganha terreno no uso, avança pela mesma trilha que o morfema gramatical anterior. Assim, quando *will* já não expressa mais intenção com força suficiente, *be going to* incorpora esse uso, o que em seguida o leva às inferências que diluem seu sentido de intenção, abrindo uma lacuna para um novo modo de expressar intenção e assim por diante. É importante observar que a língua não está "tentando" obter um novo morfema gramatical de futuro. Os falantes estão tentando encontrar maneiras de expressar os sentidos mais específicos, mas tão logo estes se tornam altamente frequentes, seu significado também muda. Com isso, temos ciclos de mudança e substituição. O desaparecimento final ocorre quando o significado se torna tão generalizado que dá pouca contribuição e vem a ser substituído. Em alguns casos, isso é acompanhado de tanta redução na forma que o próprio morfema gramatical parece ter sido eliminado.

Leituras sugeridas

BYBEE, J. (2003). Cognitive processes in grammaticalization. In: TOMASELLO, M. (ed.). *The new psychology of language*. Mahwah, NJ: Lawrence Erlbaum, p. 145-167.

HAIMAN, J. (1994). Ritualization and the development of language. In: PAGLIUCA, W. (ed.). *Perspectives on grammaticalization*. Amsterdã: John Benjamins.

HOPPER, P.J. (1991). On some principles of grammaticalization. In: TRAUGOTT, E.C. & HEINE, B. (eds.). *Approaches to grammaticalization*. Amsterdã: John Benjamins, p. 3-28.

HOPPER, P.J. & TRAUGOTT, E.C. (2003). *Grammaticalization*. Cambridge: Cambridge University Press.

QUESTÕES PARA DISCUSSÃO

1) Considere as diversas maneiras pelas quais a repetição ou a frequência aceleram os mecanismos de mudança. A frequência é ao mesmo tempo causa e consequência da gramaticalização?

2) Considere a habituação, a inferência, a amalgamação e a redução: estes processos incidem somente sobre a língua ou você consegue encontrar exemplos de como incidiriam sobre outros domínios cognitivos?

3) A palavra latina *unde* significava "de onde". A palavra espanhola para "onde" é *donde*, e para "de onde" é *de donde*. *De* é uma preposição que tem, entre outras, o sentido de origem. Elabore uma explicação diacrônica para o desenvolvimento de *de donde*.

4) O sintagma *Vossa Mercê* se reduziu a *você* em português. Na fala brasileira espontânea, *você* se reduz a *cê*. Em que circunstâncias se dá essa redução? E quais propriedades você elencaria para dar essa resposta?

5) O português *frente* é um empréstimo do espanhol, em que essa palavra significa "testa; parte superior do rosto acima dos olhos até o início do couro cabeludo". Reflita sobre as diversas locuções adverbiais em que essa palavra ocorre (*de frente, em frente, frente a frente*). De que modo elas se relacionam com a parte do corpo designada pelo termo *frente*?

7

Trilhas comuns da gramaticalização

7.1 INTRODUÇÃO

A gramaticalização já é interessante em si mesma como fenômeno específico a uma língua, mas ela se torna muitíssimo mais importante e atraente com a descoberta de que trilhas muito semelhantes de mudança semântica podem ser documentadas em línguas não aparentadas. De fato, os estudos translinguísticos de larga escala sobre gramaticalização revelam que para cada tipo de morfema gramatical existem somente algumas fontes lexicais possíveis (Bybee et al., 1994; Heine et al., 1991b; Heine e Kuteva, 2002). No capítulo 6 vimos que morfemas gramaticais de futuro podiam se desenvolver a partir de verbos ou construções com sentidos de volição ou obrigação, de construções que assinalam movimento rumo a uma meta e, em alguns casos, de advérbios de tempo, como o tok pisin *baimbai*. Essas quatro fontes são responsáveis pela ampla maioria de morfemas gramaticais de futuro cujas fontes são conhecidas.

A consequência desses fatos é que em todas as línguas, em todas as épocas, os mesmos mecanismos de mudança estão operando sobre material lexical e gramatical muito semelhante e, com isso, produzindo resultados semelhantes. Isso não quer dizer que a gramaticalização seja exatamente a mesma entre as línguas. Poplack (2011) compara a gramaticalização ao longo de dois séculos dos futuros de movimento em francês, português e espanhol e demonstra que não só os ritmos de mudança são diferentes, mas que os fatores contextuais que influenciam o uso do futuro de movimento são diferentes de uma língua para outra. O que isso significa em termos de universalidade das trilhas de gramaticalização é que as fontes conceituais são semelhantes (provavelmente nunca são as mesmas), e que os mecanismos de mudança como desbotamento ou inferência são muito semelhantes entre as línguas, mas em cada uma haverá certas condições específicas que impelem mais o desenvolvimento em dados contextos do que em outros. Esses fatores específicos às línguas podem ser a existência de outras formas concorrentes, a atribuição de significado social a uma variante ou a outra, ou padrões particulares de uso que enviesam as distribuições. Apesar desses fatores específicos às línguas, podemos identificar padrões amplos de mudança que são semelhantes entre línguas não aparentadas.

Neste capítulo examinamos o que se sabe atualmente acerca desses padrões amplos de mudança, denominados "trilhas de gramaticalização". Em cada caso, vemos exemplos de línguas não aparentadas e consideramos brevemente os mecanismos de mudança que parecem estar em operação. Começamos pela gramaticalização das categorias flexionais do verbo, as de tempo e aspecto na seção 7.2, seguidas de modo e modalidade na seção 7.3, pronomes pessoais na seção 7.4, e finalmente concordância número-pessoal na seção 7.5. As seções 7.6-7.8 tratarão das categorias nominais de artigos, adposições[1] e marcas de caso, e as seções 7.9-7.11 vão examinar a gramaticalização de construções maiores. Concluímos o capítulo com uma discussão sobre o que acontece na ponta final do processo.

---

1. As adposições incluem as preposições, as posposições e as circumposições. As circumposições são raras. Um exemplo delas é o inglês *"from now on"* ('de agora em diante'), em que o termo *now* está circunscrito por *from* e *on* [N.T.].

7.2 TEMPO E ASPECTO

Os termos "tempo" e "aspecto" se referem à expressão gramatical da categoria conceitual de tempo[2]. É importante distinguir os conceitos de sua expressão linguística, porque há tipos diferentes de expressão linguística. O domínio temporal inclui noções que são codificadas como itens lexicais do tipo *agora, hoje, ontem, então, na quarta-feira* etc., assim como noções que são codificadas em construções perifrásticas, como *ir* + infinitivo, ou em flexões, como o gerúndio *-ndo*. Portanto, temos a área conceitual de tempo e expressões de tempo específicas às línguas, tanto lexicais quanto gramaticais. Além disso, a pesquisa translinguística tem mostrado que certos tipos de morfemas gramaticais ocorrem consistentemente entre as línguas: eles são chamados "morfemas gramaticais-tipo" (Bybee, 1985; Dahl, 1985; Bybee e Dahl, 1989). Na discussão abaixo, vou seguir Comrie (1976) e me referir a termos específicos a certas línguas, como "Pretérito", usando uma letra maiúscula inicial e o nome da categoria universal com uma letra inicial minúscula, como "perfectivo". Assim, pode se dizer que o Pretérito do português é um perfectivo e que o Pretérito do inglês antigo é um tempo passado. Essa convenção nos ajuda a distinguir entre morfemas gramaticais específicos a cada língua, cujos nomes foram elaborados antes que fossem reconhecidas as semelhanças e as diferenças translinguísticas entre os morfemas gramaticais, e os morfemas gramaticais-tipo, que têm definição independente da especificidade das línguas.

O significado dos morfemas gramaticais de tempo é dêitico, isto é, a referência temporal real muda conforme o momento de fala ou algum outro ponto de referência. Ou seja, se eu uso o tempo presente hoje não tenho em mente o exato e mesmo tempo que teria se o usasse ontem. Palavras temporais como *agora* e *hoje* ou *semana que vem* também são dêiticas porque o

---

2. Convém recordar que o tempo verbal em inglês se chama *tense*, de modo que não é redundante dizer que o "tempo" (*tense*) e o "aspecto" expressam a categoria do "tempo" (*time*) [N.T.].

tempo a que se referem depende do tempo em que são enunciadas. Os tempos verbais mais comuns são passado, presente e futuro, embora algumas línguas também expressem significados como passado ou futuro recente ou remoto. O futuro com frequência não é estritamente um tempo, já que os morfemas gramaticais de futuro geralmente também expressam outros significados, como intenção, tal como vimos no capítulo anterior. O tempo presente é um tanto problemático também, já que é usado na maioria das vezes com estados e condições que duram por um período de tempo que inclui o presente. Só o passado é estritamente um tempo ao se referir apenas a situações ocorridas antes do momento da fala, como se dá em português.

O aspecto se refere aos diferentes modos como é possível ver a estrutura temporal interna de uma situação (Comrie, 1976). Por exemplo, o progressivo em português (*estar* + VERBO + *-ndo*) olha para uma situação que está em andamento no instante da fala, *ele está nadando*, ou num momento do passado, *ele estava nadando*. Isso é diferente de ver a situação como um todo acabado, como em *ele nadou de um lado a outro da piscina*. O aspecto habitual, tal como expresso pelo presente simples em inglês quando usado com um verbo dinâmico ou no passado com *used to*, vê a situação como repetida ao longo do tempo e característica de um período de tempo, como em *he swims every day* ('ele nada todo dia') ou *he used to swim every day* ('ele costumava nadar todo dia'). Algumas línguas têm uma distinção aspectual importante de perfectivo *vs.* imperfectivo, em que o perfectivo vê uma situação como um todo completo (em geral no passado) e o imperfectivo vê a situação como em andamento em certo sentido – ou como em progresso ou repetida ou habitual. Essa é a distinção que se encontra em português na distinção entre Pretérito Perfeito *vs.* Pretérito Imperfeito ou Presente. O Pretérito Perfeito é um perfectivo, que vê a situação como um todo e concluída; o Pretérito Imperfeito é um passado imperfectivo, que vê a situação passada como em andamento (progressiva ou habitual), enquanto o Presente é inerentemente imperfectivo (já que algo realmente simultâneo ao momento de fala ou é um estado ou um progressivo ou uma situação habitual).

No discurso, os perfectivos são usados para dar a linha principal da narração, enquanto os imperfectivos descrevem situações de segundo plano.

Mesmo que agradasse aos linguistas traçar uma linha rígida entre tempo e aspecto, na maioria das línguas e na diacronia os dois são profundamente entrelaçados, e frequentemente um morfema gramatical exprime tanto o tempo quanto a noção de aspecto, como o Pretérito Imperfeito do português ao descrever situações imperfectivas no passado. Em termos de trilhas de gramaticalização, passado e perfectivo estão conectados, como estão presente e imperfectivo. Por isso, nossa discussão das trilhas de gramaticalização vai tratar tempo e aspecto juntos.

7.2.1 A trilha passado/perfectivo

Nesta seção vamos examinar alguns dos modos como se desenvolve um conjunto de morfemas gramaticais relacionados: resultativo, anterior (perfeito), perfectivo e passado. Existem diversas construções-fontes para esses sentidos; começamos com uma que é comum nas línguas indo-europeias.

Conforme vimos na seção 6.7, uma construção resultativa pode mudar para exprimir o passado anterior (também chamado com frequência de "perfeito", embora esse termo possa se confundir facilmente com "perfectivo"). Essa construção consiste de um verbo estativo, como 'ser' ou 'ter' com um particípio passado ou passivo, como nos exemplos do inglês antigo em (143) e (144).

(143) ic   hæbbe   nu   gesæd   hiora   ingewinn
       eu   tenho   agora   contado   deles   batalhas íntimas
       'Eu agora contei suas [= deles] batalhas íntimas'

(144) Hie   wæron   cumen   Leoniðan   to fultume
       Eles são   vindos   Leonitha   socorrer
       'Eles vieram socorrer Leonitha'

O sentido resultativo é o de que ocorreu uma situação (ou ação) que resultou num estado de coisas atual. Por exemplo, em (144), isso significaria que eles vieram e ainda estão ali.

O sentido resultativo tende a se generalizar para o sentido de uma ação passada com relevância atual, isto é, de um estado (no presente) para um sentido mais geral de relevância para a situação atual[3]. Esse é o significado do passado anterior ou perfeito. Um modo de entender o anterior ou perfeito é observar que ele não é usado para narrar sequências de eventos. A narração é função do passado ou perfectivo. Compare o exemplo (145), com o passado anterior do inglês, em que as propostas que estão sendo encorajadas ainda são relevantes, ou seja, elas ainda poderiam ser adotadas, com o exemplo (146) que apenas afirma fatos consumados sobre eventos passados:

(145) *Some officials <u>have pushed</u> for cleaner, city-owned generators that would still run on fossil fuel. Others <u>have called</u> for retr ofitting the current power plant and keeping it open while alternative power options are explored.* (COCA, 2009)
'Alguns agentes públicos <u>têm se manifestado</u> a favor de geradores mais limpos, de propriedade da cidade, que ainda funcionariam com combustível fóssil. Outros <u>têm reivindicado</u> modernizar a usina de energia atual e mantê-la aberta enquanto são exploradas opções de energia alternativa.'

(146) *The local city councilman <u>pushed</u> successfully for a moratorium on opening large stores in downtown, although Wal-Mart <u>got</u> around that by pulling its permits before the ordinance took effect.* (COCA, 2012)
'O vereador <u>conseguiu</u> aprovar uma moratória na abertura de grandes lojas no centro da cidade, mas a Wal-Mart <u>contornou</u> isso obtendo seus alvarás antes que a medida municipal entrasse em vigor.'

---

3. Conforme já dissemos em nota anterior, o mesmo processo se deu em português. Uma construção resultativa da fase antiga da língua como *temos muitas terras conquistadas*, que significava originalmente 'temos em nosso poder muitas terras que nós conquistamos', o que se comprova pela flexão do particípio passado (feminino plural), passou a ser interpretada como uma descrição de situação passada e, numa mudança posterior, de uma situação passada que se prolonga no presente: *temos conquistado muitas terras*. Isso porque para termos em nossa posse muitas terras conquistadas foi necessário, anteriormente, que nós conquistássemos essas terras. O ato anterior de conquistá-las tomou a dianteira sobre o sentido resultativo de possuir terras que conquistamos. A gramaticalização se comprova pela interpretação do adjetivo-passivo (que, como tal, se flexionava em gênero e número: *conquistadas*) como particípio passado de um verbo principal (que, por isso, não se flexiona) [N.T.].

As construções de anterioridade derivadas de um sentido resultativo se compõem de um verbo estativo mais um particípio, como em inglês; tais construções se encontram em português, espanhol e outras línguas indo-europeias como dinamarquês, grego moderno e balúchi, bem como em línguas de outras famílias, como basco, tigré, mano e buriat (Bybee et al., 1994).

Em muitas línguas, a fonte para o anterior ou perfeito é um verbo ativo, como VERBO + 'acabado', ou uma construção de verbo de movimento, como 'vir de' + VERBO. Essas construções nem sempre têm um sentido resultativo ou uma fonte resultativa; elas podem se mover diretamente do sentido de terminar uma situação antes de iniciar outra para um sentido de situação passada com relevância atual. Segue um exemplo da língua sango, da República Centro-Africana (Samarin, 1967):

(147) *eh bien, lo tɛ ungunzá ní kóé awe, mɔ goe mɔ mú na lo ngú*
então 3ª sg. comer mandioca o.um tudo acabado 2ª sg. ir 2ª sg. tomar com 3ª sg. água
'Então, quando ele tiver comido toda a mandioca, vá e lhe dê água...'

Algumas línguas que têm passados anteriores advindos de um verbo ou auxiliar significando 'acabar' são bongu, temne, tok pisin, lao, kammu, mandarim e palaung.

Temos, portanto, três fontes comuns para os passados anteriores: resultativos (formados de um verbo estativo e um particípio), 'movimento desde' e 'acabar'. Essas construções convergem para o significado de 'anterior' como se mostra na trilha parcial de mudança em (148):

(148) resultativo
movimento desde   >   anterior
acabar

Mudanças subsequentes em morfemas gramaticais de passado anterior levam ao desenvolvimento de mais sentidos generalizados de perfectivo ou passado. Ou seja, um anterior perde a parte de 'relevância atual' de seu significado e assinala simplesmente um todo ou uma situação completada no passado. Por exemplo, o *passé composé* do francês, que se forma com *avoir* ('ter') ou *être* ('ser') mais um particípio passado, começou como um passado anterior e agora se tornou um perfectivo, usado para simples situações concluídas no passado. Ele substituiu o perfectivo herdado do latim (o *passé simple*) na fala e em alguns gêneros da escrita. Existem algumas evidências de como pode ter se dado a mudança de anterior para perfectivo. Numa descrição do francês do século XVII, a gramática de Port-Royal (Lancelot e Arnauld, 1660), o *passé composé* é descrito como usado para ações e eventos que ocorreram no mesmo dia. Assim, de 'ação passada com relevância atual' o significado mudou para 'ação passada no mesmo dia' e daí se estendeu para ações passadas em geral[4]. Curiosamente, um estudo do uso atual do perfeito em espanhol no dialeto de Alicante (Espanha) também mostra que ele passou a ser usado para ações transcorridas no mesmo dia (Schwenter e Torres Cacoullos, 2008). Talvez o perfeito em espanhol esteja seguindo a mesma trilha que a construção cognata em francês e venha a se tornar um perfectivo.

Passados anteriores que provêm de verbos que significam 'acabar' também podem se transformar em perfectivos. Isso ocorreu em tibetano-lhasa, birmanês, quicongo e chinês-mandarim (Heine e Kuteva, 2002). A trilha de (148) pode agora ser expandida como em (149):

(149) resultativo
       movimento desde   >   anterior   >   perfectivo
       acabar

Outro desenvolvimento relacionado a esse se dá a partir de um anterior para um passado simples. Um passado simples e um perfectivo são muito

---

4. É interessante notar que o português é a única das grandes línguas românicas em que existe uma diferença semântica estrita entre o passado simples e o passado composto: *eu viajei muito esse ano* (já parei de viajar) *vs. eu tenho viajado muito esse ano* (viajei e ainda tenho mais viagens por fazer). Em italiano, francês e na maior parte das variedades de espanhol, o passado composto substituiu completamente, sobretudo na fala, o passado simples, que se tornou uma forma verbal restrita aos gêneros escritos mais formais, sobretudo literários [N.T.].

semelhantes por ambos serem usados para narrar eventos passados. No entanto, um passado simples difere de um perfectivo em vários aspectos (Bybee et al., 1994; seção 3.14), sobretudo no fato de um passado simples não contrastar com um passado imperfectivo, mas poder ser usado para expressar o imperfectivo também. Um exemplo é o uso do inglês como em *he washed his car every week* ('ele lavava o carro toda semana'), que descreve uma situação habitual (imperfectiva), mas com a flexão do verbo no perfectivo (*-ed*). O passado simples também pode ser usado com verbos estativos para dar sentido de tempo passado, enquanto a flexão do perfectivo em estativos muda o sentido do verbo. Assim, em português, a forma do Pretérito (perfectivo) de *saber* é *soube* (3ª p. sg.), ação pontual no passado, enquanto para expressar um sentido habitual que se prolonga dentro do passado a forma é *sabia* (Pretérito Imperfeito)[5].

Há evidências de que passados anteriores se tornaram passados simples em algumas línguas. Em alemão, a construção 'ter'/'ser' + PARTICÍPIO, que antigamente era um anterior, é hoje empregada como passado simples. Heine e Reh (1984) relatam que no dialeto de ewe do Benin (África Ocidental), o verbo 'acabar' se transformou de passado anterior em marca de tempo passado. Em atchin (austronésia), o auxiliar *ma* ('vir') se funde com as formas pronominais para criar um auxiliar de tempo passado. Nos dialetos vizinhos de Vao e Wala, o mesmo auxiliar ainda é usado como um anterior (Capell e Layard, 1980). Portanto, todas as três fontes de passados anteriores estão documentadas como tornando-se passado simples, conforme mostrado em (150). Ressalte-se que, tanto para os perfectivos quanto para os passados, dispomos de menos casos nítidos de construções-fontes documentadas.

(150) resultativo
movimento desde > anterior > perfectivo/passado simples
acabar

---

5. Em inglês, *soube* e *sabia* se traduzem por '*he knew*', e é somente o contexto e a eventual presença de advérbios que poderão assegurar a interpretação como perfeito ou imperfeito [N.T.].

O fator que parece determinar se um anterior se tornará um perfectivo ou passado simples é a existência prévia de um imperfectivo na língua. O francês já tinha um imperfectivo (o *imparfait*), de modo que o novo *passé composé* se restringe a usos perfectivos; o holandês e o alemão não têm imperfectivo, por isso o passado composto fica livre para se espraiar por contextos imperfectivos. É um resultado que precisa ser mais estudado, levando em conta uma gama mais ampla de línguas.

7.2.2 A trilha presente/imperfectivo

Do outro lado do domínio do aspecto estão morfemas gramaticais que expressam ações/estados em andamento ou habituais. Uma das categorias mais frequentemente gramaticalizadas nesse domínio é o progressivo. O progressivo é importante porque alimenta a cadeia de desenvolvimentos que acabam por levar ao tempo presente e ao aspecto imperfectivo.

As construções-fontes mais comuns dos progressivos contêm verbos locativos e/ou adposições que indicam que o sujeito está localizado num espaço (de pé ou sentado, talvez) onde a ação verbal está ocorrendo. Por exemplo, em espanhol (como em português) o progressivo usa o verbo *estar*, do latim *stāre* ('estar de pé'), com o gerúndio do verbo principal. Em exemplos antigos como (151) (do século XIII), o sentido locativo ainda é bastante visível (Torres Cacoullos, 2000):

(151) Et alli *estaua* el puerco en aquella llaguna *bolcando* se (GE.II)
   'E ali estava o porco naquela lagoa se revirando'

Em textos modernos, porém, o contexto locativo não está presente e, em vez disso, temos um sentido puramente aspectual de um processo em marcha:

(152) *todo hombre tiene un precio; y estoy hablando desde una perspectiva económica, hay gente que no tiene precio* (COREC, AHUM019A)
   'todo homem tem um preço, e estou falando de uma perspectiva econômica, tem gente que não tem preço'

Outro tipo de construção locativa, encontrada entre as línguas kru da África, usa um verbo locativo e uma forma nominalizada do verbo principal.

Em alguns casos, o próprio nominalizador é identificável como expressando localização, como neste exemplo do godié (Marchese, 1986):

(153) ɔ   kù   sʉkā   dɪ   dʌ
       ela   estar-em   arroz   cortar lugar
       'ela está cortando arroz'

Algumas outras línguas que usam construções locativas para formar o progressivo são basco, caribe insular, cocama, jívaro, alyawarra, taitiano, tohono o'odham, abcaze, balúchi, mwera, ngambay, shuswap, haka, lahu, cantonês, dakota e tok pisin (Bybee et al., 1994).

Outra fonte semelhante para os progressivos se encontra em construções que usam verbos de movimento como 'andar', 'ir' ou 'vir'. O sufixo progressivo *-yor* do turco vem de um verbo que significa 'andar, ir'. Em português (e em espanhol), uma construção usada menos frequentemente do que *estar* + *-ndo* é a que emprega o verbo *andar* como auxiliar; *ir* também é usado com alguns verbos principais (*"a gente vai vivendo como pode"*). Considere-se este exemplo contemporâneo, em que o progressivo é o significado, e não o movimento no espaço sugerido por 'andar':

(154)   Você <u>anda trabalhando</u> demais? Fique atento, pois isso pode ser um vício[6].

Os progressivos como os que acabamos de ilustrar apresentam uma forte tendência a ter expressão perifrástica, o que é um indício de que foram recém-gramaticalizados. Também são normalmente usados com um sentido agentivo (o sujeito está ativamente fazendo algo) e com verbos dinâmicos em vez de estativos. À medida que os progressivos continuam a se desenvolver, eles se estendem para serem usados em contextos habituais e acabam sendo usados como verbos estativos. A extensão para contextos habituais ocorreu em alguns dialetos do iorubá, no gaélico escocês (Comrie, 1976), no punjabi, e no hindi-urdu (Dahl, 1985). Além disso, o progressivo *-yor*

---

[6]. Disponível em http://idmed.com.br/viva-melhor/dicas-basicas/voce-anda-trabalhando-demais-fique-atento-pois-isso-pode-ser-um-vicio.html – Acesso em 03/12/2015.

do turco (< 'andar', já mencionado) é usado como marcador do habitual na língua falada (Underhill, 1976). Quando um morfema gramatical serve as funções de progressivo e habitual, ele se torna um imperfectivo se puder ser usado com o presente e o tempo passado (e o futuro, se aplicável) ou se torna um tempo presente, se acontecer de ele ficar restrito ao presente desde o início. À medida que presentes e imperfectivos são mais gramaticalizados, eles tendem fortemente a se expressar como afixos ao verbo.

7.2.3 A trilha do futuro

As várias trilhas que criam morfemas gramaticais de futuro foram extensamente discutidas no capítulo anterior junto com os mecanismos que movem os morfemas gramaticais ao longo da trilha de mudança. A trilha do futuro apresentada no capítulo 6 é repetida aqui como (155):

(155) volição
      obrigação   >   intenção   >   futuro (previsão)
      movimento-na-direção-de

Essas fontes estão documentadas nas seguintes línguas:
    a) **Futuros de volição**: inglês, inuit, dinamarquês, grego moderno, romeno, servo-croata, sogdiano (iraniano oriental), tok pisin.
    b) **Futuros de obrigação**: basco, inglês, dinamarquês, línguas românicas ocidentais.
    c) **Futuros de movimento**: abipon, atchin, bari, cantonês, cocama, dinamarquês, inglês, guaymi, krongo, mano, margi, maung, mwera, nung, tem, tojolabal, tucano e zúñi; também francês, português e espanhol.

O estudo de Dahl (1985) mostrou que os morfemas gramaticais de futuro estão repartidos de modo bem equilibrado entre expressões perifrásticas e afixos. Estudos posteriores demonstram que os morfemas gramaticais de futuro menos gramaticalizados em significado (por exemplo, os que também expressam "intenção") tendem a ser perifrásticos e, em geral, menos fundidos com o verbo, enquanto futuros mais gramaticalizados (por exemplo, os que expressam modalidade epistêmica [ver abaixo]) tendem a ser afixados ao verbo e exibir mais fusão (Bybee et al., 1991).

7.2.4 Aspectos por derivação

Outra possibilidade de desenvolvimento de marcadores aspectuais são os processos derivacionais. Os afixos derivacionais se gramaticalizam de uma maneira ligeiramente diferente dos afixos flexionais. Alguns afixos ou partículas se desenvolvem a partir de advérbios que indicam direção locativa. Exemplos do inglês são as partículas que acompanham alguns verbos, como *up*, *down*, *over* e *through*. Quando adicionadas a verbos atélicos (verbos que descrevem situações sem pontos-finais necessários), elas mudam a expressão para indicar que um ponto-final foi atingido. Por exemplo, *eat up* ('comer totalmente') indica que se alcançou um limite, isto é, o consumo total do objeto. Considere-se também os verbos frásticos (*phrasal verbs*) como *write up* ('narrar ou descrever por extenso'), *write down* ('registrar por escrito'), *burn up* ('queimar totalmente'), *burn down* ('ser totalmente destruído pelo fogo'), *think over* ('considerar algo cuidadosamente') e *think through* ('considerar todos os efeitos ou implicações de algo'). Todos esses sintagmas expressam um ponto-final que o verbo sozinho não expressa. Embora esses verbos frásticos do inglês sejam mais bem descritos como "completivos", quando formações desse tipo se tornam muito gerais numa língua, elas começam a se parecer com perfectivos. Em contraste com os perfectivos descritos acima, estes podem ser designados como perfectivos que se desenvolvem a partir de "demarcadores" [*"bounders"*], morfemas gramaticais que indicam que a ação do verbo é levada até a conclusão (Bybee e Dahl, 1989).

Em línguas que têm perfectivos advindos de demarcadores, normalmente são vários os demarcadores usados, e eles ocorrem em combinações específicas com verbos. Assim, em inglês existe *write down* e *burn down*, mas não *eat down ou *think down. Em algumas línguas, tais processos se generalizaram e se gramaticalizaram a ponto de quase todos os verbos terem uma forma com e uma sem demarcador. Neste caso, os verbos sem demarcadores podem ser vistos como imperfectivos, e os com demarcadores, como perfectivos. Uma semelhança importante de tais perfectivos com os que discutimos antes é que eles são usados para narrar sequências de eventos. Esse tipo de distinção perfectivo/imperfectivo ocorre em russo e, em graus variados, em outras línguas eslavas. Também ocorre em georgiano (kartveliana), margi (tchádica) e mokilês (oceânica) (Dahl, 1985). Em todos os casos conhecidos, existem diversos demarcadores, e alguns verbos ocorrem com mais de um deles; esses sistemas exibem, portanto, muita idiossincrasia lexical. Seguem alguns exemplos do margi (língua tchádica, norte da África) (Hoffman, 1963):

(156)   Derivativos de -bá ('fora')
dəm   'pegar, juntar'   dəmbá   'pegar tudo, recolher tudo'
ndàl   'lançar'   ndàlbá   'jogar fora'
ŋà   'chamar'   ŋàbà   'chamar para fora, fazer sair'
'ùtlà   'tossir'   'ùtlàbá   'expelir algo tossindo'

Derivativos de -ía ('para baixo')
ndàl   'lançar'   ndàlía   'lançar para baixo'
dùgù   'achar, topar com'   dùgùía   'deparar-se; atacar'
vəlía   'saltar, voar'   vəlía   'saltar para baixo'

Derivativos de -na ('totalmente')
ndàl   'lançar'   ndàlnà   'jogar fora'
ŋgùshí   'rir'   ŋgùshiná   'rir de, zombar de'
ɓəl   'quebrar'   ɓəlnà   'separar-se; romper'

Hoffman destaca que o sufixo derivacional -bá provavelmente se relaciona ao verbo bá ('sair') e ao advérbio àbá ('fora'). O sufixo -ía pode ter relação com o sufixo verbal -ghì na língua aparentada bura, que por sua vez talvez seja relacionado ao advérbio ághì, que significa 'para baixo'. Hoffman não dá nenhuma indicação sobre a fonte do terceiro sufixo em (156).

Embora essas formas sufixadas possam ser chamadas de perfectivas tanto quanto o Pretérito Perfeito flexionado do português ou o *passé composé* perifrástico do francês, elas têm propriedades diferentes por causa de suas fontes diacrônicas. Como já observamos, nenhum desses demarcadores é geral do ponto de vista lexical como são os perfectivos flexionados ou perifrásticos. Eles diferem ligeiramente em significado, na medida em que incluem o sentido de que se atingiu um limite, enquanto os perfectivos mais comuns simplesmente veem a situação como um todo (Dahl, 1985). É um excelente exemplo de como a fonte diacrônica de uma construção ou forma determina profundamente seus usos e significados posteriores.

7.3 MORFEMAS GRAMATICAIS QUE INDICAM MODALIDADE E MODO

O território semântico coberto pela modalidade é um tanto difícil de definir e alguns linguistas incluem mais coisas nesse território do que outros. Para se ter uma ideia do que é incluído com mais frequência, considere-se os significados dos auxiliares modais do inglês contemporâneo *can*, *could*, *may*, *might*, *should* e *must*. (Embora *shall* e *will* tenham alguns usos modais, deixei-os de fora porque *will* agora é um futuro e *shall* é de uso pouco frequente, exceto como futuro.) No capítulo anterior, vimos alguns exemplos do desenvolvimento do inglês antigo *cunnan* até *can*. Ali observamos que *cunnan* indicava capacidade mental ou conhecimento, mas logo se generalizou para todo tipo de capacidade. Ele predicava portanto certas condições sobre o agente com respeito ao verbo principal; esta poderia ser chamada de modalidade "orientada para o agente". Seguem exemplos do uso de *can* como capacidade no inglês contemporâneo:

(157)   *You are the one who can play the piano and knows how to tie a bow tie.*
(COCA, 2012)
'É você que consegue/sabe tocar piano e sabe dar nó numa gravata borboleta'

(158)   *I can read the human body the way you read the machinery on the ship.*
(COCA, 2012)
'Eu consigo/sei/posso ler o corpo humano do jeito que você lê as máquinas do navio'

Hoje em dia, *can* é usado mais habitualmente num sentido muito mais generalizado que é chamado de "possibilidade genérica" ["root possibility"]. Esse tipo de possibilidade predica condições capacitantes sobre o agente, mas também condições capacitantes mais gerais que são externas ao agente, incluindo condições físicas e sociais. No exemplo a seguir, não é somente a habilidade do motorista que está em jogo, mas também as condições físicas tais como quanto espaço existe para o veículo fora da estrada:

(159)   *I think I'll pull over as far as I <u>can</u> and let that whole herd of cars behind me pass.* (COCA, 2012)
'Acho que vou encostar e ficar tão longe quanto conseguir e deixar passar esse bando de carros atrás de mim'

A possibilidade genérica também é o sentido de *can* quando ocorre em orações passivas, como a seguinte:

(160)   *I question whether it <u>can</u> even be called cruelty when any other action would have meant our certain death.* (COCA, 2012)
'Me pergunto se é mesmo possível chamar isso de crueldade quando qualquer outra ação teria significado nossa morte certa'

Outro sentido modal é a obrigação (às vezes chamada de "necessidade"), que pode vir em variedades fracas ou fortes. *Should* indica uma obrigação mais fraca do que *must*. Considere-se os exemplos:

(161)   *A little voice in my head warned me I <u>should</u> keep our interaction all business.* (COCA, 2012)
'Uma vozinha na minha cabeça me avisava que eu devia manter nossa interação durante todo o negócio'

(162)   *And so pilots <u>must</u> be qualified to handle whaterver may come.* (COCA, 2012)
'E assim os pilotos têm que estar qualificados para lidar com o que quer que aconteça'

Esses também são "orientados para o agente", pois predicam condições sobre um agente com respeito ao predicado principal. Essas obrigações podem ser morais, legais ou sociais. Frequentemente, *should* é empregado também apenas para fazer uma sugestão, como em (163):

(163) *Maybe she and her sister <u>should</u> try and find a signature brand of coffee to sell in the shop.* (COCA, 2012)
'Talvez ela e a irmã devessem tentar achar uma marca exclusiva de café para vender na loja'

As fontes lexicais de morfemas gramaticais de obrigação incluem verbos plenos que significam 'dever', como em *shall*, que no inglês antigo significava 'dever dinheiro ou lealdade'. *Should* era o tempo passado de *shall*. Outras línguas com um morfema gramatical de obrigação derivado de 'dever' são o cantonês e o dinamarquês[7]. Outras fontes perifrásticas são verbos como 'ter' e 'ser' mais um infinitivo, como em inglês *have to* (português *ter que*) e *be to* ('dever, estar para'), ambos assinalando obrigação ou arranjo. Tais construções também ocorrem em abcaze, balúchi, temne e chepang. Sintagmas impessoais como 'ser bom' ou 'ser adequado' também podem se tornar marcadores de obrigação, como se vê em lahu, palaung e mwera (Bybee et al., 1994).

Os modais de obrigação frequentemente sofrem uma mudança semântica na gramaticalização que os leva a expressar significado epistêmico, o qual indica o grau de compromisso do falante para com a verdade do enunciado. Quando *should* e *must* são usados como epistêmicos, eles mantêm seu grau relativo de força. *Should* indica probabilidade, com base em alguma evidência, como em (164), e *must* indica probabilidade forte, com base em inferência da evidência, como em (165):

---

7. Também o português, o espanhol e o francês usam o verbo *dever/deber/devoir* com sentido modal de sugestão (*Você* deve *esquecer esse incidente e seguir adiante*), de probabilidade (*Ana* deve *se mudar para Brasília ainda este ano*), além de verbo pleno (*O prefeito nos* deve *uma explicação sobre esses gastos*). Também é possível usar esses verbos como obrigação forte (*Você* deve *lavar as mãos toda vez que sair do laboratório*), mas esse uso é bem menos comum do que a perífrase *ter de/ter que* (*Você* tem que *lavar as mãos toda vez que sair do laboratório*) [N.T.].

(164) *I have given her an injection. She <u>should</u> sleep through the night.* (COCA, 2012)
'Eu dei a ela uma injeção. Ela deve dormir a noite toda'

(165) *I know, he <u>must</u> think I am a billionaire.* (COCA, 2012)
'Eu sei, ele deve achar que sou bilionário'

De fato, podemos generalizar e dizer que os modais orientados para o agente (ou modais radicais) podem se tornar epistêmicos porque também podem evoluir para expressar possibilidade epistêmica. Isso ainda não aconteceu com *can*, mas no passado ocorreu com o inglês *may*. Originalmente, *may* expressava capacidade ou força física e se generalizou para capacidade e possibilidade genérica. Ainda se usa *may* para possibilidade genérica na escrita. No exemplo a seguir, os autores estão fazendo uma proposta, não afirmando uma incerteza. Note-se que *can* pode ser substituído por *may* sem mudança de significado:

(166) *We propose that the correlations shown in the literature between lexicon and syntax <u>may</u> reflect two different types of interactions.* (COCA, 2012)
'Propomos que as correlações mostradas na literatura entre léxico e sintaxe podem refletir dois tipos diferentes de interações'

Contudo, na língua falada, *may* é frequentemente usado para possibilidade epistêmica, significando 'é possível que'. Nos exemplos seguintes, vemos que o falante está expressando incerteza:

(167) *Yes, the brooch is important, but getting it back <u>may</u> not solve everything.* (COCA, 2012)
'Sim, o broche é importante, mas consegui-lo de volta não pode resolver tudo'

(168) *they <u>may</u> have moral concerns and they probably do* (COCA, 2012)
'eles podem ter preocupações morais e provavelmente têm'

Portanto, vemos que a possibilidade genérica pode fazer surgir o sentido de possibilitade epistêmica.

Para sintetizar esta parte da discussão sobre modalidade, estas são as trilhas de mudança para os sentidos de capacidade e obrigação:

(169)   capacidade > possibilidade genérica > possibilidade epistêmica
obrigação fraca > probabilidade
obrigação forte/necessidade > certeza inferida ou probabilidade forte

As modalidades de capacidade e obrigação tendem a ter expressão perifrástica, já que não são altamente gramaticalizadas; as modalidades epistêmicas às vezes têm expressão flexional (afixal). Outras categorias relacionadas à modalidade que têm expressão flexional são normalmente chamadas de "modos" e incluem subjuntivos (formas especiais de orações subordinadas) e imperativos. Tal como indicado por seu tipo de expressão, essas categorias com frequência são altamente gramaticalizadas. Uma vez que procedem de várias fontes e frequentemente têm longas histórias, não serão tratadas com mais demora neste capítulo. Discussão detalhada se encontra no capítulo 6 de Bybee et al. (1994).

7.4 PRONOMES PESSOAIS

Os pronomes pessoais (como em português *eu, tu, ele, você, mim, lhe, nós* etc.) formam uma categoria gramatical que tem comportamento algo semelhante ao de um sintagma nominal, pois os membros desta classe funcionam como sujeito, objeto direto ou indireto do verbo, ou objeto de um pronome. Em contraste com os substantivos lexicais, eles não aceitam modificadores como artigos, demonstrativos ou adjetivos. Constituem uma classe fechada (embora novos membros possam surgir através da gramaticalização, como veremos aqui). Nesta seção, examinaremos rapidamente as fontes dos pronomes pessoais nas línguas do mundo, começando pelos pronomes de 3ª pessoa. Boa parte da discussão tem por base Heine e Song (2011).

7.4.1 Pronomes de 3ª pessoa

Os pronomes de 3ª pessoa derivam de pronomes demonstrativos, conceitos nominais ou intensificadores, segundo a pesquisa de Heine e Song

(2011). Os pronomes demonstrativos são palavras como *este* e *aquele* que distinguem referentes de acordo com sua localização espacial. Algumas línguas não têm uma categoria separada para pronomes de 3ª pessoa; em vez disso, usam as mesmas formas usadas para os demonstrativos: latim, cora (uto-azteca), yindjibarndi (pama-nyungana), turco (altaica) e o antigo egípcio (afro-asiática). As formas do pronome demonstrativo distal latino *ille*, 'aquele', se tornaram os pronomes de 3ª pessoa das línguas românicas, como o português *ele*, o espanhol *él* e o francês *il*. O latim *illa*, 'aquela', se tornou o português *ela*, o espanhol *ella* e o francês *elle*. Os pronomes objetos nessas línguas derivaram primordialmente do caso acusativo, mas com maior redução fonológica: português *o/a*, espanhol *lo/la*, francês *le/la*.

Os conceitos nominais que dão origem a pronomes de 3ª pessoa denotam em geral 'homem, indivíduo masculino'. Por exemplo, na língua Ani de Botsuana (khoisana central) o substantivo *khó(e)-mà*, 'homem', se tornou o pronome masculino singular de 3ª pessoa *khó(e)ma* e se reduziu ainda mais fonologicamente em *khóm* (Heine e Song, 2011). Outros exemplos de línguas africanas em que a palavra para 'homem' se tornou um pronome são lendu (sudanesa central), zande (República Centro-Africana), alur e adhola (langu meridional). Outras fontes nominais são substantivos que denotam posições sociais, especialmente em línguas com sistemas honoríficos[8].

Intensificadores, como 'cabeça' ou 'a própria pessoa', também podem ser acrescentados a pronomes para criar novos. O reflexivo do inglês com *self* usado como intensificador, como em *President Obama himself tipped off the entire world to the rescue* ('O próprio presidente Obama avisou o mundo inteiro sobre o resgate'). Esse tipo de uso pode ser a fonte de um novo pronome, como em turco, onde o substantivo *kendi*, 'o próprio indivíduo', pode ser usado como um pronome de 3ª pessoa do singular.

---

8. Esta é a origem do pronome pessoal *você* do português, derivado de *Vossa Mercê*, assim como do espanhol *usted*, de *Vuestra Merced* [N.T.].

7.4.2 Pronomes de 2ª pessoa

Os pronomes de 2ª pessoa podem derivar de termos dêiticos espaciais, substantivos lexicais ou intensificadores, como os de 3ª pessoa, mas além disso existem duas outras importantes fontes para os pronomes de 2ª pessoa: pronomes plurais e formas de 3ª pessoa. A substituição de formas do plural ou singular na 2ª pessoa é comum. Nos últimos séculos esse processo ocorreu em várias línguas europeias. Pode ser visto em progresso hoje em francês, onde existe um pronome singular de 2ª pessoa íntimo, *tu*, e um mais formal, *vous*. Esta forma era antigamente a 2ª pessoa do plural (do latim *vōs*), mas passou a ser usada com um referente singular para indicar respeito ou formalidade, deixando o singular original para indicar familiaridade. Mudança semelhante ocorreu em inglês, quando *you*, que era originalmente apenas plural, passou a substituir *thou* em situações de respeito ou formalidade. Essa substituição foi levada à sua conclusão lógica e *you* se tornou o único modo de exprimir a 2ª pessoa do singular, embora ainda sendo usada para o plural. (Um resultado dessa mudança é que hoje estão surgindo várias maneiras de expressar o plural: *you all*, *you guys*, *youse* etc.)

Outra estratégia para se dirigir respeitosamente à 2ª pessoa é usar um sintagma nominal que é de fato uma forma de 3ª pessoa. O espanhol *Vuestra Merced* e o português *Vossa Mercê* foram gramaticalizados como pronomes respeitosos de 2ª pessoa (*usted* e *você*, respectivamente), e em holandês *Uwe Edelheid*, 'vossa nobreza', se tornou a forma respeitosa de 2ª pessoa *u*. Segundo Heine e Song (2011), a forma portuguesa *Vossa Mercê* era usada por volta de 1460 para se dirigir ao rei, em seguida se estendeu para o tratamento de duques e, posteriormente, para o resto da população, substituindo a forma *vós* herdada do latim[9]. Parece, em geral, que as formas

---

[9]. Convém acrescentar que *você* no português brasileiro se tornou o pronome de 2ª pessoa mais empregado na maioria das variedades linguísticas como forma de tratamento íntimo, informal. No português europeu, que tem um sistema honorífico mais segmentado, *você* é uma forma intermediária entre o *tu*, demasiado íntimo, e *o senhor* (além de várias outras formas), mais formal. O sintagma nominal *o senhor* (e suas flexões) também se transformou em pronome pessoal de 2ª pessoa como forma de tratamento respeitoso, preenchendo a vaga deixada por *vós*, que não se emprega em português há muito tempo [N.T.].

de 2ª pessoa são profundamente afetadas pela tendência a se expressar respeito pelo interlocutor e elevar seu *status*. A tendência complementar de o falante expressar humildade afeta as formas que se gramaticalizam como pronomes de 1ª pessoa.

7.4.3 Pronomes de 1ª pessoa

Os pronomes de 1ª e de 2ª pessoas são bastante conservadores, ou seja, a forma herdada por permanecer numa língua e em suas filhas por muitíssimo tempo. É o que ilustram as tabelas 7.1 e 7.2, em que se exibem as formas nominativa e acusativa da 1ª e da 2ª do singular em línguas que representam os principais ramos do indo-europeu.

Tabela 7.1 Formas nominativas e acusativas da 1ª pessoa do singular nos principais ramos do indo-europeu (Beekes, 1995)

eu	sânscrito	ant. esl. ecl.*	lituano	hitita	grego	latim	gótico
nominativo	*ahám*	*azo*	*àš*	*uga*	*egō*	*egō*	*ik*
acusativo	*mám*	*mene*	*manè*	*ammuk*	*emé*	*mē*	*mik*

(*) antigo eslavo eclesiástico

Tabela 7.2 Formas nominativas e acusativas da 2ª pessoa do singular nos principais ramos do indo-europeu (Beekes, 1995)

tu	sânscrito	ant. esl. ecl.*	lituano	hitita	grego	latim	gótico
nominativo	*tvám*	*ty*	*tù*	*Zik*	*sú*	*tū*	*þu*
acusativo	*tvám*	*tebe*	*tavè*	*tuk*	*sé*	*tē*	*þuk*

(*) antigo eslavo eclesiástico

O que se pode ver na tabela 7.1 é que, nessas línguas, representando mais de 2.000 anos de lapso temporal em alguns casos, as formas de 1ª pessoa são cognatas, isto é, todas descendem de uma forma ancestral comum. A melhor prova disso se acha nas consoantes. A forma nominativa tem uma consoante velar medial ou final na maioria das formas, com uma consoante palatalizada no antigo eslavo eclesiástico e no lituano, e uma velar enfraquecida no sânscrito. A forma acusativa conserva um /m/ como consoante inicial em todas as línguas. Quando acrescentamos os 2.000 anos que se passaram desde que, por exemplo, o latim era falado e verificamos que as línguas românicas em geral ainda têm /m/ no acusativo da 1ª pessoa e /t/ na 2ª, podemos ver há quanto tempo essas formas estão em circulação.

Uma vez que essas formas tendem a permanecer numa língua por muito tempo, não sabemos quais foram suas fontes lexicais originais, e isso vale para pronomes de 1ª e 2ª pessoa em muitas línguas do mundo. Em alguns poucos casos conhecemos as fontes lexicais da 1ª pessoa. Por exemplo, em indonésio, o pronome de 1ª pessoa é *saya*, e se tem documentado que *sah ya*, 'servo', também era usado para 'eu (humilde/respeitoso)'. Nesta língua, diferentes formas são usadas para diferentes relações sociais, mas hoje em dia *saya* é um 'eu' neutro, não familiar (Lehmann, 1982).

Os pronomes de 1ª pessoa do plural podem ser reforçados pelo acréscimo de intensificadores, como quando em espanhol se acrescenta *otros* a *nos* para se formar *nosotros*, 'nós'. Os pronomes de 1ª do plural também emergem de pronomes indeterminados. Em francês, o pronome indeterminado *on* é frequentemente usado para indicar 'nós', como em *on y va?*, 'vamos?'[10] No português, o sintagma nominal *a gente* passou a ser usado como pronome indeterminado e mais adiante estendeu seu uso para indicar a 1ª do plural, concorrendo com a forma *nós*, herdada do latim (Travis e Silveira, 2009).

7.5 CONCORDÂNCIA PESSOA-NÚMERO

Os pronomes pessoais têm usos variados e frequentemente têm formas plenas (tônicas) para usos mais enfáticos e formas reduzidas (átonas). Assim,

---

10. É interessante notar que o pronome *on* em francês provém do latim *homo*, 'homem', e surgiu inicialmente como pronome indeterminado de 3ª pessoa (uso que se conserva hoje: *ici on parle français*, 'aqui se fala francês') e em seguida se estendeu à 1ª do plural (*on est allé au cinéma hier*, 'fomos ao cinema ontem'). Uma forma *home* ou *homẽ* também existiu como indeterminado no português medieval [N.T.].

uma vez formados, os pronomes tendem a continuar sujeitos à gramaticalização. Um resultado disso pode ser a afixação das formas átonas ao verbo. Em várias línguas podemos observar semelhança fonológica entre os afixos de concordância pessoa-número nos verbos e os pronomes pessoais. Observe os pronomes do buriat (altaica) em (170) e compare-os com os sufixos de concordância em (171) (Poppe, 1960).

(170)   Buriat: Pronomes pessoais, caso nominativo
        1ª sg. *bi*   1ª pl. *bide* ou *bidener* (com sufixo plural *-nar*)
        2ª sg. *si*   2ª pl. *ta*

Não existem pronomes especiais para a 3ª pessoa; no lugar deles se emprega os demonstrativos 'este' e 'aquele'.

(171)   Sufixos de concordância do sujeito no verbo: *jaba-* 'ir' + *-na-*, presente
        1ª sg. *jabana-b*   1ª pl. *jabana-bdi*
        2ª sg. *jabana-s*   2ª pl. *jabana-t*
        3ª sg. *jabana*   3ª pl. *jabana-d* (cf. *ede*, 'estes')

7.6 O DESENVOLVIMENTO DE ARTIGOS DEFINIDOS E INDEFINIDOS

Os artigos definidos se desenvolvem no mais das vezes dos demonstrativos ('este' ou 'aquele') e em geral do demonstrativo distal 'aquele'. Esse desenvolvimento pode ser observado nas línguas românicas, em que o artigo definido se desenvolveu do mesmo demonstrativo que os pronomes de 3ª pessoa discutidos acima. O latim *ille, illa* ('aquele, aquela') é a fonte dos artigos do português *o/a*, do espanhol *el/la*, do francês *le/la*, do italiano *il/la*, e suas correspondentes formas do plural. O demonstrativo tinha originalmente um sentido dêitico ou espacial, distinguindo o que está perto (latim *hic* [do falante] e *iste* [do ouvinte]) do que está longe. Quando o demonstrativo *ille* é usado dentro de um texto para denotar um referente que já foi anteriormente identificado, o sentido é generalizado da referência no espaço para a referência dentro do discurso. A partir daí pode emergir o sentido definido, que indica que o referente é um nome conhecido do ouvinte. Desenvolvimentos semelhantes se deram em inglês (em que *the* derivou de *that*), basco biscainho, vai (nigero-congolesa) e húngaro (fino-úgrica) (Heine e Kuteva, 2002).

Os artigos indefinidos derivam primordialmente do numeral 'um', como se vê em tantas línguas europeias como inglês, alemão, português, espanhol, francês, grego, albanês (indo-europeias), húngaro (fino-úgrica) e também turco (altaica), lezguiano (norte-caucasiana), tâmil (dravídica) e rapanui (Ilha de Páscoa, oceânica) (Heine e Kuteva, 2002). No processo, o sentido singular normalmente se mantém, mas os contextos de uso mudam a partir de casos em que a designação de um e só um referente é enfatizada num uso em que o falante está introduzindo um referente novo no discurso. Em algumas línguas, a prova de que a noção de 'um' se generalizou está no fato de o artigo poder ser pluralizado, como em português *uns, umas*. Em inglês, há uma considerável redução fonológica do artigo indefinido *a/an* que o distingue do numeral e pronome indefinido *one*.

7.7 AS FONTES DAS ADPOSIÇÕES

O termo "adposição" se emprega para abarcar tanto as preposições (que ocorrem antes de seu objeto nominal) quanto as posposições (que ocorrem depois do objeto). Como se verá no próximo capítulo, as posposições geralmente ocorrem em línguas em que o objeto nominal precede o verbo (línguas OV, como o japonês), enquanto as preposições ocorrem em línguas em que o objeto sucede o verbo (línguas VO, como o português). As adposições podem derivar de construções nominais ou verbais.

Os morfemas gramaticais derivados de construções nominais surgem com sentidos que especificam posicionamento espacial. Estão normalmente numa construção com uma adposição estabelecida e um nome no genitivo, comparável ao português *na frente de* + nome. Estudos translinguísticos (Heine et al., 1991b; Svorou, 1994) mostram que os substantivos que se gramaticalizam em tais construções são no mais das vezes nomes das partes do corpo humano como cabeça, olho, boca, face, costas e outros, mas também podem ser marcos na paisagem como céu, trilha, campo ou entrada, ou nomes relacionais de partes de objetos como lado, topo, meio ou interior (e alguns desses podem derivar de termos das partes do corpo). Seguem alguns exemplos típicos:

(172)   Abcaze (norte-caucasiana)
        a-vok'zà   *a-ç'ə*
        a-estação   3ª sg-boca
        'na estação'

        Car nicobarês (austro-asiática)
        i   *kú:y*   *rɔ̃:ŋə*
        sobre cabeça morro
        'no topo do morro'

        Bari (nilo-saariana)
        i   *kɔmɔŋ* *ŋa*   *kadi*
        em   face   de   casa
        'diante da casa'

Quando são usados, os nomes de partes do corpo normalmente se referem à posição do nome no corpo humano: cabeça > topo, face > frente, costas > atrás, nádegas > debaixo. No entanto, há algumas línguas em que cabeça > frente, nádegas > atrás, costas > topo e barriga > debaixo. Neste caso, as relações espaciais da parte com o todo se baseiam no corpo de animais quadrúpedes (Heine et al., 1991b; Svorou, 1994). Heine sugere que esses modelos *pastorais* são mais comuns em culturas onde a criação de animais é uma importante fonte de alimento.

Svorou (1994: 90) propõe os seguintes estágios da mudança semântica que os nomes de partes do corpo sofrem em sua evolução rumo a adposições espaciais:

(173)   nome de parte > relacional   > localização   > localização
         do corpo   (parte de objeto)   perto da   na região da
                                                     parte do objeto   parte do objeto

A trajetória é ilustrada pelo sintagma do inglês *in front of* ('na frente de'). O substantivo *front* é um empréstimo do latim *frontis* ('testa') no século XIII e, um século depois, era encontrado no sintagma *the front of* para denotar a parte mais avançada de um objeto, como uma casa, em que o lado com a porta era considerado a frente. Conforme mencionei na seção 6.13, essa extensão semântica pode ser considerada metafórica, já que a estrutura relacional se estende de um domínio específico (o corpo humano) para outros domínios. Mais tarde, estendeu-se para denotar qualquer lado, dependendo da perspectiva do falante. No século XVII, ele se encontra na expressão *in the front of* para indicar uma localização em contato com a parte frontal de um objeto. No século XVIII, *in front of* era usado, enfim, para indicar uma área perto da frente de um objeto, assumindo o significado que tem hoje. Esses dois últimos estágios podem ser considerados como instâncias de mudança metonímica (pela qual a parte é tomada pelo todo), já que a região indicada se expande de um objeto que é parte de uma entidade para uma região que está em contato com essa entidade e, por fim, para uma região adjacente a ela.

Outra fonte de adposições são os verbos, especialmente em construções verbais seriais. Recorde-se que línguas com verbos seriais permitem orações em que dois verbos que compartilham o mesmo sujeito podem estar em sequência sem marcadores adicionais. Givón (1975) discute essa fonte no iorubá (nigero-congolesa), em que o verbo *fi* ('tomar, pegar') se torna um marcador instrumental como em (174) e depois se generaliza, como em (175):

(174) *ma   fi   àdá   gé   igi*
       eu   peguei   facão   cortei   árvore
       'Eu cortei a árvore com o facão'

(175) *mo   fi   ọgbọn   gé   igi*
       eu   peguei   hábil   cortei   árvore
       'Eu cortei a árvore habilmente'

Também em iorubá, o verbo *fún* ('dar') é usado para assinalar o beneficiário, como nestes exemplos:

(176) mo mú   ìwé   wá   fún ọ
      eu peguei livro vim dei você
      'Eu trouxe o livro para você'

(177) mo sọ   fún ọ
      eu disse dei você
      'Eu disse a você'

Preposições derivadas de verbos também se encontram em outras línguas, por exemplo na língua malaio-polinésia to'aba'ita examinada em Lichtenberk (1991). De fato, o português também tem preposições derivadas de um particípio presente + construção de objeto nominal. A preposição *durante*, como em *durante a noite*, é o particípio presente do verbo *durar*. A preposição *exceto* é o particípio passado do verbo *excetuar*, assim como *mediante* é o particípio presente de *mediar*. Um gerúndio que pode estar se tornando uma preposição é *considerando*, como em *considerando o custo do projeto*.

7.8 O DESENVOLVIMENTO DO CASO

Como vimos nos exemplos (174)-(177), os marcadores de relações gramaticais, como os marcadores de caso, também emergem da gramaticalização de adposições. Givón (1975) sublinha que um marcador de caso acusativo em iorubá provavelmente adveio de um verbo que significava 'apanhar' ou 'tomar', muito embora nada desse significado seja discernível hoje.

(178) bọ́lá gbà   adé gbọ́
      Bola ACUS Ade acreditar
      'Bola acreditou em Ade'

Outra fonte para o caso acusativo é uma longa cadeia de gramaticalização que começa com uma preposição que significa 'na direção de' ou 'a' (caso alativo). Em latim, a preposição *ad* significou inicialmente 'na direção de' (como *ir na direção de Roma*) e, em seguida, *a* (como em *ir a Roma*). Mais tarde, em espanhol, ela passou a ser usada para indicar o caso dativo (o caso do objeto indireto) como em *dió el libro a Juan* ('deu o livro a João'). No passo seguinte, a preposição *a* é usada com objetos diretos se forem humanos e definidos, como em *ví a Juan* ('vi João'). Neste ponto, *a* marca o acusativo sob certas circunstâncias, mas está se expandindo para um uso mais geral (Company Company, 2002). Outras línguas em que um alativo se torna um dativo são o tâmil (dravídica) e o lezgui (norte-caucasiana). Outro caso em que um dativo passa a marcar o paciente (objeto direto) é o dolakha-newari (tibeto-birmanesa). Também em inglês o pronome *him* era antigamente um pronome dativo (Heine e Kuteva, 2002)[11]. Outras fontes para marcadores de caso serão discutidas no próximo capítulo com relação ao desenvolvimento de construções passivas e ergativas.

7.9 MARCADORES DISCURSIVOS E SUBJETIFICAÇÃO

Os marcadores discursivos ficam normalmente fora da oração ou da predicação principal e indicam a atitude do falante para com o conteúdo da oração. Os marcadores discursivos derivam diacronicamente de verbos ou mesmo de orações inteiras mas, como em outras sequências em vias de gramaticalização, elas se tornam fixas, sofrem redução fonética e assumem funções pragmáticas. Alguns exemplos do português são *sabe?* e *né* (< *não é?*). O exemplo que vamos examinar aqui vem do espanhol: o sintagma *dice que* ('diz que') se torna *dizque*, um marcador de dúvida expressa pelo falante sobre o enunciado. Os exemplos a seguir vêm de Company Company (2006) e mostram primeiro o uso verbal ordinário de *dice que* em (179), em seguida um caso em que o que é dito pode não ser verdade (180), seguido de exemplos em que *diz que* passa a expressar certa dúvida do falante (181) e, por fim, um caso (182) em que *dizque* é

---

11. Convém notar que no português brasileiro (como no espanhol), o pronome *lhe*, originalmente dativo, se emprega indiferentemente para o dativo (*eu lhe telefonei*) e para o acusativo (*eu lhe vi*) [N.T.].

usado duas vezes; a segunda vez como puro marcador discursivo expressando dúvida acerca da afirmação precedente.

(179)   Ya Plinio, en su Historia Natural, _dice que_ las palmas datileras dan en la costa de España un fruto.
'Já Plínio, em sua História Natural, diz que as tamareiras dão na costa da Espanha um fruto'

(180)   Se _dice que_ la prosperidad material trae la cultura y la dignificación del pueblo, mas lo que realmente sucede...
'Diz-se que a prosperidade material traz a cultura e a dignificação do povo, mas o que realmente sucede...'

(181)   Se trajo todo al instante y con estos y otros auxilios, _dizque_ se alivió el enfermo.
'Trouxe-se tudo imediatamente e com esses e outros auxílios dizem que o enfermo se aliviou'

(182)   Sí, sí, _dizque_ estamos progresando, _dizque_.
'Sim, sim, dizem que estamos progredindo, dizem'

Quando é usado como marcador discursivo, *dizque* se fixa na 3ª pessoa do presente e não pode ser conjugado. Agora é sintaticamente autônomo, também, pois não assume objeto para o complementizador *que*. Também sofreu redução fonética, perdendo o /e/ final do verbo. Nesta função, é escrito como uma só palavra.

Os marcadores discursivos mudam de significado e função ao se tornarem mais subjetivos (Traugott e Dasher, 2002; Company Company, 2006). À medida que deixava de ser verbo lexical + complementizador, *dizque* assumiu o encargo de expressar uma função evidencial, de atribuir uma declaração a outras pessoas, e também passou a expressar certa dúvida da parte do falante. Essa mudança ocorre à medida que o sintagma é usado frequentemente em casos em que, de fato, o falante tem certas dúvidas, e o ouvinte então atribui o uso do sintagma pelo falante à expressão da dúvida. Assim, a maior subjetividade da função de marcador discursivo se deve a uma inferência pelo ouvinte de que, se o falante usa essa forma, está expressando alguma dúvida sobre a verdade do enunciado. Portanto, embora a subjetividade seja atribuída ao falante, é de fato o ouvinte que introduz esse significado porque os ouvintes estão sempre tentando entender a opinião subjetiva do falante.

Outro marcador discursivo que tem sido intensamente estudado por Traugott e Dasher (2002) é o inglês *indeed* ('de fato'). O inglês antigo *dede* era um substantivo relacionado ao verbo *to do* e significava 'ação'. O significado de *deed* no inglês contemporâneo não é muito diferente do antigo: 'ação, ato, feito'. Como substantivo, podia assumir modificadores, como qualquer outro substantivo, e podia servir de sujeito ou objeto de um verbo. Também ocorria em sintagmas preposicionais, e *in dede* era um desses sintagmas, com o sentido de 'em ação', frequentemente usado em contraste com *in speche*, 'na fala'. A partir desse sentido, evoluiu para um significado de 'na verdade' no século XIV (já que ações observadas confirmam a verdade mais do que palavras). O uso atual de *indeed* como enfático deriva diretamente daquele emprego, como neste exemplo:

(183) *I mean, that would be very exciting, indeed.* (COCA, 2012)
'Digo, isso seria muito excitante, de fato'

Traugott e Dasher mostram que os marcadores epistêmicos no alto da escala de certeza são frequentemente usados em contextos nos quais uma afirmação contrasta com outra, como se a afirmação modificada por *indeed* não fosse esperada. No exemplo a seguir, parece que houve uma suposição de que os *poltergeists* fossem o único tipo de fantasma:

(184) *Polter-geist means noisy geist, in ghost language. It's just mischievous. Indeed, there are many other kinds of geists out there in the spirit world.* (COCA, 2012)
'*Polter-geist* significa fantasma barulhento, na língua dos fantasmas. Ele é apenas bagunceiro. De fato, existem vários outros tipos de fantasma lá no mundo dos espíritos'

Esse uso afirma uma relação entre duas declarações e, a partir desse uso, segundo Traugott e Dasher, obtém-se um uso de marcador discursivo em que *indeed* ocorre no início de uma oração que acrescenta mais informação e mais vigor à oração precedente, como neste exemplo contemporâneo:

(185) *First of all, it creates not one new job. Indeed, it will hit some small businesses.* (COCA, 2012)
'Antes de tudo, isso não cria nenhum emprego novo. De fato, vai prejudicar alguns pequenos negócios'

Assim, novamente, vemos que um sintagma com itens lexicais originais com significado bastante concreto pode sofrer subjetificação e gramaticalização para se tornar marcador da avaliação pelo falante da verdade do enunciado ou marcador do posicionamento do falante acerca do enunciado no discurso com relação a outras afirmações.

Alguns autores argumentam que o desenvolvimento de marcadores discursivos é semelhante, mas não idêntico, à gramaticalização (Company Company, 2002). Uma diferença visível é que o marcador discursivo fica fora da oração, e não dentro, como ficam os marcadores de tempo e aspecto. E se poderia alegar que ele não faz parte de uma construção. A esse respeito, porém, seria possível considerar que a construção se compõe de marcador discursivo mais a oração que ele modifica, de modo que é somente uma construção muito inclusiva. Além disso, os marcadores discursivos se caracterizam pela subjetificação, que nem sempre está presente na gramaticalização de outras construções.

7.10 O FIM DO PROCESSO DE GRAMATICALIZAÇÃO

É razoável perguntar o que se passa com os morfemas gramaticais no final do longo processo de gramaticalização. Podemos dizer que, em geral, à medida que os morfemas gramaticais ficam mais e mais desbotados, a tendência é a substituí-los por itens gramaticalizados mais recentemente que têm significado um pouco mais nítido. Esse processo de substituição pode se mover muito lentamente, tanto que é frequente que morfemas gramaticais mais velhos e mais novos e preenchendo funções semelhantes coexistam numa língua. Por exemplo, o inglês antigo tinha sufixos de caso para nominativo, acusativo, dativo e genitivo, mas também tinha desenvolvido preposições que assinalavam diversas relações locativas em conjunto com os sufixos de caso. Assim, *to* é usado com o caso dativo para sintagmas nominais que são metas, como em (186) (Traugott, 1972):

(186) his   suna   twegen mon brohte to   þæm   cyninge
      dele   filhos dois   um   trouxe a   esse-DAT rei-DAT
      'alguém trouxe seus dois filhos a esse rei'

Preposições e sufixos de caso coexistiam de modo semelhante em latim. Em inglês e em latim, os sufixos de caso se perderam gradativamente à medida que a ordem das palavras indicava relações de sujeito e objeto e as preposições assumiam outras funções. Alguns estudiosos atribuem essa perda à redução fonética que ao fim e ao cabo obliterou os sufixos; por exemplo, em inglês, os contrastes de vogais finais se perderam quando vogais átonas foram reduzidas a *schwa* e as consoantes finais, apagadas (Vennemann, 1975). No entanto, não se deve perder de vista o fato de que esses sufixos altamente gramaticalizados também tinham perdido muito de seu significado. Portanto, neste caso, no final do processo, tanto a forma quanto o significado se reduzem a tal ponto que desapareçam.

Às vezes, quando um morfema gramatical é substituído por um morfema gramatical de desenvolvimento mais recente, o mais antigo permanece na língua, em geral em funções mais marginais. No inglês americano, *will* e *be going to* são frequentemente usados para exprimir futuro (conforme discutido no capítulo 6), e o futuro mais antigo, *shall*, é usado com muito menos frequência e, hoje, raramente com sentido de futuro. Seus usos atuais refletem parte de sua distribuição primitiva, porque *shall* sempre teve uma divisão de funções a depender da pessoa do sujeito: a 1ª pessoa é a única com sentido de futuro; quando usado na 2ª ou 3ª pessoa, seu sentido mais antigo de obrigação foi preservado. Assim, hoje em dia, encontramos *shall* usado na declaração de leis – *Congress shall make no law...* ('o Congresso não fará nenhuma lei...') e também na linguagem bíblica. Também o encontramos empregado na 1ª pessoa, especialmente no plural em perguntas, como em *shall we open it up?* ('vamos abrir isso?') e em certas fórmulas como *shall we say* ('digamos').

Outro desenvolvimento possível ao final de uma longa trilha de gramaticalização é que o próprio sentido extremamente desbotado ou generalizado de um morfema gramatical assuma novos significados dos contextos em que é usado. Conforme relatado em Bybee et al. (1994: 230-234), há casos em que um antigo tempo presente foi substituído por um presente progressivo gramaticalizado. Por exemplo, em armênio e no árabe cairota, um progressivo assumiu a maior parte dos usos do presente do indicativo em orações principais e em assertivas, deixando o presente mais antigo em contextos como orações que indicam finalidade, orações adverbiais depois de certas conjunções temporais, e determinadas orações completivas. Em consequência disso, o que era um simples presente ou imperfectivo do indicativo é usado agora em contextos que frequentemente estão associados ao subjuntivo em outras línguas. De fato, Fairbanks e Stevick (1958) descrevem a forma do indicativo do armênio moderno em perguntas como tendo a função de 'optativo presente'. Aparentemente, essa flexão do presente assumiu o significado das construções em que ocorria e carregou consigo esse sentido não assertivo para seu uso em orações principais.

Um repositório final para velhos morfemas gramaticais é o léxico, onde fragmentos e pedaços de antigos morfemas gramaticais aumentam o número dos itens lexicais. Por exemplo, o final *-om* no inglês *seldom* ('raramente') era um marcador de caso dativo plural do inglês antigo no nome *selda-* ('raro') (Hopper, 1994). Um caso mais sistemático diz respeito ao estado final do desenvolvimento de artigos definidos. Greenberg (1978b) argumenta que os marcadores nominais são a versão fossilizada de artigos definidos, difundidos para quase todos os usos do nome. Ele dá o exemplo do hauçá (tchadiana), em que todos os substantivos terminam numa vogal e, na maioria dos casos, essa vogal é longa. Greenberg suspeita que a vogal longa é uma relíquia de um artigo definido sufixal que se generalizou para quase todos os casos. Os substantivos que não têm uma vogal longa são nomes próprios (que já são específicos e normalmente não tomam artigo) e nomes em expressões adverbiais, sejam locativas ou temporais, como em *Ɂà Ɂídó* ('no olho') em comparação com *Ɂídòò* ('olho'), e palavras como *jíyà*, 'ontem', que terminam em vogal breve (Greenberg, 1978b: 71-72).

7.11 CONCLUSÃO

Os exemplos deste capítulo serviram para demonstrar o quanto é difuso o processo de gramaticalização, que leva ao desenvolvimento de morfemas gramaticais para todos os aspectos da gramática. Em cada caso, os mecanismos citados no capítulo 6 se aplicam a material lexical diferente e construções diferentes, com um efeito semelhante: a criação de morfemas gramaticais que fazem o trabalho da gramática, seja dentro do sintagma verbal, do sintagma nominal ou do discurso como um todo. Os exemplos também demonstram que trilhas de mudança muito semelhantes (tanto em forma quanto em significado) existem para muitas línguas não aparentadas, o que mostra que o processo não está restrito a línguas de certo tipo, mas, sim, que o potencial para a gramaticalização reside no contexto social e cognitivo em que se usa a língua, o qual é semelhante entre as culturas.

Sugestões de leitura

BYBEE, J.L.; PERKINS, R.D.; PAGLIUCA, W. (1994). *The evolution of grammar*: tense, aspect and modality in the languages of the world. Chicago: University of Chicago Press.

HEINE, B. & KUTEVA, T. (2002). *World lexicon of grammaticalization*. Cambridge: Cambridge University Press.

HOPPER, P.J. (1994). Phonogenesis. In: PAGLIUCA, W. (ed.). *Perspectives on grammaticalization*. Amsterdã: John Benjamins, p. 29-45.

QUESTÕES PARA DISCUSSÃO

1) Quais os fatores diacrônicos que determinam diferenças e semelhanças de categorias gramaticais entre as línguas? De que modo as construções francesa (*j'ai fait*) e espanhola (*he hecho*) diferem entre si? De que modo o perfectivo eslavo difere delas?

2) Em latim, a terminação *-m* caracterizava a 1ª pessoa do singular (*sum*, 'sou'; *cantabam*, 'eu cantava'), e também se encontra nos pronomes oblíquos *me, mihi*, nos possessivos *meus, mea* etc. O que essa semelhança parece indicar?

3) Ao lado de *tenho trabalhado muito*, ocorrem em português *venho trabalhando muito* e *ando trabalhando muito*. De acordo com a discussão feita no capítulo, por que surgem essas formas concorrentes?

4) O futuro latino *cantabo* foi substituído por *cantar hei* > *cantarei*, que por sua vez foi substituído por *vou cantar*. Sabendo que já em latim *cantabo* resultava de um processo de gramaticalização (*canta-* + **bho*, um antigo verbo que significava 'crescer'), o que é possível dizer acerca dessas trilhas de representação do futuro?

8

Mudança sintática: o desenvolvimento e a mudança de construções

8.1 INTRODUÇÃO

A mudança sintática será tratada aqui como consistindo de mudanças em construções sintáticas, incluindo a criação de novas construções e mudanças em construções depois que passaram a existir. O termo *construção* será usado aqui tanto em seu sentido mais tradicional, quando se fala de "construção passiva" ou "construção de oração relativa", quanto no modo como é empregado em análise sintática por linguistas como Goldberg, para quem uma construção é uma relação forma-significado (Goldberg, 1995, 2006). Para Goldberg, palavras e morfemas assim como sintagmas e padrões sintáticos são associações de forma-significado, mas neste capítulo vamos examinar padrões sintáticos que são convencionalizados. Esses padrões têm vagas [*slots*] ou posições dentro deles que podem ser preenchidas por uma gama de diferentes palavras ou morfemas e, portanto, são *esquemáticos*. Assim, por exemplo, um sintagma preposicional é uma construção que consiste de uma preposição e de um sintagma nominal objeto. Ambas as posições são esquemáticas no sentido de que vários itens diferentes podem ocorrer em cada *vaga*. A vaga da preposição em português, por exemplo, é esquemática porque qualquer preposição pode ocorrer nela. A vaga do sintagma nominal é ainda mais esquemática, já que a gama possível de sintagmas nominais em português é enorme. Ver uma construção como uma relação forma-significado implica considerar que as construções veiculam um significado geral que vai além do simples significado proveniente das palavras e morfemas que a compõem.

Os fenômenos tratados como mudança sintática se entrelaçam com a gramaticalização de dois modos. Primeiro, muitas construções trazem morfemas gramaticais específicos e estes se desenvolveram pelo processo de gramaticalização. Portanto, todas as preposições existentes em inglês (*in, to, of, behind, below, after* etc.) têm sofrido gramaticalização que deu origem a novas construções prepositivas. Quando uma unidade ou conjunto de unidades muda de categoria, podemos falar de mudança sintática. Por exemplo, se um verbo em construção com outro verbo se torna um auxiliar, não só ocorreu gramaticalização como também mudança sintática. Segundo, a criação de novas construções é impelida por alguns dos mesmos processos que impulsionam a gramaticalização: amálgama, expansão de categoria, generalização e inferência. Portanto, vários dos temas deste capítulo nos são familiares por causa dos dois últimos capítulos.

Além disso, aqui vamos tratar da tipologia da ordem das palavras e do fenômeno de mudança na ordem das palavras, revendo algumas das explicações sobre como uma língua passa de um tipo de ordem de palavras para outro. Embora a mudança no tipo de ordem de palavras não seja comum, ela ocorreu de forma evidente na família linguística indo-europeia e, por isso, tem recebido muita atenção dos linguistas históricos, principalmente no século XX.

8.2 DA PARATAXE À SINTAXE

Em seu livro de 1979, *On Understanding Grammar*[1], T. Givón defendeu a tese do desenvolvimento da gramática a partir do discurso ao mostrar

---

1. Edição brasileira: GIVÓN, T. *A compreensão da gramática*. Trad. de Filipe Albani e Mario E. Martelotta. São Paulo: Cortez, 2013 [N.T.].

que sequências de palavras frouxamente unidas (combinações paratáticas) ficam ao longo do tempo cada vez mais estreitamente unidas para formar unidades sintáticas. A esse respeito, Givón propôs seu famoso percurso, dizendo que a mudança ocorre em "ondas cíclicas" que repetem o seguinte padrão (1979: 209):

(187)   Discurso → Sintaxe → Morfologia → Morfofonêmica → Zero

Em nossa discussão sobre a gramaticalização, tratamos da passagem da sintaxe para a morfologia, como quando expressões perifrásticas se tornam afixos. No capítulo 4, vimos exemplos do desenvolvimento da morfofonêmica e, no final do capítulo 7, vimos rapidamente como as flexões podem desaparecer. Aqui, veremos exemplos da primeira etapa, em que palavras frouxamente enfileiradas no discurso passam a ficar, com a repetição, mais estreitamente unidas em construções convencionalizadas, com significados que são diferentes da simples soma dos significados das palavras.

8.2.1 Tópicos se tornam sujeitos

Um exemplo dado por Givón para exemplificar a mudança do discurso para a sintaxe diz respeito à construção de topicalização no quimbundo (banto), em que o sintagma nominal objeto pode ocorrer no início da oração. No que segue, os exemplos (188) e (189) mostram a ordem de palavras habitual e a concordância, e (190) mostra o sintagma nominal objeto topicalizado (Givón, 1976):

(188)   *aana*   *a-mono*   *Nzua*
        crianças   3ª PL. SUJ-ver   João
        'As crianças viram João'

(189)   *mwana*   *u-mono*   *Nzua*
        criança   3ª SG. SUJ-ver   João
        'A criança viu João'

(190)   *Nzua,*   *aana*   *a-mu-mono*
        João   crianças   3ª PL.-SUJ-3ª SG.-OBJ-ver
        'João, as crianças viram ele'

O exemplo (190) pode ser visto como um padrão discursivo no sentido de que o aparecimento do objeto no início da oração produz uma estrutura frouxamente conectada ou paratática, cuja função é chamar a atenção para o objeto *Nzua*, como tópico do discurso.

Ao longo deste capítulo, farei referência a estudos que se baseiam na noção discursiva de "tópico". Apesar de muitas tentativas, não há um acordo geral sobre o significado desse termo, nem houve estudos suficientes sobre como as construções funcionam no contexto do discurso. Para nossos objetivos, vou assumir que o tópico é aquilo de que trata a oração, o qual é determinado pelo contexto do discurso, no sentido de que o tópico, na maioria dos casos, já foi identificado no discurso. O tópico é considerado distinto do comentário, que é a informação nova apresentada na oração. Alerte-se que esses termos podem ser usados de diferentes modos em diferentes estudos. Observe-se também que o tópico nem sempre é o sujeito da oração: o sujeito normalmente tem uma definição mais sintática do que pragmática – ele pode disparar a concordância verbal, pode ter uma marca de caso distintiva e pode ocupar uma determinada posição na oração. Nos casos que estudamos aqui e nas seções subsequentes, veremos uma tendência para que o tópico se torne o sujeito.

Em quimbundo, outros exemplos mostram que essa estrutura originalmente frouxa se tornou "sintatizada", ou seja, se transformou numa construção mais coesa que tem a função de uma passiva na língua. Nesta construção, o prefixo original *a-* do sujeito da 3ª pessoa do plural ficou fixado como um marcador invariante – provavelmente tendo se desenvolvido de um 'eles' impessoal para um marcador da passividade. É o que se vê em (191) e (192) pelo fato de que *a-* ocorre mesmo quando o agente do verbo não é da 3ª p. do plural.

(191) *Nzua*   *a-mu-mono*   *kwa*   *meme*
       João   a-3ª SG.-ver   por   eu
       'João foi visto por mim'

(192)   Nzua   a-mu-mono   kwa   mwana
        João   a-3ª SG.-ver   por   criança
        'João foi visto pela criança'

(193)   meme   a-ngi-mono   kwa   Nzua
        eu   a-1ª SG.-ver   por   João
        'Eu fui visto por João'

Como se vê em (193), o antigo objeto topicalizado 'eu' agora está funcionando como sujeito e controla a concordância de sujeito². Além disso, o agente do verbo, se acrescentado, é marcado pela preposição *kwa*, 'por'. Assim, de uma sequência de discurso frouxamente alinhada, se desenvolveu, com repetição, ao longo do tempo, uma construção nova mais estreitamente unida. No curso desse desenvolvimento, emergiu um novo morfema gramatical: o prefixo de 3ª pessoa do plural se tornou um marcador da construção passiva. Esse tipo de mudança é frequentemente designado como "reanálise" por causa da passagem radical de um prefixo de 3ª pessoa do plural para um prefixo de apassivação. Obviamente, é o contexto da construção toda e os usos em que é colocada que determinam como o prefixo foi interpretado.

8.2.2 De duas orações para uma

Nas seções 6.8 e 7.8, vimos de que modo as construções com verbos seriais (dois verbos em sequência com o mesmo sujeito) podem fazer surgir

---

2. Diversos pesquisadores vêm investigando o impacto do substrato banto na formação do português brasileiro. Eram falantes de línguas bantas a maior parte dos africanos escravizados trazidos para o Brasil durante o longo período colonial, que durou mais de três séculos. Algumas construções exclusivas do português brasileiro no conjunto geral das línguas românicas poderiam assim ser explicadas pelo contato linguístico banto-português e pelas transferências de hábitos gramaticais (e também fonológicos) das línguas dos escravizados para o português, língua que iam aprendendo de maneira assistemática e irregular. Construções em que o tópico ocupa o lugar do sujeito e, assim, controla a concordância verbal são extremamente comuns no português brasileiro: *Meu bebê está nascendo os dentes* (em lugar de *os dentes do meu bebê estão nascendo*); *essa rua passa vários ônibus para o centro* (em lugar de *vários ônibus para o centro passam nessa rua*); *meu carro furou os dois pneus da frente* (em lugar de *os dois pneus da frente do meu carro furaram*) etc. [N.T.].

complementizadores, adposições e marcas de caso. Vários pesquisadores observaram em seguida que as construções com verbos seriais derivam historicamente de orações conectadas que compartilham o mesmo sujeito bem como o mesmo tempo, aspecto, modo e polaridade (afirmativa/negativa). Lord (1993) descreve uma comprovação desse desenvolvimento nas línguas kwa e também em outras línguas da África ocidental. Ela mostra, primeiro, que um marcador (*de*) na língua twi (kwa, nigero-congolesa) com uma ampla gama de funções gramaticais, incluindo a marcação de objeto direto, era usado como verbo em orações justapostas tais como as seguintes, coletadas em 1881 e 1875:

(194) ɔ-n-dé   apèmpensí   nà ́ ɛ-pè   n'-ádé
3ª SG-NEG-usar   extorsão   CONJ   3ª SG-buscar   3ª SG POSS-coisa
'Não é o jeito ou maneira dele enriquecer por extorsão'

(195) *anoma de ako-ne-aba*   *na enwene*   *berebuw*
pássaro *de* indo-e-vindo   CONJ   3ª SG-tecer   ninho
'Indo e vindo, um pássaro tece seu ninho'

Esses exemplos mostram que *de* era um verbo outrora, já que ocorria em orações conectadas com verbos plenos pela conjunção *na* que, como o *e* do português, pode coordenar orações paralelas. Em seguida, Lord destaca que esses exemplos também representam uma possível estrutura-fonte para a construção serial, porque as orações coordenadas não são paralelas do ponto de vista pragmático, mas, ao contrário, expressam outras funções como meio-fim e ação-resultado, que são típicas funções para construções com verbos seriais. Lord apresenta a seguinte progressão diacrônica dos tipos de período, como em (196), que mostra que a conjunção se apaga primeiro, em seguida o pronome sujeito é omitido, deixando em (c) só os dois verbos em sequência:

(196) a.   SN   SV   CONJ   SN   SV
       b.   SN   SV   Ø   SN   SV
       c.   SN   SV   Ø   Ø   SV

Um exemplo de (c) do twi com *de* funcionando como verbo é:

(197)   ɔ   *de*   sika   ba-ae
        ele   *de*   dinheiro   vir-PASSADO
        'Ele veio com dinheiro'

Assim, as mudanças descritas em (196) têm o efeito de reduzir duas orações plenas a uma estrutura mais estreitamente compacta. No caso de (a) há duas orações coordenadas, em (b) há duas orações justapostas, mas em (c) há uma construção diferente, que se poderia qualificar como uma única oração. Conforme observamos em outros capítulos, é comum que um dos verbos em (c) se gramaticalize mais adiante e perca seu *status* de verbo, e foi isso o que aconteceu com *de* em twi. Este exemplo, então, contrai a sequência diacrônica de duas orações coordenadas em uma única oração.

Existem também diferentes tipos de exemplos que mostram o desenvolvimento de duas orações para uma. Heine et al. (1991a) relatam que em teso (uma língua nilo-saariana do oeste do Quênia e leste de Uganda) a construção negativa (198) derivou de uma construção com uma oração principal e uma subordinada, como em (199).

(198)   *mam petero*   *e-koto*   *ekiŋok*
        Não Peter   3ª SG-querer   cão
        'Peter não quer um cão'

(199)   *e-mam*   *petero*   *e-koto*   *ekiŋok*
        3ª SG-é não   Peter (que)   3ª SG-querer   cão
        'Não é Peter que quer um cão'

O período em (199) consiste do verbo principal -*mam*, que originalmente significava 'não ser', com Peter como seu objeto e uma oração relativa modificando Peter. Na construção atual, como em (198), o verbo -*mam* perdeu sua marca de sujeito e se tornou uma partícula negativa. O resultado é que a frase negativa consiste de uma oração em vez de duas. Desse modo, o que antes era uma oração subordinada se tornou a oração principal.

8.2.3 Reorganização dentro da oração: como se desenvolvem as ergativas

Como nosso primeiro exemplo neste capítulo, examinamos uma construção em quimbundo que começou como uma topicalização e agora se tornou uma passiva, devido à reanálise do tópico como o sujeito da oração. Nesta seção, vamos discutir um desenvolvimento que produz uma nova organização de argumentos na oração: a construção ergativa. Existem dois tipos principais de marcação de caso ou alinhamento: acusativo e ergativo. A marcação acusativa é familiar à maioria das línguas europeias; o sujeito de verbos transitivos e intransitivos se comporta do mesmo modo e se distingue do objeto de verbos transitivos. Na marcação de caso, o caso do sujeito é o nominativo e o caso do objeto direto é o acusativo. Por exemplo, em português *ele* e *o* se distinguem pelo caso. *Ele* é usado como sujeito de verbos transitivos (*ele viu a onça*) e intransitivos (*ele saiu*) e *o* só é usado como objeto (*a onça o viu*). Além disso, em línguas como o português, o sujeito de transitivos e intransitivos se comporta do mesmo modo, por exemplo, disparando a concordância verbal. O alinhamento ergativo, por sua vez, faz que o sujeito do verbo intransitivo e o objeto do transitivo se comportem da mesma maneira, por exemplo, em sua marcação de caso ou ausência dela. Juntos eles constituem o absolutivo e contrastam com o sujeito do verbo transitivo, que é o ergativo e frequentemente tem marcação de caso distinta no afixo ou numa partícula.

As construções ergativas ocorrem em muitas línguas do mundo. É frequente que uma língua tenha uma construção ergativa e também uma construção nominativo-acusativa. Por exemplo, em hindi (indo-iraniana), as orações com aspecto imperfectivo têm um padrão nominativo-acusativo, como em (200), onde se pode ver que o sujeito transitivo não tem marca, mas o objeto tem a marca *-ko* se for definido e animado. Além disso, o verbo concorda com o agente em gênero e número, como em (200c) e (200d) (Allen, 1951; Anderson, 1977).

(200) a. laṛkā   kutte-ko   dekhtā   hai
          menino   cão-DEF-ACUS   ver-MASC SG   AUX-SG
          'o menino vê o cão'

   b. laṛkā   kutte   dekhtā   hai
      menino   cão-PL   ver-MASC SG   AUX-SG
      'o menino vê uns cães'

   c. laṛkī   kuttā   dekhtī   hai
      menina   cão   ver-FEM SG   AUX-SG
      'a menina vê um cão'

   d. laṛke   kuttā   dekhte   hãi
      menino   cão   ver-PL   AUX-PL
      'os meninos veem um cão'

Em contrapartida, orações no aspecto perfectivo têm um padrão ergativo, como se mostra em (201), onde se vê que o sujeito transitivo é marcado com a partícula *-ne* e o verbo concorda com o objeto.

(201) a. laṛke-ne   kuttā   dekhā   hai
          menino-ERG   cão   ver-PP*   AUX-SG
          'o menino viu um cão'

   b. laṛkō-ne   kuttā   dekhā   hai
      menino-PL-ERG   cão   ver-PP   AUX-SG
      'os meninos viram um cão'

   c. laṛkī-ne   kuttā   dekhā   hai
      menina-ERG   cão   ver-PP   AUX-SG
      'a menina viu um cão'

   d. laṛke-ne   billī   dekhī   hai
      menino-ERG   gato (fem)   ver-PP   AUX-SG
      'o menino viu um gato'

   e. laṛke-ne   kutte   dekhe   hãi
      menino-ERG   cão-PL   ver-PP-PL   AUX-PL

   (*) PP = particípio passado

As orações intransitivas são tratadas do mesmo modo em ambos os aspectos, ou seja, o sujeito não é marcado e o verbo concorda com ele.

A história do hindi mostra como essa situação emergiu. O perfectivo surgiu da gramaticalização de uma construção perifrástica que usava o adjetivo verbal ou o particípio mais uma cópula que tinha um sentido passivo. Esse sentido passivo descrevia um estado presente que era o resultado de uma ação passada ou um significado resultativo. Como vimos no último capítulo, o significado resultativo tende a se desenvolver em passado anterior e, mais adiante, em perfectivo. Como o perfectivo se desenvolveu de uma passiva, o objeto nocional aparece no nominativo, e o agente da ação tem um marcador especial *-ne*. Portanto, junto com a gramaticalização do perfectivo veio uma mudança de uma passiva numa ergativa, mas só no perfectivo. O resultado é um sistema ergativo/acusativo que se divide com base no aspecto (Anderson, 1977; Garrett, 1990; Harris e Campbell, 1995).

Outro caso interessante ocorre nas línguas polinésias, onde as línguas orientais, como o maori e o havaiano, usam alinhamento acusativo, enquanto outras línguas da família, particularmente as línguas tonganas e samoicas, como o samoano, têm alinhamento ergativo. A partir das línguas existentes, os pesquisadores esperam reconstruir os padrões mais antigos. Embora ainda se discuta se a língua ancestral era acusativa ou ergativa (ver Ball, 2007, e Otsuka, 2011), apresentamos aqui a proposta de Chung (1977). Ela argumenta que as evidências apontam para uma mudança dentro das línguas tardias em que uma construção passiva se transforma numa construção ergativa, como no caso do hindi, mas sem consequências para o sistema aspectual. As línguas polinésias orientais, que são acusativas, têm o padrão apresentado em (202). Observe-se que todas essas línguas são VSO e têm tempo e aspecto marcados numa partícula que precede o verbo e marcação de caso numa preposição (OD = objeto direto).

(202) Línguas acusativas:
Tempo   Verbo   Sujeito   (intransitivo)
Tempo   Verbo   Sujeito   *i* OD   (transitivo)

Um exemplo de uma oração transitiva do maori:

(203) *Ka   inu   te   tangata   i   te   wai*
      TEMPO   beber   o   homem   ACUS   a   água
      'O homem bebeu a água'

Aqui se pode ver que o OD é marcado pelo *i* anteposto.

Nas línguas ergativas do grupo, o padrão principal é o que se vê em (204). Ele se aplica a verbos transitivos cujo objeto é afetado pela ação do verbo.

(204) Línguas ergativas:
      Tempo Verbo   Sujeito   (intransitivo)
      Tempo Verbo   *e* Sujeito   OD   (transitivo)

Um exemplo de uma oração com um verbo transitivo em samoano é (205). Vemos que a expressão de orações transitivas é bastante diferente do que se dá em maori, e o sintagma nominal ergativo é marcado por um *e* anteposto.

(205) *'Ua   tipi-(ina)   e   le   lo 'omatua   le   'ulu*
      TEMPO   cortar-PASS   ERG   a   velha mulher a   fruta-pão
      'A velha mulher cortou a fruta-pão'

Para entender o desenvolvimento da construção ergativa em samoano, considere-se a construção passiva em maori e nas outras línguas acusativas, como se mostra em (206):

(206) Passiva:
      Tempo   Verbo-*Cia*   *e* Agente   Sujeito

Eis um exemplo em maori:

(207) *Ka   inu-mia   te   wai   e   te   tangata*
      TEMPO   beber-PASS   a   água   AGT   o   homem
      'A água foi bebida pelo homem'

A passiva nas línguas acusativas é bastante semelhante à ergativa nas línguas ergativas. Chung argumenta que a passiva é a fonte diacrônica para a construção ergativa. A única diferença entre as duas construções é que o sufixo apassivador no verbo é variavelmente apagado na construção ergativa e o sintagma nominal ergativo precede o absolutivo na construção ergativa enquanto o agente segue o objeto na construção passiva.

As línguas ergativas também têm um padrão alternativo usado com uma classe restrita de verbos que não têm um objeto afetado (verbos de emoção, percepção e comunicação), padrão chamado de médio, como se vê no exemplo samoano em (208):

(208) 'Ua   'alo   le   fafine   i   le teine
       TEMPO   ignorar a   mulher   ACUS a   menina
       'A mulher ignorou a menina'

Comparando-se (208) a (203), fica claro que a construção média nas línguas ergativas corresponde à construção acusativa nas línguas acusativas. Por isso, o argumento de Chung é que a construção passiva tal como encontrada em maori se tornou a construção ergativa em línguas como o samoano, onde é usada com verbos transitivos que têm um objeto direto afetado. Outros verbos transitivos ainda usam a construção acusativa mais antiga (hoje chamada de média)[3].

Na maioria das línguas, as construções passivas são usadas com muito menor frequência do que as ativas. As passivas são usadas se o falante opta por moldar a oração do ponto de vista do objeto semântico do verbo. No entanto, Chung ressalta que em maori a construção passiva é muito frequente. Se essa construção passiva se tornar frequente o bastante para ser o modo normal de expressar situações transitivas, então a língua começará

---

3. É interessante observar que fenômeno algo semelhante ocorreu no português brasileiro. O uso cada vez menos frequente da chamada *voz média* (equivalente a uma passiva), que se constrói com o pronome *se*, fez surgir orações ergativas, em que o objeto direto ocupa o lugar do sujeito: *esse livro só se vende* [= *é vendido*] *na livraria da faculdade* → *esse livro só ø vende na livraria da faculdade*. A mudança se deu então de OBJ DIR + se + VERBO para SUJEITO + VERBO, reformulando a construção para que se enquadre na ordem SV(O) característica da língua [N.T.].

a mudar na direção de ter um alinhamento ergativo básico. Isso aparentemente se deu em samoano, junto com uma tendência ao uso da raiz verbal sem o sufixo passivo. Além disso, a construção ergativa em samoano está se estendendo a verbos que mais tradicionalmente eram encontrados na construção média. Chung relata que hoje em dia muitos falantes mais jovens usam uma ampla gama de verbos ou na construção média (como em 209), como esperado, ou na ergativa (como em 210), o que seria uma inovação. O samoano, então, também tem um sistema ergativo dividido com base no verbo lexical.

(209)   na   tofo   'oia   i   le   kuka
        PASSADO   provar   ele   OD   o   cozido
        'Ele provou o cozido'

(210)   na   tofo   e   ia   le   kuka
        PASSADO   provar   ERG   ele   o   cozido
        'Ele provou o cozido'

Nesse caso, argumenta-se que a construção ergativa se desenvolveu de uma passiva. (Há também outras fontes para as ergativas; ver Harris e Campbell, 1995, cap. 9.) As construções acusativa e passiva coexistem na língua, mas à medida que a passiva é usada com mais frequência, ela pode se tornar a construção mais básica. Também pode se estender ao uso com cada vez mais verbos transitivos, substituindo gradualmente a construção acusativa mais antiga.

8.3 DESENVOLVIMENTO E MUDANÇA EM CONSTRUÇÕES

Nas duas seções anteriores, vimos diversos exemplos de como combinações de palavras frouxamente reunidas se transformam em construções de organização mais estrita. Esse processo tem sido chamado recentemente de *construcionalização* (Noël, 2007). Uma vez formadas as construções, elas passam por mudanças que podem incluir a expansão de seu espectro de uso, do conjunto de itens lexicais que ocorrem nelas, bem como uma diminuição de seu espectro de uso quando outras construções competem com elas. Também é possível que certas construções desapareçam totalmente de uma língua à medida que outras construções assumem suas funções. Esses estágios no ciclo de vida das construções serão examinados nas subseções a seguir.

8.3.1 Como as construções surgem e se expandem

Algumas das construções discutidas até agora (de topicalização para passivas, de passivas para ergativas) se originam em estratégias de base discursiva, no caso da topicalização, ou do posicionamento da perspectiva do falante sobre um ou outro substantivo na oração. No entanto, existem muitos tipos de construções, e vários deles implicam itens lexicais ou combinações de itens lexicais particulares. O estudo das origens desses tipos de construções ainda é incipiente, mas informações históricas sobre algumas delas vêm sendo apresentadas na literatura. Nesta seção, veremos um exemplo de uma produtiva construção do espanhol que se desenvolveu a partir de uma combinação simples de um verbo e um adjetivo.

No espanhol moderno, há diversos verbos que podem ser usados numa construção com um adjetivo para significar 'tornar-se, vir a ser'. Wilson (2009) traçou o desenvolvimento de uma dessas construções, *quedarse* + ADJETIVO, desde seu início no século XII até a época contemporânea[4]. O verbo envolvido é a forma reflexiva de *quedar*, 'ficar'. Aparece primeiro numa construção significando 'tornar-se' no século XII. Observe-se que, neste primeiro exemplo (211), tanto a noção de permanência quanto a de vir-a-ser poderiam estar expressas.

---

4. Vale a pena observar que a mesmíssima evolução se deu em português, envolvendo o verbo *ficar* + ADJETIVO. O verbo, que significa normalmente 'permanecer no lugar', passou a ter o sentido de 'tornar-se, vir a ser' quando seguido de um adjetivo: *fiquei irritado com teu atraso* [N.T.].

(211) *E el conde quando vio que de otra manera no podia ser sino como queria el comun delos romeros no quiso ay <u>quedar solo</u> & fazia lo mejor & cogio sus tiendas & fue se empos delos otros* (Gran conquista de Ultramar, anônimo, século XIII).

'E o conde, quando viu que de outra maneira não podia ser senão como queria o comum dos romeiros, não quis aí <u>ficar só</u> e fazia o melhor e recolheu suas tendas e se foi atrás dos outros'.

Nos textos dos séculos XII-XIII há somente uns poucos exemplos dessa construção, mas por volta do século XVII ela tinha se tornado muito produtiva e era usada com uma gama de adjetivos. Wilson estudou de que modo essa expansão se deu ao longo dos séculos. Descobriu que a construção ocorre com certos adjetivos na forma de colocações convencionalizadas; por exemplo, *quedarse solo*, 'fica sozinho', é a combinação mais frequente nos textos do século XII examinados. A construção aparece somente doze vezes, mas três delas são *quedarse solo* e todas as outras combinações ocorrem uma única vez. Essa mesma combinação continua a ocorrer ao longo dos séculos. Por essa razão, pode ser considerada convencionalizada. A construção também aparece com alguns outros adjetivos, que podem ou não estar convencionalizados. Dizer que uma sequência de palavras – ou uma colocação ou sequência pré-fabricada – está convencionalizada significa que essa combinação de palavras é a maneira idiomática ou nativa de expressar uma ideia (Pawley e Hodgetts Syder, 1983; Erman e Warren, 2000). Por isso, traduzimos *quedarse solo* por 'ficar sozinho', porque essa é a expressa convencionalizada em português.

A importância das combinações convencionalizadas VERBO + ADJETIVO é que elas servem de modelo semântico para outros adjetivos que podem ser arrastados para dentro da construção. Como ilustração, nos séculos XIV e XV, aparecem exemplos como (212). Wilson argumenta que, neste exemplo, ser deixado viúvo ou tornar-se viúvo ocorre com *quedar* porque é semanticamente semelhante à expressão anterior, convencionalizada e enraizada, para ficar só (recorde-se: há outros verbos com sentido de 'tornar-se' que poderiam ter sido empregados).

(212)   *Enla tierra de ansaj avia vn potente rrey al qual no avia quedado sy no vna hija la qual avia avido de su muger que enel ora del parto murio & <u>quedo biudo</u> mas el rrey hjzo criar la hija muy honorable mente* (Historia de la Linda Melosina, anônimo, século XV).
'Na terra de Ansaj havia um poderoso rei ao qual não tinha restado senão uma filha que tinha tido de sua mulher que na hora do parto morreu e <u>ficou viúvo</u>, mas o rei fez criar a filha mui honradamente.'

Também durante esse período, o adjetivo *huérfano*, 'órfão', é usado com *quedar*, assim como uma série de sintagmas preposicionais com *sin*, 'sem', por exemplo *sin heredero*, 'sem herdeiro', *sin armas*, 'sem armas', *sin pluma*, 'sem pluma', e até com noções mais abstratas como *sin dubda*, 'sem dúvida', e *sin pena*, 'sem pena'. Parece, então, que nesse período, a categoria de adjetivo ou sintagma preposicional que pode ser usada com *quedar(se)* se expande por causa da semelhança semântica com a expressão original com *solo*, a qual deu azo a expressões que descreviam a perda de um membro da família e, em seguida, outras privações físicas, como a falta de armas, até expressões mais abstratas. Portanto, uma construção mais geral se formou a partir de um único exemplo que se enraizou. Também é interessante que essa expressão convencionalizada, *quedarse solo*, ainda seja bastante frequente nos séculos XX e XXI.

Outras colocações convencionalizadas se desenvolveram com *quedarse* + ADJETIVO. No século XV, encontra-se a expressão *quedarse confuso*, 'ficar confuso', e no XVII há um bom número de adjetivos nesse domínio semântico que são empregados com *quedarse*: *suspenso, embelesado, absorto*, por exemplo. A categoria centrada na expressão de surpresa se expande ainda mais no século XIX e existe ainda hoje. O modo convencionalizado de dizer 'ficar surpreso' em espanhol moderno é *quedarse sorprendido*.

Essa construção em espanhol moderno é bastante produtiva, ou seja, pode se aplicar a novos itens. Também tem uma altíssima frequência de tipo, o que significa que ela ocorre com um grande número de tipos de adjetivo (diferentes adjetivos). A maioria desses adjetivos, porém, pertence a um de vários grupos semânticos, de modo que a produtividade da construção é muito restringida semanticamente. Curiosamente, parece que essa construção era mais produtiva no século XVII-XVIII do que hoje. O que restringe seu uso atualmente é o desenvolvimento de outros verbos de 'tornar-se', que assumiram algumas das funções da construção com *quedarse*: uma construção assim é *ponerse* ('pôr-se') + ADJETIVO.

Outra construção cuja origem e desenvolvimento têm sido estudados ao longo do tempo é a construção-*way* em inglês, conforme se mostra a seguir (Israel, 1996):

(213) *The wounded soldiers limped their way across the field.*
'Os soldados feridos atravessaram o campo claudicando.'

Israel observa que essa construção com *way* era uma instância específica de uma construção mais geral no inglês médio, que ele descreve como construção *siga-seu-caminho* (*go-your-path*), porque outros substantivos além de *way* podiam ser usados nela, como nestes dois exemplos:

(214) *To madian lond, wente he his ride* (c. 1250).
'Ele saiu cavalgando rumo à terra de Madian.'

(215) *Tho wente he his strete, tho flewe I doun* (c. 1481).
'Ele seguiu reto, enquanto eu corria para baixo.'

O substantivo mais comum usado nessa construção era *way* ('via, caminho') e o verbo mais comum era *wend* ('seguir caminho devagar ou por atalhos'). De fato, o sintagma *wend one's way* ('seguir seu caminho') ainda é uma expressão idiomática frequente em inglês. Eis outros exemplos do inglês médio:

(216) *The kyng took a laghtre, and wente his way* (1412).
'O rei deu uma gargalhada e seguiu seu caminho.'

(217) *Now wyl I go wend my way / With sore syeng and wel away* (1450).
'Agora vou seguir o meu caminho / Com canto amargo e bem para longe.'

No século XIX, as expansões dessa construção levaram a seu uso com verbos que expressam o modo de movimento, como os que exprimem movimento difícil ou laborioso (218) ou uma trilha tortuosa (219).

(218) *She started up, and fumbled her way down the dark stairs* (1801).
'Ela se ergueu e desceu as escadas escuras desajeitadamente.'

(219) *Mr. Bantam corkscrewed his way through the crowd* (1837).
'O Sr. Bantam ziguezagueou através da multidão.'

Uma extensão ulterior se deu no final do século XIX, quando começaram a ocorrer verbos que expressam o ruído associado ao movimento, como se vê em (220):

(220) *There is a full stream into the sea... after singing its way down from the heights of Burrule* (1890).
'Há uma corrente completa mar adentro... depois de abrir seu caminho cantando desde as alturas de Burrule.'

Essas observações não esgotam a história da construção-*way* (ver Israel, 1996, para a história completa), mas podemos parar aqui e tirar algumas conclusões sobre este caso e o caso de *quedarse* + ADJETIVO em espanhol. O que observamos nesses exemplos é a construcionalização – a criação de uma construção nova. Dois aspectos do processo são a fixação de partes da construção, o verbo *quedarse* no primeiro exemplo e *way* no segundo, e a expansão de outras partes da construção. A expansão no primeiro exemplo ocorre quando a categoria de adjetivos que é usada com *quedarse* se expande e, na segunda construção, quando o conjunto de verbos usados na construção se expande. Esse processo é chamado de *esquematização* porque resulta na construção cobrindo mais itens lexicais distintos, criando assim uma categoria esquemática (Noël, 2007). Em ambos os casos examinados aqui, há restrições semânticas à categoria esquemática. As categorias têm graus de esquematicidade. Se a categoria for muito ampla em sua definição semântica (verbo de movimento), ela é altamente esquemática; mas se tiver menos membros e membros mais semelhantes (verbo de movimento tortuoso), é menos esquemática.

Conforme mencionado anteriormente, os pesquisadores estão apenas começando a investigar a questão de como se originam novas construções. Frequentemente é difícil encontrar o ponto de partida real, mas é possível encontrar construções em estágios iniciais de desenvolvimento e seguir esse desenvolvimento. Estudos baseados em *corpus* são particularmente interessantes a esse respeito porque podem revelar a expansão e contração de ambientes em que as construções são usadas. Como veremos na próxima seção, também é importante considerar que outras construções estão exercendo funções semelhantes em qualquer período de tempo.

8.3.2 Superposição e competição entre construções

Em quase todos os exemplos que discutimos neste capítulo até agora, a situação descrita inclui mais de uma construção em competição para a expressão de funções muito semelhantes. Quando uma construção nova surge por construcionalização ou gramaticalização, é comum que ela só muito gradualmente vá assumindo as funções de construções existentes. Isso leva à situação sincrônica muito interessante em que existem duas ou mais construções que parecem fazer o mesmo trabalho gramatical. Hopper (1991) chamou essa situação de superposição de camadas [*layering*]. A superposição de construções morfossintáticas deixa os sintaticistas sincrônicos totalmente loucos quando tentam encontrar diferenças semânticas, pragmáticas ou estilísticas entre construções muito semelhantes. Uma visão diacrônica é útil aqui, especialmente se compreendermos os fatores que estão em jogo quando uma construção está assumindo as funções de outra.

Vamos examinar duas construções que têm sido muito discutidas na literatura sobre a sintaxe do inglês. Em (221) vemos a construção bitransitiva ou de objeto duplo (COD) e em (222) uma construção com uma função semelhante, mas que usa uma preposição para o beneficiário:

(221)   *She gave her brother a large dictionary.*
        ela deu seu irmão um grande dicionário.
        'Ela deu ao irmão um grande dicionário.'

(222)   *She gave a large dictionary to her brother.*
        ela deu um grande dicionário a seu irmão
        'Ela deu um grande dicionário ao irmão.'

Nessas orações, *her brother* é o beneficiário ou objeto indireto e *a large dictionary* é o paciente ou objeto direto. As duas construções representadas por essas orações têm um significado semelhante e, em alguns casos, podem ser usadas de modo mais ou menos intercambiável a depender de fatores discursivos, mas a COD de (221) só pode ser usada com certas classes semânticas de verbos, enquanto a construção preposicional de (222) tem menos restrições a seu uso. Por exemplo, ambas as construções podem ser usadas com verbos de mensagem comunicada, como em (223) e (224), mas quando o verbo também denota a maneira de falar, como em (225) e (226), a construção preposicional é preferida (Colleman e De Clerk, 2011).

(223) *John told Bill the news.*
'John contou a Bill as novidades.'

(224) *John told the news to Bill.*
'John contou as novidades a Bill.'

(225) **John whispered Bill the news.*
'Jonh cochichou a Bill as novidades.'

(226) *John whispered the news to Bill.*
'Jonh cochichou as novidades a Bill.'

Em termos de seu desenvolvimento diacrônico, a construção preposicional é um desenvolvimento mais recente do que a COD. O inglês antigo tinha marcas de caso nos substantivos e várias construções com objeto duplo com diferentes marcas de caso, como DATIVO + ACUSATIVO, GENITIVO + ACUSATIVO ou DATIVO + GENITIVO. Ocorriam preposições no inglês antigo, mas eram usadas com muito menor frequência do que hoje. A preposição *to* no inglês antigo indicava uma meta num sentido amplo. Assim, no inglês antigo temos beneficiários expressos com o caso dativo, como em (227) ou, menos frequentemente, com a preposição *to* como em (228) (exemplos de Traugott, 1972).

(227) þa   teð   hie brohton sume   þæm cyninge
DEMONST-PL. dente+ACUS/PL eles trazer+PASSADO/PL alguns DEMONST+DAT rei+DAT
'Esses dentes, eles trouxeram alguns para o rei'

(228) *his suna   twegen mon   brohte   to þæm cyninge*
seu filho+ACUS/PL dois ele/um trazer+PASSADO para DEMONST+DAT rei+DAT
'Seus dois filhos ele trouxe para o rei'

No período do inglês médio, as marcas de caso nos substantivos desapareceram gradualmente, mas a construção representada em (227) permaneceu, com o substantivo beneficiário ocorrendo mais perto do verbo. A construção preposicional continuou a expandir seu uso e passou a ser usada com uma gama ampla de verbos.

Conforme mencionado antes, no inglês contemporâneo a construção preposicional pode ser usada com uma ampla gama de verbos, enquanto a COD é mais restrita. Mas há uma sobreposição total no sentido de que qualquer verbo que ocorre na COD pode também ocorrer na construção preposicional. Historicamente, o que vem acontecendo é que o conjunto de verbos permitidos na COD foi se contraindo gradualmente. Tanto quanto eu saiba, não existem estudos detalhados de como isso tem ocorrido ao longo de todo o período da competição entre essas duas construções, mas há um estudo dos últimos trezentos anos que mostra que algumas classes semânticas de verbos que anteriormente ocorriam na COD já não ocorrem (Colleman e De Clerk, 2011). Um caso específico é a classe de verbos que indicam a maneira de comunicação como em (229) e (230), o que mostra que verbos como *whisper* ('cochichar') não ocorrem na COD atualmente. No entanto, Colleman e De Clerk (2011) relatam exemplos com *whisper* na COD do século XVIII:

(229)   *At the departure she took occasion to <u>whisper me</u> her opinion of the widow, whom she called a pretty idiot* (Fielding, 1715).
'Ao partir, ela aproveitou a ocasião para me cochichar sua opinião sobre o viúvo, a quem chamou de perfeito idiota.'

(230)   *I would grant neither, as something <u>whispers me</u> that it would be giving a sanction to adultery* (Goldsmith, 1766).
'Eu não admitiria nenhum, pois algo me cochicha que significaria dar sanção a adultério.'

Colleman e De Clerk também encontram exemplos de outras classes de verbos que costumavam ocorrer na COD mas que hoje exigem uma preposição. Por exemplo, hoje a COD pode ser usada para um objeto benefactivo, como em (231), mas somente se o objeto for o beneficiário pretendido. No entanto, ainda no século XIX, o uso benefactivo da COD ocorria até mesmo onde o objeto indireto não pode ser o beneficiário do objeto direto:

(231)   She *found me* a job. He *baked me* a cake.
        'Ela encontrou um emprego para mim. Ele assou um bolo para mim.'

(232)   Let a French woman nurse me when I am ill, let an English woman *clear me* my house and an Englishman *write me* my poetry! (Jean Ingelow, 1882).
        'Que uma mulher francesa cuide de mim quando estiver doente, que uma mulher inglesa limpe minha casa e que um homem inglês escreva minha poesia para mim!'

Hoje em dia, se diria *clean my house for me* ('limpar minha casa para mim'), *write my poetry for me* ('escrever minha poesia para mim'), de modo que esse é um uso que foi substituído pela construção preposicional.

    Como exatamente ocorre essa substituição? Com ambas as construções disponíveis para uso com verbos de modo de comunicação e benefactivos onde nenhum objeto é recebido, é provável que tenha começado uma tendência em favor da construção preposicional e, à medida que essa tendência se fortalecia, os casos de COD com esses significados foram se tornando cada vez mais raros. Quando uma expressão linguística de torna rara e, assim, pouco familiar, ela pode acabar sendo considerada agramatical. O processo é semelhante ao nivelamento analógico na morfologia: uma construção mais produtiva (o passado regular em *-ed*) começa a ser aplicada em cada vez mais casos (produzindo *weeped* em lugar de *wept*). Tal como no nivelamento analógico, expressões de alta frequência resistem à mudança. Por exemplo, certas expressões formulaicas como *give someone a call* ('dar uma ligada para alguém') ou *give someone a nudge* ('dar uma cutucada em alguém') conservam a COD e não podem ser usadas com a construção preposicional: *?I gave a call to the doctor*. Outras parecem preferíveis com a COD: *pay someone a visit* ('fazer uma visita a alguém'), *wish someone a good day* ('desejar um bom dia a alguém'). Como se poderia esperar, certas classes semânticas de verbos permanecem na COD mais tempo que outras, como se vê abaixo.

A mesma tendência se encontra em outras línguas germânicas, segundo o estudo de Barðdal (2007) sobre mudanças nas classes de verbos usadas com a COD no norueguês antigo e no islandês antigo, em comparação com norueguês, islandês e sueco modernos. Ela mostra que tanto em frequência de ocorrência quanto em frequência de tipo, a COD decresceu entre a época dos antigos norueguês e islandês e a moderna. Barðdal argumenta que as classes de verbos usadas com a COD em islandês (sempre considerado como uma língua muito conservadora) representam o conjunto original para o germânico setentrional, talvez para o germânico como um todo. Em todos os casos considerados (incluindo o holandês moderno), a mudança se faz na direção da perda de classes de verbos usadas com a COD e a expansão do uso da construção preposicional.

Um fator adicional de interesse aqui diz respeito à semântica das classes que continuam a ser usadas na COD e as que foram abandonadas. Conforme enfatizam Colleman e De Clerk, a contração das classes de verbos usadas com a COD resulta numa construção mais coerente do ponto de vista semântico. Os autores observam que a contração das classes de verbos usadas com a COD resulta numa construção centrada nos significados de "beneficiário" e "destinatário". Goldberg (2006) ressaltou que os itens mais frequentes que ocorrem numa construção representam os aspectos mais básicos de seu significado. No século XVIII, segundo o estudo de Colleman e De Clerk, os verbos mais frequentes usados na COD em inglês eram, sem sombra de dúvida, *give* ('dar'), *send* ('enviar') (o sentido do beneficiário) e *tell* ('dizer, contar', o sentido do destinatário). Barðdal (2007) relata que em norueguês e islandês antigos, 'dar' e 'dizer' eram os verbos de ocorrência mais frequente. Talvez seja o caso, então, de os verbos mais distantes semanticamente desses sentidos tenderem a ser menos usados nessa construção.

Colleman e De Clerk observam, além disso, que a coerência semântica da construção permite extensão ocasional: todas as classes de verbos atualmente em uso na COD também estavam em uso no século XVIII, exceto a classe que inclui instrumentos de comunicação, como *e-mail, fax, text* etc. (*he faxed me the form*, 'ele me enviou o formulário por fax'). O fato de tais verbos, que refletem mudanças tecnológicas, poderem se acomodar na COD (como instâncias do sentido de "destinatário") é uma comprovação a mais de que a coerência semântica é real e alimenta a produtividade.

Alguns princípios gerais derivam deste caso e também dos outros discutidos neste capítulo. Quando duas construções exercem funções muito semelhantes numa língua, é muito comum que uma seja mais antiga e que a outra seja uma formação mais recente. Frequentemente, a construção mais recente está ganhando em produtividade às custas da mais antiga, que sofrerá uma redução tanto na frequência de tipo quanto na de ocorrência. De igual modo, os casos em que a construção mais antiga é conservada são quase sempre expressões de alta frequência ou estereotipadas que são aprendidas como fórmulas. Conforme temos visto aqui, expressões de alta frequência não precisam ser relíquias, mas podem servir de centros para categorias semânticas produtivas.

8.3.3 Como as construções desaparecem

No caso que acabamos de discutir, a competição entre construções vem se dando há cerca de um milênio. Com base nisso, não temos razão alguma de esperar que a COD desapareça tão cedo do inglês ou de outras línguas germânicas. No entanto, em alguns casos de competição e superposição, uma construção vence a outra, levando ao desaparecimento desta. O caso que examinamos aqui também se relaciona a mudanças desde o inglês antigo até o contemporâneo e também envolve a perda de marcação de caso na língua.

Como em outras línguas com marcação de caso nos substantivos, o inglês antigo tinha várias construções, cada uma envolvendo diferentes combinações de casos. Não vamos rever todos os tipos de construções, mas nos concentrar em apenas duas, a construção transitiva, conforme ilustrada em (233), e a construção impessoal, em (234).

(233) he   acwealde   þone   dracon
       3ª SG-NOMINATIVO   matar-1ª/3ª PASSADO   o-ACUSATIVO dragão-ACUSATIVO
       'Ele matou o dragão'

(234) him   ofhreow   þæs   mannes
       3ª SG-DATIVO   dar pena-3ª SG PASSADO   este-GENITIVO homem-GENITIVO
       a ele deu pena por causa do homem
       'Ele teve pena do homem' ou 'Deu-lhe pena o homem'

A construção transitiva usa um caso nominativo para o agente e acusativo para o paciente. Esta é, obviamente, uma construção transitiva muito normal. Contudo, no inglês antigo havia outras opções também. O exemplo em (234) tem o experienciador no caso dativo e uma fonte (para a situação descrita pelo verbo) no genitivo; Trousdale (2008) a chama de construção impessoal. O que a torna impessoal é não haver argumento algum no nominativo e o verbo estar na 3ª pessoa do singular, a despeito da pessoa-número dos argumentos.

Apenas alguns verbos no inglês antigo eram usados na construção impessoal. Allen (1995) elenca *lystan* ('dar prazer'), *langian* ('dar saudade'), *ofþyncan* ('magoar'), *þyncan* ('parecer'), *hreowan* ('arrepende-se'), *tweonian* ('provocar dúvida'), *ofhreowan* ('dar pena'). Dentro da construção, o substantivo no caso dativo é aquele que experiencia a emoção e o substantivo no genitivo é a causa da emoção. A construção transitiva era usada essencialmente com verbos dinâmicos, cujo objeto (no acusativo) é afetado pela ação do verbo. Trousdale argumenta que a construção transitiva se expandiu para ser usada com cada vez mais verbos, de modo que certas restrições que pesavam sobre ela – por exemplo, que o sujeito nominativo fosse um agente – gradualmente desapareceram.

No período do inglês médio, encontramos verbos como *rue* ('arrepender-se', grafado *rew*) com um sujeito nominativo, como em (235), por volta de 1325 (Trousdale, 2008):

(235) We schold rew þat sore.
'Devemos nos arrepender disso amargamente'.

De igual modo, o verbo *think* ('pensar') mudou, mas a 1ª pessoa do singular com um sujeito dativo se manteve até o século XIX, como neste exemplo, em que *methinks* significa 'me parece':

(236) Well, my honoured father, <u>methinks</u> you have carried your amusement at my expense to a sufficient length (1817).
'Bem, meu honrado pai, me parece que você levou sua diversão às minhas custas longe o bastante'.

Hoje em dia, para os verbos que ainda são usados, tratamos o experienciador como sujeito. Observe-se (237) e (238). É claro que *think* expandiu enormemente seu uso e em geral tem uma oração como complemento, em vez de um substantivo. Note-se particularmente que *think* concorda com o sujeito agora.

(237) If Yeltsin does not come to <u>rue</u> the price of his victory, he may <u>rue</u> the debts he has incurred.
'Se Yeltsin não vier a se arrepender do preço de sua vitória, pode se arrepender das dívidas que contraiu'.

(238) My lawyer <u>thinks</u> it will go through pretty quickly.
'Meu advogado acha que isso terminará bem depressa'.

O verbo *like* ('gostar') era usado no inglês antigo numa construção com um experienciador dativo e uma fonte nominativa. Ele gradualmente mudou para se encaixar no padrão dominante também, mas no século XVI o padrão conservador podia ser encontrado, como em (239), em que o(s) experienciador(es) são expressos por *them* (Trousdale, 2008)[5].

---

5. É possível notar um processo semelhante na comparação dos verbos *gostar* e *gustar* em português e espanhol respectivamente. Enquanto em espanhol se diz *el chocolate le gusta*, com *le* no dativo e *chocolate* como sujeito, em português se diz *ele gosta de chocolate*, com *ele* no nominativo e *chocolate* como complemento oblíquo. Na tradição gramatical, não se pode dizer que *el chocolate le gusta* é "impessoal", uma vez que há um sujeito explícito com o qual o verbo concorda. Semanticamente, no entanto, ela é "impessoal" porque *chocolate* não tem traços [+animado] nem muito menos [+humano], o que lhe bloqueia a possibilidade de ser um agente empírico da ação descrita [N.T.].

(239) *callinge for a pot of the best ale, sat down at the tables end: the lykor liked them so well, that they had pot vpon pot.* (1567)
'Pedindo uma jarra da melhor cerveja, se sentaram à ponta da mesa: a bebida lhes agradou tanto que tomaram jarra após jarra.'

Com exceção do uso ocasional da fórmula arcaica *methinks* ou locuções como *it seems to me* ('me parece'), as construções mais antigas desapareceram do inglês. Mesmo com *it seems to me*, note-se que se inseriu um sujeito *"dummy"* ('simulacro') e uma preposição é empregada em lugar apenas da marca de caso, de modo que não é em nada a mesma construção. De fato, tornou-se quase categórico que as orações em inglês tenham um sujeito que dispara a concordância. Trousdale argumenta que isso resulta do desenvolvimento e expansão da construção transitiva, através da qual o primeiro sintagma nominal da oração é considerado seu sujeito. Trousdale equipara esse processo à gramaticalização, porque a construção transitiva se tornou mais produtiva, sendo usada com uma gama mais ampla de tipos de sujeito, e mais geral por englobar um espectro mais largo de relações temáticas. Também é menos composicional no sentido de que a semântica original da construção transitiva já não é tão clara em muitos casos. Como ilustra este caso, a perda de uma construção (a construção impessoal) é provocada em geral pela expansão de outra construção que assume as funções da construção em declínio. A construção recente e mais geral é mais esquemática, mas também carece de coerência semântica.

A perda de marcação de caso e essa expansão da construção transitiva, junto com a construção preposicional discutida na seção anterior, mudou dramaticamente a sintaxe do inglês ao longo dos séculos. As duas seções seguintes examinam outras mudanças dramáticas na língua inglesa desde o período antigo[6].

---

6. Convém recordar que o mesmo processo que transformou a morfossintaxe do inglês antigo na do inglês contemporâneo se verificou na passagem do latim às línguas românicas: perda das marcas de caso, emprego de preposições para sinalizar as relações antes expressas pelas desinências de caso (*a* para o dativo, *de* para o genitivo etc.) e enrijecimento da ordem dos constituintes de modo a permitir uma identificação imediata do sujeito e do objeto, que também perderam suas desinências de nominativo e acusativo, respectivamente [N.T.].

8.4 MUDANÇA NA ORDEM DAS PALAVRAS: LÍNGUAS OV E VO

8.4.1 Correlações sincrônicas na ordem das palavras

Num amplo estudo translinguístico publicado em 1963, Joseph Greenberg traz à tona significativas correlações devidas ao ordenamento dos elementos sintáticos, com base na ordem de sujeito (S), objeto (O) e verbo (V). A partir de sua amostra de trinta línguas, Greenberg (1963) propôs a existência de três tipos de línguas segundo a ordem básica de sujeito, verbo e objeto: VSO, SVO e SOV. A ausência na amostra de VOS, OVS e OSV sugere uma forte tendência de S preceder O. Essa tendência é geralmente explicada pela preferência a fazer o tópico preceder o comentário e supõe uma relação diacrônica entre tópico e sujeito, conforme exemplificado acima na seção 8.2.1. Pesquisas posteriores revelaram que também existem línguas VOS, OSV e OVS, embora sejam muito incomuns. Os tipos mais comuns são SVO e SOV. Uma vez que as línguas SVO e VSO parecem ter muitas características semelhantes, a tipologia foi reduzida a uma distinção entre VO e OV por Lehman (1973) e Vennemann (1975). As correlações que Greenberg encontrou são apresentadas na tabela 8.1.

Antes de examinar a tabela, é preciso tomar alguns cuidados importantes: a maioria das línguas permite ordens alternantes de S, V e O. Assim, quando dizemos que uma língua é de um tipo ou de outro, estamos falando de sua ordem de palavras mais básica ou comum (em geral, em orações declarativas simples). Às vezes, isso é muito difícil de determinar, de modo que algumas línguas continuam não classificadas. De igual modo, no discurso espontâneo, é incomum que S e O sejam sintagmas nominais plenos: ao contrário, é mais habitual que sejam pronomes ou, então, omitidos por completo. Por isso, em certo sentido, a classificação com base em S, V e O é um tanto artificial. Reduzir a tipologia a O e V diminui um pouco o problema. Seja como for, é preciso ter em mente que essa tipologia é muito importante e reveladora, mas que em certa medida simplifica demais as coisas. A tabela 8.2 apresenta essas correlações usando os exemplos do português, que é uma língua VO, e do japonês, que é OV.

Tabela 8.1 Correlações com a ordem das palavras

VO (núcleo-modificador)	OV (modificador-núcleo)
Aux V	V Aux
V oração completiva	oração completiva N
Preposição N	N posposição
N Genitivo	Genitivo N
N Adjetivo	Adjetivo N
N oração relativa	oração relativa N
Adjetivo Padrão	Padrão Adjetivo
Prefixação ou misto	Sufixação

Tabela 8.2 Exemplos de correlações com a ordem das palavras em português e japonês

Português	Japonês
(a) *João comeu a maçã*	*Taroo-ga ringo-o tabeta* Taroo-SUJ maçã-OBJ comeu
(b) *João sabe falar inglês*	*Taroo-wa Eigo-ga hamas-eru* Taroo inglês falar-sabe
(c) *com um bastão*	*boo-de* bastão-com
(d) *a irmã de João*	*Taroo-no imooto* Taroo-POSSESSIVO irmã
(e) *uma flor branca*	*siroi bana* branca flor
(f) *o menino que bateu no cão é meu irmão*	*inu-o butta otokanoko-wa* cão bateu menino *watasi-no otoota-da* eu-POSSESSIVO irmão-é
(g) *maior do que João*	*Taroo-yori ookii* Taroo-do que grande

A questão intrigante que se levantou com essas descobertas é: por que essas correlações tendem a se exibir entre tantas línguas não aparentadas e como se dá a mudança na ordem das palavras, quando ela ocorre? Visto que a segunda pergunta pode oferecer a explicação para a primeira, ambas têm importantes implicações diacrônicas.

As primeiras tentativas de explicar as correlações da ordem das palavras se apoiaram na observação de que há um tal paralelismo na ordenação dentro dos constituintes que o núcleo de um sintagma é ordenado da mesma maneira com relação a seus modificadores. Infelizmente, o termo "núcleo" é usado de modos diferentes em teorias diferentes, mas aqui vamos empregar a heurística simples de que o núcleo é o elemento que dá seu nome ao sintagma e, assim, determina a função do sintagma como um todo. Portanto, o verbo é o núcleo do sintagma verbal, o substantivos é o núcleo do sintagma nominal, o adjetivo é o núcleo do sintagma adjetival, a preposição é o núcleo do sintagma preposicional e assim por diante. Vennemann (1975) propôs o Princípio da Seriação Natural [*Principle of Natural Serialization*] que diz que os constituintes são ordenados da seguinte forma:

(240)   núcleo-modificador em línguas VX
         modificador-núcleo em línguas XV

Hawkins (1979) propõe um princípio semelhante de Harmonia Transcategórica [*Cross-Category Harmony*]. O "princípio" enunciado em (240), porém, é nada mais do que uma reafirmação dos fatos descobertos por Greenberg. Portanto, ainda precisamos de uma explicação. Hawkins e Vennemann sugerem que (240) represente um princípio de organização analógica para as gramáticas, mas ambos reconhecem que esse princípio só é implementado muito gradualmente em línguas que passam por uma mudança na ordem. Não se trata de modo algum de um universal absoluto, já que existem muitas línguas quem têm ordenamento dentro de constituintes que são inconsistentes com esse princípio. Minha própria opinião é que o *status* desse princípio será incerto até termos analisado cuidadosamente de que modo exato a ordem das palavras muda para se enquadrar nele. No

310

que segue vou examinar como a ordem dos constituintes emerge e buscar neste processo uma explicação para as correlações mencionadas.

Primeiramente, é preciso refinar os achados de Greenberg. As línguas da amostra que ele usou foram escolhidas por "conveniência", isto é, as informações sobre elas já estavam disponíveis para ele. Um problema com esse método de amostragem é que o conjunto resultante pode ser enviesado e, neste caso, havia nele demasiadas línguas da Eurásia. Usando uma amostra representativa das línguas do mundo, Dryer (1988) replicou a maioria dos achados de Greenberg, com uma exceção importante: não encontrou nenhuma correlação entre a ordem do substantivo e do adjetivo e a ordem do verbo e do objeto. Em contrapartida, descobriu que a ordem adjetivo-substantivo nas línguas OV é comum na Eurásia, mas a ordem oposta é comum fora dela. Por conseguinte, no que segue não vamos considerar a ordem do substantivo e do adjetivo.

8.4.2 A fonte diacrônica da correlação da ordem das palavras

Nesta seção, vamos examinar exemplos que demonstram que pelo menos algumas das correlações na ordem das palavras da tabela 8.1 se devem à gramaticalização de construções existentes e derivam sua ordem harmoniosa de suas fontes. Um exemplo óbvio é a ordem do verbo e do auxiliar. Já que o auxiliar era originalmente um verbo que assumia outro predicado verbal como seu objeto, os auxiliares seguem o verbo nas línguas OV e o precedem nas línguas VO (Givón, 1984):

(241) OV: (O) + V + V   VO: V + V + (O)
                     ↓   ↓
                   aux   aux

Se, em seguida, o auxiliar evolui e se torna um afixo, será um sufixo nas línguas OV mas um prefixo nas línguas VO. Os exemplos do suaíli (África) ilustram o desenvolvimento numa língua VO e os do ute (Estados Unidos), o desenvolvimento numa língua OV. Exemplos de Givón (1984).

(242) Suaíli: ordem das palavras VO
    (a) *a-li-soma*   *kitabu*   *li* 'ser'   ⟩   PASSADO
        ele-PASSADO-ler   livro
        'ele leu um livro'

    (b) *a-ta-soma*   *kitabu*   *taka* 'querer'   ⟩   FUTURO
        ele-FUTURO-ler   livro
        'ele lerá um livro'

    (c) *a-me-soma*   *kitabu*   *mála 'acabar'   ⟩   ANTERIOR
        ele-ANTERIOR-ler   livro
        'ele tem lido um livro'

(243) Ute: ordem das palavras OV
    (a) *wúụkaxa*   *xa* 'ter / ser'   ⟩   ANTERIOR
        trabalhar-ANTERIOR
        'ele tem trabalhado'

    (b) *wúụka-vaa(ni)*   *páa 'ir / passar'   ⟩   FUTURO
        trabalhar-FUTURO
        'ele trabalhará'

Embora seja um padrão geral, também ocorrem exceções. Em suaíli existe um perfectivo derivado do protobanto *gid ('acabar') que se torna um sufixo. Provavelmente, isso decorre da ordenação icônica do outro verbo e 'acabar', com 'acabar' ocorrendo por último (Heine e Reh, 1984). O ponto a ressaltar nessa exceção é que ela obedece a regra diacrônica geral de que os elementos não mudam de posição quando se gramaticalizam e, portanto, sua posição é indicativa de sua construção-fonte. Em outras palavras, não precisamos buscar mais longe uma explicação de por que os auxiliares tendem a preceder o verbo nas línguas VO e a vir depois dele nas línguas OV.

Uma das correlações mais fortes que Greenberg encontrou em seus dados é a correlação das preposições com a ordem substantivo-genitivo e das posposições com a ordem genitivo-substantivo (ver a análise em Hawkins, 1979). Também existe uma forte relação diacrônica entre adposições e construções genitivas: as construções genitivas fazem surgir novas adposições, e estas frequentemente são usadas para formar construções genitivas. Vamos considerar inicialmente o primeiro caso.

É comum que as construções genitivas participem da formação de novas adposições (Svorou, 1994). Em português, preposições complexas são construídas a partir de PREPOSIÇÃO + substantivo relacional + *de* + sintagma nominal. É claro que *de* + sintagma nominal é um genitivo ou possessivo. Isso faz surgir sintagmas preposicionais como os de (244). Estas são hoje preposições complexas.

(244) Português: VO
por trás da casa
dentro da casa
em frente da casa

Outro exemplo comparável de uma língua VO é (245) do bari (Spagnolo, 1933):

(245) Bari: VO
ŋa   sısı'da ı   kɔmɔŋ   na   kadi?
quem   fica   em   frente   de   casa
'quem está em frente da casa?'

Em contraste, em línguas OV como o buriat e em línguas núcleo-final como o finlandês, as posposições são formadas de construções GENITIVO + substantivo relacional + POSPOSIÇÃO, como em (246) e (247):

(246) Buriato:
ger-ei   xazuu-da
casa-GENITIVO   lado-LOCATIVO
'ao lado da casa'

(247) Finlandês:
poja-n   kansa -ssa   )   poja-n   kanssa
menino-GENIT   companhia-em   menino-GENIT   com
'com o menino'

Outra fonte de correspondência entre adposições e genitivos é que os marcadores de genitivo podem derivar de adposições, como no caso do inglês *of*, que provém de *off*. Portanto, a correspondência entre adposições e a ordem substantivo-genitivo já tem uma explicação diacrônica e não é preciso invocar princípios analógicos adicionais.

Outra fonte diacrônica para as correlações entre a ordem verbo-objeto e adposições se encontra nas construções com verbos seriais, que dão origem a adposições. Se a língua tem a ordem VO e em seguida o verbo se gramaticaliza, ele se tornará uma preposição, como nos exemplos do iorubá em (248), em que o verbo *fi*, 'tomar', se torna uma preposição instrumental. Se a língua tem a ordem OV, então o verbo se torna uma posposição, como nos exemplos do ijo (249), em que o verbo *aki*, 'tomar', se torna uma posposição instrumental (Givón, 1975).

(248) Iorubá: VO > preposição

    (a)   *mo*   *fi*   *àdá*   *gé*   *igi*
             eu   peguei   facão   cortei   árvore
             'Eu cortei a árvore com um facão'

    (b)   *mo*   *fi*   *gbòn*   *gé*   *igi*
             eu   peguei   hábil   cortei   árvore
             'Eu cortei a árvore habilmente'

(249) Ijo: OV > posposição

    (a)   *erí*   *ogidi*   *akị-nị́*   *indi*   *pẹi-mị́*
             ele   facão   pegar-ASPEC   peixe   cortar-ASPEC
             'ele cortou um peixe com um facão'

    (b)   *áràụ́*   *zu-ye*   *ákị́*   *buru*   *teri-mí*
             ela   cesta   pegar   inhame   cobrir-ASPEC
             'ela cobriu um inhame com uma cesta'

Esses exemplos ilustram a possibilidade de explicar algumas das correlações proeminentes na ordem das palavras por meio da mudança diacrônica – a gramaticalização e a criação de construções novas. Uma vez que a base de onde surgem essas mudanças são padrões existentes na língua, as novas construções têm a ordem prevista e a língua permanece coerente.

No entanto, quando a mudança está ocorrendo e novas construções estão surgindo, pode-se observar mudanças graduais rumo a um tipo novo. Na próxima seção, examinamos as razões por que uma língua pode sofrer uma importante alteração na ordem das palavras.

8.5 RAZÕES PRAGMÁTICAS PARA A MUDANÇA NA ORDEM SUJEITO, VERBO E OBJETO: A DERIVA NAS LÍNGUAS INDO-EUROPEIAS

Embora não haja consenso sobre a ordem das palavras dominante do protoindo-europeu, todas as antigas línguas-filhas (sânscrito, latim, inglês antigo, gótico) tinham muitas características de línguas OV, como a presença de sufixos de caso, tempo, aspecto e modalidade, ordem genitivo-substantivo, e o posicionamento de elementos auxiliares depois do verbo. Por essas e outras razões, postula-se geralmente que o protoindo-europeu era uma língua OV. Muitas das modernas línguas indo-europeias são VO (por exemplo, português e inglês), de modo que uma importante alteração na ordem das palavras parece ter ocorrido. De fato, essa mudança talvez já estivesse em curso nas línguas antigas, uma vez que nelas estão presentes preposições e alguns prefixos verbais. No entanto, as principais mudanças nas línguas germânicas e românicas aconteceram nos últimos mil anos.

As discussões mais profundas sobre as mudanças que se processaram no inglês nos últimos mil anos (muitas das quais paralelas em outras línguas germânicas e nas românicas) não se concentram somente na mudança da ordem das palavras, mas observam que outras mudanças ocorreram também e procuram encontrar uma explicação abrangente para elas. Eward Sapir, famoso linguista do início do século XX, chamou a atenção para algumas dessas mudanças e o fato de que parecem seguir na mesma direção durante várias gerações. Seu raciocínio era que, se a variação que leva à mudança fosse aleatória, então as mudanças em direção diferente se cancelariam umas às outras. Ao contrário, ele percebeu uma direcionalidade da mudança e a chamou de *deriva*. O exemplo que usou foi a perda de marcas de caso nas línguas europeias modernas (Sapir, 1921). Pesquisadores subsequentes agruparam várias mudanças que parecem estar relacionadas (Lakoff, 1972; Vennemann, 1975). Vennemann cita as seguintes propriedades, que caracterizam o estágio mais antigo OV nas línguas românicas e germânicas *vs.* o estágio VO mais recente.:

(250) OV
(inglês antigo, latim etc.)

VO
(inglês contemporâneo)

a. terminações de caso nos nomes — sem terminações de caso, preposições para objetos indiretos e possessivos

b. ordem das palavras variável para a topicalização — ordem das palavras para relações gramaticais (sujeito e objeto do verbo)

c. sem artigos — artigos definidos e indefinidos

d. pronomes não-obrigatórios — pronomes obrigatórios

e. sem construção passiva perifrástica — passiva perifrástica

f. mais sintética — mais analítica

Já mencionei que o inglês antigo tinha sufixos de caso para os substantivos. Eis um exemplo do modo como os substantivos se flexionavam naquela época:

(251) *stān* 'pedra'

	Singular	Plural
Nom./Acus.	*stān*	*stānas*
Genitivo	*stānes*	*stāna*
Dativo	*stāne*	*stānum*

Quanto à ordem das palavras, havia variação, mas a sequência de desenvolvimentos em (252) captura as principais mudanças. Observe-se que a posição do verbo muda primeiro nas orações principais e só mais tarde nas subordinadas. A mudança na posição do verbo foi conduzida por uma classe de verbos aqui rotulados de "auxiliares", mas que inclui a cópula e os modais. Essa classe de auxiliares aparecem na segunda posição na oração. Mais tarde, todos os verbos assumiram essa posição.

(252) Ordem das palavras em diferentes períodos do inglês em orações principais (Hock, 1986).

Inscrições rúnicas primitivas	S O VP Aux	VP = verbo principal
Inscrições rúnicas tardias	S Aux O VP	Aux se refere a qualquer forma reduzida de verbo: cópula, modais etc.
e *Beowulf* (século VIII) Inglês antigo tardio	S V O	A partir de Aux, a segunda posição se generalizou para todos os verbos

O exemplo (253), de *Beowulf*, mostra o auxiliar em segunda posição e o verbo principal no final da oração (Hock, 1986):

(253) *Bēowulfe   wearð   guðrēð   gyfeþe*
                    AUX   VERBO PRINC
       Beowulf   foi   glória-em-batalha   dado
       'A Beowulf foi conferida a glória na batalha'

No inglês antigo tardio, todos os verbos aparecem na segunda posição. Conforme mencionado, trata-se de uma generalização da construção que se aplicava aos verbos "auxiliares". Em (254), *witan* ('conhecer') é o verbo principal.

(254) *wē   witan   ōþer   igland   hēr   be   ēaston*
       nós   conhecemos   outra   ilha   aqui   ao   leste
       'Nós conhecemos outra ilha a leste daqui'

Em orações subordinadas, a ordem permanece SOV. Ambas as orações em (255) mostram essa ordem mais conservadora, que reflete o estágio primitivo do inglês antigo, em que o verbo modal segue o principal (uma característica OV) (Hopper e Traugott, 1993):

(255) *nimþe   se cyng   alyfan   wille,   þæt man   wergylde   alysan   mote*
       a menos   o rei   permitir   FUT   esse um   resgate   pagar   poder
       'A menos que o rei permita que alguém page o resgate'

O alemão moderno reflete uma situação muito semelhante: em orações principais, o verbo flexionado ou o auxiliar ocorre em segundo lugar na oração, mas nas subordinadas o verbo flexionado ou o auxiliar ocorre no fim.

Segundo a teoria apresentada em Vennemann (1975), as mudanças (b)-(f) em (250) estão relacionadas com a perda das marcas de caso. A ideia de Vennemann é que gerenciar o fluxo de informação velha e nova numa língua com marcas de caso é fácil porque é possível colocar primeiro o substantivo velho (tópico) na oração, sem perder nenhuma informação acerca da estrutura argumental. De fato, a maioria das línguas SOV (mas nem todas) têm marcas de caso e podem mudar o lugar dos sintagmas nominais à vontade para fins pragmáticos. Quando os sufixos de caso começaram a se reduzir fonologicamente em inglês antigo, tiveram de surgir os novos modos de indicar o sujeito e o objeto do verbo, bem como a informação nova e a velha. É claro que dissemos que o inglês antigo tinha marcas de caso, mas o exame de um paradigma típico como o de (251) mostra que o nominativo e o acusativo eram frequentemente idênticos. Começando no inglês antigo, um longo e gradual processo de fixação da ordem das palavras entrou em marcha, cujo resultado foi a posição pré-verbal para o sujeito e pós-verbal para o objeto. É basicamente a construção transitiva discutida na seção 8.3.3 que, como vimos, se generalizou para muito além dos verbos transitivos canônicos. A tese de Vennemann é que a fixação da ordem das palavras e a ausência de marcas de caso tornam difícil para os falantes indicar a informação velha e a nova. Se o falante quisesse colocar o sintagma nominal tópico primeiro na frase, o ouvinte poderia não saber se era o sujeito ou o objeto, ou tomá-lo como sujeito. O autor sugere que o desenvolvimento de artigos e uma construção passiva foram respostas à necessidade pragmática de indicar a topicalidade do sintagma nominal enquanto se aderia a uma ordem das palavras SVO.

Conforme observamos no capítulo 7, os demonstrativos se transformam em artigos definidos. Seu desenvolvimento naquela fase do inglês é um resultado do crescente uso de demonstrativos, possivelmente como forma de indicar que o referente do sintagma nominal é uma entidade conhecida. Os artigos definidos então cumprem a função de distinguir referentes velhos (conhecidos) de referentes que estão sendo introduzidos agora no discurso. Os artigos indefinidos (derivados de *one*, 'um', em inglês) servem a função complementar de indicar um referente que é novo no discurso. Conforme mencionado no capítulo 7, muitas línguas indo-europeias desenvolveram artigos definidos e indefinidos, e isso aconteceu à medida que sua ordem das palavras básica mudava de OV para VO.

O desenvolvimento em inglês que parece coincidir com a mudança no tipo de ordem das palavras é a gramaticalização de uma construção passiva. O inglês antigo não tinha uma construção passiva, embora tivesse construções que eram semelhantes de certo modo. Com um auxiliar *beon* ('ser') ou *weorþan* ('tornar-se'), o particípio flexionado de um verbo indicava um sentido resultativo (uma ação passada que tem por resultado um estado de coisas) sem nenhum agente mencionado, como nestes exemplos de Petré e Cuyckens (2009):

(256) *þe cwyde, þe awriten is on þere becc, þe is ȝehaten " Actus apostolorum"*
       o dito   que escrito é em esse livro que é chamado Actus apostolorum
       'O ditado, que está escrito [e agora presente] no livro que se chama *Actus apostolorum*'.

(257) *Ac   heora bendas sona   wurdon   for-swelede*
       Mas deles   grilhões-NOM PL imediatamente   foram queimados-NOM PL
       'Mas seus grilhões foram imediatamente queimados [e agora são cinzas]' (c. 1050).

Conforme explicam Petré e Cuyckens, três mudanças tiveram de ocorrer para que essa construção resultativa se tornasse uma passiva: (i) a adição de um agente explícito marcado por uma preposição (como *by*), (ii) a gramaticalização do auxiliar com desbotamento de seu significado e (iii) a reanálise do particípio como verbo principal (em vez de auxiliar). Essas mudanças se completaram no período do inglês médio. Também no inglês médio, essa construção assumiu uma importante função discursiva: é frequentemente usada onde o sujeito da passiva era também o sujeito de orações anteriores no discurso – em outras palavras, onde o sujeito era um tópico contínuo. Petré e Cuyckens observam que, em inglês antigo, a ordem

OVS podia ser usada para essa função, como em *me beswicode he,* 'me traiu ele', mas uma vez que a ordem SVO se tornava mais ou menos fixa, a construção passiva assumiu essa função (ver também Seoane, 2006).

Outra consequência da perda de flexões, especialmente a perda da concordância pessoa-número nos verbos, que era presente no inglês antigo, no latim e outras línguas indo-europeias mais antigas, é o uso crescente de pronomes pessoais. De fato, o latim não tinha pronomes de 3ª pessoa, mas usava os demonstrativos no lugar e, à medida que o emprego destes crescia, as línguas românicas desenvolveram pronomes de 3ª pessoa para sujeito, objeto direto e indireto. Em algumas línguas, como o espanhol, o uso dos pronomes-sujeitos ainda é variável, mas em outras, como o francês, é obrigatório. Essa deriva, portanto, também está relacionada à perda de sufixos flexionais.

Por fim, a deriva de Sapir também inclui um movimento geral de categorias e funções gramaticais altamente flexionais ou de expressão sintética rumo à expressão mais analítica (perifrástica). Quando o processo de gramaticalização chega ao fim e os afixos se reduzem fonologicamente e ficam muito desbotados semanticamente, eles começam a desaparecer. Antes disso acontecer, outras construções se desenvolveram para assumir o lugar deles: por exemplo, preposições, artigos, pronomes e passivas perifrásticas. Por serem construções mais novas, elas não estão tão gramaticalizadas quanto as mais antigas e, portanto, são mais analíticas. Além disso, essas novas construções seguem os padrões VO com auxiliares e adposições prepostos. Existe uma tendência muito menor de que os elementos gramaticalizados prepostos se tornem afixos do que elementos pospostos. Essa tendência contribui para a manutenção da estrutura analítica nas línguas VO em evolução na Europa.

8.6 CONCLUSÃO: O CICLO DE VIDA DAS CONSTRUÇÕES

Neste capítulo, resenhamos os tipos de mudanças que podem ocorrer nas construções, começando pelo modo como as construções se formam inicialmente. Vimos duas fontes para novas construções: a fixação ou sintaticização de padrões discursivos, como o fronteamento de um sintagma nominal, e a esquematização de sequências de palavras convencionalizadas, como o espanhol *quedarse* + ADJETIVO, que começou por combinações de palavras muito específicas, como *quedarse solo*. Uma terceira fonte de construções novas foi discutida no capítulo 6 no contexto da gramaticalização: uma instância específica de uma construção contendo um item lexical pode se gramaticalizar como uma construção nova. Um bom exemplo é o futuro *be going to* em inglês, que era originalmente apenas uma instância específica de uma construção mais geral que envolvia um verbo de movimento (*go, journey, come...*) e uma oração de meta com um infinitivo.

À medida que construções recém-desenvolvidas são mais e mais usadas, elas podem mudar de várias maneiras. As vagas esquemáticas em construções podem se expandir para abrigar cada vez mais itens lexicais. As vagas mais fixas podem se tornar ainda mais fixas (por exemplo, a passiva do inglês ocorria inicialmente com *be* e também *weorþan*, mas hoje ocorre só com *be*; a passiva com *get* é um desenvolvimento mais recente). Os elementos numa construção podem ser reanalisados no sentido de que um sintagma nominal cabeça de oração pode ser tomado como o sujeito da oração ainda que anteriormente não fosse. Elementos podem ser adicionados, como quando um sintagma-agente é acrescido a uma passiva em desenvolvimento.

As construções desaparecem de uma língua por meio da competição com construções mais novas. Esse processo frequentemente leva um tempo muito longo, de modo que construções em competição são muito comuns. A construção nova vai ganhando em frequência de tipo e de ocorrência e a antiga fica restrita a ocorrer com certas classes semânticas de itens lexicais ou em sintagmas ou contextos discursivos de alta frequência.

O desenvolvimento de novas construções e sua substituição final no lugar de outras mais antigas pode levar a importantes mudanças, quando como uma língua passa a sofrer mudança em sua ordem de palavras básica. Alterações na ordem das palavras envolvendo sujeito, verbo e objeto são desenvolvimentos lentos e graduais em que fatores pragmáticos determinam profundamente as construções que emergem. Novas construções envolvendo outros constituintes (substantivo-genitivo, adposição-substantivo) emergem via gramaticalização de ordens existentes de constituintes e são, portanto, consistentes com elas.

Sugestão de leitura

Pode-se encontrar um panorama da criação e mudança de muitos tipos diferentes de construções em:
HARRIS, A.C. & CAMPBELL, L. (1995). *Historical syntax in cross-linguistic perspective*. Cambridge: Cambridge University Press.

QUESTÕES PARA DISCUSSÃO

1) Retorne aos exemplos deste capítulo e identifique casos em que duas ou mais construções estão em competição. Que fatores determinam qual das duas construções concorrentes tem mais chance de assumir as funções da outra construção?

2) Quais os fatores atuantes na gramaticalização que também atuam na formação de novas construções?

3) Compare as duas construções genitivas do inglês: *the boy's bike* ('a bicicleta do menino') e *the leg of the table* ('o pé da mesa'). Qual delas é coerente com a ordem OV e qual com a ordem VO? Qual é a mais antiga? Como é possível saber?

9

Mudança lexical: como as línguas obtêm palavras novas e como as palavras mudam de sentido

9.1 INTRODUÇÃO

Neste capítulo vamos analisar de que modo as palavras de uma língua mudam. Em capítulos anteriores, examinamos diversas mudanças que afetam as palavras. Nos capítulos 2 e 3, a discussão sobre mudança sonora mostrou que a forma fonética das palavras pode mudar, em geral de maneira regular. Nos capítulos 4 e 5, vimos que a composição morfológica das palavras pode mudar também. Nos capítulos 6 e 7, mostramos que certas palavras em construções específicas sofrem gramaticalização e se tornam morfemas gramaticais. No capítulo 8, vimos que construções particulares em que as palavras ocorrem podem também mudar, o que pode afetar o sentido das palavras.

Aqui vamos considerar tipos adicionais de mudança nas palavras, isto é, no léxico. Primeiro, examinamos como as línguas adquirem novas palavras, na seção 9.2. Em seguida, consideramos como as palavras mudam de sentido, expandindo essa discussão por várias seções: primeiro, na seção 9.3, discutimos a natureza das categorias que constituem o sentido das palavras e, em seguida, tratamos do mecanismo pelo qual as palavras mudam de sentido ao longo do tempo. Na seção 9.4, examinamos algumas tendências gerais na mudança da semântica lexical e, em seguida, na seção 9.5, examinamos como as palavras que se formam por afixos derivacionais perdem seu significado composicional. Finalmente, a seção 9.6 acrescenta alguns comentários sobre como palavras antigas desaparecem de uma língua.

9.2 DE ONDE VÊM AS PALAVRAS NOVAS?

9.2.1 Recursos internos: composição e derivação

Todas as línguas têm meios de criar palavras novas graças a recursos existentes. À medida que novos artefatos e novos conceitos entram numa cultura, os usuários da língua encontram maneiras de criar palavras novas, incluindo substantivos, verbos, adjetivos e advérbios, para lidar com essas entidades e ideias inéditas. Os recursos internos à língua são a composição (juntar duas palavras para formar um sentido novo) e vários tipos de morfologia derivacional, envolvendo normalmente um afixo que produz uma palavra nova. Todos esses são discutidos nesta seção. Outra fonte de palavras novas é o empréstimo de outras línguas (seção 9.2.2). O estudo da história das palavras, incluindo de onde vieram e como mudaram, é a *etimologia*. Muitos dicionários de inglês incluem a etimologia das palavras, mas a fonte mais abrangente é *The Oxford English Dictionary*, que oferece histórias detalhadas das palavras do inglês.

As línguas diferem quanto à extensão do uso que fazem da composição para criar palavras novas. As línguas germânicas são especialmente prolíficas no emprego de compostos. Em inglês, há compostos que consistem de dois substantivos (*coffee cup* ['xícara de café'], *beauty sleep* ['sono de beleza'], *TV show* ['programa de televisão']), de um verbo e um substantivo (*drawstring* ['cordão que se puxa para fechar uma bolsa, prender uma bermuda etc.'], *pull tab* ['anel que se puxa para abrir uma lata de refrigerante ou cerveja']), de um adjetivo e um substantivo (*high chair* ['cadeira alta para dar de comer a crianças de colo'], *White House* ['Casa Branca']), ou de uma preposição e um substantivo (*overdose* ['superdose; overdose'], *in group* ['panelinha; igrejinha; grupo fechado']). Em inglês um composto se distingue de um sintagma ordinário porque o acento principal recai sobre a primeira palavra e não na segunda. Observe-se que, em inglês, os compostos podem ser escritos como uma palavra ou duas. O modo como são escritos parece um tanto arbitrário, o que pode levar a bastante confusão! Além disso, os compostos podem estar também encaixados em outros compostos, de modo que podem ficar bem longos. Por exemplo, *customer service* ('serviço ao cliente') é um substantivo composto e pode aparecer no composto *customer service representative* ('representante do serviço ao cliente'). Em holandês, a composição se faz com uma só palavra, *Klantenservicemedewerker*, 'representante do serviço ao cliente' (*klanten* 'clientes' + *service* 'serviço' + *medewerker*, 'representante'), o que produz uma palavra bem longa, embora nem de longe seja a palavra mais longa produzida por composição.

O significado de um composto não é previsível a partir das palavras que entram nele; de fato, o significado é determinado no contexto particular em que a palavra é cunhada. Por exemplo, um *air conditioner* ('condicionador de ar') poderia fazer muitas coisas com o ar, mas sempre foi usado no contexto de resfriar o ar. Uma *lighthouse* ('farol'; *light* 'luz' + *house* 'casa') poderia ser qualquer tipo de casa tendo uma luz associada a ela, mas no caso é uma torre dentro da água ou perto dela com uma luz poderosa que serve como ponto de referência para navios no mar. Portanto, o significado dos compostos é convencional e específico à língua.

Conforme dito acima, as línguas germânicas usam compostos em abundância para criar palavras novas. As línguas românicas os usam bem menos, mas compostos verbo-substantivo existem, por exemplo, em português (*quebra-molas, arranca-rabo, paraquedas*), em italiano *lavapiatti* ('lava-louças'). Em algumas línguas, a composição de certos tipos se torna muito produtiva a ponto de um elemento do composto realmente se gramaticalizar como morfema derivacional. Um exemplo é o sufixo -*ly* em inglês, que no inglês antigo era -*lic*, derivado de uma palavra que significava 'corpo'. Ele corresponde semanticamente ao sufixo -*mente* do português, espanhol e italiano (-*ment* em francês), que também é um morfema gramatical resultante da gramaticalização do substantivo latino *mente-* (acusativo de *mens*, 'mente') que, como -*ly* em inglês, é empregado para a formação de advérbios.

O outro principal recurso da maioria das línguas para criar palavras novas é a derivação, normalmente a adição de afixos derivacionais a raízes ou palavras existentes, como os sufixos do português -*dade*, -*agem* ou -*eiro* ou os prefixos *re-* ou *in-*. Provavelmente, todas as línguas têm alguns sufixos derivacionais. Muitas línguas têm afixos que podem ser adicionados ao verbo para significar 'aquele que faz'; como estes formam nomes de verbos, representam um tipo de nominalização. Muitas línguas têm afixos que podem ser adicionados a um verbo para denotar que alguém causa a ação do verbo (causativos). Esses são apenas uns poucos exemplos dos muitos tipos de afixos ou construções derivacionais que existem.

Palavras formadas de construções derivacionais podem ser mais ou menos transparentes em significado. Presumivelmente, elas começam bastante transparentes, mas com o tempo podem mudar de sentido. Vamos discutir melhor esse processo na seção 9.5, mas por ora, consideremos o substantivo *business* ('negócio'), que se formou no inglês médio com o sentido de 'qualidade ou estado de estar ocupado [= *busy*]'. A partir daí, ele partiu em várias direções, mas foi somente no século XVIII que começou a assumir o uso que consideramos mais central – o de negócio ou comércio e instituições que fazem negócios[1]. As mudanças no uso resultam na perda de analisabilidade – isto é, os falantes de inglês em geral não veem essa palavra como constituída de um adjetivo mais um sufixo, embora os dois elementos ainda existam na língua de hoje. Relacionada a isso está a perda

---

1. É interessante notar que a palavra *negócio* provém do latim *nec* ('negação') + *otium* ('ócio'), ou seja, um sentido muito próximo ao de *business*, 'ocupação' [N.T.].

de uma sílaba, deixando a palavra com apenas duas: escreve-se *bu-si-ness*, mas se pronuncia [bɪznɪs]. De fato, hoje em dia, *business* contrasta com outra formação, mais transparente e analisável, *busyness* ('ocupação').

Construções derivacionais podem ser mais ou menos produtivas, ou seja, ter mais ou menos chance de serem usadas para criar palavras novas. Por exemplo, o sufixo do inglês *-ness* é produtivamente usado para criar substantivos de adjetivos como nestes exemplos: *disinterestedness* ('falta de interesse'), *waterproofness* ('resistência a água'), *standoffishness* ('inamistosidade'). Nesses casos, temos *-ness* adicionado a uma palavra já complexa – seja um composto (*water proof*, 'à prova d'água') ou uma palavra com outros sufixos derivacionais (*dis-interest-ed* + *-ness*). Compare-se essa flexibilidade de uso com outro sufixo que cria um substantivo abstrato a partir de um adjetivo, *-th*, como em *warmth* ('calor'), *width* ('largura'), *length* ('comprimento'). Esse sufixo tem aplicação muito limitada e não se prende facilmente a adjetivos novos: *wrong* ('errado'), *wrongth; *cool* ('fresco'), *coolth. Conforme vimos em nossa discussão no capítulo 5, os afixos podem ter sua produtividade aumentada ou reduzida ao longo do tempo.

Outro recurso de formação de palavras presente em muitas línguas é a reduplicação, em que parte da palavra ou ela toda é repetida para expressar um sentido diferente. A reduplicação ocorre em diversas línguas do mundo e exprime uma gama de sentidos que mostram semelhanças importantes mesmo em línguas não aparentadas. A reduplicação pode expressar a ideia de plural em substantivos (mandarim *renren*, 'todo mundo', de *ren* 'pessoa') e repetição ou iteração em verbos (suaíli *pigapiga* 'golpear repetidamente', de *piga* 'golpear'). Também pode expressar intensidade, por exemplo em tai: *díidii*, 'ser extremamente bom', que é formado de *dii*, 'ser bom', ou *wáanwăan*, 'ser dulcíssimo', de *wăan*, 'doce'[2].

---

2. Em grego e latim, alguns verbos formavam sua forma no passado por meio de redobro: grego *lúo*, 'eu solto'; *leluka*, 'fiquei solto'; latim *pendo*, 'pendo', *pependi* 'pendi'. Redobro também há em pares como *pular/pulular* e *saltar/saltitar*, com ideia de ação repetitiva [N.T.].

Algumas línguas também permitem que substantivos se tornem verbos com bastante facilidade. O inglês é uma dessas línguas, como se pode ver em palavras como *hammer* ('martelo'), que originalmente designava uma ferramenta mas agora também pode ser empregada para a ação que se faz com ela; ou *walk* ('caminhar'), que era antes um verbo, mas também pode ser usada como substantivo para indicar um determinado tempo e trajeto para a ação do verbo (*he took a walk* ['ele fez uma caminhada']; *our walks take us around the lake* ['nossas caminhadas nos fazem rodear o lago']). Observe-se que em inglês a mudança se dá pela adição dos afixos flexionais para a nova categoria e pelo simples uso da raiz no contexto para a nova categoria. O processo se chama *derivação imprópria* ou *derivação zero*, já que nenhum afixo derivacional é exigido. Tal como na composição, o sentido do novo substantivo ou verbo não é totalmente previsível, pois é o contexto particular em que é usado que lhe determina o sentido. Por exemplo, de todas as coisas que a palavra *dog* ('cão') poderia significar como verbo ('ofegar feito um cão', 'implorar feito um cão'), o uso verbal significa 'seguir, perseguir como um cão', provavelmente por causa do uso comum de cães para rastrear a caça no século XVI, quando o verbo começou a ser usado.

Essa lista nem de longe esgota os modos como as línguas podem adquirir palavras novas. Existem algumas outras possibilidades: derivação regressiva, como quando parte de uma palavra como *burger* (de *hamburger*, originalmente 'pessoa ou coisa originária da cidade alemã de Hamburgo') passa a ser usada autonomamente em outras combinações como *cheese--burger* ou *veggieburger*; apócope ou redução de palavras longas, como *cine* (< *cinema*), *niver* (< *aniversário*), *gastro* (< *gastroenterologista*), *profissa* (< *profissional*). Em línguas que dispõem de sistemas de escrita, chama-se *acrônimo* a pronúncia das letras iniciais de um sintagma como se fosse uma palavra inteira: *beó* (B. O. = boletim de ocorrência), *radar* (*RAdio Detection And Ranging*) ou *laser* (*Light Amplification by Stimulated Emission of Radiation*). A outra importante fonte de palavras novas – o empréstimo de outras línguas – é tratada na próxima seção.

9.2.2 Empréstimos de outras línguas

Para a maioria das línguas, uma boa fonte de palavras novas pode ser outra língua. Em particular, quando culturas entram em contato, a troca de artefatos ou objetos, alimentação por exemplo, é acompanhada pelas palavras que designam esses itens. A origem em outras línguas de palavras comuns do português como *espaguete*, *taco*, *sushi* ou *fondue* é bastante clara para a maioria dos falantes, mas o português vem tomando palavras emprestadas para designar alimentos há séculos, e muitas delas são consideradas hoje como palavras nativas. Considere-se *laranja*, *batata*, *tomate*, *moranga*, *café* e *chá*. O primeiro registro de *laranja* em português é de 1377, e a palavra nos chegou do árabe *nārandja*, este do persa *nārang*, que por sua vez vem do sânscrito *nāranga*. A batata e o tomate são plantas originárias do continente americano: o termo *batata* entrou na língua no século XVI, pelo espanhol *patata*, atestado a partir de 1560, de uma língua caribe do Haiti, para designar a batata-doce. Por volta de 1590, o nome se estendeu para a batata branca comum, originária do Peru e que, por ironia da história, também é conhecida entre nós como *batata-inglesa*. O tomate (século XVIII) também nos chegou por intermédio do espanhol, que tomou a palavra de empréstimo do náuatle (a língua dos astecas) *tomatl*, literalmente 'fruta inchada', do verbo *tomana*, 'inchar'. A moranga, espécie de grande abóbora, se origina provavelmente de *moganga*, nome desse legume em banto, com um *r* talvez sugerido por analogia com a palavra *morango*. O termo *café* está registrado em português desde o século XVII, do italiano *caffè* e, em seguida, do francês *café*, e estes do turco *kahveh*, que por sua vez provém do árabe *qahwah*, 'café'. A palavra que designa o chá tem duas variantes principais nas línguas da Europa e do Oriente Médio, uma derivada do holandês *thee* e a outra relacionada ao português *chá*. Assim, o inglês tem *tea*, o francês *thé*, o espanhol *té* e o alemão *Tee*, enquanto o russo tem *chai*, o persa *cha*, o grego *tsai*, o árabe *shay* e o turco *çay*. Essas formas diferentes são o resultado do uso do chá que entrou naqueles territórios por duas rotas distintas. Os comerciantes holandeses tinham seus principais contatos em Xiamen, na província de Fujian, onde se fala a língua min nam, e nessa área a palavra para 'chá' era *te*[55]. Os mercadores portugueses navegavam via Macau, onde o nome da planta em cantonês era *cha*. As regiões que importaram o chá por via terrestre e não graças aos mercadores holandeses também usam formas como *chai* (Dahl, 2013). As palavras que examinamos são empréstimos: palavras cuja fonte etimológica é uma língua diferente, mas que estão completamente integradas na língua receptora. É bastante fácil ver que as palavras que designam alimentos viajam junto com os próprios alimentos. Um roteiro semelhante vale para outros objetos cujo progresso mundo afora pode ser traçado de maneira parecida. Por exemplo, a palavra árabe para 'livro', *kitāb*, que usa a raiz triconsonântica *k-t-b*, viajou através da África, encontrando seu lugar no suaíli (banto) como *kitabu* e no hauçá (tchadiano) como *litaafi*, entre outras línguas africanas. A palavra também viajou para o Oriente e se encontra no turco (altaico) como *kitap*, no persa (indo-europeu) como *ketāb* e no urdu (indo-europeu) como *kitāb*. Na verdade, o uso dessa palavra emprestada está difundido pelo sul da Ásia e pelo subcontinente indiano.

Além de nomes para objetos novos na cultura, outros empréstimos dependem do tipo de contato, da extensão do bilinguismo e das convenções da comunidade. Há vários casos em que palavras foram tomadas de empréstimo sem a motivação da necessidade – isto é, as palavras são importadas mesmo quando a língua receptora já tem uma palavra para o objeto ou o conceito. Poplack et al. (1988) estudaram um grande *corpus* de palavras do inglês usadas nas conversas em francês em Ottawa e Hull (Canadá), que são comunidades com amplo e ativo bilinguismo. Embora alguns empréstimos possam ter sido motivados por lacunas lexicais (a falta de nome para um objeto ou conceito), há também muitos empréstimos como *business* ('negócio'), *smart* ('esperto'), *bad luck* ('má sorte'), *first* ('primeiro'), *game* ('jogo') ou *party* ('festa') que não se pode considerar motivadas por necessidade linguística. Outro importante resultado do estudo foi que, mesmo no caso de amplo bilinguismo, a ocorrência de empréstimos na conversação permanecia abaixo de 1% de todas as palavras usadas. Neste caso, portanto, o uso de empréstimos não é uma prática comum. As taxas de empréstimo provavelmente diferem segundo a língua e a comunidade, com algumas comunidades sendo mais receptivas a empréstimos do que outras. Algumas línguas não oferecem um *habitat* confortável para palavras estrangeiras porque sua morfologia complexa pode não ser adaptável a palavras não nativas. Onde o empréstimo acontece, os substantivos são os mais frequentes, talvez por causa de seu alto grau de conteúdo lexical e seu menor grau de integração no discurso do que classes como verbos e adjetivos (Poplack et al., 1988). Palavras gramaticalizadas como preposições, pronomes, artigos e auxiliares raramente são tomadas de empréstimo (Weinreich, 1968; Poplack et al., 1988).

9.2.3 Adaptação de empréstimos

Um empréstimo verdadeiro (em oposição ao uso apenas esporádico de uma palavra não nativa) se integra na fonologia, morfologia e sintaxe da língua. A adaptação fonológica implica normalmente substituir fonemas não nativos por nativos, mudar padrões fonotáticos e ajustar padrões acentuais.

Os fonemas substituídos na adaptação de empréstimos são normalmente os mais próximos possível – em português brasileiro, um /h/ para um /ɻ/ retroflexo inicial do inglês: *recall* [hikɔʊ] em lugar de [ɻikɔɫ], junto com a troca de /ɫ/ final por /ʊ/. Às vezes, a substituição é mais radical, como quando o popoluca de Sayula (mixe-zoqueano) toma de empréstimo palavras do espanhol com /r/ ou /l/, sons inexistentes na língua. A substituição se faz com /n/, o que dá *kunuːʃ*, do espanhol *cruz*, ou *muna*, do espanhol *mula* (L. Campbell, 1999). Em outros casos, dois fonemas nativos substituem um único em empréstimos. A vogal longa anteriorizada arredondada [y:] do francês normando entrou no inglês médio seja como uma vogal posterior [u:] ou como um ditongo [ju], este em palavras como *refuse* ('recusa') ou *pure* ('puro'). Em finlandês não existe /f/, de modo que o /f/ intervocálico foi substituído pela sequência /hv/ como em *kahvi*, 'café', do sueco *kaffe*, ou o finlandês *pihvi*, do inglês *beef*, 'bife' (L. Campbell, 1999).

Frequentemente, os padrões fonotáticos dos empréstimos terão de ser reelaborados se a língua receptora tiver uma estrutura mais simples que a língua de origem. O japonês, que aceita empréstimos com bastante presteza, não tem encontros consonantais, de modo que, ao tomar palavras emprestadas do inglês, vogais são inseridas para romper o encontro consonantal. Além disso, com exceção de /n/, o japonês não apresenta consoantes finais, por isso também é preciso acrescentar vogais às consoantes finais. Desse modo, a palavra *strike* ('greve') é adaptada ao japonês como *sutoraiku*, e *printer* ('impressora') se torna *purintaa*. A adaptação da palavra *Pepsi* em *Pecsi* em alguns dialetos do espanhol (discutida no capítulo 3) também se deve à fonotática, mas neste caso é interessante que um /p/ final de sílaba exista em algumas palavras do espanhol; ele só é muito mais raro do que um /k/ final de sílaba.

A adaptação de padrões acentuais também depende muito da língua receptora. Uma vez que o inglês tem acento lexical, o padrão acentual de palavras emprestadas geralmente é conservado, ao menos por um tempo. Mas o léxico do inglês exibe uma tendência ao acento na primeira sílaba dos substantivos, de modo que palavras do francês com acento oxítono podem entrar no inglês com o acento preservado mas, ao longo do tempo, ele tende a migrar para a sílaba inicial. O empréstimo *garage* é normalmente pronunciado como paroxítono no inglês americano, mas como proparoxítono no inglês britânico. De igual modo, o empréstimo do francês *chauffeur* ('chofer') pode ser acentuado na primeira ou na última sílaba.

As línguas que usam tom em lugar de acento adaptam palavras de línguas com acento reinterpretando a sílaba tônica como portadora de tom alto. Em iorubá (nigero-congolês), a sílaba tônica de empréstimos do inglês tem um tom alto e a sílaba final (se átona) tem um tom baixo: *paper* ('papel') se torna *pépà*, e *recorder* ('gravador') se torna *rikódà*. Se a sílaba final da palavra em inglês for tônica, então a adaptação iorubá tem um tom alto seguido de um baixo: *delay* ('atraso') se torna *dìléè*, e *bar* se torna *báà* (Kenstowicz, 2006).

A adaptação fonológica pode se dar em graus variados e os empréstimos podem variar em sua pronúncia, como o empréstimo *chauffeur* do francês no inglês varia em sua sílaba tônica. *Garage* varia em sua consoante final: alguns falantes usam a fricativa [ʒ] do francês, e outros, a africada mais anglicizada [dʒ]. De igual modo, um termo como *niche* ('nicho'), também do francês, pode ser pronunciado [niʃ] ou [nɪtʃ]. Segundo Poplack et al. (1988), há duas forças principais determinantes do grau de adaptação fonológica: o período de tempo que a palavra tem estado na língua e a integração social da palavra. O que os autores querem dizer com integração social é que a palavra é usada por um grande número de falantes de seu *corpus*, isto é, o empréstimo é um item comum na língua com chance de ser usado por qualquer falante.

Como se poderia esperar, os falantes que adotam palavras de outras línguas não conseguem identificar sempre a estrutura morfológica do empréstimo. O que ocorre com frequência é que uma palavra (ou sintagma) morfologicamente complexa é tratada como se fosse simples. Assim, é claro, a morfologia da língua receptora é imposta à nova palavra. Vamos considerar o empréstimo de formas complexas. Durante os 700 anos em que os falantes de árabe (os mouros) ocuparam partes da Península Ibérica, o espanhol e o português tomaram de empréstimo muitos substantivos do árabe. Com muita frequência, foram incorporados com o artigo definido intacto. Termos como *algodón/algodão, almohada/almofada, alcoba/alcova* datam desse período e incluem o artigo definido *al* como parte da palavra. Observe-se que o inglês *cotton*, o francês *coton* e o italiano *cotone* também derivam do árabe *quṭn*, mas sem o artigo. Essas palavras em espanhol formam seu plural da maneira habitual – acrescentando -*s* ou -*es* –, embora o plural delas em árabe seja muito diferente. Note-se também que empréstimos que entram em línguas como português, espanhol ou francês têm de ter um gênero gramatical atribuído a elas. Poplack et al. mostram que os falantes exibem um alto grau de coerência na atribuição de gênero a empréstimos em espanhol e francês. Em espanhol, a atribuição de gênero é determinada primordialmente pelo formato fonológico do substantivo: nomes terminados em -*a* são majoritariamente femininos, como *almohada* e *alcoba*. Em compensação, *alcalde*, *algodón* e *almacén* são masculinos. Adaptar palavras do espanhol no árabe apresenta desafios maiores, já que o árabe forma os plurais por meio de alterações internas à palavra. O espanhol *recibo* foi incorporado ao árabe como *resibo*, com o plural *ruāseb*; *vapor* deu em árabe *bābor*, com o plural *buāber* (Campbell, 1999).

Adaptar verbos emprestados de uma língua flexional também pode ser difícil, embora a maioria das línguas tenham recursos para fazer isso. (Mas é bom lembrar que o empréstimo de verbos é muito menos frequente que o de substantivos.) Se a língua tiver vários meios de flexionar verbos, os empréstimos quase sempre seguirão o padrão mais produtivo. Verbos como *commence, continue, encounter, refuse* e *retain*, entre tantos outros, entraram no inglês médio através do francês normando. Todos se flexionam no passado com o sufixo regular -*ed*. Algumas línguas têm afixos especiais para converter verbos emprestados em formas flexionáveis. Por exemplo, o kanuri (nilo-saariano) tem duas maneiras de flexionar verbos. Cerca de 150 verbos nativos se flexionam num padrão que tem diversas irregularidades. Todos os demais verbos, incluindo os de empréstimo, se flexionam por sufixação do verbo ŋ*in*, 'dizer', a um radical; em seguida, o próprio ŋ*in* é flexionado para produzir um conjunto pleno de formas de tempo/aspecto e pessoa/número. De fato, uma estratégia comum em muitas línguas é acrescentar um auxiliar flexionado a uma forma verbal invariável.

Em espanhol, a conjugação verbal mais produtiva acrescenta -*ar* para formar um verbo, mas a conjugação leva a mudanças nos padrões acentuais e alternâncias vocálicas ocasionais. Assim, a maioria dos verbos tomados de empréstimo bem como de verbos derivados de substantivos acrescentam uma vogal extra e terminam em -*ear*, que permite que o radical básico permaneça inalterado[3]. Entre os falantes de espanhol mexicano na área em que vivo, o verbo inglês *to leak* ('vazar') passou a ser usado como *liquear*. Na mesma comunidade, o sufixo diminutivo *-ito, -ita* pode ser acrescentado a substantivos para torná-los mais próximos do espanhol: *trailer* é adaptado como *treilita*.

Às vezes os empréstimos têm um impacto sobre a língua receptora para além da expansão do léxico. Novos fonemas podem entrar na língua com os empréstimos, novos padrões silábicos, novas distribuições de fonemas e até alguma morfologia derivacional. Tais casos geralmente exigem elevados graus de bilinguismo durante um longo período na comunidade, ou senão ocorrem numa língua para a qual a mudança é mínima. Por exemplo, o fonema /ʒ/ do inglês entrou na língua a bordo de palavras do francês como *massage, garage, azure, rouge, regime* ou *camouflage*. Antes disso, o inglês não tinha essa fricativa vozeada, embora tivesse a contraparte desvozeada /ʃ/ como em *sheep* ('ovelha'). Parece que os cliques consonantais no zulu (banto) vieram das línguas khoisan vizinhas, e as consoantes retroflexas do hindi podem ter vindo do contato com as línguas dravídicas. Vamos discutir essas hipóteses mais longamente no capítulo 11[4]. O /p/ do japonês enfraqueceu e se tornou uma fricativa em posição inicial de palavra e depois de uma vogal dentro de palavra, mas permaneceu como geminada intervocalicamente. Quando o japonês adotou palavras de línguas europeias, como *pan*, 'pão', do português, o /p/ foi reintroduzido naquela posição. Neste caso, já que existia /p/ numa versão geminada, o surgimento de /p/ em posição inicial foi uma mudança mínima.

Na seção anterior, observamos que morfemas gramaticais raramente são tomados de empréstimo; mesmo assim, o inglês tem um grande nú-

---

3. Contraste-se, por exemplo, o português *telefon-ar* com o espanhol *telefon-ear* [N.T.].
4. Há também muita probabilidade de que o [ɻ] ("R retroflexo" ou "R caipira") tenha sido introduzido no português brasileiro pelo contato com línguas da família tupi-guarani. Também as fricativas palatais [dʒ] e [tʃ], como em *dia* e *tia*, podem ser resultantes do contato de falantes de línguas bantas com o português [N.T.].

mero de afixos derivacionais que vieram do latim pelo francês: prefixos como *pre-, re-, con-, anti-* e sufixos como *-ity, -tion, -al, -ence, -ism* etc. Esses afixos não entraram como tais em inglês, mas num grande influxo de palavras que os continham: *president, remain, contain, antidote, university, nation, national, presence, criticism* etc. Sua limitada produtividade e aplicação a palavras novas se deve ao fato de que eles ocorrem num grande número de palavras e, assim, os falantes conseguem reconhecê-los em certa medida. No entanto, a maioria deles são menos produtivos do que os afixos germânicos que preenchem funções semelhantes, como *un-, -ness* ou *-ish*. Na seção 9.5 vamos falar mais dos afixos derivacionais e de seu impacto na mudança lexical.

9.3 COMO AS PALAVRAS MUDAM DE SENTIDO?

Uma vez que uma palavra entra numa língua e começa a ser usada pelos falantes, é comum que ela sofra mudança semântica. Existe uma tensão interessante entre a necessidade de que as palavras sejam estáveis em seu sentido para que os usuários da língua se entendam e a tendência e a necessidade de adaptar palavras antigas a usos novos. Nesta seção e na seguinte, vamos examinar os tipos de mudança de sentido que têm sido identificados na literatura. Já discutimos um tanto rapidamente os tipos de mudança semântica que ocorrem na gramaticalização, e neste capítulo veremos que muitos dos mesmos tipos de mudança acontecem com palavras individuais que não estão em vias de gramaticalização. Vamos considerar o efeito do contexto, usos metafóricos, inferências, usos metonímicos, bem como a ampliação ou generalização e a restrição do sentido.

Há dois modos de abordar o estudo das mudanças no sentido das palavras, embora, na maior parte das vezes, ambos devam ser tomados em conjunto. O primeiro modo é perguntar, dado um lexema (palavra) L, que mudanças os sentidos de L sofreram? Esse tipo de estudo é chamado de *semasiologia*. Por exemplo, podemos indagar como foi que o substantivo *rapaz*, que originalmente significava 'aquele que rouba' (do latim *rapax*, da mesma raiz de *raptar* e *rapina*), passou a significar 'homem jovem, moço, adolescente'? Ou como se deu que o espanhol *caballero*, usado originalmente para designar um homem que monta a cavalo ('cavaleiro'), agora é usado com o sentido de 'cavalheiro; homem refinado'?

O segundo modo de investigar a mudança em itens lexicais e seus sentidos é perguntar, dado um conceito C ou sentido S, que mudanças ocorreram nos lexemas que expressam esse sentido? Esse tipo de estudo é chamado de *onomasiologia*. Por exemplo, o latim *venatu-*, 'produto da caça, presa abatida na caça', teve seu sentido restringido em português, em que *veado* se refere especificamente aos animais ruminantes da família dos cervídeos; em contrapartida, o latim *passĕru-*, que designava especificamente o pardal, hoje é usado em português (e espanhol) como termo genérico para referência a qualquer tipo de ave, principalmente de menor porte. Conforme veremos, é preciso levar em conta tanto o sentido de uma palavra quanto as demais palavras que existem no mesmo domínio (*venatu-/cervu-* e *avis/passeru-*, no nosso caso).

O significado das palavras também tem dois aspectos. Existe, é claro, a definição de uma palavra – uma declaração dos traços definidores da categoria que a palavra designa. Isso também se chama *intensão*. Mas, além disso, para entender como o sentido muda, precisamos considerar a gama de entidades ou conceitos a que a palavra pode se referir. Essas entidades ou conceitos são os membros da categoria que a palavra designa. Isso se chama *extensão* ou *referência* da palavra.

9.3.1 Categorias prototípicas

Como se pode depreender do parágrafo anterior, as palavras designam categorias. Por essa razão, a investigação sobre as categorias na psicologia como na linguística é relevante para o estudo do sentido das palavras. Essa investigação tem demonstrado que as categorias que os seres humanos formam têm uma estrutura prototípica. Daí decorrem quatro características (as seguintes, segundo Rosch e Mervis, 1975; Geeraerts, 1997):

a) As categorias prototípicas exibem graus de tipicidade; nem todos os membros são igualmente representativos da categoria. Assim, na categoria *ave* algumas aves são mais típicas, como pardais e araras, enquanto outras são claramente mais marginais, como os avestruzes. Estes são mais marginais porque não voam, mas também porque são um tanto maiores do que a maioria das aves. Observe-se que essa propriedade é predicada sobre a extensão ou referência da categoria.

b) Nem todos os membros de uma categoria compartilham todos os traços com outros membros. Pode haver membros centrais que têm todos os traços relevantes, mas também pode haver membros que carecem de certos traços. Assim, embora a capacidade de voar seja um traço importante da categoria *ave*, pode haver aves que não voam. Para ser membro de uma categoria, uma entidade tem que compartilhar traços com algum outro membro. Por conseguinte, as categorias prototípicas exibem uma estrutura de semelhança de família ou, de modo mais geral, sua estrutura semântica assume a forma de um conjunto ou cadeia radial de marcações agrupadas e superpostas. Assim, alguém pode se perguntar como os beija-flores e os avestruzes podem estar na mesma categoria; a resposta é que ambos compartilham traços com aves mais típicas, como pardais e araras.

c) Às vezes se diz que as categorias prototípicas podem ser nebulosas nas extremidades. É uma consequência do fato de que tais categorais têm membros marginais, os quais, em alguns casos, podem se parecer com membros de outras categorias. Embora se saiba que as baleias são mamíferos, já que amamentam seus filhotes, às vezes elas tornam nebulosos os extremos da categoria 'mamífero' porque se parecem com peixes em diversos aspectos: vivem na água e têm nadadeiras.

d) Por fim, com respeito aos traços definidores de categorias prototípicas, eles não podem ser um único conjunto de atributos ou critérios (necessários e suficientes). Ao contrário, os traços definidores são um conjunto que ocorre em vários membros (mas não precisam ocorrer em todos) e não distinguem necessariamente uma categoria de outra. Para as aves, ter asas, penas, bicos, voar, pôr ovos e construir ninhos são todos traços importantes, mas existem aves que não apresentam esses traços e continuam sendo aves. Além disso, existem traços, como tamanho, que não servem de critério, mas apesar disso determinam a prototipicidade dos membros, fazendo de beija-flores e avestruzes aves menos típicas. Os atributos que definem a categoria emergem da comparação dos membros das categorias e seus atributos. Os atributos que pertencem a um grande número de membros são enfatizados com vigor, enquanto os que pertencem a poucos membros são enfraquecidos.

9.3.2 Mecanismos de mudança semântica

Feita essa apresentação da intensão (definição) e extensão (pertencimento) de uma categoria, podemos agora começar a ver como muda o sentido das palavras. A partir de agora, vamos abordar os diferentes mecanismos pelos quais as palavras mudam seu sentido e examiná-los a partir da noção de protótipo. Os mecanismos de mudança semasiológica que discutiremos são: hipérbole, metáfora, metonímia, sinédoque e inferência. Eles levam à generalização ou à especialização que envolvem mudança onomasiológica à medida que as palavras competem entre si. Também ocorrem mudanças em sentido não-denotacional: as palavras assumem conotações por causa de contextos frequentes, tanto lexicais quanto sociais. A mudança semântica sempre ocorre num contexto particular de discurso, em que o contexto incentiva a interpretação a seguir determinada direção.

Um mecanismo que mantém a mudança semântica em movimento é a *hipérbole* – o uso de uma palavra com um sentido exagerado que ultrapassa o que se poderia esperar. O interessante sobre essa prática é que ela acaba fazendo o sentido mais forte desbotar, exatamente como o uso intenso leva ao desbotamento na gramaticalização. Considere-se por exemplo o uso do verbo transitivo *grab* no inglês americano atual. O *Oxford English Dictionary* define *grab* como "agarrar ou apanhar repentina e avidamente; daí, apropriar-se de algo de um modo rapace ou inescrupuloso". É um sentido muito forte. Os exemplos no COHA até os anos 1930 refletem esse sentido, mas, a partir dessa época, já se registra alguns usos hiperbólicos. Por exemplo, no contexto de um baile, o anunciante diz *grab your partners* ('peguem seus parceiros'). Também por volta de 1937 aparecem exemplos com comida ou bebida: *grab a bite to eat* ('pegue algo para comer'), *grab some supper* ('pegue algo para cear'), *grab some coffee* ('pegue café'). Esses usos não parecem trazer o sentido de "repentina e avidamente" ou "inescrupuloso". Em 1936 também se encontra *I got to grab a streetcar and get home* ('preciso tomar um bonde e ir para casa'), que não expressa, novamente, nada muito além de 'tomar; pegar'.

Avancemos até 2012 e o COCA oferece muito mais exemplos de *grab* usado para significar pouco mais do que 'tomar; pegar', como nos seguintes:

(258)   Once you have the basics, grab *a piece in today's look: all black* (sobre escolher o relógio para um homem; COCA, 2012).
'Depois que tiver o básico, escolha uma peça com o *look* de hoje: tudo preto'.

(259)   *To copy the runway look you see here,* grab *a hot pink polish spiked with confetiilike particles* (COCA, 2012).
'Para se parecer com uma modelo, use um esmalte de unha rosa-choque salpicado com partículas como confetes'.

Ambos os exemplos e muitos outros dessa época estão no imperativo. Usar *grab* em vez de *get* dá mais força ao imperativo por causa do sentido "avidamente" que é parte do sentido mais antigo. Como se vê, usar *grab* desse modo teve rapidamente o efeito de mudar por completo o sentido do verbo, tanto que passou a significar simplesmente 'pegar com avidez' ou apenas 'pegar'[5].

---

5. O mesmo desbotamento semântico se deu em português com o verbo *tomar*, cujo sentido mais antigo era "tirar (algo) de (alguém) e apossar-se desse algo; subtrair, arrebatar, usurpar", que ainda se emprega, por exemplo, em "os militares tomaram o poder e instauraram uma ditadura". Mais frequentes, no entanto, são atualmente os usos com sentido muito mais leve como *tomar café* ou *tomar o ônibus* [N.T.].

Ainda mais distantes do sentido físico original de *grab* são incursões em outros domínios via *metáfora*, por meio das quais uma estrutura relacional em um domínio é transferida para outro domínio. A metáfora é frequentemente ilustrada com substantivos, como quando os termos de partes do corpo, por exemplo *cabeça* ou *mão*, passam a ser usados em outros domínios que não o do corpo humano, como em *o cabeça da rebelião* ou *rua de mão única*. Um verbo que denota uma ação física como *grab*, que evoca a mão que se estende para agarrar um objeto, também pode ser usado metaforicamente. Consideremos os dois exemplos a seguir. No primeiro, o objeto é um emprego, coisa que não se pode pegar com a mão, mas sim dizendo "eu aceito" ou coisa parecida. No segundo, o objeto são as manchetes de jornal, um objeto interessante já que ninguém pode entrar diretamente nas manchetes, mas tem que se comportar de determinada maneira para ser (passivamente) escolhido para uma manchete:

(260)   *She'd wanted this job since she's learned to count. She ought to grab it, rather than wasting her talent by keeping the books for a few locals* (COHA, 2009).
'Ela vem querendo esse emprego desde que aprendeu contabilidade. Ela devia agarrá-lo, em vez de desperdiçar seu talento cuidando dos livros de uns poucos negócios locais'.

(261)   *But no, you want to showboat all the time... you wanna take all the solos and grab up all the headlines* (COHA 2011).
'Mas não, você quer se exibir o tempo todo... quer ficar com todos os solos e aparecer em todas as manchetes' (literalmente: 'agarrar todas as manchetes').

As extensões metafóricas também têm o efeito de enfraquecer os traços semânticos do verbo *grab*. No caso da hipérbole e da metáfora, quando os falantes optam por usar uma palavra num contexto novo, eles acrescentam contextos possíveis como membros da categoria prototípica. Esses membros não compartilham todos os traços do membro original – aquele que inclui 'agarrar ávida, repentina ou inescrupulosamente'. Os exemplos parecem preservar o sentido 'avidamente', mas os outros traços do significado não são reforçados à medida que a categoria evolui.

Com frequência as mudanças de sentido metafóricas criam *polissemia*, isto é, um ou mais sentidos ou sentidos diferentes (embora talvez relacionados) para uma mesma palavra. No caso de *cabeça* em português, múltiplos sentidos coexistem: a cabeça de um animal ou ser humano; a cabeça de uma organização ou instituição; numa construção, pedra de maior resistência que se põe onde ocorre o empuxo mais intenso; distância que separa um animal de outro numa corrida de cavalos, e muitos mais. Os usos estendidos de *cabeça* não parecem afetar seu sentido concreto original: ainda é bastante claro que se usa *cabeça* para se referir à cabeça de uma pessoa ou de um animal. A polissemia pode levar à mudança semântica no significado de uma palavra se os sentidos primitivos desaparecerem. Um exemplo em que uma metáfora suplementou o sentido corrente comum e o sentido prévio desapareceu é o latim *rostru-*, 'bico de ave', que se tornou *rosto* em português, termo que já não significa 'bico de ave'.

A *metonímia* ocorre quando um termo para um conceito é usado para um conceito associado; esse processo também resulta em polissemia. Por exemplo, o composto *White House* ('Casa Branca') do inglês americano começou como o nome de uma determinada casa em Washington, D.C., em que o presidente dos Estados Unidos mora e trabalha. Bem depressa (nos anos 1830), porém, passou a ser usado com dois outros sentidos: a presidência (*ele está de olho na Casa Branca*) e o poder executivo do governo (*informação fornecida pela Casa Branca*). Uma vez que o sentido primitivo, concreto, do composto também é empregado, o termo é possilêmico. Em alguns casos de mudança metonímica, os sentidos originais desaparecem. A metonímia funciona porque uma entidade conceitual evoca uma cena inteira, mais complexa e pode passar a representar esse todo maior.

Um exemplo do francês é a história da palavra *bureau*, 'escritório'. Originalmente, *bureau* se referia a uma peça de tecido cru (*bure*) colocada sobre a mesa em que alguém trabalhava. Passou a designar a própria mesa; em seguida, o cômodo onde a mesa se situava e, finalmente, as atividades executadas naquele cômodo – cada uma delas uma mudança metonímica separada (Robert, 2008). O latim *penna*, 'pena', passou a indicar, por metonímia, um instrumento de escrita (inglês *pen*, 'caneta') porque as plumas das aves eram usadas para a escrita. Em inglês, o termo *pen* continua a ser usado, embora o instrumento em si tenha mudado.

Um tipo mais específico de metonímia é a *sinédoque*, em que uma parte de uma entidade passa a representar a entidade toda. Assim, contratar *mão de obra* implica na verdade empregar pessoas inteiras, mas a menção à mão (a parte relevante para o trabalho) permite falar do corpo todo. De igual modo, uma *cabeça* de gado se refere a um animal inteiro, uma vez que *cabeça* é a unidade empregada para a contagem do número de animais de um rebanho.

Outro tipo de mudança semântica que se considera frequentemente como metonímica é a mudança pela *convencionalização de inferências*, que discutimos mais atrás ao tratar da gramaticalização. Lá, vimos que muito comumente as inferências feitas podem se tornar parte do significado da palavra ou da construção. Um bom exemplo vem da conjunção *since* em inglês, que originalmente significava 'desde determinado momento'. No exemplo (262) *since* tem apenas seu sentido temporal, mas em (263) o sentido temporal implica um sentido causal – que o remédio é responsável pela cessação do sonambulismo. Se uma inferência do tipo ocorrer frequentemente, ela poderá se tornar parte do significado da palavra, de modo que em (264) *since* indica 'porque' ou 'dado que' e não comporta nenhum sentido temporal.

(262) *I think you'll all be surprised to know that <u>since</u> we saw Barbara last she made an amazing trip to China* (COCA, 1990).
'Acho que vocês todos ficarão surpresos ao saber que desde a última vez que vimos Barbara ela fez uma viagem fantástica à China'.

(263) *After 50 years of sleepwalking, he hasn't walked once <u>since</u> he started taking the drug* (COCA, 1990).
'Depois de 50 anos de sonambulismo, ele não andou à noite nenhuma vez desde que [*ou* porque] começou a tomar o remédio'.

(264) *<u>Since</u> the hunters all have CB radios, they can warn each other before he even gets close* (COCA, 1990).
'Visto que todos os caçadores são radioamadores, eles podem avisar uns aos outros mesmo antes que ele se aproxime'.

Essas mudanças são metonímicas somente num sentido muito amplo: o sentido temporal e o sentido causal estão associados em alguns contextos. Em (263) *since* invoca ambos os sentidos, mas em (264) não. O sentido extra é acrescentado por inferência porque o ouvinte está sempre tentando descobrir por que o falante está lhe contando aquilo. Colocar duas orações juntas em sequência leva o ouvinte a inferir que elas estão relacionadas, não só temporalmente, mas também causalmente[6].

Muitos desses tipos de mudança ocorrem quando os falantes optam por usar as palavras de maneiras inéditas. Podemos pensar nas palavras como ferramentas que ajudam os ouvintes a ativar certas áreas de sua base de conhecimento. Assim, o conhecimento enciclopédico (conhecimento do mundo) do falante e do ouvinte é usado para interpretar as palavras de um discurso. Usos inéditos ocorrem em contexto, e é o mundo real e o contexto discursivo que tornam possível a atribuição de um sentido novo. As outras palavras do enunciado ou no discurso mais amplo ajudam o ouvinte a atribuir o sentido novo adequado. O novo contexto de uso é categorizado junto com os contextos mais estabelecidos em que se emprega uma palavra. Quando usos inéditos se repetem, eles se estabelecem como membros da categoria e podem afetar os traços semânticos que definem a categoria.

9.3.3 Mudança em sentido não-denotacional

Sendo o contexto de uso tão importante na interpretação das palavras, aspectos do sentido não-denotacional também podem infiltrar-se a partir do contexto e afetar a conotação de uma palavra. Nesta seção vamos considerar alguns exemplos de como o uso em contexto acrescenta afeto a palavras e construções particulares.

---

6. Note-se que em português a preposição *desde* passou pelo mesmo processo de inferência. De sentido espacial (*Essa rua vem desde a entrada da cidade e termina no cruzamento com a rodovia principal*), passando pelo sentido temporal (*A loja existe desde 1915*) até o sentido concessivo (*Podemos ir à praia amanhã, desde que não chova*). Também é possível inferir o sentido causal do sentido temporal: *Desde que comecei a tomar esse remédio estou me sentindo muito melhor* [N.T.].

Vamos examinar primeiro o exemplo que discutimos na seção anterior: o uso de *grab* para significar 'tomar; pegar'. No exemplo a seguir, *grab* traz consigo o sentido de que o jantar será breve, mas também um tanto informal. Além disso, o uso de *grab* em si mesmo sugere informalidade no ambiente conversacional, como abaixo:

(265)   Listen, do you want to go <u>grab</u> some dinner at that little café we saw down the street? (COHA, 2006).
'Escuta, você quer jantar alguma coisa naquele café que a gente viu mais embaixo na rua?'

Quando palavras e construções são usadas de modo diferenciado por pessoas em classes sociais, faixas etárias ou gêneros diferentes, as próprias palavras ficam associadas a esses grupos e isso se torna parte do afeto ou da conotação das palavras.

Torres Cacoullos (2001) estudou a distribuição de dois verbos diferentes usados na construção progressiva em espanhol mexicano e descobriu que um deles era muito mais comum na fala popular ou coloquial do que na fala formal. Para formar o progressivo em espanhol há diversos verbos auxiliares que podem ser usados junto com a forma do gerúndio do verbo principal; esses auxiliares são *estar, andar, venir* ('vir') e *ir*. Considere-se os dois exemplos abaixo, o primeiro de fala culta da Cidade do México e o segundo de uma comunidade de fala mais popular:

(266)   Pero <u>estás hablando</u> de una forma de vida, Gordo.
'Mas estás falando de uma forma de vida, Gordo'.

(267)   <u>Ando buscando</u> unas tijeras, porque se me rompió una uña.
'Estou procurando uma tesoura, porque quebrei uma unha'.

Quando comparou dois *corpora* diferentes do espanhol da Cidade do México – fala culta *vs.* popular –, Torres Cacoullos verificou que *andar* + gerúndio era usado quatro vezes mais no *corpus* de fala popular do que no de fala culta. Em outro *corpus* de uma cidade diferente (Chihuahua), ela constatou que os falantes com apenas a educação primária ou secundária usavam *andar* três vezes mais do que os falantes com educação universitária. Em termos de semântica, *estar* e *andar* no progressivo são frequentemente intercambiáveis, mas a escolha entre os dois é socialmente motivada. Ou seja, junto com o sentido de *andar* progressivo vem uma marca de identidade social.

O contexto linguístico também pode ter um efeito sobre a conotação de uma palavra. O verbo *cause* ('causar; fazer com que') tem sido estudado em grandes *corpora* do inglês, e se descobriu que, quando o objeto de *cause* é um sintagma nominal, ele quase sempre denota algo negativo, como em *cause an accident* ('causar um acidente'), *cause damage* ('causar dano'), *cause a problem* ('causar um problema') ou *cause cancer* ('causar câncer') (Stubbs, 2002). As definições de *cause* nos dicionários não mencionam essa distribuição, mas o contexto acrescenta o que se chama de *prosódia semântica* ao sentido da construção *cause* + sintagma nominal porque sintagmas como *it caused a resolution of the problem* ('isso causou uma solução do problema') ou *cause a celebration* ('causou uma celebração') soam estranhos. Curiosamente, quando *cause* tem um complemento verbal ou quando *cause* é um substantivo, o verbo é mais neutro, como em *cause people to migrate* ('fez com que as pessoas migrassem') ou *a cause for celebration* ('um motivo para celebração'). Um estudo do desenvolvimento diacrônico dessa prosódia negativa mostra que no início do inglês moderno *cause* podia ocorrer tanto com sintagmas nominais positivos ou neutros quanto com negativos, mas os neutros ultrapassavam de longe os positivos. Essa inclinação no rumo do sintagma nominal neutro ou negativo foi aumentando ao longo dos anos, levando à situação atual (Smith e Nordquist, 2012).

Tradicionalmente, o termo *pejoração* tem sido usado para descrever a mudança semântica que leva uma palavra a assumir conotações negativas e finalmente ter sua denotação igualmente transformada. A maioria dessas mudanças provavelmente se dão via metonímia, de modo que pode não se tratar de um tipo separado de mudança, mas simplesmente influenciado pelos contextos de uso. Por exemplo, *famigerado* significava originalmente 'famoso, célebre', mas passou a ser sinônimo de 'mal-afamado, de fama ruim'. *Vilão*, 'personagem mau da literatura', significava originalmente 'habitante de uma casa de campo', 'homem que reside em vila'. *Amador*, 'aquele que ama', perdeu sua conotação afetiva ligada a *amor* e designa a pessoa que se dedica não profissionalmente a um ofício. Também ocorre a direção oposta na mudança, a *amelhoração*. A palavra latina *caballus* significava 'cavalo ruim, cavalo de trabalho', mas nas línguas românicas passou a ser o termo geral para 'cavalo', ou seja, a palavra se estendeu em seu uso para se referir a todos os cavalos, um caso de generalização, conforme se discute na próxima seção.

9.3.4 Mudança onomasiológica: palavras em competição

Quando generalizam seu sentido por serem usadas em cada vez mais contextos, as palavras podem invadir o território semântico de outras. A generalização de sentido lexical se assemelha à generalização de sentido gramatical na medida em que podem desaparecer traços específicos do significado. Vimos um exemplo de generalização incipiente com o verbo inglês *grab*. Segue-se o exemplo de uma palavra que sofreu generalização duas vezes: o latim *salārium* deriva de *sal*, 'sal', e designava a ração de sal de um soldado. Daí o termo se generalizou para o ordenado dos soldados em geral (perdendo a associação com sal) até se transformar em ordenado pago a qualquer trabalhador, salário. A generalização também se dá quando uma marca registrada se estende para todos os produtos de determinado tipo. Um bom exemplo é o uso do termo *xerox* para fotocópia. Era a marca registrada de uma máquina copiadora pioneira e muito popular e, mesmo quando outras marcas entraram no mercado, o nome continuou a ser usado. Em inglês, a palavra se tornou até mesmo um verbo (*to xerox*, 'xerocar'), apesar das objeções do departamento de *copyright* da empresa Xerox[7].

---

7. No Brasil, o mesmo processo se deu com palavras como *gilete, bombril, cotonete* e, mais recentemente, *datashow* [N.T.].

Quando as palavras generalizam seu sentido, o número de membros da categoria aumenta – a palavra é estendida. Como isso acontece com muita frequência, alguma outra palavra perde membros de sua categoria e tem sua definição restringida. Ou seja, em alguns casos, o estreitamento do sentido é resultante de mudança onomasiológica. Por exemplo, segundo o *Oxford English Dicitionary* (OED), a palavra *girl* se referia a uma criança ou pessoa jovem de qualquer sexo no século XV, mas naquela época começaram a surgir alguns usos que pareciam se referir somente a mulheres, tal como *gaye gerles* ('meninas alegres') ou *prety gerle* ('menina bonita'). A palavra *boy*, atestada pela primeira vez no século XIV, se referia a um servo, escravo, assistente ou empregado jovem, bem como a um homem de baixa extração social (OED). Por volta do século XV, também podia ser usada para se referir a uma criança ou jovem do sexo masculino, tornando-se a contraparte de *girl*, como se vê neste exemplo do século XVI:

(268)   Whose child is that you beare so tenderly? Is it a <u>boy or girle</u>, I praie ye tell? (OED) (1594, R. Wilson. *Coblers Prophesie*, 1.1080).
'De quem é essa criança que carregas tão ternamente? É um menino ou uma menina, rogo que me digas?'

Assim, a generalização de *boy* para qualquer homem jovem se interpôs no espectro de referência de *girl* e, menos de um século depois, tinham se tornado um par.

Outro exemplo diz respeito ao mundo dos caninos. A palavra de herança germânica para caninos domesticados é *hound* (compare-se com o alemão *Hund*, 'cão'). A palavra *dogge* (ou alguma outra grafia variante) entrou em uso no século XIV e se referia tanto aos cães pastores quanto aos cães de caça. *Hound* era usada como uma palavra geral para caninos até o século XV, mas à medida que o uso de *dog* se difundia e abrangia todos os tipos de cão, *hound*, que era usada para cães de caça no mesmo período, se restringiu a esse tipo de cão, especialmente os que rastreiam sua presa pelo faro.

O estreitamento de sentido também ocorre quando uma palavra fica intimamente associada com determinado contexto e os falantes relutam em usá-la fora desse contexto. O português *rezar* significava 'recitar' (latim *recitāre*); mas como a recitação se dava predominantemente num contexto religioso, o verbo ficou associado ao ato de orar, enquanto outros verbos como *recitar* ou *declamar* surgiram para indicar a ideia mais geral de recitação.

9.4 TENDÊNCIAS GERAIS NA MUDANÇA SEMÂNTICA LEXICAL

Quando discutimos a gramaticalização, vimos que existem trilhas direcionais bastante nítidas de mudança semântica. Na mudança lexical, a direcionalidade é bem menos clara, provavelmente devido aos modos muito criativos (e às vezes conscientes) de uso das palavras pelos falantes. Contudo, há várias tendências nítidas que se aplicam translinguisticamente, e algumas delas são as mesmas que se encontram na mudança semântica por gramaticalização.

As metáforas geralmente transferem um sentido de um domínio concreto para um domínio abstrato, gerando por conseguinte uma mudança semântica do mais concreto para o mais abstrato. Assim, quando termos espaciais como *alto* e *baixo* são empregados para estados emocionais, há uma metáfora implicada e o sentido resultante é mais abstrato. Já examinamos muitos exemplos assim, mas é importante dar-se conta de que algumas mudanças vão na direção oposta. Por exemplo, quando um falante de inglês usa *shrimp* ('camarão') para significar 'pequeno' ao se referir a uma pessoa de baixa estatura, se poderia pensar que se trata de uma passagem da pequena criatura marinha a um domínio mais abstrato de tamanho. No entanto, a etimologia de *shrimp* vai na direção contrária, pois o termo deriva de um verbo germânico, *schrimpen* ('encolher'), de modo que um camarão é uma criatura encolhida, contraída. Portanto, 'pequeno' sempre fez parte do significado e não deriva metaforicamente do uso concreto.

Três tendências muito fortes foram identificadas por Elizabeth Traugott (1989) no processo de inferência. As três se aplicam tanto à gramaticalização quanto à mudança lexical. Todas essas tendências são exemplos de crescente subjetificação, isto é, todas emanam das perspectivas e atitudes do falante. Seguem as três tendências com exemplos.

"Tendência 1: Sentidos baseados na situação externa descrita > sentidos baseados na situação interna (avaliativa/perceptual/cognitiva) descrita" (Traugott, 1989: 34). Um exemplo é o verbo *pensar* em português (e seus cognatos nas demais línguas românicas), que deriva do latim *pensāre*, 'pesar, avaliar o peso de um objeto', e passou a significar 'pensar, refletir, ponderar'. Outro exemplo é o uso de *mordido* para se referir a alguém possuído por um sentimento agudo (*mordido de raiva, mordido de inveja, mordido de ciúme*), com base na sensação física, concreta, externa, provocada pela mordida de um animal.

"Tendência II: Sentidos baseados na situação externa ou interna descrita > sentidos baseados na situação textual ou metalinguística" (Traugott, 1989: 35). É o que se deu com o a preposição *desde* em português: ela se moveu da descrição de uma espacialidade externa (*esse rio vem desde as montanhas até o mar*) rumo à indicação de uma relação textual (concessiva) entre orações (*vamos te levar, desde que você se comporte durante a viagem*). O verbo *observar* sofreu uma mudança desse tipo quando passou de significar 'perceber' (uma situação interna) a ser um verbo *dicendi* que codifica a situação metalinguística com o sentido de 'afirmar que' (*"Com essa chuva vai ser impossível viajar", observou Patrícia*).

"Tendência III: Os sentidos tendem a se basear crescentemente na crença/atitude subjetiva do falante para com o enunciado" (Traugott, 1989: 35). Um exemplo em inglês é o conectivo *while* ('tempo [em] que'), que pode significar 'enquanto' (como resultado da Tendência II) passando a indicar uma relação concessiva entre duas orações, como ilustrado a seguir:

(269)   We stayed in Paris a little *while*.
        'Ficamos em Paris por um tempinho'.

(270)   She slept *while* Harold worked on his manuscript.
        'Ela dormia enquanto Harold trabalhava em seu manuscrito'.

(271) <u>While</u> Pam didn't really need any help, she surely appreciated it.
'Embora não precisasse realmente de nenhuma ajuda, Pam sem dúvida apreciou aquilo'.

Outro exemplo da Tendência III é a mudança no sentido do inglês *very*, derivado do francês antigo *verai*, 'verdadeiro', que é uma avaliação cognitiva. Seu uso escalar (indicando o ápice), como em *at the very height of her career* ('no topo da carreira dela'), permite uma avaliação subjetiva. Seu uso ulterior como intensificador ilustra o mesmo tipo de mudança.

Como se poderia esperar, algumas alterações semânticas específicas exibem padrões semelhantes entre as línguas, isto é, tal como na gramaticalização, determinados materiais semânticos tendem a suscitar mudanças semelhantes. Por exemplo, o verbo *grab* que examinamos mais atrás está se transformando para significar algo mais perto de *get* ('pegar, obter'), e essa mudança semântica particular pode ser vista em outras circunstâncias. Por exemplo, o inglês *get* deriva de uma raiz do protoindo-europeu **ghend-*, que significa 'agarrar, apanhar', conforme se encontra na raiz do latim *praehendĕre*, 'apreender, apanhar'. Também o inglês *have* provém do protoindo-europeu **kap-* ('capturar'), uma raiz que se encontra no latim *capio* ('capturar, apanhar'). Por sua vez, o latim *habēre* provém da raiz protoindo-europeia **ghab(h)-ē*, que significa 'segurar'. Com isso, podemos construir uma trilha comum de mudança:

(272) apanhar, agarrar > obter, conseguir > ter, possuir

O último estágio dessa mudança pode também ser ilustrado com o uso infantil e não-padrão do inglês americano em que *got* significa 'ter', como em *Magic what people <u>got</u> in dere bodies* ('É mágico o que as pessoas têm em seus corpos'; COCA, 2002).

Outro exemplo translinguístico trazido à tona por Zalizniak et al. (2012) é o uso de um substantivo que se refere a um estrangeiro (embora a nacionalidade do estrangeiro varie de uma língua para outra) para designar a barata (inseto). Os autores citam o russo *prusak* ('prussiano'), o tcheco *šváb* ('suábio') e o reto-romanche *sclaf* ('eslavo'), todos empregados para significar 'barata' em suas respectivas línguas[8]. O estudo translinguístico de trilhas comuns de mudança semântica lexical está apenas começando. Talvez com mais dados sobre mudanças em línguas diferentes seja possível identificar mais tendências na mudança lexical semântica.

9.5 MUDANÇAS EM FORMAS RELACIONADAS POR DERIVAÇÃO

Outro tipo de mudança semântica nas palavras, e que tem se tornado o foco de atenção de alguns pesquisadores recentemente, diz respeito a como palavras formadas por morfologia derivacional perdem seus sentidos composicionais e se distanciam da palavra-base de que foram formadas. Alguns exemplos em português são *conseguir, conduzir* ou *provavelmente*. Quando uma palavra de morfologia complexa é plenamente composicional em seu sentido, o sentido do todo pode ser previsto pelo sentido dos morfemas que o compõem. Supomos que palavras complexas surgiram de composição e perderam sua composicionalidade gradualmente, de modo que existem vários graus de perda de composicionalidade. Langacker (1987) também propõe que consideremos a analisabilidade de uma palavra, isto é, os graus em que os usuários da língua conseguem identificar os morfemas que compõem a palavra. Uma palavra pode perder composicionalidade mas ainda ser analisável, como, por exemplo, *conseguir* em que *con-* é claramente distinguível de *-seguir*, mas reunir os dois não produz o sentido atual da palavra (já que *seguir* significa 'ir atrás ou na companhia de', enquanto *conseguir* significa 'obter êxito, ter sucesso'). Em contraste, o verbo *contribuir*, que consiste etimologicamente de *con-* e *-tribuir*, não é nem composicional nem analisável (porque o verbo **tribuir* não existe em português).

O que faz uma palavra conservar ou perder sua composicionalidade? Um fator é a frequência de uso da palavra derivada. Conforme mencionamos

---

8. Curiosamente, e em sentido contrário, no Brasil se emprega o termo depreciativo *cucaracha* ('barata' em espanhol) para designar pessoas procedentes de países latino-americanos [N.T.].

antes, um amálgama frequentemente usado é processado como um todo e portanto pode ter um sentido atribuído à unidade inteira. Podemos comparar palavras com o mesmo afixo e, muito provavelmente, aquelas que são mais frequentes terão um significado composicional menor. Por exemplo, as palavras com o prefixo *pre-* diferem em sua composicionalidade. As palavras com uma frequência mais alta, como *preocupar* ou *pretender* tem muito menos sentido composicional do que palavras de frequência mais baixa como *pré-candidato* ou *pré-matrícula*. Observe-se também as diferenças fonológicas (e gráficas): *pre-* nas palavras frequentes tende a ter vogal fechada ou reduzida ([e] ou [i]), enquanto nas menos frequentes a vogal é aberta [ε], acentuada graficamente e com o prefixo unido por meio de hífen. Hay (2001) argumenta que não é somente a frequência de ocorrência da palavra derivada que determina sua perda de composicionalidade, mas a frequência relativa dessa palavra em comparação com a base da qual deriva. Por exemplo, *pretender* deriva da base *tender*. Em alguns casos, uma palavra derivada é mais frequente que sua base: por exemplo, *inocente, imaculado* e *incrível* são muito mais frequentes do que *nocente, maculado* e *crível*, respectivamente. Hay prediz que tais palavras serão menos composicionais do que uma palavra derivada que é menos frequente que sua base, como *invulnerável, insubsistência* ou *imodesto*. Por meio de vários testes, Hay consegue mostrar que essa generalização se sustenta.

Embora a frequência possa ser um fator, ela sozinha não explica as mudanças de sentido que ocorrem. De fato, a frequência mesma pode ser consequência das mudanças semânticas. Talvez um fator mais importante sejam os contextos em que se usa a palavra derivada em comparação a sua base. Se uma palavra derivada for mais frequente do que sua base, ela provavelmente será usada em muitos contextos em que a base não ocorre, e esses contextos poderiam ser responsáveis pela perda de composicionalidade. Considere-se um estudo informal de uma base e de um derivado que são ambos de frequência altíssima em inglês: *dirt* ('poeira; sujeira') e *dirty* ('empoeirado; sujo'). O substantivo *dirt* ocorre 13.844 vezes no COCA, e o adjetivo *dirty*, 12.975 vezes. A palavra derivada é facilmente analisável (*dirt* +

-y, 'sufixo formador de adjetivos') e tem alguns usos em que é composicional, mas de fato as duas palavras são empregadas em contextos bastante diferentes. *Dirt* ocorre frequentemente em discussões sobre ruas e estradas e em combinações como *dirt and dust* ('poeira/sujeira e pó'), *dirt and oil* ('poeira/sujeira e óleo'), *dirt and grease* ('poeira e graxa') e *dirt and sawdust* ('poeira/sujeira e serragem'), todas indicando um sentido bastante concreto para o substantivo. O adjetivo ocorre em contextos muito diferentes, mais metafóricos, como *dirty words* ('palavras obscenas'), *dirty details* ('detalhes sórdidos'), *dirty looks* ('olhares lascivos'), *dirty messages* ('mensagens obscenas'), *dirty work* ('trabalho sujo'), *dirty joke* ('piada grosseira'), *dirty little secret* ('segredinho sujo') e *dirty bomb* ('bomba radiológica' ou 'bomba suja'), nenhum dos quais implica poeira no sentido dos exemplos com o substantivo.

Compare-se esses resultados com os de uma dupla de palavras que são de frequência mais baixa e mais composicionais: *legible* ('legível') e *illegible* ('ilegível'). Os contextos em que essas duas palavras são empregadas se assemelham muito. Ambas são usadas com *handwriting* ('letra manuscrita'), *letters* ('letras'), *notes* ('anotações'), *words* ('palavras') etc. O fato de serem usadas em contextos semelhantes as mantém numa relação semântica íntima e, portanto, *illegible* permanece composicional. Em contrapartida, *dirt* e *dirty*, com tantos contextos que não se sobrepõem, provavelmente seguirão uma deriva que as afastará uma da outra, levando *dirty* a se tornar menos composicional.

Esses exemplos sugerem que a mudança semântica que leva à perda de composicionalidade opera pelos mesmos mecanismos que discutimos acima – metáfora, metonímia etc. –, que conduzem ao uso da palavra derivada em contextos nos quais a palavra-base não se emprega. O uso frequente de uma palavra em certos contextos com certos sentidos é o que impulsiona a perda de sua relação clara com seus morfemas componentes ou sua crescente autonomia com relação a palavras e morfemas da mesma família.

Os compostos sofrem mudanças semelhantes, o que frequentemente conduz à perda de composicionalidade e de analisabilidade. A alta frequência e a mudança semântica também contribuem para a mudança fonológica que obscurece as palavras componentes. Por exemplo, o inglês contemporâneo *lord* ('senhor') era em inglês antigo *hlāfweard*, um composto de *hlāf* ('pão') e *weard* ('guardião'). Em inglês antigo, a palavra já tinha se reduzido em *hlāford*. *Lady* ('senhora') provém de *hlǣfdige*, 'pão' + 'amassadora'. Esses compostos se reduziram fonologicamente e seu sentido mudou à medida que mudava a estrutura social. *Lady* sofreu considerável generalização e já não é mais apenas a contraparte feminina de *lord*, pois *lady* se aplica a qualquer mulher, enquanto *lord* se emprega para homens dotados de poder e autoridade. Outro composto do inglês antigo é *hūswīf*, 'casa' + 'mulher' ou 'dona de casa', que se reduziu a *hussy* ('mulher namoradeira'). A mudança de sentido que vem primeiro é a generalização para designar qualquer mulher; em seguida, uma forma rude ou jocosa para implicar um comportamento inadequado. A partir daí, ocorreu a pejoração ulterior da forma à medida que a palavra se restringia para significar somente uma mulher que exibe um comportamento inadequado.

9.6 O QUE ACONTECE COM PALAVRAS, MORFEMAS E SINTAGMAS ANTIGOS?

Quando certas palavras se tornam menos frequentes porque uma palavra concorrente está sendo usada em seu lugar, nem sempre elas desaparecem por completo da língua. Palavras obsoletas ou partes dela forram o léxico e podem ser encontradas em remotos cantos empoeirados, trancadas dentro de outras palavras ou usos formulaicos. No português antigo, os verbos da 2ª e da 3ª conjugações tinham seus particípios passados formados com -*udo* (e não -*ido*, como hoje): *perdudo, sabudo, vendudo* etc. Dessa época sobrevivem dois particípios *teúda e manteúda* que só são empregados nessa combinação, com o sentido de 'mulher que é sustentada por um homem', geralmente um homem casado ou que não pode ter relações sexuais (religiosos, por exemplo), além da palavra *conteúdo*. A palavra *cor*, 'coração', é usada somente na locução *de cor* (*saber a canção de cor*), e provém diretamente do latim *cor*, 'coração'. Palavras morfologicamente complexas também podem ser museus que preservam palavras mortas ou moribundas. Os verbos *aduzir, conduzir, deduzir, traduzir* etc. são os únicos lugares em que sobrevive o verbo *duzir*, que existia na fase mais antiga da língua e depois desapareceu. As formas *luita, fruita* e *oitubro* estão hoje relegadas a variedades rurais e a falantes pouco letrados, mas eram as formas literárias no período medieval. Às vezes, as palavras ficam trancadas em contextos nos quais elas refletem sentidos mais antigos. Assim, quando falamos do *alto-mar*, nos referimos ao mar 'profundo', conforme o sentido mais antigo (já desde o latim) do adjetivo *alto*, 'elevado para cima ou profundo'. O substantivo *preamar*, 'nível máximo da maré, maré cheia', guarda como relíquia o uso de *mar* como substantivo feminino na fase arcaica da língua: *prea* (do latim *plena*, 'cheia') + *mar*. O adjetivo *coitado* sobreviveu à palavra que lhe deu origem, o substantivo *coita*, 'dor, aflição'; por outro lado, o adjetivo *sandeu*, 'parvo, idiota, néscio', não se usa mais, ao contrário do substantivo derivado dele *sandice*. Por fim, o substantivo *algo*, que em época remota significava 'indivíduo nobre', sobrevive unicamente na palavra *fidalgo*, contração de *filho d'algo*.

9.7 CONCLUSÃO

A mudança lexical se caracteriza por uma grande diversidade de fontes para novas palavras e, por isso, parece menos previsível que outros tipos de mudanças que temos examinado. De igual modo, há diversas trilhas de mudança que as palavras podem tomar, uma vez que entraram na língua. Apesar disso, reencontramos neste capítulo diversos temas de capítulos anteriores. Primeiro, alguns dos mesmos mecanismos de mudança semântica que ocorrem na gramaticalização ocorrem na mudança do sentido das palavras: metáfora, metonímia, inferência e generalização ou desbotamento. Segundo, tal como na mudança morfossintática, podemos observar a competição entre formas, por meio da qual uma palavra assume contextos em que outra palavra era usada anteriormente, até expulsá-la por completo ou relegá-la a uma função menor. Terceiro, vemos aqui um papel para a frequência de uso na mudança de sentido: a repetição é necessária para que se estabeleça uma conexão entre uma palavra e um sentido; além disso, usos mais frequentes podem levar os falantes a buscar meios alternativos de expressar usos menos frequentes. Por fim, vemos novamente o papel importantíssimo do contexto na determinação do sentido e do uso de itens lexicais particulares.

Leituras sugeridas

Um livro que explora a relação entre gramaticalização e lexicalização é: BRINTON, L.J. & TRAUGOTT, E.C. (2005). *Lexicalization and language change*. Cambridge: Cambridge University Press.

Um manual geral que tem vários bons exemplos de empréstimos numa ampla gama de línguas e também muitos exemplos de mudança no significado das palavras é: CAMPBELL, L. (1999). *Historical linguistics*: an introduction. Cambridge, MA: MIT Press, capítulos 3 e 10.

QUESTÕES PARA DISCUSSÃO

1) O francês *camarade* é empréstimo do espanhol *camarada*, "grupo de soldados que comem e dormem juntos na mesma câmara"; a partir daí designou "companheiro de quarto", e com a noção de companheiro dominando, a palavra passou ao sentido de "companheiro" na língua francesa comum, e não somente em francês, mas também nas línguas vizinhas, sobretudo em alemão (*Kamerad*). Em que momento da discussão deste capítulo se aborda esse tipo de mudança de sentido?

2) O termo *fígado* vem do latim *ficatu-*, isto é, "cheio de figos, guarnecido com figos", e provém do costume de alimentar com figos certas aves (especialmente gansos) para que seu fígado se tornasse macio e pudesse fornecer uma iguaria servida na forma de patê. O órgão do corpo que hoje chamamos *fígado* se dizia *iecur* em latim, de modo que de *iecur ficatu* era o fígado engordado com figos. Por qual processo o órgão passou a se chamar *fígado*?

3) Explique o tipo de mudança que ocorreu em cada um dos passos no desenvolvimento do neerlandês *winkel* (Geeraerts, 1997):

    a) *winkel* significava 'canto';
    b) 'canto da rua; esquina';
    c) edifício situado na esquina da rua;
    d) loja situada na esquina da rua;
    e) loja.

Comparação, reconstrução e tipologia

10.1 RELAÇÕES DE PARENTESCO ENTRE AS LÍNGUAS

Diversas vezes em capítulos anteriores comparamos formas em línguas aparentadas como comprovação de que uma mudança tinha ocorrido. Por exemplo, no capítulo 2, observamos que no inglês arcaico o /n/ desapareceu diante de uma fricativa e, para comprovar, fizemos uma comparação do inglês *goose* e do alemão *Gans* ('ganso'), inglês *tooth* e alemão *Zahn* ('dente'), inglês *five* e alemão *Fünf* ('cinco'). A hipótese por trás dessa comparação é a de que, se línguas aparentadas são diferentes entre si, é porque ocorreu uma mudança em pelo menos uma delas. Estamos supondo portanto que temos um modo de saber que duas ou mais línguas são aparentadas. E de fato temos. O método comparativo é um modo de examinar as palavras de duas ou mais línguas e determinar se elas são ou não relacionadas e também a natureza da relação.

Neste caso, por "relação" entendemos relações de parentesco, em oposição a relações de área, que implicam apenas que duas línguas são faladas em zonas geográficas contíguas. As relações de parentesco derivam do fato banal de que grupos de falantes de uma única língua ficam separados uns dos outros (geograficamente, por migração, em geral) e a língua de cada grupo passa por mudanças diferentes. De início, se costuma dizer que os dois grupos falam dialetos diferentes, como o inglês americano e o inglês britânico, porque, se fossem colocados juntos novamente, conseguiriam se entender. No entanto, passado certo período de tempo, digamos 500 ou 1.000 anos, terão se acumulado mudanças suficientes em ambas as variedades para que tenhamos de reconhecer duas línguas diferentes. Esse roteiro se desdobrou nos territórios colonizados pelos romanos, nos quais o latim foi, inicialmente, falado junto com outras línguas indígenas (por exemplo, célticas ou germânicas) e, em seguida, substituiu ou marginalizou essas línguas. Assim, por exemplo, o latim falado no norte da França mudou tanto que ficou diferente do latim falado no sul. O latim falado na França mudou dramaticamente, diferenciando-se do latim falado na Espanha e na Itália e assim por diante, até que surgiu um grupo de línguas aparentadas que designamos como línguas românicas. As relações de parentesco são chamadas de relações *genéticas* e, mais recentemente, decerto mais apropriadamente, *relações genealógicas*.

O estudo do parentesco entre as línguas começou no final do século XIX, quando alguns estudiosos notaram semelhanças extraordinárias entre idiomas que até então ninguém pensava serem aparentados. Em particular, o inglês *Sir* William Jones observou, numa comunicação à Sociedade Asiática em 1786, uma profunda afinidade entre o sânscrito, o grego e o latim e possivelmente também o gótico, o céltico e o irânico. Sublinhou para as três primeiras uma semelhança tão grande nas raízes verbais e nas formas gramaticais "que não poderia jamais ter sido produzida por mero acidente" (Jones, 1788). O que tornava surpreendentes as semelhanças que ele observou é que o sânscrito era a língua antiga dos hindus, falada cerca de 3.000 anos atrás no que hoje é a Índia, enquanto o grego e o latim eram línguas antigas, usadas mais de 2.000 anos atrás na área em torno do Mediterrâneo. A tabela 10.1 mostra alguns exemplos das "afinidades" que Jones descreveu. Estudiosos posteriores estabeleceram a descendência daquelas três línguas, e também do céltico, do eslavo, do germânico, do persa e de alguns outros grupos linguísticos, de uma língua ancestral, batizada de protoindo-europeu (PIE). Veja no apêndice a este capítulo uma lista das línguas da família indo-europeia.

Tabela 10.1 Algumas correspondências em sânscrito, grego e latim

Sânscrito	Grego	Latim
nápāt 'descendente'	anepsiōs 'primo'	nepōs 'neto'
bhrátā 'irmão'	phrátēr 'membro de uma fratria'	frāter 'irmão'
ád-mi 'eu como'	édomaii 'eu como'	edō 'eu como'
dáśa 'dez'	déka 'dez'	decem 'dez'

A descoberta de Jones estimulou um enorme volume de trabalho sobre as línguas indo-europeias e as relações delas entre si. Essas investigações lançaram as bases da linguística histórico-comparativa, que estava bem-estabelecida no final do século XIX. Na verdade, esse trabalho intelectual sobre a fonologia e a gramática históricas das línguas indo-europeias e, mais tarde, de outras línguas do mundo levou ao desenvolvimento no século XX do moderno campo da linguística tal como praticada no mundo ocidental.

10.2 O MÉTODO COMPARATIVO

As semelhanças ilustradas na tabela 10.1 são surpreendentes, mas sozinhas não demonstram a relação genealógica entre aquelas línguas. O fato de poder haver semelhanças acidentais entre as palavras de línguas diferentes ou de uma língua poder ter emprestado palavras de outra deixa claro que precisamos de critérios mais rígidos para sermos capazes de determinar relações genealógicas. Assim, se compararmos as palavras para 'livro' nas línguas exibidas na tabela 10.2, poderíamos suspeitar de uma relação de parentesco.

Tabela 10.2 Algumas palavras correspondentes para 'livro'

Árabe	Suaíli	Hauçá	Urdu	Turco	Persa
kitāb	kitabu	litaafi	kitāb	kitap	ketâb

É claro que estaríamos enganados ao pensar que todas essas línguas são intimamente aparentadas, muito embora tenham palavras semelhantes para 'livro' e outros conceitos[1]. Essas línguas na verdade pertencem a cinco famílias linguísticas diferentes. O método comparativo, que foi desenvolvido no trabalho sobre as línguas indo-europeias e aplicado a muitos grupos linguísticos mundo afora, nos ajuda a evitar fazer suposições injustificadas por causa de semelhança acidental ou empréstimo.

O método comparativo se baseia em duas propriedades da mudança linguística: o fato de, na maioria dos casos, as palavras de uma língua serem estáveis e permanecerem em circulação por longo tempo e, em segundo lugar, o fato da mudança sonora ser na maior parte dos casos lexicalmente regular (isto é, ela afeta todas as palavras da língua que têm as condições fonéticas exigidas). Essas duas propriedades implicam que podemos comparar as palavras de duas línguas aparentadas e descobrir que seu formato fonológico não é apenas semelhante, mas que existem correspondências regulares entre os fonemas das línguas em comparação. São essas correspondências regulares entre os fonemas que descartam as semelhanças acidentais e frequentemente as semelhanças devidas a empréstimo.

Ao se aplicar o método comparativo, primeiro se constrói uma lista o mais longa possível de prováveis cognatos nas línguas que são comparadas. Cognatos são pares de palavras de línguas diferentes que compartilham um mesmo ancestral. Evidentemente, se o pesquisador ainda não souber se as línguas são aparentadas, os cognatos a comparar têm que ser selecionados com base na semelhança semântica e fonológica. A questão da semelhança semântica será discutida mais adiante na seção 10.2.2, mas por ora vamos trabalhar com um sentido intuitivo de semelhança semântica (como faz a maioria dos pesquisadores!).

A esta altura, é importante também tentar distinguir palavras que são semelhantes porque as línguas compartilham um ancestral comum

---

1. A palavra original é o árabe *kitāb*, que foi tomada de empréstimo pelas demais línguas da tabela [N.T.].

e palavras que são semelhantes porque foram tomadas de empréstimo. Isso nem sempre é simples no início, mas, à medida que o processo de comparação avança, os empréstimos podem ser identificados com facilidade. Além disso, muitos pesquisadores omitem palavras que podem ser semelhantes por causa do *simbolismo sonoro*, isto é, palavras cujos sons guardam alguma relação com seu sentido, como palavras para ruídos, do tipo *atchim* (para o som do espirro).

Para ilustrar como o método comparativo opera, vamos usar alguns exemplos de línguas reconhecidamente aparentadas, no caso as línguas românicas. O primeiro passo é distribuir os (prováveis) cognatos em séries que compartilham determinados fonemas. Por exemplo, na tabela 10.3, considere as palavras de quatro línguas românicas que começam com /t/ e compare-as com as palavras da tabela 10.4, que começam com /d/.

Tabela 10.3 Série de correspondências com /t/ inicial em quatro línguas românicas

Italiano	Espanhol	Português	Francês
tanto	*tanto*	*tanto*	*tant*
torre	*torre*	*torre*	*tour*
tu	*tú*	*tu*	*tu*

Tabela 10.4 Série de correspondências com /d/ inicial em quatro línguas românicas

Italiano	Espanhol	Português	Francês
duro	*duro*	*duro*	*dur*
dama	*dama*	*dama*	*dame*
dente	*diente*	*dente*	*dent*

As tabelas 10.3 e 10.4 exibem uma situação bastante simples: em cada uma das quatro línguas comparadas, os cognatos selecionados começam com fonemas semelhantes. Eles podem ser representados em séries de correspondência, como a seguir:

(273)   It   Es   Pt   Fr
a.   t-   t-   t-   t-
b.   d-   d-   d-   d-

Parece claro que a série de (273a) provém de um *t na protolíngua e a série em (273b) provém de um *d. Os fonemas reconstruídos, ou protofonemas, são precedidos de um asterisco para indicar que são fonemas reconstruídos ou hipotéticos, e não fonemas documentados.

Mas nosso trabalho ainda não acabou de fato. Visto que *t e *d são foneticamente semelhantes, precisamos estabelecer que são fonemas separados na protolíngua. Fazemos isso exatamente como faríamos numa análise fonêmica sincrônica: nos certificamos de que eles se contrapõem e não estão em distribuição complementar. Vamos então examinar os cognatos novamente. O que precisamos estabelecer é que em pelo menos uma língua as duas séries de correspondências se contrapõem. Dado que ambas as séries ocorrem em início de palavra e antes das vogais /a/, /o/, /e/ e /i/ assim como da semivogal /j/ (em *diente*), podemos propor com bastante confiança que essas duas séries se contrapõem e que a protolíngua tinha dois fonemas, *t e *d.

Consideremos agora uma série de correspondências mais complexa, apresentada nas palavras da tabela 10.5, que também contém /t/ e /d/.

Tabela 10.5 Série de correspondências com /t/, /d/ e ø mediais

Italiano	Espanhol	Português	Francês
lato	lado	lado	côté
vita	vida	vida	vie
ruota	rueda	roda	roue

O primeiro aspecto a observar é que a palavra francesa para 'lado' parece não ser um cognato, de modo que deve ser descartada. As demais palavras nos dão uma série de correspondências:

(274)   -t-   -d-   -d-   -ø-

Essa série de correspondências é algo mais complexa, de modo que temos algumas decisões a tomar. Primeiro, notamos que há semelhança fonética nas duas séries já estabelecidas, mas os fonemas em cada língua são diferentes uns dos outros; portanto, trata-se nitidamente de uma série distinta de correspondências. Mas a próxima pergunta que temos de responder é se ela representa ou não um protofonema distinto de *t e *d. Fazemos isso exatamente como faríamos numa análise fonêmica sincrônica: pergunta-se se essa série de correspondências se contrapõe às estabelecidas acima. A resposta é não. Essa série só ocorre intervocalicamente, por isso está em distribuição complementar com as outras duas séries.

Portanto, essa série representa uma variante de um dos protofonemas já estabelecidos – *t ou *d –, mas de qual deles? Existem duas pistas para responder a essa pergunta, e ambas devem ser investigadas. Primeiro, temos de determinar se há outras séries de correspondências mediais envolvendo oclusivas dentais. De fato, há uma, que aparece na tabela 10.6. Segundo, precisamos examinar que mudanças sonoras vinculariam o protofonema às formas atestadas e empreender a análise que ofereceria as mudanças sonoras mais plausíveis.

Tabela 10.6 Série de correspondências com /d/ e ø mediais

Italiano	Espanhol	Português	Francês
sudare	*sudar*	*suar*	*suer*
crudo	*crudo*	*cru*	*cru*
nido	*nido*	*ninho**	*nid* [ni]
nudo	*nudo*	*nu*	*nu*

(*) *nidu-* > *nio* > *nĩo* > *ninho*

As formas cognatas da tabela 10.6 revelam a seguinte série de correspondências:

(275)   -d-   -d-   -ø-   -ø-

Ou seja, onde o italiano tem um /d/ medial, o espanhol também tem /d/, enquanto o português e o francês têm Ø.

Essa série de correspondências mediais se contrapõe à série medial de (274), muito embora os sons mediais em espanhol sejam os mesmos. O que conta para o estabelecimento de uma contraposição é um resultado diferente em pelo menos uma língua. Para fazer isso, todas as quatro séries são repetidas na tabela 10.7.

Tabela 10.7 Quatro séries de correspondências comparadas

Série	Italiano	Espanhol	Português	Francês
(273a)	t-	t-	t-	t-
(273b)	d-	d-	d-	d-
(274)	-t-	-d-	-d-	-ø-
(275)	-d-	-d-	-ø-	-ø-

Comparando (274) e (275), vemos diferenças em italiano e português. A série (275) está em distribuição complementar com (273a) e (273b), assim como está (274). É razoável supor que as séries em (274) e (275) deveriam ser vinculadas aos protofonemas *t e *d, mas que série vai com que protofonema? Temos duas informações que podemos usar para tomar essa decisão. Primeiro, temos o contraste em italiano entre /t/ e /d/ em duas séries. Isso sugere que a série (274) se vincula a *t e a série (275) se vincular a *d. O segundo tipo de informação que podemos usar diz respeito às mudanças sonoras que seriam necessárias para produzir cada série de correspondências. Devemos reconstruir as mudanças sonoras mais simples e mais naturais, em que a determinação do caráter natural se baseia no que se sabe em geral sobre a mudança sonora nas línguas do mundo, conforme discutido nos capítulos 2 e 3. Vamos considerar os dois cenários diferentes:

a) Se propusermos que a série (274) se vincula ao protofonema *d, então em italiano a mudança sonora proposta desvozearia uma oclusiva medial. Atribuir (275) a *t implica vozeamento em italiano e espanhol e apagamento em português e francês.

b) Se propusermos seguir a evidência do italiano e atribuir a série (274) a *t, então o italiano permanece o mesmo, o espanhol e o português sofrem vozeamento medial, e o francês, apagamento. Atribuir a série (275) a *d implica simplesmente que o português e o francês apagam o /d/.

Em termos do que é mais natural, o cenário (a) é menos plausível, porque o desvozeamento medial é raríssimo, enquanto o vozeamento medial é extremamente frequente. Além disso, o cenário (a) exige que *t sofra mais apagamento que *d, enquanto é mais provável que /d/ sofra apagamento do que /t/. Por conseguinte, concluímos que a série (274) se vincula a *t e a série (275) se vincula a *d.

Para resumir esta breve introdução ao método comparativo, demos os seguintes passos:

a) Compilamos uma lista de cognatos em quatro línguas com base na semelhança fonológica e semântica.

b) Distribuímos os cognatos em séries com sons foneticamente semelhantes em posições semelhantes.

c) Deduzimos séries de correspondências de fonemas.

d) Comparamos séries de correspondências foneticamente semelhantes em busca de contraposição ou distribuição complementar.

e) Com base em (d), propusemos protofonemas relevantes para a protolíngua.

f) Como um passo separado, propusemos conteúdo fonético para os protofonemas.

Usando o método comparativo tradicional para estabelecer uma relação de parentesco entre línguas, esses passos precisam ser acompanhados de um grande número dos fonemas das línguas em comparação. Somente quando fica claro que existem correspondências sistemáticas para uma grande porcentagem de sons das línguas em comparação é que podemos dizer que se estabeleceu uma relação genealógica. Na próxima seção, cada um desses passos é discutido mais demoradamente, incluindo a menção aos problemas e às armadilhas que encontramos ao longo do caminho.

10.2.1 Séries de cognatos

Como sabemos que línguas comparar? Normalmente, a comparação começa quando um pesquisador nota semelhanças entre duas línguas e quer compará-las mais sistematicamente. Greenberg (1970) comparou listas de palavras de várias línguas africanas e sugeriu alguns parentescos que mais tarde foram investigados por especialistas nessas línguas usando o método comparativo. Diversos especialistas em grupos linguísticos têm hipóteses sobre as relações entre as línguas e podem usar o método comparativo para testar essas hipóteses. Se as hipóteses tiverem sucesso, será possível então elaborar as correspondências sistemáticas entre as línguas.

Saber quais palavras são cognatos potenciais é um importante problema não resolvido. Embora saibamos muito sobre o que torna as palavras fonologicamente semelhantes, nosso entendimento da semelhança semântica é muito mais rudimentar. De fato, alguns pesquisadores creem que a mudança semântica lexical é bastante imprevisível. É uma pena porque, quanto mais distantes entre si forem as línguas em comparação, mais difícil se torna encontrar cognatos. Quanto maiores os períodos de separação entre as línguas, maior a parte do vocabulário que é substituída (por empréstimo ou outros meios) e mais mudança semântica e fonológica ocorre, tudo isso tornando mais difícil a comparação. Assim, se os pesquisadores acharem que a mudança semântica é um jogo de azar, mais probabilidade haverá de cometerem equívocos ao identificarem cognatos. A pesquisa mais recente, como a relatada no capítulo 9, indica que, embora essa mudança possa ser complexa, existem fortes tendências a que podemos recorrer na seleção de cognatos. O que vimos no capítulo 9 é que a metáfora e a metonímia são tendências muito poderosas na mudança semântica lexical, frequentemente alimentando um impulso para que os sentidos se transfiram do concreto para o abstrato.

Estudos empíricos de mudança semântica no vocabulário também podem ajudar no estabelecimento de prováveis sentidos cognatos. Conforme vimos ao discutir a mudança sonora, identificar mudanças sonoras semelhantes em línguas não aparentadas nos ajuda a definir uma noção de semelhança fonética. Assim, identificar mudanças semânticas comuns pode nos ajudar a estabelecer semelhanças semânticas plausíveis.

Um desses estudos utiliza a polissemia sincrônica para estabelecer trilhas comuns de mudança, com base na suposição de que a polissemia sincrônica indica uma mudança no passado recente, pela qual uma palavra com um sentido acrescentou outro sentido. Croft et al. (2009) tomam 22 conceitos básicos do domínio de fenômenos celestiais, substâncias naturais e aspectos da paisagem e registram qualquer polissemia que ocorra com esses termos em 81 línguas de famílias diferentes. Com seus resultados, eles construíram uma rede que mostra graus de relacionamento de termos, com base no número de línguas que exibem a mesma polissemia. Por exemplo, a palavra para 'fogo' é usada para 'chama' em 12 línguas e para 'lenha' em 11 – dois exemplos de metonímia. 'Lua' é usada para 'mês' em 54 línguas, mas para 'humor' em apenas uma. Dessa maneira, a probabilidade de relações semânticas específicas pode ser aferida e aplicada à seleção de prováveis cognatos. Um desses exemplos tem a ver com cognatos propostos em línguas dravídicas, nas quais 'noite' podia ser equiparada a 'escuridão' ou a 'carvão'. O exame de 81 línguas mostrou que a primeira polissemia é relativamente comum, sustentando esse par de cognatos, enquanto a segunda não é atestada na amostra de línguas, tornando esse par muito menos provável. Também existem estudos empíricos em outros domínios, como os termos de partes do corpo, e podem ser usados para estabelecer semanticamente prováveis cognatos.

Outra fonte de comprovação empírica acerca de mudança semântica provém do extenso trabalho feito sobre cognatos em línguas indo-europeias. O *Dictionary of Selected Synonyms in the Principal Indo-European Languages* de C.D. Buck mostra num relance as palavras cognatas e não cognatas de um grande número de línguas indo-europeias. Com essas listas, é possível conhecer a probabilidade ou ao menos a plausibilidade de certas correspondências semânticas. Por exemplo, ao comparar as palavras para 'noite' em línguas indo-europeias, Buck descobriu que a maioria delas são herdadas e provêm do protoindo-europeu **nokt(i)* com o sentido inequívoco de 'noite', mas em hitita essa raiz ocorre em formas que significam 'entardecer' ou 'ir para a cama', conforme também encontrado por Croft et al. (2009) em sua investigação. Uma palavra do sânscrito para 'noite' se aparenta à palavra grega para 'escuridão', mais uma vez refletindo achados de Croft et al. A pesquisa dessa natureza sobre outras línguas, porém, está apenas começando, e muito mais trabalho ainda é necessário para auxiliar na comparação de línguas.

10.2.2 O ritmo da substituição lexical

As séries de cognatos podem ser difíceis de construir quando muitas das palavras antigas em uma ou mais línguas foram substituídas por outras palavras vindas de diversas fontes. Uma vez que a substituição lexical está em marcha o tempo todo, quanto maior a distância temporal do parentesco entre as línguas, menos cognatos elas compartilharão. Alguns pesquisadores têm usado essa ideia para operacionalizar a substituição de vocabulário de modo a poder ser usada para aferir o grau de separação das línguas ou o lapso temporal dessa separação. O método da *glotocronologia* foi desenvolvido para calcular o número de anos de separação entre duas línguas com base no número de palavras cognatas remanescentes. Pretende-se que esse método seja aplicado a línguas cujo parentesco já foi estabelecido pelo método comparativo, porque é importante saber que as palavras em comparação são verdadeiros cognatos. Ou seja, é somente por um intenso trabalho comparativo que sabemos que o inglês *have* é aparentado ao latim *capere* e não ao latim *habere*.

Outra questão diz respeito às palavras a serem comparadas, pois algumas são mais sujeitas à substituição do que outras. Por isso, um dos desenvolvedores do método, Morris Swadesh, elaborou uma lista de conceitos ou entidades cujas designações são menos propensas a serem empréstimos ou facilmente substituídas por mudança semântica ocorrida em outras palavras. Há duas listas, uma com cem e outra com duzentas palavras. São termos para conceitos ou entidades que todas as culturas humanas precisariam nomear: partes do corpo, substâncias naturais, aspectos ou fenômenos astronômicos e conceitos verbais comuns. Além de serem básicos no sentido de representar aspectos básicos da experiência humana, são conceitos com alta probabilidade de recorrer com frequência na conversação. Esses dois aspectos tornam as palavras para esses conceitos menos propensas à substituição.

Uma vez estabelecido que duas línguas são genealogicamente aparentadas, as palavras para os conceitos da lista de Swadesh podem ser comparadas e o número de cognatos, determinado. Por exemplo, se estivéssemos comparando o inglês e o neerlandês, notaríamos que *bone* e *been* ('osso'), *green* e *groen* ('verde'), *sit* e *zitten* ('sentar-se') são cognatos, mas *tree* e *boom* ('árvore'), *bad* e *kwaad* ('ruim'), *walk* e *lopen* ('andar') não são. Para se chegar a uma estimativa de há quanto tempo o inglês e o neerlandês estão separados, precisamos saber quantos cognatos existem na lista, mas também precisamos de uma constante – o ritmo da substituição lexical. É aí que a glotocronologia entra em apuros. Não tem sido possível estabelecer um ritmo constante de substituição lexical que se aplique entre as línguas. Diversos índices foram testados, mas quando aplicados a situações conhecidas, como a separação do inglês e do alemão, os resultados erram o alvo. O problema é simplesmente que a substituição lexical é afetada por muitos fatores e estes não estão presentes na mesma extensão ao longo do tempo e do espaço. Alguns desses fatores são mudanças sociais e culturais, o tamanho das populações e o contato com comunidades falantes de outras línguas. A língua germânica setentrional chamada islandês tem apresentado um ritmo muito lento de substituição lexical nos últimos mil anos, provavelmente porque é falada numa ilha remota, que tem mantido uma cultura e uma população estáveis durante esse período. As palavras do inglês mudaram muito depressa durante o período em que os normandos ocuparam a Grã-Bretanha, já que muitas palavras do francês normando foram adotadas. Esses fatores culturais e sociais tornam difícil encontrar um ritmo constante de substituição lexical, o que restringe a utilidade da glotocronologia.

10.2.3 A forma fonológica dos cognatos

Em nossa comparação de quatro línguas românicas nas tabelas acima, as palavras foram apresentadas em sua forma ortográfica com referência ocasional à forma fonética. Evidentemente, sabemos que as formas fonéticas são mais acuradas para descrever o estado sincrônico de uma língua, mas na reconstrução às vezes as formas ortográficas devem ser preferidas, especialmente se a ortografia representa uma forma fonética ou fonológica mais antiga. Por exemplo, a forma ortográfica do francês *dent* deixa a língua muito mais parecida com as outras três do que a forma fonética [dã] permitiria. É claro que a decisão de usar a ortografia tem de se basear num entendimento de como a ortografia se relaciona com a forma fonética e fonêmica, mas na maioria dos casos em que há divergências, a ortografia era fonêmica quando originalmente estabelecida, de modo que ela representa uma forma mais antiga da língua.

De igual modo, se a língua tiver vários dialetos, é sensato basear a comparação nos dialetos mais conservadores, ou nas formas mais conservadoras nos dialetos. Além disso, se estágios mais antigos da língua forem atestados, eles podem oferecer as formas apropriadas para a comparação. Por exemplo, numa comparação que visa reconstruir o protogermânico, faz mais sentido usar o inglês antigo do que o inglês contemporâneo, ou o antigo alto-alemão em vez do moderno alto-alemão.

10.2.4 Quando a mudança sonora não é regular

Conforme observamos acima, o método comparativo se baseia na regularidade da mudança sonora. Se cada palavra mudasse independentemente, não haveria modo de encontrar as correspondências sistemáticas necessárias para estabelecer relações genealógicas. Mas, como vimos nos capítulos 2 e 3, a mudança sonora é em geral lexicalmente regular, e isso torna possível a reconstrução. Apesar disso, há casos em que mudanças sonoras não são lexicalmente regulares, isto é, elas afetam apenas uma porção do léxico, e casos assim podem emperrar as engrenagens do método comparativo.

Consideremos as formas comparadas na tabela 10.6, que repetimos aqui:

Tabela 10.6 Série de correspondências com /d/ e ø mediais

Italiano	Espanhol	Português	Francês
sudare	sudar	suar	suer
crudo	crudo	cru	cru
nido	nido	ninho*	nid [ni]
nudo	nudo	nu	nu

(*) *nidu-* > *nio* > *nĩo* > *ninho*

As formas do espanhol foram cuidadosamente escolhidas para mostrar uma correspondência sistemática. Outros cognatos mostram uma correspondência diferente, na qual o /d/ medial em espanhol desapareceu, como se vê na tabela 10.8.

Compare-se as duas séries de correspondências das tabelas 10.6 e 10.8:

Tabela 10.8 Série de correspondências com /d/ e ø mediais

Italiano	Espanhol	Português	Francês
credere	creer	crer	croire
piede	pie	pé	pied [pje]
udire	oír	ouvir	ouie (subs.)

(276)   -d-   -d-   -ø-   -ø-

(277)   -d-   -ø-   -ø-   -ø-

As formas da tabela 10.8 representam uma série de correspondências cujo *status* tem de ser determinado por comparação com outras séries. Ela se contrapõe à série mostrada na tabela 10.6 ou está em distribuição complementar? É difícil dizer com tão poucos exemplos. Aqui, parece que uma vogal anterior subsequente poderia condicionar o apagamento do /d/ em espanhol. A explicação convencional, porém, é que o /d/ medial em espanhol exibia muita variação e se apagou em alguns casos e foi mantido em outros (Menéndez-Pidal, 1968: 130). Talvez um estudo detalhado de todas as palavras relevantes ofereça uma explicação de por que algumas apagaram e outras mantiveram o /d/, mas para os propósitos da reconstrução comparativa esse caso apresenta um problema na medida em que parece representar uma série de correspondências, o que implicaria o estabelecimento de um novo protofonema. O que se destaca neste caso, então, é que o método comparativo repousa na suposição da regularidade da mudança sonora e, quando a mudança sonora não é regular, surgem várias dificuldades para o analista.

10.2.5 Protofonemas são ocupantes abstratos

O método comparativo pode nos dizer quantos protofonemas existem porque distinguimos as séries de correspondências que se contrapõem e as que estão em distribuição complementar, mas por si só ele não nos diz nada sobre o conteúdo fonético dos protofonemas. Nos casos discutidos na seção 10.2, a semelhança fonética dos fonemas nas línguas-filhas apontava claramente para *t e *d, mas existem muitos casos em que o conteúdo fonético é muito menos claro. Considere-se a comparação de /r/ e /l/ em quatro línguas polinésias apresentada na tabela 10.9 (Crowley, 1997).

Tabela 10.9 Cognatos contendo /r/ e /l/ em quatro línguas polinésias

	Tongano	Samoano	Rarotongano	Havaiano	
1	laho	laso	raʔo	laho	'escroto'
2	lohu	lou	rou	lou	'vara de apanhar fruta'
3	ŋalu	ŋalu	ŋaru	nalu	'onda'
4	kalo	ʔalo	karo	ʔalo	'subterfúgio'
5	oŋo	loŋo	roŋo	lono	'ouvir'
6	ua	lua	rua	lua	'dois'
7	maa	mala	mara	mala	'fermentado'
8	huu	ulu	uru	komo	'entrar'

Nos exemplos 1-4 temos a seguinte série de correspondências:

(278)   l   l   r   l

Nos exemplos 5-8 temos esta série:

(279)   ø   l   r   l

Como essas duas séries se contrapõem em uma língua (tongano), elas têm de ser consideradas duas séries de correspondências distintas. Assim, é preciso estabelecer dois protofonemas.

O conteúdo fonético desses protofonemas não é imediatamente óbvio, já que /l/ predomina em ambas as séries. Uma solução cômoda é chamá-los de *l_1 e *l_2, a menos que haja bons motivos para reconstruir a diferença fonética entre eles. Crowley se compraz com a ideia de que um poderia ser /r/, mas admite que essa opção é "reconhecidamente arbitrária". Ele prossegue e observa que a perda de /r/ poderia ser ligeiramente mais provável que a perda de /l/, de modo que a série (279) poderia vir de *r, com sua perda em tongano, e a série (278), de *l, que poderia ter se tornado /r/ em rarotongano. Considerando um espectro mais amplo de línguas polinésias, Crowley descobre mais reflexos (resultados) para a série (278) do que para a (279), apontando também *l para (278) e *r para (279). A questão, porém, é que a reconstrução do conteúdo fonético está em solo muito mais instável do que a reconstrução do contraste entre dois protofonemas. Por conseguinte, é importante lembrar que há dois passos distintos no processo. Também é importantíssimo lembrar que a reconstrução do conteúdo fonético pode ir do altamente motivado ao altamente especulativo. Por isso, temos de ser muito cuidadosos quanto a usar mudanças reconstruídas como dados quando consideramos quais mudanças sonoras podem ser mais comuns do que outras. Por exemplo, esse caso não poderia ser usado para apoiar a tese de que mudanças de /l/ para /r/ são mais comuns que mudanças de /r/ para /l/, ou que o apagamento de /r/ é mais comum que o apagamento de /l/.

10.3 EVIDÊNCIAS TIPOLÓGICAS: AS OBSTRUINTES DO PIE[2]

A extensa investigação sobre as línguas indo-europeias através do método comparativo produziu uma reconstrução com três séries de oclusivas. As formas de quatro línguas indo-europeias que aparecem na tabela 10.10 oferecem alguma comprovação para esse contraste tripartido.

Tabela 10.10 As três séries de oclusivas em posição inicial em quatro línguas indo-europeias antigas (c ortográfico = /k/)

Série	Grego	Latim	Sânscrito	Inglês antigo	
1	patēr	pater	pitā́	fæder	'pai'
	treis	trēs	trayas	þrī	'três'
	(he)-katón	centum	śatám	hund	'cem'
2	(sem labiais)				
	déka	decem	dáśa	téon	'dez'
	geúomai	gustus	dʒōs	céosan	'experimentar, escolher'
3	phérō	ferō	bharāmì	bear	'eu carrego'
	(é-)thēka	fēcī	(a-)dhām	do	'fazer; pôr'
	kheúō	fu-n-d-ō	ho-tar	gēotan	'derramar'

Fonte: Adaptado de Trask, 2007: 119.

A primeira coisa que a tabela 10.10 mostra é que é muito difícil comparar línguas que têm um parentesco mais distante do que o das línguas românicas examinadas na seção 10.2. No entanto, todas as correspondências mostradas aqui estão atestadas em muitos outros cognatos, de modo que estamos em terreno bem firme para comparar as consoantes iniciais dessas palavras. As séries de correspondências na série 1 são:

(280) p-   p-   p-   f-
      t-   t-   t-   þ-
      k-   k-   ś-   h-

---

2. PIE = protoindo-europeu [N.T.].

Elas estão agrupadas em conjunto porque são todas desvozeadas e todas oclusivas em grego, latim e sânscrito (exceto *ś-* que derivou de *k-* por palatalização antes de vogais anteriores; a vogal anterior em seguida se fundiu com *a*) e fricativas no inglês antigo (que representa o germânico).

A série 2 não tem contraparte labial, embora os pesquisadores a tenham buscado intensamente. As séries de correspondências aqui são:

(281)   *d-*   *d-*   *d-*   *t-*
           g-   *g-*   *dʒ-*   *k-*

Nesta série, as consoantes iniciais são vozeadas, exceto no inglês antigo. Novamente, o sânscrito palatalizou a velar.

A terceira série contém aspiradas desvozeadas em grego, aspiradas vozeadas (murmuradas) em sânscrito e oclusivas vozeadas em inglês antigo. O latim tem uma fricativa desvozeada, e houve também uma mudança incomum no ponto de articulação.

(282)   *ph-*   *f-*   *bh-*   *b-*
           th-   *f-*   *dh-*   *d-*
           kh-   *f-*   *h-*   *g-*

Dado que essas três séries de oclusivas se contrapõem nas línguas-filhas, precisamos estabelecer três séries contrastivas de protofonemas para o PIE. Conforme mencionado na seção anterior, decidir quais podem ter sido seus traços fonéticos é uma tarefa à parte. Em seções anteriores, usamos o caráter natural das mudanças sonoras que seriam exigidas pela reconstrução para decidir quais poderiam ser os traços fonéticos. Neste caso, quando os primeiros estudiosos propuseram traços fonéticos para os protofonemas, pouco se sabia acerca de como outras línguas mudam ou que tipo de séries de oclusivas elas poderiam ter, de modo que a série de protofonemas propostos incluía uma desvozeada, uma vozeada e uma série de aspiradas vozeadas, acompanhando a situação do sânscrito (embora nossos exemplos não mostrem, também é possível reconstruir uma série de labiovelares *k^w, *g^w, *gh^w para o PIE):

(283) Reconstrução tradicional das oclusivas do PIE:
*p   *t   *k
     *d   *g
*bh *dh *gh

Essa reconstrução tem sido mais ou menos aceita desde o início do século XIX. Agora que sabemos mais sobre os sistemas consonantais das línguas do mundo, diversos estudiosos têm sublinhado que semelhante sistema consonantal é muito raro entre as línguas atuais, se é que existe algum. É claro que talvez uma língua falada 6.000 anos atrás pudesse ter um sistema de oclusivas totalmente desconhecido hoje, mas a maioria dos linguistas históricos prefere trabalhar com o princípio de que as línguas reconstruídas devem se conformar às propriedades encontradas nas línguas existentes, senão a reconstrução seria demasiadamente livre. Ora, não estamos falando de línguas que podem ter existido nos primórdios da emergência da linguagem humana 100.000 ou 150.000 anos atrás. Aquelas línguas provavelmente não tinham desenvolvido ainda todas as propriedades que vemos hoje. Mas a reconstrução tal como praticada hoje não se estende tanto assim no passado, por isso é melhor assumir que nossas línguas reconstruídas têm as mesmas propriedades das línguas existentes.

As discussões em torno das propriedades fonéticas das oclusivas do PIE não produziram boas sugestões sobre como reinterpretar a terceira série, a das aspiradas vozeadas, com algum outro tipo fonético. Recentemente, porém, alguns estudiosos sugeriram uma reorganização mais ampla da reconstrução, em que as três séries são interpretadas como compreendendo uma oclusiva desvozeada, uma oclusiva glotalizada (ou ejetiva) desvozeada e uma oclusiva vozeada, como se apresenta em (284), com base em Hopper (1973):

(284) A reconstrução "glotálica"
p   t   k
    t' k'
b   d   g

A série de oclusivas desvozeadas permanece inalterada, mas aquela que era a série vozeada na reconstrução mais antiga do PIE é aqui considerada glotalizada, e as "aspiradas vozeadas" reconstruídas aqui são consideradas como meras oclusivas vozeadas. Um sistema como esse é muito comum nas línguas do mundo. Conforme observa Hopper, a série glotalizada poderia ser ejetiva ou laringalizada.

Os argumentos que Hopper apresenta para essa reconstrução parecem relativamente fortes. Primeiro, (284) é um tipo de sistema comum translinguisticamente, confirmado por pesquisa subsequente sobre as línguas do mundo (Maddieson, 1984). Segundo, a raridade ou ausência de uma labial na série que foi considerada inicialmente não é explicável pela reconstrução porque o /b/ vozeado dificilmente não ocorre. É comum, porém, que línguas com ejetivas não tenham uma ejetiva labial (Maddieson, 1984). Um terceiro argumento tipológico tem a ver com a distribuição da segunda série, que se comporta de modo muito parecido ao das consoantes glotalizadas de outras línguas. Essa série de protofonemas é muito mais rara do que as outras, e eles não ocorrem de modo algum em afixos.

Relacionada a esse último aspecto está a reconstrução das raízes monossilábicas do PIE, que mostra que a segunda série ocorria com pesadas restrições: nenhuma raiz continha duas consoantes dessa série. Na reconstrução tradicional isso implicaria que nenhuma raiz tinha duas oclusivas vozeadas simples, uma restrição muito incomum. Na reconstrução "glotálica", a restrição é que nenhuma raiz tenha duas consoantes ejetivas. Restrição semelhante ocorre em outras línguas que têm consoantes ejetivas, como o hauçá, o maia iucateco e o quíchua (Hopper, 1973).

Finalmente, um argumento menos imperioso, porém interessante, é o fato de muitos estudiosos terem situado a origem das línguas indo-europeias na área do Mar Negro e da planície do Cáucaso. As línguas caucasianas faladas na área hoje têm oclusivas glotalizadas. Uma língua indo-europeia, o armênio[3], tem hoje oclusivas glotalizadas como reflexos da segunda série.

---

3. Falada precisamente no Cáucaso [N.T.].

Evidentemente, mudar a reconstrução do sistema de oclusivas do PIE implica também alterar as mudanças sonoras reconstruídas que foram propostas para as línguas-filhas. Os detalhes dessas mudanças ainda precisam ser elaborados mas, à guisa de exemplo, vamos considerar as mudanças que ocorreriam no ramo germânico sob as duas possíveis reconstruções.

Dados os protofonemas tradicionais, as mudanças germânicas se caracterizam por aquilo que é chamado de Primeira Mutação Consonantal Germânica, ou Lei de Grimm. Como se vê na tabela 10.10, as oclusivas da primeira série se tornaram fricativas em germânico, as das segunda se tornaram oclusivas desvozeadas, e as da terceira, oclusivas vozeadas (ou fricativas, sob determinadas circunstâncias). Assim, pela reconstrução tradicional, obteríamos as seguintes mudanças:

(285) PIE   Germânico
       p   t   k   >   f   þ   x (h)
            d   g   >   t   k
       bh   dh   gh   >   b   d   g

Considerando-se a reconstrução revista, glotálica, o germânico sofre as seguintes mudanças:

(286) PIE   Germânico
       p   t   k   >   f   þ   x(h)
            t'   k'   >   t   k
       b   d   g (inalteradas) b d   g

Com isso, a Primeira Mutação Consonantal Germânica fica simplificada e também mais natural. A mudança das oclusivas desvozeadas em fricativas é a mesma em ambos os cenários. Os resultados para a segunda série na reconstrução revista são mais naturais do que na tradicional, porque as oclusivas glotalizadas simplesmente perdem sua qualidade glotal e se tornam oclusivas desvozeadas simples, enquanto na tradicional as oclusivas desvozeadas tinham de se desvozear, uma mudança que é bastante incomum. Também na reconstrução glotalizada, a terceira série, de oclusivas vozeadas, permanece inalterada, enquanto na tradicional elas perdem sua qualidade murmurada.

Mais trabalho precisa ser feito para comparar essas soluções concorrentes para os traços fonéticos presentes nos protofonemas do PIE. O foco desta seção foi ilustrar de que modo a informação tipológica – o que sabemos sobre as línguas do mundo – pode ser útil na reconstrução. De fato, ela se torna essencial, se o objetivo da reconstrução for recriar uma língua que supomos ter as mesmas propriedades das línguas faladas hoje.

10.4 RECONSTRUÇÃO INTERNA

A reconstrução também pode ser feita usando-se dados de uma única língua. Conforme temos visto neste livro, uma língua vista sincronicamente contém uma riqueza de informações sobre sua história. Consideremos os exemplos a seguir.

Se uma língua tem modos diferentes de flexionar substantivos e verbos e se alguns destes apresentam mais irregularidades e mudanças na raiz, podemos supor que representam um padrão mais antigo. Em inglês, por exemplo, para formar o tempo passado, existem os seguintes recursos, a depender do verbo e da situação discursiva:

Mudança na raiz:	*break, broke, broken; sing, sang, sung; bite, bit, bitten*
Sufixo:	*talk, talked; play, played; rub, rubbed*
Perífrase:	*did talk, did break, did bite*

Por causa do que sabemos sobre como os sistemas morfológicos mudam, podemos com segurança propor que a forma de expressão com mudança na raiz é a mais antiga. Há duas comprovações para isso: primeiro, as mudanças na raiz e as irregularidades que elas implicam levam muito tempo para se desenvolver. Os chamados verbos fortes do inglês (os que apresentam mudança na raiz) são bastante opacos e irregulares hoje em dia, indicando que atravessaram uma longa história de desenvolvimento. Em contrapartida, o sistema de sufixo é bastante regular e condiciona mudanças de raiz só nuns pouquíssimos casos (como *sleep, slept*). Segundo, sabemos que as construções mais antigas sobrevivem primordialmente em formas de alta frequência, por isso o fato do passado com mudança de raiz em inglês se restringir a cerca de 150 verbos, que são em sua maioria de alta frequência, indica que esse sistema é o mais antigo.

Na gramaticalização podemos também reconstruir estágios mais remotos. Se uma construção de futuro tem uma forma semelhante a um verbo de movimento, como nos futuros com *ir* de muitas línguas, podemos reconstruir a gramaticalização da construção de futuro postulando que ela deriva de uma construção de movimento. Além disso, se houver construções em competição, podemos distinguir qual delas se desenvolveu antes e qual se desenvolveu depois pelo exame de suas propriedades formais, da semântica e dos contextos em que são usadas. Por exemplo, há duas construções genitivas em inglês, o *'s* e o genitivo com *of*:

(287)   *the street's name*   vs.   *the name of the street*
              'o nome da rua'

Para começar, notamos que a primeira é um clítico e a segunda, uma palavra separada: uma preposição. Em seguida, vemos que uma é posposta ao possuidor, e a outra é anteposta ao possuidor. Essas posições indicam tipologias sintáticas diferentes, de modo que, se soubermos qualquer coisa sobre mudança tipológica na língua, isso ajudará a identificar a construção mais antiga. Por fim, examinamos os contextos de uso das duas construções. Observamos que para os tipos mais comuns de posse – termos de parentesco e partes do corpo – a primeira construção é preferida:

(288)   *John's mother, John's leg*   vs.   ?*the mother of John,* ?*the leg of John*
              ('a mãe de João, a perna de João')

Essa preferência também indica que a construção com clítico é mais antiga do que a preposicionada, já que os contextos de alta frequência são mais conservadores e menos propensos a mudança.

Um tipo comum de reconstrução interna usa as alternâncias de sons no sistema morfológico para reconstruir um estágio mais antigo. Essas reconstruções se baseiam na suposição de que os sistemas morfológicos, especialmente os flexionais, eram regulares originalmente e que as irregularidades foram introduzidas por mudanças sonoras. Partindo desse pressuposto, é possível usar dados de uma única língua para reconstruir essas mudanças sonoras. Considere-se os substantivos latinos em (289). Enquanto o nominativo singular termina em -s, quando se forma o genitivo a consoante nessa posição é -r-. Presumindo que anteriormente a raiz tinha só uma forma, podemos reconstruir uma mudança sonora que envolve /s/ e /r/.

(289)　Latim
Nominativo singular　　Genitivo Singular
genus　　　　　　　　*generis*　　　'gênero'
opus　　　　　　　　　*operis*　　　　'obra'
flōs　　　　　　　　　*flōris*　　　　'flor'
corpus　　　　　　　　*corporis*　　　'corpo'

A questão de qual era a consoante original pode ser abordada considerando-se outros paradigmas em latim. Há alguns que têm /r/ de ponta a ponta, como *mulier, mulieris* ('mulher'), o que sugeriria que as raízes em (289) originalmente terminavam em /s/ e sofreram rotacismo. Esta é a reconstrução correta, mas para chegar a ela exitosamente é preciso saber muito sobre a língua, já que também existem alguns substantivos com /s/ medial de ponta a ponta, como *causa* ('causa'), mas estes podem ser estabelecidos como advindos de um /ss/ geminado (Buck, 1933).

Outro caso interessante de reconstrução interna são as formas da passiva do maori que discutimos no capítulo 4. Os dados de (46) são reproduzidos aqui como (290). Recordemos que, aparentemente, o sufixo adicionado à forma-base para criar a passiva tem várias consoantes iniciais diferentes e imprevisíveis. Observe-se também que as palavras em maori terminam em vogal. Presumindo que esse sistema em algum momento era completamente regular, precisamos encontrar somente uma forma-base para cada verbo e apenas uma forma para o sufixo. O único modo de fazer isso é propor que a consoante que aparece no início do sufixo apassivador pertenceu outrora à forma-base; assim, as formas-bases terminavam em consoante: *awhit, *mahuet, *arum etc., e o sufixo era -ia. A mudança sonora implicada apagou todas as consoantes finais, fazendo parecer que a consoante pertence ao sufixo apassivador e criando a irregularidade de alomorfes da passiva, que pode ter diferentes consoantes iniciais.

(290) Passivas do maori

Forma-base do verbo	Passiva	
awhi	awhitia	'abraçar'
mahue	mahuetia	'abandonar'
mea	meatia	'dizer'
hopu	hopukia	'apanhar'
aru	arumia	'carregar'
tohu	tohuŋia	'apontar'
mau	mauria	'carregar'
wero	werohia	'apunhalar'
fao	faofia	'colocar'

Nesse caso, e em muitos outros, os dados comparativos podem ser usados para sustentar os dados internos. O indonésio, língua distantemente aparentada, tem tanto vogais quanto consoantes no final das raízes verbais e algumas delas correspondem às consoantes no sufixo apassivador (Crowley, 1997).

O caso mais famoso de reconstrução interna é uma aplicação desse método às raízes lexicais do protoindo-europeu (PIE). (Nosso relato se baseia na apresentação muito clara feita por Trask, 1995.) Após um intenso trabalho que usou o método comparativo durante o século XIX, um grande número de raízes do PIE foram reconstruídas. Várias das línguas indo-europeias exibem comprovações de apofonia (ou *Ablaut*) – mudanças vocálicas que sinalizam sentido gramatical – como nos verbos do inglês *break, broke* ou *sit, sat*. O grego também tem apofonia, conforme se vê nas formas radicais *leip-, -loip-* e *-lip-*, todas formas de 'abandonar'. Por causa dessas mudanças vocálicas, a maioria das raízes do PIE são reconstruídas com a vogal *e. Uma forte tendência nessas raízes reconstruídas é uma estrutura CVC, como se vê em (291). (As consoantes são apresentadas em sua reconstrução tradicional.)

(291) *bher- 'carregar'   *dher- 'escuro'
       *ker-   'chifre'   *mel-   'macio'
       *ped-   'pé'   *sed-   'sentar-se'

Outra estrutura possível é CVC com o acréscimo de uma ressoante, representada como *i, u, n, r* ou *l*.

(292) *melg- 'leite'   *kers- 'correr'
       *plek- 'dobrar'   *merg- 'fronteira'

Algumas raízes também têm um *s que antecede a estrutura CVC.

(293) *spek- 'observar'   *stel- 'pôr'

Embora essas estruturas de raízes sejam bastante comuns, existem algumas exceções. Primeiro, há raízes só com estrutura CV ou VC:

(294) *ed-   'comer'   *es-   'ser'
       *sē-   'porca'   *ghrē- 'crescer; verde'

Com base nos padrões de apofonia para essas raízes, muitas delas não podem ser reconstruídas com a vogal habitual *e: em seu lugar, apresentam *a ou *o, e essa vogal frequentemente é considerada longa.

(295) *ag-   'conduzir'   *ank-   'arquear'
       *stā-   'estar de pé' *snā- 'nadar'
       *od-   'cheirar'   *op-   'trabalhar'
       *dō-   'dar'   *gnō-   'saber'

Em 1879, quando tinha apenas 21 anos e ainda era estudante, o famoso linguista Ferdinand de Saussure propôs que as exceções em (294) e (295) poderiam ser reconstruídas como o tipo regular CVC se alguma vez tivessem tido consoantes na posição exigida que foram subsequentemente apagadas. Também propôs que as vogais longas nas raízes CV eram o resultado do alongamento compensatório que ocorreu quando a consoante final foi apagada. A terceira parte de sua proposta era que as vogais *e originais das raízes foram mudadas em *a ou *o pelas consoantes antes que estas desaparecessem. Portanto, perseguindo as metas da reconstrução interna, ele propunha um sistema de raízes completamente regular: *CeC (com a possibilidade das ressoantes acrescidas). Saussure propôs originalmente que as consoantes apagadas fossem ressoantes de algum tipo. Como na reconstrução comparativa, um passo é propor um protofonema, mas outro passo é determinar seu caráter fonético.

O trabalho comparativo subsequente feito por diferentes pesquisadores acabou por confirmar que havia três diferentes protofonemas que foram apagados. Em lugar de chamá-los de "ressoantes", hoje os pesquisadores preferem se referir a eles como "laringais", e assim a reconstrução de Saussure é chamada de Teoria Laringal. No entanto, o caráter fonético dessas consoantes ainda é incerto. Às vezes elas são rotuladas como *h_1, que não tinha nenhum efeito sobre a vogal vizinha, *h_2, que rebaixava a vogal para *a, e *h_3, que arredondava a vogal em *o. Algumas das raízes aparentemente excepcionais em (294) e (295) são então reconstruídas como segue (Trask, 1995):

(296) *$h_1$es -> *es- 'ser'   *$dheh_1$ -> *dhē- 'pôr'
       *$h_2$eg -> *ag- 'conduzir'   *$steh_2$ -> *sta- 'estar de pé'
       *$h_3$ed -> *od- 'cheirar'   *deh_3 -> *dō- 'dar'

Além da regularização do sistema de raízes, essas consoantes reconstruídas ajudam a explicar os padrões de apofonia nas diferentes línguas indo-europeias, um tema demasiado complexo para abordarmos aqui.

Durante muitos anos, essa sagaz reconstrução das raízes do PIE atraiu pouca atenção, mas a descoberta de uma língua indo-europeia até então desconhecida mudou tudo. No final do século XIX, uma biblioteca de inscrições cuneiformes foi escavada em Boğazköy, na Turquia. A língua dessas inscrições foi chamada de "hitita", na suposição errônea de que estavam associadas ao império anatólico mencionado no Antigo Testamento. Aquela escrita foi decifrada pelo linguista tcheco Bedřich Hrozný, que sustentou em seu livro de 1917 que o hitita era uma língua indo-europeia. Esta língua, que era chamada de *nesili* pelo povo que a falava, estava registrada de modo fragmentado desde o século IX a.C. e foi falada até 1100 a.C. na península anatólica. Em 1927, Jerzy Kuryłowicz mostrou que algumas palavras do hitita pareciam confirmar a reconstrução de Saussure, já que eram escritas com uma consoante em posições que ele tinha proposto. No silabário cuneiforme, os símbolos consonantais usados eram os que representavam fricativas velares. Considere-se estes exemplos: a raiz do PIE **plā-* ('plano') seria **pleh$_2$-* no sistema de Saussure e ela aparece na escrita hitita como *pal-ḫi-išt* significando 'largo', e a palavra do PIE para 'osso', **os-*, aparece em hitita como *ḫastai*. As consoantes reconstruídas foram portanto confirmadas, o que é uma poderosa validação do método de reconstrução interna.

Quanto a suas propriedades fonéticas, ainda há muita controvérsia sobre as assim chamadas consoantes laringais. A consoante que chamei de **h$_3$* torna a vogal precedente posterior e arredondada e, portanto, é provável que ela mesma tenha esses traços fonéticos. A que chamei de **h$_1$* é considerada por alguns como uma oclusiva glotal, embora Lehmann (1952) argumente que eram todas fricativas. Essa consoante desapareceu até mesmo em hitita, de modo que era provavelmente a mais fraca do trio. Outras ideias sobre o *status* fonético incluem sugestões de que a segunda e terceira fossem faringais (Beekes, 1995). Talvez nunca venhamos a saber. O importante aqui é que o método de reconstrução interna sugeriu que essas consoantes existiram um dia e, de fato, emergiram comprovações que apoiam a teoria.

10.5 PROPOSTAS DE RELAÇÕES GENEALÓGICAS MAIS AMPLAS

Até agora, os métodos de reconstrução comparativa e interna têm sido usados para estabelecer relações genealógicas e propor reconstruções num grande número de grupos linguísticos. Além das indo-europeias, temos reconstruções das línguas dravídicas (faladas no subcontinente indiano), sino-tibetanas (faladas por toda a Ásia), urálicas, altaicas e outras línguas da Eurásia. Reconstruções têm sido feitas para as línguas bantas da África, bem como outros grupos do continente. As línguas polinésias foram examinadas, como vimos neste capítulo. Na América do Sul, as línguas quíchuas foram comparadas e, na América do Norte, várias famílias linguísticas têm sido propostas como, por exemplo, a algonquina, a atapasca, a kiowa-tanoana, a uto-asteca e várias outras. No entanto, ainda falta descobrir relações genealógicas para um número substancial de línguas ainda faladas no mundo. Existem muitas línguas sem parentes conhecidos, as chamadas *isoladas*. A língua basca é uma das isoladas mais célebres. Apesar de falada no meio de diversas línguas indo-europeias há milênios, ela tem uma estrutura e um léxico que mostram seu não-parentesco com nenhuma das línguas conhecidas da Europa. Além disso, em algumas partes do mundo – sobretudo em Papua Nova-Guiné e na América do Sul –, existem muitas línguas ainda não classificadas. Embora existam catálogos abrangentes das línguas do mundo com filiações elencadas, é importante lembrar que algumas dessas filiações se baseiam em sólidas comprovações, enquanto outras são muito mais especulativas.

10.5.1 O protonostrático

O trabalho mais avançado na comparação linguística vai em duas direções: rumo a um lapso temporal mais profundo, ou seja, relacionar as famílias que têm sido reconstruídas, e rumo à classificação de línguas até agora carentes de filiação. A primeira direção é um resultado natural da aplicação do método comparativo. Agora que temos uma reconstrução suficiente do PIE, é hora de olhar em volta e buscar outras protolínguas que poderiam ser aparentadas a essa língua ancestral. Já em 1903, Holger Pedersen propunha que o indo-europeu poderia pertencer a uma família muito maior que incluía a indo-europeia, a urálica (que engloba o húngaro, o finlandês e o estoniano), a altaica (que inclui o turco e o mongol), a afro-asiática (que abrange as línguas semíticas, berberes, tchadianas e outras do norte da África) e a kartvélica (sul do Cáucaso). Pedersen cunhou o termo "nostrático", do latim *nostras* ('nossas'), mas não levou adiante sua proposta em mais detalhes. Durante os anos de 1960, um linguista russo, V.M. Illich-Svitych, começou a comparar protolínguas reconstruídas, conforme a hipótese nostrática sugerida por Pedersen. Seguindo o método comparativo sobre as protolínguas das famílias acima listadas e acrescentando mais uma, a dravídica, ele reconstruiu um grande número de itens lexicais protonostráticos. Outro linguista russo, A. Dolgopolsky, trabalhou independentemente num projeto semelhante e em seguida colaborou na reconstrução. Hoje, diversos linguistas históricos têm contribuído para o projeto, alguns propondo que outras famílias como chukotko-kamchatkana, esquimó-aleúte, suméria e até mesmo nilo-saariana e nigero-congolesa podem ser aparentadas.

Embora se tenha usado os métodos usuais da reconstrução comparativa, e se tenha reconstruído um grande número de raízes (mais de 600) com mudanças sonoras que precisam ser explicadas, a hipótese nostrática ainda não é plenamente aceita (Salmons e Joseph, 1998). Além do fato dos linguistas históricos em geral demorarem a aceitar novas propostas, permanece a questão de que, à medida que retrocedemos mais e mais no tempo, tanto as relações fonológicas quanto as semânticas se tornam mais tênues. Conforme mencionado na seção 10.2.2, a falta de um entendimento claro dos possíveis modos como as palavras mudam seu sentido torna a identificação de cognatos em alguns casos um tema para especulação. Além disso, dado que em certas situações não é possível reconstruir as qualidades das vogais, algumas vezes somente as consoantes aparecem com solidez em formas reconstruídas. Uma vez que existe um número limitado de consoantes em qualquer língua, a probabilidade de ocorrências fortuitas de uma consoante particular numa palavra com sentido semelhante ao de outra língua aumenta a possibilidade de erros.

Mesmo assim, o volume de trabalho é impressionante e intrigante e, sem dúvida, vale a pena prosseguir. Considere-se algumas das formas protonostráticas reconstruídas, com as formas reconstruídas usadas, descobertas em diversas protolínguas (Kaiser e Shevoroshkin, 1988):

(297) Protonostrático   **k'olV   'redondo'
Protoindo-europeu   *kʷel-   'redondo, revolver' (cf. inglês *wheel*, 'roda')
Protoafro-asiático   *k'(w)l   'redondo, revolver'
Protokartvélico   *kʷwer-/kʷal-   'redondo'
Protoaltaico   *kolV-   'misturar, rodar'
Protourálico   *kola   'círculo'
Protodravídico   *ku/ūl-   'redondo, redemoinho'

Além de várias raízes lexicais com correspondências sistemáticas como essas, foram encontradas correspondências entre morfemas gramaticais, como a palavra para 'quem' e pronomes pessoais. Em (298) vemos alguns protocognatos propostos (também de Kaiser e Shevoroshkin, 1988):

(298)   Protonostrático   *k'o ou *q'o   'quem'
Protoindo-europeu   *kʷo- 'quem'; *kʷi-   o quê'
Protoafro-asiático   */k'(w)/ e /k(w)/   'quem'
Protoaltaico   *ka-, *xa- ou xo   'pronome interrogativo'
Protourálico   *ko- ou ku-   'quem'

Os pronomes pessoais da 1ª pessoa do singular são reconstruídos no protonostrático como **mi no nominativo e **minV em casos oblíquos. A 2ª pessoa do singular é ***t'i* e/ou **si no nominativo; ***t'inV* e/ou **sinV nos casos oblíquos. São só alguns exemplos para dar uma ideia das interessantes correspondências encontradas.

Essas reconstruções, se válidas, nos levam muito para trás no tempo de um modo que excita nossa imaginação. As estimativas de quando era falada a língua que representamos com nossa reconstrução do PIE variam entre 6.000 e 9.000 anos atrás. A língua da qual nos aproximamos com o protonostrático teria sido usada, segundo alguns, no Crescente Fértil entre 12.000 e 20.000 anos atrás, durante o período mesolítico (Renfrew, 1991). Há diversas teorias sobre as culturas que estariam relacionadas com essa protolíngua. Infelizmente, sem a comprovação de uma língua escrita, é difícil fazer a associação de uma língua com um conjunto particular de artefatos culturais. No entanto, é possível fazer inferências sobre a cultura social e material de grupos de falantes ao determinar os conceitos para os quais eles têm palavras. Essa área de estudo se chama *paleontologia linguística*. Por exemplo, o PIE tinha palavras para 'roda', 'carregar' e 'cavalo', indicando que seus falantes utilizavam carroças. Existiam termos agrícolas como 'arar' e 'ordenhar', bem como palavras para 'vaca', 'ovelha' e 'cabra', mas não para 'galinha' (Beekes, 1995). Essas palavras dão indícios de como era a cultura, assim como os dão palavras reconstruídas para relações familiares e religião. Apesar do conhecimento que pode resultar dessas reconstruções, ainda há diversas teorias sobre quais resquícios arqueológicos correspondem aos mais remotos falantes do indo-europeu. Mais incerto ainda é saber quem podem ter sido os falantes do protonostrático. Note-se que as estimativas dadas acima incluem enormes intervalos temporais, o que incrementa a dificuldade de situar as hipotéticas protolínguas no tempo e no espaço.

10.5.2 Comparação multilateral

Outra abordagem à comparação linguística foi praticada com algum sucesso por Joseph H. Greenberg (1915-2001). Ele passou a vida se familiarizando com as línguas do mundo, mantendo cadernos repletos de palavras e propriedades gramaticais que registrou enquanto selecionava material sobre um grande número de línguas. Ao longo do tempo, usou esse material para atacar a questão das relações genealógicas entre as línguas em diferentes partes do mundo. Em seu método, ele compara um grande número de línguas de uma vez. Sua ideia é que é preciso encontrar níveis de semelhança e também descobrir as línguas que não são aparentadas. Seu argumento é que, ao comparar apenas duas línguas por vez, é possível chegar a resultados estranhos, como, digamos, se se compara o sueco e o siciliano e se conclui que são aparentados e, em seguida, se compara o norueguês e o provençal e se descobre que são aparentados – o quadro geral se perde por completo, incluindo o importante detalhe de que sueco e norueguês são intimamente aparentados. Por isso, Greenberg compara todas as línguas de uma área. Ele não estabelece correspondências sonoras, preferindo agrupar as línguas segundo o quanto seus cognatos parecem semelhantes. Considera que se trata de uma importante etapa prévia antes de aplicar o método comparativo, pois de que outro modo saber que línguas submeter à comparação?

Usando listas de vocabulário básico (como o que se encontra na lista de Swadesh), ele reúne possíveis cognatos com base em semelhança fonológica e semântica. Para estabelecer a semelhança semântica, Greenberg usa equivalentes traduzidos numa outra língua, como o inglês, perguntando, por exemplo, qual é a palavra para *'sun'* ('sol') nesta língua? Também utiliza os primeiros passos amplamente atestados em mudanças semânticas, como 'sol' > 'dia'; outras relações semânticas mais tênues são evitadas. Para a semelhança fonológica, ele se vale de mudanças sonoras amplamente atestadas. Em ambos os casos, a suposição é que a mudança linguística é muito semelhante entre as línguas. Este é um postulado teórico que Greenberg, em outros trabalhos, ajudou a firmar (ver a seção 10.6). Observe-se que o método comparativo, conforme descrito nas primeiras seções deste capítulo, não pressupõe a universalidade da mudança sonora, mas a regularidade da mudança sonora de qualquer tipo.

Com listas de palavras semântica e fonologicamente semelhantes, Greenberg aplica uma abordagem quantitativa, contando quantas línguas compartilham a maioria de cognatos. Também aplica um sistema de pesagem para as semelhanças encontradas, contando como menos significativas palavras que poderiam ser semelhantes por simbolismo sonoro e, claro, descartando palavras que poderiam ser semelhantes por causa de empréstimo. Além de correspondências lexicais, Greenberg atribui grande importância a semelhanças morfológicas e morfofonêmicas. Se duas línguas tiverem alternâncias alomórficas semelhantes, como o gótico *-bindan, -band, -bundun, -bundans* e o inglês antigo *bindan, band, bundun, bunden* ('atar, amarrar, unir, juntar'), estas são consideradas importantes. Até mesmo relações irregulares ou supletivas como o português *bom, melhor,* *ótimo* e o italiano *buono, meglio, ottimo* são altamente significativas porque, conforme se viu, essas formas flexionadas de alta frequência tendem a ser muito conservadoras, representando estágios mais antigos das línguas. Outros critérios morfológicos incluem a existência de um processo morfológico raro entre as línguas, como a infixação, um forte indicador de relação genealógica, conforme argumenta Greenberg para as línguas austronésicas. As mesmas combinações de morfemas e a semelhança em morfemas gramaticais como pronomes também são considerados fortes indicadores de uma relação de parentesco.

Usando esse método, Greenberg (1970) propôs uma classificação das línguas da África, que de modo geral foi validada quando relações específicas foram examinadas por especialistas nessas línguas. Em contrapartida, sua classificação de 1987 para as línguas das Américas provocou intensos protestos. Essa classificação sugeria uma imensa família linguística, que ele chamou de *ameríndia* (*Amerind*), que se estendia do Canadá até o extremo da América do Sul. A família inclui todas as línguas nativas americanas, exceto a família esquimó-aleúte, falada nas franjas setentrionais do continente, e a na-dené, que inclui línguas faladas no Alasca e no Canadá, mas também no sudoeste dos Estados Unidos. Sua classificação reflete algo que provavelmente foram padrões de migração: os povos esquimó-aleúte do extremo norte são os últimos a ter chegado às Américas vindos da Ásia através do Estreito de Bering, enquanto os na-dené chegaram antes deles. Todos os demais grupos, que Greenberg alega serem aparentados, chegaram muito antes.

O principal protesto contra a proposta de Greenberg de uma família muito grande, a ameríndia, se deve ao uso que ele fez da comparação multilateral em vez da reconstrução comparativa, bem como às tendências gerais entre os americanistas em prol de uma abordagem muito conservadora da classificação linguística (Croft, 2005). Pesquisas anteriores tinham sugerido alguma classificação de nível superior para a América do Norte e Central, como no verbete de Sapir em 1929 para a *Encyclopedia Britannica*, mas na década de 1980, quando Greenberg publicou *Language in the Americas*, os pesquisadores acreditavam que deviam começar com classificações de nível inferior entre línguas intimamente relacionadas e gradualmente expandi-las a grupos de níveis superiores. Pessoas engajadas nesse programa de pesquisa reagiram com força à proposta muito ambiciosa de Greenberg de uma família enorme que abrangia dois continentes. Conforme mencionado, algumas objeções se baseavam em seu afastamento do método comparativo tradicional, e a elas Greenberg respondeu de forma convincente (ver o resumo de Croft, 2005). Outras objeções eram semelhantes às levantadas contra o trabalho sobre o nostrático – relacionamentos distantes podem ser indistinguíveis de semelhanças acidentais. Cabe aos especialistas dessas línguas operar sobre as hipóteses de Greenberg. A opinião de Greenberg é que o valor de um conjunto de hipóteses como as que ele propôs se baseia amplamente na capacidade que elas têm de estimular uma frutífera pesquisa ulterior.

Pouco depois da publicação de *Language in the Americas*, pesquisadores da genética humana começaram a buscar agrupamentos semelhantes dos povos indígenas em termos de seus traços genéticos. Vários desses agrupamentos parecem sustentar a ideia de que houve três ondas migratórias de seres humanos para as Américas. Um estudo recente que usa o genoma completo de indígenas desde a América do Sul até o Canadá e o Alasca defende três migrações (Reich et al., 2012). Esse trabalho mostra que a maioria da população descende de uma única população ancestral que corresponde à ameríndia de Greenberg. Dois outros grupos – o esquimó-aleúte e o na-dené – são distintos, mas compartilham alguns de seus genes com povos das primeiras migrações, como se poderia esperar com povos em contato entre si. Em geral, os perfis do genoma humano e a filiação linguística mostram resultados ou parentescos semelhantes, como se poderia esperar com base no fato de que, quando grupos populacionais mudam sua localização no globo, eles levam consigo seus genes e sua língua. Apesar dessas excitantes tentativas de correlacionar genes e línguas, à medida que a pesquisa avança o quadro se torna mais complicado, com diferentes estudos genéticos revelando resultados conflituosos. Além disso, se uma comunidade de falantes troca de língua – isto é, se os falantes abandonam sua língua de herança e adotam a língua de uma comunidade vizinha –, a relação entre seu material genético e sua língua se perderá.

10.6 TIPOLOGIA DIACRÔNICA

À medida que trabalhava para encontrar semelhanças entre as muitas línguas do mundo, Joseph Greenberg também ficou convencido de que as línguas mudam de maneira muito parecida, sejam elas aparentadas ou não. Com esse pressuposto, é possível montar extensas trilhas de mudança com base em dados (às vezes só dados sincrônicos) de línguas diferentes, aparentadas ou não. Greenberg adotou essa abordagem em vários trabalhos, incluindo o ensaio "Como uma língua adquire marcadores de gênero?" ("How Does a Language Acquire Gender Markers?"), em que traça o desenvolvimento de marcadores de classes nominais a partir de demonstrativos e mostra em seguida como eles se tornam marcadores de gênero e, finalmente, desaparecem no léxico como marcadores nominais generalizados ou meros pedaços de nomes (Greenberg, 1978b). Essa abordagem, chamada de "tipologia diacrônica", foi apresentada aqui em vários capítulos, por exemplo, no capítulo 2, em que a tabela 2.5 apresenta trilhas de lenição para oclusivas desvozeadas desenvolvidas a partir de exemplos de diversas línguas. As trilhas de gramaticalização, como as discutidas no capítulo 7, também são construídas com base em mudanças em diferentes línguas; às vezes, cada passo numa trilha está representado por um diferente conjunto de línguas. Somente línguas com extensas histórias escritas exemplificam a trilha completa; por isso, na maioria dos casos, a comparação de partes de uma trilha como ela se mostra em línguas diferentes é uma exigência para se construir a trilha completa.

A tipologia diacrônica nos oferece um modo não só de descrever mudanças atuais, mas também de explicar essas mudanças e explicar como as línguas se parecem e como são diferentes. Vimos como alguns mecanismos de mudança – como a automação da produção ou a generalização de sentido – ocorrem repetidamente na mudança linguística. Usando esses mecanismos, podemos explicar por que chegamos a certos padrões translinguísticos. Por exemplo, se algum argumento nominal num sistema ergativo-absolutivo tiver marca zero, este será o absolutivo, enquanto o ergativo terá uma marca explícita. Vimos o motivo disso em nossa discussão na seção 8.2.3, onde observamos que a construção ergativa se desenvolveu de uma construção passiva em que o agente tinha um marcador explícito. De fato, numa construção passiva, se o agente aparece, ele tem de ser explicitamente marcado de algum modo. O argumento absolutivo, por outro lado, tende a ter marca zero porque se desenvolveu de um argumento sujeito mais antigo. De igual modo, numa língua nominativo-acusativa, é mais comum que o acusativo tenha uma marca explícita e o nominativo tenha marca zero, porque os marcadores acusativos se desenvolvem de marcadores oblíquos, como os dativos.

10.7 CONCLUSÃO

Neste capítulo vimos que há diversos modos pelos quais a mudança linguística interage com a comparação translinguística, e que as comparações podem ser usadas para diferentes propósitos. Enfatizei a comparação para os propósitos de determinar as relações genealógicas entre línguas e para a reconstrução de hipotéticas línguas ancestrais porque esse tipo de comparação é o fundamento da linguística histórica. O que vimos para esse tipo de comparação é que muito progresso já se fez, mas ainda há muito o que fazer na identificação de relações de parentesco, mesmo para relações de nível inferior em certas partes do mundo. Também vimos que os linguistas estão tentando aperfeiçoar seus métodos de modo a identificar relações mais distantes ao comparar protolínguas e aplicar a comparação multilateral. Essas tentativas podem agir em concerto com a pesquisa na arqueologia e na genética humana a fim de formar um quadro de como nossa espécie povoou o planeta.

> **QUESTÕES PARA DISCUSSÃO**
>
> 1) Quais as consequências da difusão lexical incompleta para o sucesso da reconstrução comparativa? Que tal a "redução especial" como a encontrada em sintagmas de alta frequência?
>
> 2) Que papel a morfologia pode desempenhar na reconstrução?
>
> 3) Os linguistas deveriam trabalhar em superfamílias como a nostrática ou os métodos atuais são muito vacilantes para que esse trabalho valha a pena?
>
> 4) Tente formular uma "lei fonética" que explique as seguintes mutações que atingiram as consoantes intervocálicas em português (o primeiro termo é o étimo latino):
>
>   (a) *uacca* > vaca / *stuppa* > estopa / *mittere* > meter
>
>   (b) *aqua* > água / *lupu* > lobo / *pratu* > prado
>
>   (c) *habere* > haver / *radiu* > raio / *legal-* > leal

Sugestão de leitura

Os manuais de linguística histórica oferecem mais detalhes sobre o método da reconstrução comparativa. Recomendo: MILLAR, R.M. (2007). *Trask's historical linguistics*. 2. ed. Londres: Hodder Arnold, cap. 8.

Um livro de leitura acessível sobre o indo-europeu, a língua e o contexto cultural: BEEKES, R.S.P. (1995). *Comparative Indo-European linguistics*: an introduction. Amsterdã: John Benjamins.

Para uma avaliação da hipótese nostrática de diferentes pontos de vista: SALMONS, J.C. & JOSEPH, B.D. (1998). *Nostratic*: sifting the evidence. Amsterdã/Filadélfia: John Benjamins.

O website *The Tower of Babel Project* tem mapas interativos das superfamílias propostas, como a nostrática: starling.rinet.ru

APÊNDICE – OS PRINCIPAIS RAMOS DO INDO-EUROPEU

Indo-iraniano: são línguas faladas em vários lugares do Oriente Médio e da Índia, incluindo, do lado iraniano, o persa ou farsi, e o curdo, precedidos pelas antigas línguas avesta e persa antigo. O amplo ramo indo-ariano inclui hindi, urdu, punjabi, gujarati, nepalês e outras numerosas línguas da Índia, incluindo a antiga língua sânscrita.

Hitita: é a língua extinta de um grupo que viveu na Anatólia (Turquia) de 1900 a 1100 a.C.

Grego: inclui tanto as variedades antigas quanto os dialetos modernos.

Itálico: inclui o latim e as línguas românicas (italiano, espanhol, francês, português, romeno etc.) assim como línguas faladas na Itália na mesma época que o latim, por exemplo, osco e úmbrio.

Germânico: atestado mais remotamente em longos textos na extinta língua gótica, que representa o ramo oriental do germânico; o germânico ocidental é representado por neerlandês, inglês, alemão e frísio; o germânico setentrional, pelo islandês e pelas línguas escandinavas.

Eslávico: inclui a extinta língua que representa o ramo meridional, o antigo eslavo eclesiástico, documentado a partir do século IX. Outras línguas eslavas meridionais são esloveno, sérvio, croata, macedônio e búlgaro. Algumas das línguas eslavas ocidentais são polonês, tcheco, eslovaco, e as grandes línguas eslavas orientais são russo, bielorrusso e ucraniano.

Báltico: inclui o letão e o lituano e a língua extinta chamada prussiano antigo. São muito aparentadas às línguas eslavas.

Céltico: línguas antigamente muito difundidas pela Europa, mas que foram substituídas por línguas românicas e germânicas. As ainda faladas são galês, bretão, irlandês (gaélico) e gaélico escocês. O córnico e o manês estavam à beira da extinção, mas agora estão sendo revividas. O irlandês antigo é documentado desde o ano 700 d.C.

Albanês: constitui sozinho um ramo do indo-europeu.

Armênio: também constitui sozinho um ramo do indo-europeu sem parentes próximos. Tem um alfabeto exclusivo, inventado no século V d.C., e há textos que datam desse período.

Tocariano: consiste de duas línguas extintas, documentadas em textos dos séculos VI ao VIII e descobertas no início do século XX na bacia do Tarim, noroeste da China. A decifração desses textos revelou duas línguas aparentadas, classificadas como indo-europeias.

Fontes da mudança linguística: fatores internos e externos

Neste capítulo final, damos uma olhada nas possíveis fontes ou causas da mudança linguística. É claro que temos discutido as causas da mudança ao longo do livro, mas neste capítulo abordamos mais diretamente e de modo mais geral a questão das causas. Num amplo panorama, examinamos fatores internos à língua como causas de mudança em contraste com causas externas, em particular a influência de outras línguas. Desse modo, a seção 11.1 sobre fontes internas contrasta com as seções 11.2 e 11.3, que lidam com situações de línguas em contato. Na seção 11.1, vamos tratar rapidamente de algumas abordagens teóricas que se interessam pela mudança diacrônica, em especial a Teoria da Naturalidade na seção 11.1.2 e as teorias gerativas na seção 11.1.3. Na seção 11.1.4, examinamos brevemente se a linguagem infantil é uma fonte plausível da mudança linguística. Depois das seções sobre contato linguístico, na seção 11.4 abordamos a ideia de que a linguagem é um sistema adaptativo complexo, em que fatores dinâmicos inerentes ao falante, ao ouvinte e ao contexto produzem a mudança.

11.1 FONTES INTERNAS: O USO DA LÍNGUA

Esta seção fará inicialmente uma revisão da abordagem apresentada nos capítulos anteriores, aproximando alguns mecanismos comuns e padrões gerais que foram identificados em meio aos diferentes tipos de mudança. A abordagem assumida aqui reconhece o papel do uso da língua na criação e na propagação da mudança e se filia à teoria baseada no uso, de modo que vamos chamá-la de abordagem baseada no uso. Em seguida, a discussão se volta para outras propostas, em particular os advindos da Teoria da Naturalidade, segundo a qual as estruturas da língua mudam para se tornar mais naturais ou menos marcadas. Por fim, vamos examinar a abordagem gerativista, com sua hipótese de que a mudança linguística ocorre no processo de aquisição da língua.

11.1.1 A abordagem baseada no uso

Nos capítulos precedentes sobre mudança sonora, mudança analógica, gramaticalização, mudança sintática e mudança lexical, conseguimos identificar padrões gerais de mudança que exibem uma ampla direcionalidade, sugerindo fortemente que a mudança linguística não é aleatória. O objetivo foi pôr em foco os mecanismos cognitivos que operam durante eventos comunicativos, pois esses mecanismos não determinam somente a direcionalidade da mudança como também respondem ao "por quê" e ao "como" da mudança. Minha opinião é a de que a validade de uma explicação para uma mudança repousa firmemente no fato de haver um mecanismo proposto para a mudança que derive da explicação.

Segue-se uma lista dos distintos mecanismos discutidos nos capítulos anteriores. Esses mecanismos são de domínio geral, isto é, aplicam-se em outras áreas do processamento e da cognição humana, além de se aplicarem à linguagem. Conforme enfatizado em capítulos precedentes, são mecanismos que se ativam quando a língua está sendo usada.

1) Automação da produção. Dado que a produção articulatória é um processo neuromotor, ela está sujeita à redução e à ressincronização [*retiming*] que os comportamentos altamente praticados alcançam por meio da repetição. Os padrões regulares de automação são uma fonte importante da mudança sonora. A redução mais esporádica em material de alta frequência é um processo importante na gramaticalização de amálgamas de material. No entanto, a automação da produção não é uma teoria da mudança sonora. A direção particular que a ressincronização e a redução assumem precisa ser especificada para uma teorização adequada. Essa especificação se baseará no que se sabe sobre gestos articulatórios e sua interação uns com os outros, bem como a organização dos gestos em sílabas e palavras.

2) Tendência a associar o sentido diretamente à forma. Na morfologia, esta tendência tem o efeito de atribuir uma função morfológica a alternâncias criadas pela mudança sonora. No nível mais alto de amalgamação de construções sintáticas, combinações particulares de palavras passam a expressar sentidos particulares, determinados pelo contexto pragmático (ver abaixo "Mudança semântica por inferência").

3) Substituição de padrões menos gerais por padrões mais gerais. Os padrões com alta frequência de tipo tendem a substituir os padrões com frequência de tipo mais baixa (exceto onde instâncias particulares têm uma frequência de ocorrência elevada). A produtividade do padrão é evidente na mudança fonotática, em que padrões menores são substituídos por padrões mais robustos. Na morfologia, os padrões "regulares" com alta frequência de tipo substituem os menos frequentes. Também nas construções sintáticas, novos padrões que se tornam produtivos substituem os padrões mais antigos. O mecanismo cognitivo operacional é a resposta à frequência de tipo; o uso de um padrão com itens diferentes fortalece os padrões e constrói uma categoria geral que pode facilmente ser estendida e aplicada a itens novos.

4) Resistência à mudança de itens com alta frequência de ocorrência. Operando em concerto com a extensão de padrões produtivos, descobrimos que a alta frequência de ocorrência fortalece a representação mental de itens particulares e os torna resistentes à mudança. Isso ficou demonstrado na mudança morfológica, em que itens irregulares de alta frequência tendem a não mudar, e também na competição entre construções sintáticas, em que as construções mais antigas sobrevivem com certos itens e em certos contextos.

5) Amalgamação. Em todos os níveis de organização, a repetição de cadeias de elementos leva-os a formar amálgamas na representação cognitiva. Os amálgamas são armazenados e acessados juntos. No nível da palavra, do sintagma ou da construção, é-lhes atribuído um sentido baseado em seus contextos de uso.

6) Generalização semântica. Na gramaticalização e na mudança lexical há muitos exemplos de generalização semântica pela qual uma palavra ou construção ocorre em cada vez mais contextos à medida que seu sentido se generaliza e perde traços específicos de significação. A generalização não age necessariamente sozinha, porém, bem mais, pode ser o resultado de outros mecanismos de mudança semântica como a metáfora e a inferência.

7) Mudança semântica por inferência. Dados os contextos em que palavras, sintagmas e construções são usados, os usuários da língua frequentemente fazem inferências que dão mais corpo ao sentido apreendido pelo que o falante disse. Quando as mesmas inferências se repetem, podem se tornar parte do sentido das palavras, sintagmas ou construções. Algumas inferências são mais prováveis do que outras. Ao que parece, os seres humanos querem saber quais são as intenções dos outros, o que provocou o quê, o que o falante acredita ser verdade.

Esses mecanismos são o que determinam a ampla direcionalidade da mudança que observamos nos vários domínios. A mudança sonora raramente acrescenta ou expande gestos, porque o mecanismo por trás dela é a eficiência neuromotora. Estruturas paratáticas frouxas se tornam construções sintáticas mais coesas por causa da tendência à amalgamação. A tendência oposta de quebra de amálgamas ocorre esporadicamente (por exemplo, na etimologia popular), mas nem de longe é a direção principal da mudança. O sentido de uma palavra pode se tornar mais específico, mas normalmente porque uma palavra concorrente se tornou mais geral e está usurpando o território semântico da outra palavra.

Outra tendência geral na mudança de todos os tipos é que a mudança se implementa gradualmente, e os estágios de mudança se caracterizam pela variação entre formas invoadoras e conservadoras.

11.1.2 Teoria da Naturalidade e leis de preferência

Conforme mencionado antes, diversas abordagens têm sido propostas para se entender por que as línguas mudam. Uma ideia amplamente sustentada é a de que as línguas mudam para se tornarem mais "naturais" ou "não marcadas". Essa Teoria da Naturalidade [*Naturalness Theory*] foi desenvolvida com relação à estrutura da sílaba (por Vennemann, 1988) e à morfologia e morfofonologia (por Dressler et al., 1987; Dressler, 2003). Usando-se informações da tipologia, da linguagem infantil e da mudança linguística, os fenômenos linguísticos são classificados segundo sua "naturalidade" com relação uns aos outros, com base em certas preferências elencadas, como uma preferência pela iconicidade e pela transparência na morfologia, ou uma preferência por segmentos fracos em posição final de sílaba na fonologia. Dressler (2003) cita duas previsões diacrônicas a partir dessa teoria.

Primeiro, quanto mais natural um dado fenômeno for num dado parâmetro, mais provável será que ele resista à mudança. Aqui é importante notar que os diferentes parâmetros às vezes estão em conflito entre si. Ou seja, uma mudança fonológica natural, como o vozeamento intervocálico de fricativas (*loaf/loaves*, 'pão/pães'), pode criar uma situação morfológica menos natural em que um substantivo tem dois alomorfes.

Segundo, se houver duas opções para mudança e X → Y for mais natural do que Y → X no parâmetro Z, então a mudança mais natural terá mais chance de ocorrer do que o inverso. De novo, como uma mudança num parâmetro pode criar um fenômeno não natural num parâmetro diferente, as línguas nunca evoluem para se tornar perfeitamente naturais. Em vez disso, a mudança cria apenas "melhorias locais".

Por exemplo, Dressler (2003) observa que o plural *oaf-s* ('bronco/s') é mais icônico do que o plural *loav-es* porque as duas unidades de sentido (substantivo + plural) correspondem a unidades constantes em *oaf-s* mas não em *loaves*. A previsão, portanto, é que uma mudança para *loafs* (como em *roofs* ['telhados'] que substituiu o antigo *rooves*) é mais natural do que uma mudança para *oaves* em substituição a *oafs*. Essa previsão tem toda probabilidade de ser correta. No entanto, conforme vimos na seção 5.3, para itens de frequência muito alta, não cabe esperar "regularização". Por exemplo, formas supletivas como *sou, é, fui, era*, que são de altíssima frequência, podem ser consideradas "naturais" porque permitem ao usuário da língua acessar uma única forma em vez de duas que teriam de ser postas junto. Obviamente, essa situação também pode ser tratada pela Teoria da Naturalidade acrescentando um parâmetro de frequência de ocorrência que interaja com os parâmetros de iconicidade e transparência.

Embora a ideia de parâmetros em competição seja muito provavelmente necessária para explicar a mudança linguística (ver seção 11.4), o problema com a Teoria da Naturalidade, tal como praticada, é que ela é teleológica. Uma explicação teleológica é aquela que apela para o objetivo ou para o resultado final da mudança, como se a língua estivesse tentando alcançar determinado estado final. Com isso, há certa circularidade no raciocínio: sabemos que muitas línguas têm uma grande porção de morfologia transparente e que talvez as crianças adquiram tal morfologia com facilidade, portanto supomos que as línguas estão tentando mudar sua morfologia para ficarem mais transparentes. O que se omite aqui é o mecanismo; a teoria não diz "como" a mudança ocorre. De fato, muitas das preferências afirmadas na Teoria da Naturalidade poderiam ser reformuladas de modo a evitar a teleologia. Assim, conforme observamos no capítulo 5, para explicar a mudança de *rooves* para *roofs*, podemos apelar à força na memória da construção plural regular devido à sua alta frequência de ocorrência e notar que, quando os plurais são de difícil acesso, os falantes tendem a usar a construção regular. Não existe mecanismo comparável para criar *oaves* em lugar do regular *oafs*.

Observe-se que no exemplo acima a explicação teleológica não cita um mecanismo e não implica o usuário da língua e sua configuração cognitiva. A circularidade da teleologia pode ser evitada se invocarmos um mecanismo particular de mudança que fornece determinado resultado, em vez de citar apenas o resultado.

Outro problema relacionado surge ao se identificar os parâmetros em competição. Ao propor leis de preferência para a estrutura silábica, Vennemann (1988: 1-2) explica como a teoria pode ser testada:

> A justeza de uma lei de preferência pode ser verificada do seguinte modo. Cada mudança num sistema linguístico é uma melhoria local, isto é, uma melhoria relativa a determinado parâmetro. Por exemplo, toda mudança na estrutura silábica é uma melhoria da estrutura silábica tal como definida por alguma lei de preferência. Se uma mudança piorar a estrutura silábica, não será uma mudança na estrutura silábica, ou seja, uma mudança motivada pela estrutura silábica, mas uma mudança em algum outro parâmetro que simplesmente acontece para afetar a estrutura silábica.

Embora Vennemann afirme que a teoria da preferência pode ser testada dessa maneira, de fato, a existência de um conjunto ilimitado de parâmetros significa que a teoria jamais pode ser falseada. Se uma mudança não criar uma melhoria local em um parâmetro, isso não refuta as preferências em tal parâmetro, mas simplesmente aponta para um parâmetro diferente. Portanto, o apagamento de uma vogal às vezes cria estruturas silábicas não preferenciais, como quando os falantes de português europeu apagam a primeira vogal de *pequeno* [pˈkẽnu], mas o apagamento da vogal não é motivado pela estrutura silábica, e sim por "uma preferência pela brevidade", segundo Vennemann.

Essa crítica não refuta as tendências da estrutura silábica que Vennemann propõe, mas lança dúvida sobre o valor explanatório para a diacronia de uma teoria baseada em leis de preferência. Vennemann diz, sim, porém, que ao fim e ao cabo as leis de preferência devem elas mesmas ser explicadas pela pesquisa fonética, já que são observações baseadas na pesquisa translinguística. Portanto, ele não defende que as leis de preferência sejam a explicação definitiva, mas sim uma proposta para explicar como a diacronia e a tipologia se relacionam uma com a outra.

11.1.3 Teorias gerativas sobre mudança linguística

As teorias linguísticas estruturalista e gerativista veem os diferentes componentes ou domínios da língua – fonologia, morfologia, sintaxe, semântica – como separados, e a gramática do adulto como um sistema fechado que só pode sofrer pequenas mudanças. Assim, a mudança ocorre somente quando a gramática está sendo inicialmente construída pela criança, e essa mudança ocorre porque a criança não tem acesso direto à gramática do adulto, mas tem que conjecturar sua estrutura com base em dados limitados e num conjunto inato de parâmetros universais. Andersen (1973) propôs um modelo para o modo como a mudança ocorre, identificando o principal mecanismo de aquisição como raciocínio *abdutivo*, um tipo de raciocínio descrito por Peirce (1965). Nesse modelo, os adultos construíram uma gramática, que podemos chamar de Gramática 1, e, usando essa gramática, produzem enunciados na língua que as crianças que estão tentando construir suas próprias gramáticas usam como evidências. Além disso, a criança (nessa teoria) tem acesso a certos universais gramaticais inatos que ajudam a determinar a gramática que ela constrói. Ora, os enunciados dos adultos, baseados na Gramática 1, nem sempre oferecem todas as evidências necessárias para construir aquela gramática, de modo que a criança pode construir uma gramática ligeiramente diferente, a Gramática 2, com base nos enunciados dos adultos e nos universais inatos. O produto da Gramática 2 refletirá em grande medida o produto da Gramática 1, mas também pode haver algumas diferenças, e essas diferenças representam uma mudança na língua. Esse tipo de mudança é chamada de *abdutiva* porque não se baseia nem no raciocínio indutivo nem no dedutivo.

Consideremos as três orações seguintes, frequentemente usadas para ilustrar tipos de raciocínio:

(299) A Lei   (*Todos os homens são mortais*)
       O Caso   (*Sócrates é homem*)
       O Resultado   (*Sócrates é mortal*)

No raciocínio dedutivo, opera-se a partir da "lei", aplica-se a "lei" a um "caso" e se determina um "resultado" (por exemplo: *todos os homens são mortais, Sócrates é homem, portanto Sócrates é mortal*). Nesse tipo de raciocínio, se a lei e o caso são verdadeiros, então o resultado também tem que ser verdadeiro. A outra direção é o raciocínio indutivo, que examina o "resultado", em seguida o "caso" até chegar à "lei" (*Sócrates é mortal, Sócrates é homem, portanto todos os homens são mortais*). Esse tipo de raciocínio pode levar a erros se casos e resultados suficientes não forem examinados. O terceiro tipo de raciocínio é abdutivo: uma "lei" é aplicada a um "resultado" e o "caso" é inferido (*todos os homens são mortais, Sócrates é mortal, portanto Sócrates é homem*). Esse tipo de raciocínio também pode levar a erros: talvez Sócrates seja algum outro tipo de ser mortal e não um homem.

Apesar da fraqueza desse tipo de raciocínio – que poderia ser chamado de "conjectura" –, Peirce, Andersen e muitos outros acreditam que ele é comumente usado pelos seres humanos. Eis como ele se aplica ao aprendiz que está construindo uma gramática: o resultado são os dados linguísticos a que o aprendiz está exposto; as leis são as capacidades inatas universais que vêm com o fato de ser humano; e o caso é a gramática. Em grande medida por causa das ambiguidades ou incompletudes nos dados a que o aprendiz está exposto, as conjecturas do aprendiz sobre a natureza da gramática que produz tais dados podem diferir da gramática adulta real.

Mesmo antes da apresentação de Andersen dessa teoria da mudança linguística, linguistas gerativistas tinham proposto que a mudança ocorre no primeiro processo de aquisição da língua (Halle, 1962). A comprovação dada para essa proposta é que os adultos não são tão bons quanto as crianças na aprendizagem de línguas. Assim, propõe-se que o dispositivo de aquisição da linguagem só é operacional em crianças pequenas. As crianças conseguem construir uma gramática a partir de dados disponíveis, mas os adultos conseguem apenas fazer pequenos ajustes em suas gramáticas. Conforme mencionado acima, outra propriedade das gramáticas gerativas é que a gramática (em particular a sintaxe) é um sistema fechado e discreto que não é afetado pelo sentido, pela pragmática ou pelo uso da língua. De fato, a sintaxe é considerada "autônoma", isto é, ela é independente de outros componentes (semântica e pragmática) e também do uso. Faz-se uma distinção entre *competência*, que é o conhecimento abstrato da gramática, e *desempenho*, que é o produto da gramática. É a competência que interessa ao linguista gerativista, já que o desempenho é considerado repleto de erros e hesitações que não têm interesse. Vejamos, então, como essas suposições afetam a visão de mudança linguística apreendida nesse quadro teórico.

No primeiro tratamento completo da mudança sintática dentro da teoria gerativa, Lightfoot (1979) trata, entre outros casos, do desenvolvimento dos auxiliares modais em inglês. A questão contemplada é o fato de que os auxiliares modais (*will, shall, can, may, must, would, should, could* e *might*) se comportavam no inglês antigo como outros verbos plenos (embora já tivessem algumas peculiaridades), mas no inglês contemporâneo se comportam como auxiliares modais. Numa gramática gerativa, verbos plenos e auxiliares são categorias bastante diferentes, de modo que uma mudança de um para o outro é uma grande mudança sintática. Uma vez que não existem categorias gradientes entre verbo e auxiliar, a mudança tem que ter ocorrido abruptamente na gramática, como uma reanálise feita por uma geração de aprendizes da língua.

Discutimos essa mudança e outras relacionadas no capítulo 6 (seção 6.2 sobre *will*; seções 6.8 e 6.9 sobre *can*) no tratamento da gramaticalização. Lá observamos que certas mudanças morfossintáticas e semânticas estavam relacionadas a aumentos na frequência de uso. Em geral, os capítulos 6 e 7 tratam da gramaticalização como todo um conjunto de mudanças relacionadas que afetam forma, sentido e uso. Na visão gerativista, em contrapartida, a principal mudança é a reanálise pela qual certos verbos se tornam auxiliares, enquanto as outras mudanças são tratadas como desenvolvimentos independentes que servem para disparar essa mudança ou são os resultados dessa mudança.

Lightfoot indica que antes da reanálise ocorreram diversas mudanças. Não vou revisar todas aqui, mas mencionar apenas três. Primeiro, os verbos que se tornariam auxiliares modais (ele os chama de "pré-modais") deixaram de assumir objetos diretos. Segue-se um exemplo do inglês antigo de *cunnen* ('conhecer') com um objeto direto.

(300)   *Ge dweliað and ne cunnon halige gewritu* (Mt 22).
'Sois levados a erro e não conheceis a Sagrada Escritura'.

Segundo, Lightfoot lista "opacidade crescente" das formas de passado; com isso ele quer dizer que a distinção entre as formas de presente e de passado não sinalizam tempo, conforme se vê hoje nas formas *will/would, shall/should, may/might* e *can/could*. Lightfoot alega que essas duas mudanças são independentes uma da outra. Plank (1984) argumenta, refutando, que as duas mudanças têm uma base semântica. Os pré-modais são usados com objetos diretos quando têm determinado sentido (no caso de *can* é 'conhecer') e, quando perdem esse sentido, já não ocorrem com objetos diretos e suas formas de passado ficam abertas a reinterpretação.

Uma terceira mudança que conduz à reanálise na explicação de Lightfoot é o desenvolvimento de *to* como marcador de infinitivo, que se deu gradualmente, expandindo-se em diferentes construções com diferentes sentidos. Entretanto, não se estendeu para o uso com pré-modais. Eu diria que isso é porque eles já estavam estabelecidos em construções sem *to* e eram usados com muita frequência, o que os tornava resistentes à mudança. A alta frequência se relaciona com seus usos semânticos e pragmáticos. Portanto, as três mudanças revisadas aqui não são desenvolvimentos independentes, acidentais, mas todas decorrem da gramaticalização dos pré-modais.

Lightfoot em seguida alega que no século XVI, um tanto abruptamente, talvez em uma geração, a gramática foi reanalisada de modo que os pré-modais se tornaram auxiliares modais e constituíram uma classe separada dos verbos lexicais. Disso decorreram várias outras mudanças, em primeiro lugar a incapacidade dos antigo pré-modais de ocorrer como infinitivos, como neste exemplo de 1520:

(301)   *Dyscrecion to canne kepe peace on all partyes.*
'Discrição para saber como manter a paz entre todas as partes'

Em segundo lugar, a perda das formas *-ing* (exemplo de 1513, Lightfoot, 1979: 110):

(302) *the potential mode signifyeth a thing as mayying or owing to be done*
'o modo potencial significa uma coisa que pode ou deve ser feita'

Em terceiro, a perda da capacidade dos pré-modais de ocorrer com outros pré-modais (exemplo de 1532; Lightfoot, 1989: 110):

(303) *I fear that the emperor will depart thence, before my letters shall may come into your grace's hands*
'Receio que o imperador parta de lá antes que minhas cartas possam chegar às mãos de Sua Graça'

Em quarto, a não ocorrência de pré-modais em construções *have + en* (1528; Lightfoot, 1979: 110):

(304) *if wee had mought conuenient come togyther, ye woulde rather have chosin to have harde y minde of mine owne mouthe.*
'Se tivéssemos podido vir juntos convenientemente, tu talvez tivesses preferido escutar essa ideia da minha própria boca'.

Na visão de Lithgfoot, essas mudanças são puramente sintáticas: uma vez que essas formas foram atribuídas a uma nova categoria, elas já não estão disponíveis para essas ocorrências como infinitivos, gerúndios ou particípios.

Conforme aponta Plank, no entanto, essas mudanças não se deram de forma abrupta; ao contrário, as formas não finitas dos pré-modais tinham sido raras já desde o inglês antigo. De igual modo, as mudanças não ocorreram ao mesmo tempo para todos os pré-modais. A razão é que essas mudanças, como a perda da capacidade de assumir objeto direto, não são apenas mudanças sintáticas, mas se relacionam com a perda do sentido lexical dos pré-modais e, portanto, com seu uso como verbos plenos. De fato, as mudanças que levaram à reanálise de Lightfoot também se deram gradualmente e em ritmos diferentes para os diferentes pré-modais. Todas essas características são típicas da gramaticalização: mudanças morfossintáticas e semânticas, algumas das quais acompanhadas por aumentos na frequência de uso em construções particulares e o desaparecimento de outras construções, estão todas relacionadas. Tentar isolar as mudanças sintáticas de outras mudanças em distribuição e sentido leva a uma explicação fragmentada em que diversas partes da mudança ficam sem explicação.

Roberts e Roussou (2003) recorrem mais especificamente à gramaticalização em sua explicação mais recente da mudança numa perspectiva gerativista. Uma questão que abordam é a direcionalidade da gramaticalização, pois reconhecem que a mudança puramente sintática não tem uma direcionalidade inerente prevista por sua teoria minimalista. Eles propõem que a gramática é simplificada pelas reanálises que são feitas pelos aprendizes da língua, desde que algumas outras mudanças tenham ocorrido na língua. Por exemplo, a mudança de um verbo em auxiliar modal produz estruturas mais simples porque o que antes eram duas orações se torna uma oração na medida em que o modal se torna parte da "estrutura funcional" da oração.

Roberts e Roussou também buscam gatilhos ou causas para a mudança sintática e, nos casos que examinam, propõem que a erosão de contrastes morfológicos é frequentemente o gatilho. O gatilho que eles propõem para a mudança dos pré-modais do inglês em auxiliares modais é diferente do que propôs Lightfoot. Segundo eles, é a perda do sufixo de infinitivo (por redução fonológica). No inglês antigo e variavelmente no inglês médio, os infinitivos terminavam em -*n*, que Roberts e Roussou propõem ser o indicador para o aprendiz da língua de que o pré-modal e o infinitivo estavam em orações diferentes, como em *nat can we seen* ('não podemos nós ver'), em que o -*n* em *seen* era a marca do infinitivo. Uma vez apagado esse sufixo, o aprendiz daria a essa sequência uma interpretação mono-oracional, atribuindo o elemento modal a uma categoria funcional. Quanto ao desbotamento semântico do pré-modal (ver a discussão de *will* e *can* nas seções 6.2, 6.8, 6.9 e 6.11), Roberts e Roussou propõem que ele ocorre quando o pré-modal é atribuído à categoria funcional (ver abaixo).

Como mais um exemplo de um gatilho para a reanálise sintática, considere-se a afixação de formas do auxiliar românico *habere* ao infinitivo para formar um paradigma de futuro. Conforme ilustrado na seção 6.3 para o espanhol, a afixação ocorreu gradualmente, primeiro com a fixação da posição do auxiliar depois do infinitivo, em seguida com a possibilidade de itens intervenientes entre o infinitivo e o auxiliar, especialmente os pronomes clíticos. Observamos um estágio variável como ilustrado no exemplo a seguir, em que o auxiliar aparece como um afixo ao primeiro verbo, mas é separado do verbo principal no segundo caso:

(305) *diesmará vuestro pan y vuestro vino, y dar lo ha a sus vasallos.* (Mejía, século XV)
'fará o dízimo de vosso pão e vosso vinho, e dá-lo-á a seus vassalos'

Roberts e Roussou propõem que a reanálise como afixação foi bloqueada pela presença dos clíticos entre o infinitivo e o auxiliar. A partir do momento em que esses clíticos não ocorriam mais nessa posição, a afixação pôde prosseguir.

Nessas explicações de uma sintaxe autônoma, a mudança sintática é sempre abrupta, embora possa ter ocorrido em diferentes estágios, e é disparada por mudanças que se passam no exterior da sintaxe. O aprendiz fica restrito a fazer escolhas entre opções discretas: trata-se de um verbo ou de um auxiliar (uma categoria funcional)? É um auxiliar ou um afixo? Um problema com essa abordagem é que, pelo modo como essas mudanças se manifestam como mudança em progresso e nos documentos sobreviventes, elas parecem ser graduais e caracterizadas por muita variação, como se vê em (305), onde o morfema gramatical do futuro é escrito sufixado no primeiro verbo, mas não no segundo. Além disso, conforme dito acima, a partir de uma série de mudanças semânticas, pragmáticas, fonológicas e morfossintáticas que parecem ocorrer juntas na gramaticalização, a explicação gerativista é forçada a escolher uma mudança como gatilho ou causa e a outra como uma reanálise, em vez de ver todo o conjunto de mudanças como relacionadas e ocorrendo juntas.

Mais ainda, há casos em que não aparece nenhuma causa ou gatilho. Na seção 6.8, discutimos o caso do desenvolvimento de um complementizador a partir de um verbo significando 'dizer' em algumas línguas oeste-africanas. No exemplo seguinte (do ewe), o morfema gramatical *bé* derivado do verbo 'dizer'.

(306)   *me-gblɔ bé*   *me-wɔ-e*
        1ª p.-dizer   que   1ª p.-fazer-isso
        'Eu digo que fiz isso'

Roberts e Roussou discutem um caso semelhante, que tratam como reanálise. No entanto, nesse caso, eles não conseguem identificar uma causa ou gatilho. Pelo modo como a gramaticalização foi tratada aqui nos capítulos 6 e 7, não há necessidade de um gatilho específico para o processo. Em vez disso, padrões de uso interagem com representações cognitivas (gramática) para expandir contextos de uso. A repetição leva a muitas outras mudanças: redução fonética, desbotamento semântico, enraizamento da estrutura, inferência a partir de contextos, e assim por diante, todas elas impulsionando o processo de gramaticalização para a frente.

Embora não se possa debater aqui todas as questões levantadas por Roberts e Roussou, meu comentário final se dirige ao tratamento da mudança semântica na gramaticalização. Os autores tratam o desbotamento semântico como uma mudança que ocorre quando itens são atribuídos a uma posição funcional na gramática, em vez de tratá-lo como uma mudança gradual que se dá por causa do modo como as formas são usadas em contexto. Eles pressupõem que existem certas categorias funcionais universais (inatas) que uma gramática pode expressar, e na gramaticalização um item lexical entra numa dessas categorias, liberando-se de seu sentido lexical e retendo apenas o "conteúdo lógico". Compare-se essa explicação com a que se desenvolve na literatura sobre gramaticalização, em que se mostra que o uso particular de uma construção em vias de gramaticalização em contexto afeta a interpretação de seu sentido e acaba por levar a mudança semântica e pragmática.

Em geral, portanto, a razão por que muitos linguistas funcionalistas e cognitivistas não adotam um ponto de vista gerativista para a diacronia e a sincronia é a posição privilegiada concedida à sintaxe naquele quadro teórico, incluindo a tese de que a sintaxe é autônoma em relação aos outros aspectos da linguagem. Os exemplos examinados nos capítulos deste livro mostraram que vários fatores operam juntos para moldar a estrutura morfossintática de uma língua ao longo do tempo. Nossa discussão sobre as abordagens gerativistas da mudança também demonstra que a visão que uma pessoa tem do que seja gramática e de como ela se relaciona com instâncias de uso determinará em elevado grau as propostas sobre mudança gramatical. Na tradição gerativista, a gramática é muito abstrata e consiste de um conjunto fixo de escolhas (verbo ou auxiliar, clítico ou afixo) que o aprendiz tem que fazer e que nem sempre estão diretamente refletidas no uso. A visão alternativa "baseada no uso" seria a de que os usuários da língua conseguem lidar com as diversas gradações e variações encontradas nos dados do uso; cada construção ou morfema gramatical tem suas próprias características (fonológicas, morfossintáticas, pragmáticas e semânticas), que isso se pode aprender pela experiência e que essas características podem mudar com o tempo. A gramática do usuário da língua é a representação cognitiva da experiência que o usuário tem tido com a língua (Bybee, 2006, 2010).

11.1.4 Aquisição da língua *vs.* uso da língua como *locus* da mudança

Ao longo da seção anterior, revisamos teses de que a mudança linguística ou a reanálise ocorre durante o processo inicial de aquisição da língua. O modelo de Andersen de mudança abdutiva explica como isso poderia ocorrer. No entanto, no curso deste livro, fatores de uso da língua, incluindo padrões de uso, frequência ou raridade de construções, inferência em contexto etc., foram citados como importantes fatores na mudança. De onde veio a ideia de que as crianças mudam a língua, e qual a viabilidade dela?

É um pressuposto dos teóricos gerativistas que os seres humanos adquirem ou constroem uma gramática em tenra idade e, uma vez construída, ela não pode sofrer nenhuma mudança significativa, mesmo que a experiência de uma pessoa mude (Halle, 1962). Numa série de trabalhos, o influente linguista Roman Jakobson observou que os estágios pelos quais uma criança passa ao adquirir sua língua (especialmente a fonologia) refletem em alguma medida certas preferências universais (Jakobson, 1942). Por exemplo, as crianças frequentemente começam apenas com sílabas CV, e todas as línguas têm sílabas CV; em seguida, as crianças gradualmente avançam rumo a estruturas mais complexas (ou mais marcadas), refletindo a frequência de ocorrência dessas estruturas nas línguas do mundo. Se uma geração de crianças deixar de aprender determinada estrutura complexa, isso simplifica a língua. Para aqueles que acreditam que mudança linguística é simplificação, o processo de aquisição é um *locus* de mudança plausível.

Essa perspectiva não foi adotada neste livro por causa da miríade de problemas que ela contém (Croft, 2000; Bybee, 2010; seção 6.6). Primeiro, nem a ordem da aquisição nem a natureza das produções infantis reflete as mudanças diacrônicas. Para começar, na fonologia infantil ocorrem alguns processos que jamais são encontrados na fonologia adulta, como harmonia consonantal por lugar de articulação. Certos tipos de mudança pragmática, como mudança por inferência, não são atribuíveis às crianças, já que elas só aprendem a fazer inferências apropriadas bem mais tarde em seu desenvolvimento (Slobin, 1997). Em segundo lugar, as crianças são muito boas em adquirir os padrões de uso e variação que existem na língua que elas experienciam; quaisquer simplificações iniciais que elas possam fazer são substituídas por padrões encontrados na língua circundante (Roberts, 1997; Díaz-Campos, 2004; Chevrot et al., 2000). Em terceiro, as crianças não estão em posição social de impor sua gramática aos adultos à sua volta; a direção de influência geralmente vai na direção oposta, com as crianças pequenas adaptando-se à língua de seus pares e das pessoas mais velhas. Conforme aponta Labov (1982), os falantes mais jovens que se tornam agentes de mudança não são os que engatinham, mas os adolescentes e pré--adolescentes; mesmo entre esses falantes, contudo, a inovação é normalmente lexical. Por fim, se a mudança ocorresse durante a aquisição e toda uma geração de crianças reanalizasse sua gramática, teríamos de esperar casos de mudança abrupta, mas todas as evidências mostram claramente que a mudança linguística é gradual.

Por essas razões, concentrar-se especificamente em crianças pequenas como a fonte da mudança nunca foi muito produtivo. Ao contrário, estudos de variação e mudança em padrões de uso, examinando o papel da frequência no estímulo ou na resistência à mudança, relacionando mudanças no sentido a mudanças na forma, estudando como a mudança se transfere de um contexto para outros em textos – tudo isso tem oferecido um melhor entendimento da mudança linguística. Por isso, adotou-se neste livro uma abordagem baseada no uso. Voltaremos a essa discussão na seção final do capítulo.

11.2 CAUSAS EXTERNAS: O CONTATO LINGUÍSTICO

Ao longo deste livro, a discussão tem se concentrado nos usuários da língua como agentes da inovação e mudança e assumido que o *input* para o usuário é uma única língua. No entanto, um amplo número de usuários de línguas no mundo hoje, e presumivelmente no passado, experienciam mais de uma língua em seu ambiente, já que em diversas comunidades os falantes usam duas ou mais línguas. A questão para uma teoria da mudança linguística é se a presença de falantes bilíngues (ou multilíngues) numa comunidade pode ou não causar mudança em uma ou outra das línguas empregadas. Já discutimos o empréstimo lexical, que ocorre com bastante facilidade, mesmo com um contato linguístico mínimo – isto é, contato em situações limitadas e num pequeno número de falantes. A questão seguinte é se propriedades mais estruturais da língua, como as propriedades da fonética/fonologia, morfologia ou sintaxe também podem ser emprestadas. Os linguistas têm oferecido respostas muito diferentes a essa pergunta, e vamos rever algumas de suas opiniões nesta seção.

Qualquer influência do contato linguístico sobre a mudança linguística para além do empréstimo de itens lexicais exige um extenso bilinguismo.

As situações bilíngues variam enormemente, de casos em que o contato é temporário à medida que os falantes vão se transferindo para a língua majoritária (como quando grupos de imigrantes entram numa comunidade), a casos de comunidades bilíngues de longa história (como surgiram no Canadá, onde em muitos lugares se fala francês e inglês). Outra dimensão social é que frequentemente uma língua é usada por uma maioria enquanto a outra é usada por uma minoria de falantes, e os dois grupos podem diferir em seu prestígio social. Também o grau de bilinguismo varia para os falantes – alguns usam as duas línguas com frequência, enquanto outros usam uma só língua na maioria das situações.

A maioria dos pesquisadores distinguem casos de mudança por contato segundo o agente da mudança: em um caso, chamado *empréstimo*, os falantes nativos incorporam elementos de uma outra língua em sua língua nativa. O empréstimo portanto descreve, por exemplo, a adoção de itens lexicais. O outro caso, *interferência de substrato*, ocorre quando a língua nativa dos falantes influencia a fonologia ou a gramática da outra língua que estão usando.

É comum encontrar relatos sobre influência de substrato em explicações para mudanças que de outro modo parecem misteriosas, bem como para semelhanças entre línguas que são linguisticamente adjacentes. De fato, em tempos passados os linguistas históricos usaram a influência de substrato como um último recurso, quando nenhuma outra explicação se apresentava a eles. Essas referências ocorriam até mesmo em casos nos quais a língua de substrato já não era falada e em alguns casos em que nem sequer podia ser identificada! Por isso, é importante ter alguns critérios rigorosos para identificar uma mudança como devida ao contato linguístico. Visto que a maioria das mudanças que são candidatas à interferência de substrato são mudanças que seguem as direções predominantes que identificamos em outros capítulos, frequentemente existe uma escolha entre uma explicação baseada em processos internos e outra baseada em influências externas. Para se ter uma boa ideia da medida em que o contato linguístico pode resultar em mudança, é necessário estudar possíveis mudanças induzidas por contato em situações em que se dispõe de ampla documentação, como nos casos da mudança em progresso.

Os pesquisadores têm identificado critérios que devem ser aplicados em casos de recurso ao contato linguístico como uma explicação para a mudança. Eis alguns desses critérios (com base em Thomason, 2001, e Poplack e Levey, 2010):

1) Poplack e Levey (2010) mostraram que, em certos casos onde a mudança por contato foi conjecturada, havia sempre variação e nenhuma mudança ocorreu. Por exemplo, frequentemente se supõe que o francês canadense está perdendo o subjuntivo por causa do contato com o inglês. Embora o subjuntivo de fato seja raramente usado para expressar distinções de modo, isso também vale para a maioria das variedades de francês. Portanto, é importante estabelecer que os supostos traços de interferência não estavam presentes antes do contato.

2) Estabelecer que um bilinguismo suficiente esteve presente na época em que a mudança ocorreu. As línguas podem ser faladas em íntima proximidade sem seus falantes serem bilíngues, de modo que a mera proximidade geográfica não é um critério suficiente. Diversos estudos, como Heine e Kuteva (2005), simplesmente afirmam que as línguas estavam em (íntimo) contato sem ter ou fornecer informação sobre a extensão e a natureza do contato. Isso enfraquece o argumento de que o contato linguístico dispara uma mudança.

3) Comparar os sistemas linguísticos das duas línguas implicadas e estabelecer que a língua-fonte tem os traços de interferência propostos. Alguns pesquisadores têm proposto que a mudança gramatical por contato normalmente ocorre em casos em que as duas línguas são tipologicamente semelhantes (ver Thomason e Kaufman, 1988), de modo que é importante estabelecer que a mudança por interferência seria possível.

4) Considerar possíveis explicações internas e se a mudança poderia ou não ter ocorrido sem influência externa. Por exemplo, o alemão falado na

Pensilvânia (Estados Unidos) desenvolveu um futuro imediato usando o verbo *geh*, 'ir'. Dado que a língua majoritária circundante, o inglês, tem um futuro com *ir*, esse poderia ser um caso de empréstimo. No entanto, como Burridge (1988) e também Heine e Kuteva (2005) observam, visto que os futuros com *ir* são tão comuns nas línguas do mundo, esse poderia também ser um desenvolvimento interno.

5) Comparar as construções nas duas línguas para determinar se de fato elas têm as mesmas propriedades. Por exemplo, Poplack e Levey discutem o caso da "preposição encalhada" no francês canadense, que tem sido atribuído à influência do inglês. Considere-se o exemplo:

(307)   *Comme le gars que je sors avec, lui il parle – bien il est français.*
        "Como o cara que eu saio com [ele], ele fala – bem, ele é francês."

O "encalhamento" da preposição *avec* nesse enunciado é tido como um traço do inglês. No entanto, um estudo mais detalhado revela que o francês monolíngue (ou sem contato) também permite que algumas preposições ocorram sem seu objeto em alguns contextos. E acontece que são as mesmas que são deixadas sem objeto em exemplos como (307). Poplack e Levey mostram que o uso desse tipo de construção no francês canadense se parece mais com o modo como ela é usada em outras variedades de francês do que com o encalhamento de preposição em inglês, lançando dúvida sobre a ideia de que se deveria a uma influência do inglês.

6) Por fim, conforme notam muitos pesquisadores, a mudança induzida por contato ocorre no indivíduo bilíngue e mecanismos cognitivos plausíveis têm de ser identificados para cada tipo de mudança.

Estudos cuidadosos que seguem critérios estritos podem nos ajudar a determinar se uma mudança induzida por contato ocorreu ou não. Quando se examina estudos sociolinguísticos de suposta mudança induzida por contato, Sankoff (2002) conclui que ocorre mudança fonológica por interferência, mas que "a morfologia e a sintaxe são claramente os domínios da estrutura linguística menos suscetíveis à influência do contato, e essa generalização estatística não é refutada por alguns casos excepcionais". Ao contrário, para Sankoff, as supostas mudanças induzidas por contato atribuídas à morfossintaxe são mais adequadamente atribuídas aos domínios da pragmática ou da semântica. Vamos considerar primeiro a mudança fonológica e em seguida retornar à mudança gramatical e aos domínios pragmático e semântico.

11.2.1 Mudanças fonológicas devidas ao contato

Conforme mencionado acima, é útil distinguir o empréstimo, por meio do qual os falantes voluntariamente adotam palavras ou sintagmas novos em sua língua, e a interferência, pela qual os falantes inconscientemente aplicam os hábitos linguísticos de sua língua nativa a uma outra língua. No capítulo 9, discutimos o empréstimo lexical e observamos que as palavras emprestadas podem ser mais ou menos adaptadas à fonologia da língua receptora. Ou seja, a depender da proficiência dos falantes, um empréstimo pode ser pronunciado mais ou menos como é pronunciado na língua de que procede. Em casos nos quais os falantes são mais proficientes na língua do empréstimo, os fonemas podem ser emprestados junto com as palavras. Por exemplo, o fonema /ʒ/ em palavras do inglês como *beige* ('bege') e *rouge* ('ruge'), do francês, entraram no inglês por meio de tais palavras. O inglês médio tinha [v] somente como um alofone intervocálico de /f/, mas empréstimos do francês como *vase* ('vaso') e *vacation* ('férias') estabeleceram /v/ como um fonema. O grupo consonantal /sf/ não é nativo do inglês, mas chegou à língua via empréstimos como *sphere* ('esfera') e *sphinx* ('esfinge').

A interferência fonológica (também chamada de "transferência" ou "imposição") é o resultado de adultos falando uma língua que não é a sua nativa. Como todos nós sabemos por experiência prática, a maioria dos falantes de segunda língua têm um "sotaque" – um conjunto de restrições ou hábitos fonológicos de sua língua nativa que emergem ao pronunciarem uma língua nova. Quando as pessoas migram de um lugar para outro, os adultos são obrigados a aprender uma língua nova, e seus hábitos fonológicos afetam o modo como produzem essa segunda língua. Na maioria dos casos, essas interferências têm vida curta porque os filhos dos imigrantes aprendem a língua nova como uma de suas línguas nativas, de modo que a língua da comunidade não é alterada. Essa situação é frequentemente vista nos Estados Unidos, onde novos imigrantes falam com sotaque, mas seus filhos estão plenamente assimilados e talvez nem sequer falem a língua nativa dos pais.

Em algumas situações, porém, a interferência fonológica é mantida durante várias gerações e afeta o caráter fonológico convencional de uma língua ou dialeto. Às vezes as características fonológicas são amplamente rítmicas ou entoacionais, mas em outros casos traços fonológicos bastante profundos sobrevivem. Por exemplo, a situação muito especial das línguas europeias faladas em lugares colonizados por europeus estabeleceu condições em que a interferência fonológica pôde ocorrer. Na Índia, o inglês vem sendo falado há um século, e os britânicos o tornaram uma língua oficial, o que ainda ocorre. É uma das línguas da educação. A maioria das pessoas que usam o inglês na Índia e em países vizinhos têm outra língua como sua nativa. Embora haja muita variação em como o inglês é falado, certas tendências fonológicas são bem difundidas. O ritmo e a entoação diferem das variedades britânica e americana, com um grau menor de alongamento das sílabas tônicas. As vogais [ɔː] e [ɑː] normalmente se fundem e os ditongos [oʊ] e [eɪ] são produzidos como monotongos [oː] e [eː]. As consoantes alveolares tendem a ser substituídas por consoantes retroflexas, e alguns outros contrastes consonantais não ocorrem (Trudgill e Hannah, 1994). Esses traços fonológicos são com toda probabilidade devidos à influência das línguas nativas da Índia.

Visto que só há dois modos do contato ter um impacto sobre a fonologia – pelo empréstimo de itens lexicais ou pela interferência da fonologia da primeira língua –, os traços fonológicos encontrados em algumas áreas do mundo dificilmente são resultantes de contato. Agora que temos informações sobre muitas das línguas do mundo, podemos identificar padrões de distribuição de traços estruturais nas línguas. Onde tais traços se reúnem em regiões geográficas, é possível propor áreas linguísticas. Mas também é necessário pesar esses agrupamentos areais contra a possibilidade de que ocorram por coincidência mais do que por causa de contato linguístico. Por exemplo, um exame feito por Crothers (1975) sobre a ocorrência de vogais anteriores arredondadas nas línguas do mundo revelou que essas vogais parecem se agrupar em determinadas regiões. Claro que é difícil calcular se esses agrupamentos seriam devidos ao acaso. Mas numa área em que ocorrem vogais anteriores arredondadas em línguas não aparentadas (ou de parentesco distante), a Europa do norte, sabemos que uma explicação por contato é bastante implausível. As famílias linguísticas em questão – germânica, finesa e românica – obtiveram suas vogais anteriores arredondadas de maneiras muito diferentes e decerto independentes. No germânico, as vogais anteriores arredondadas são resultantes de apofonia, isto é, a anteriorização de vogais tônicas condicionada por uma semivogal palatal na sílaba seguinte. Em finlandês e línguas aparentadas, as vogais anteriores arredondadas se devem ao sistema de harmonia vocálica. No francês, a vogal alta posterior [u] se anteriorizou em [y] no francês antigo numa mudança não condicionada, talvez semelhante à mudança em progresso em alguns dialetos do inglês britânico e americano, em que vogais posteriores arredondadas estão se anteriorizando. Diante de um mecanismo completamente diferente para cada uma dessas mudanças, são de todo implausíveis as alegações de que as vogais anteriores arredondadas são transmitidas por contato. Só porque línguas situadas próximas umas das outras no mapa compartilham certas propriedades não significa que o contato linguístico seja a fonte dessas características comuns.

11.2.2 Mudança gramatical

Em múltiplos estudos de mudança induzida por contato numa comunidade com longa história de bilinguismo, Silva-Corvalán buscou exemplos de mudança na morfossintaxe do espanhol devida à dominância do inglês em comunidades bilíngues em Los Angeles (Califórnia). O espanhol era falado ali antes que os falantes de inglês tivessem chegado, mas há um século ou mais o inglês tem sido a língua dominante. Os falantes de espanhol adotaram o inglês, mas um fluxo contínuo de falantes de espanhol mantém a comunidade bilíngue. As conversas nessa comunidade, como em muitas outras comunidades bilíngues, se caracterizam por uma *alternância de código* regular, pela qual os falantes passam de uma língua para a outra enquanto dialogam. Acredita-se popularmente que alguma língua convergente, o "Spanglish" ("Espanglês"), emerge da prática da alternância de código. No entanto, após uma extensa análise do espanhol usado nessas comunidades, Silva-Corvalán (2008) conclui que não há convergência alguma. Ao contrário, cada língua retém suas características estruturais. Onde há mudança aparente, ela conclui "que a transferência de traços de uma língua para a outra não implica a sintaxe, mas o léxico e a pragmática" (2008: 214-215), e isso se aplica aos efeitos do inglês sobre o espanhol de Los Angeles bem como a outras situações de línguas em contato.

Silva-Corvalán elenca três tipos de possíveis mudanças gramaticais que encontrou no espanhol de Los Angeles:

1) Mudanças na frequência de uma construção alternativa, que Silva-Corvalán considera ser a perda de algumas das restrições pragmáticas sobre seu uso. No exemplo a seguir, seria mais comum no espanhol nativo posicionar o sujeito depois do verbo, como em (308b). Em espanhol, trata-se de uma construção apresentacional e o sintagma nominal que está sendo introduzido vem depois do verbo. Silva-Corvalán constata que falantes do espanhol de Los Angeles são mais propensos a usar (308a). Ela atribui o fato à perda das condições pragmáticas para a ordem das palavras VS.

(308) a. *Estaban peleando y entonces la policía llegó.* (bilíngue nascido nos EUA)
 'Estavam brigando e então a polícia chegou'.

 b. *Estaban peleando y entonces llegó la policía.* (espanhol geral)
 'Estavam brigando e então chegou a polícia'.

2) **Empréstimo lexical de palavras funcionais**, normalmente conjunções, subordinadores ou preposições. Esses itens podem ser adotados sem qualquer ajuste sintático necessário. Outro caso de empréstimo de palavras funcionais ocorreu nos dialetos setentrionais do inglês médio. Acredita-se geralmente que os pronomes de 3ª pessoa do inglês *they, them, their*, foram tomados de empréstimo aos imigrantes escandinavos que povoaram o norte das Ilhas Britânicas, já que todos os pronomes de 3ª pessoa ancestrais do inglês começam com /h/. Observe-se que o empréstimo de pronomes não causa nenhuma mudança sintática ulterior e é indistinguível do empréstimo lexical, exceto que é raro encontrar tais itens de alta frequência substituídos de fora para dentro.

3) **A criação de decalques léxico-sintáticos**. Um decalque é uma expressão que se forma pela tradução de uma expressão correspondente vinda de outra língua. Silva-Corvalán encontra alguns casos de mudança no contexto de uso de elementos nativos devido à sua identificação com um elemento na outra língua. Por exemplo, o inglês usa o advérbio ou partícula *back* com determinados verbos, como *call back* ('chamar de volta; retirar o que disse') ou *go back* ('voltar'), mas nenhum uso comparável em espanhol de *atrás* ocorre entre falantes monolíngues. No entanto, no espanhol falado na Califórnia, e de fato mais amplamente no sudoeste dos Estados Unidos, encontra-se *ir p'atrás* ou *llamar p'atrás* (em que *p'* é uma redução da preposição *para*). Outro caso é a extensão do uso do espanhol *cómo* para ser usado mais como o inglês. Em espanhol, como em português, *cómo* indaga sobre o modo, a maneira de ser ou de estar:

(309) a.   *¿Cómo te gusta el café?*
             'Como você gosta do seu café?'

      b.   *Me gusta cargado.*
             'Gosto dele forte'.

Mas agora, em bilíngues de Los Angeles, Silva-Corvalán encontra *cómo* usado para perguntar sobre a extensão da maneira de ser ou estar, como em (310):

(310) a. *Y tu carro que compraste, ¿cómo te gusta?*
b. *Mi carro me encanta.*

No espanhol geral, a pergunta em (310a) seria simplesmente *¿te gusta?*, sem o *cómo*.

Tendo intensamente buscado influências sintáticas do inglês no espanhol nesse contexto, Silva-Corvalán (2008: 221) conclui que, apesar do contato de longa data entre essas duas línguas e da ampla alternância de código nas comunidades de contato, suas gramáticas não estão convergindo, mas permanecendo separadas. Embora possa haver algumas mudanças baseadas na semântica e, em alguns casos, mudanças na frequência de uso devidas à perda de restrições pragmáticas, nenhum dos empréstimos que ela descobriu afeta a sintaxe da língua receptora. De fato, as mudanças permitidas são restringidas pela estrutura da língua afetada. Evidência ulterior de que a língua receptora resiste com força à mudança vinda de fonte externa é o fato de que os itens lexicais que se estabelecem como palavras emprestadas ficam plenamente integrados à morfologia, à sintaxe e frequentemente à fonologia da língua receptora.

Outro tipo de mudança que tem sido sugerido como induzida por contato é a chamada "replicação gramatical" (Heine e Kuteva, 2005) ou "empréstimo estrutural". Diz-se que esse processo se baseia no decalque, já que nenhuma forma fonológica é tomada de empréstimo. Heine e Kuteva argumentam que um decalque léxico-sintático pode entrar no processo de gramaticalização, criando uma nova categoria gramatical numa língua devido ao contato. Um exemplo que dão (ver também Heine e Kuteva, 2008) é a língua eslava chamada alto sórbio, falado no leste da Alemanha, que tem estado em contato com o alemão há mil anos, e desenvolveu artigos definidos devido a esse contato. No alto sórbio, o demonstrativo com marca de gênero *tóne, tene, tane* ('este, nomin. sing.') se gramaticalizou num artigo definido *tón, te, ta*. É claro que essa trilha de gramaticalização é comum translinguisticamente, mas a maioria das línguas eslavas não têm artigos definidos. Heine e Kuteva propõem que esse desenvolvimento se deu por meio da replicação gramatical da construção DEMONSTRATIVO + SUBSTANTIVO. Através do contato com o alemão, inovações nos padrões de uso dos demonstrativos levaram a uma expansão dos contextos em que eles ocorriam e à sua subsequente gramaticalização como determinantes. Heine e Kuteva observam que os determinantes definidos no alto sorábio não são usados da mesma maneira que em alemão, mas propõem assim mesmo que esse desenvolvimento se deve ao contato.

Heine e Kuteva citam muitos casos em que uma categoria que ocorre numa língua vizinha aparece via gramaticalização numa língua que não tinha utilizado essa categoria antes. Eles reconhecem que o exato mecanismo pelo qual isso se dá precisa de mais estudo. A melhor maneira de estudar tais mudanças seria o método sociolinguístico que estuda instâncias atuais de uso da língua por bilíngues documentadas em *corpora*. Para muitos dos casos citados por Heine e Kuteva, não existe documentação disponível sobre a natureza e a extensão do bilinguismo, de modo que, muito embora possam descrever um bom número de casos potenciais de replicação gramatical, há a necessidade de estudo mais detalhado de mudanças em progresso para revelar os processos implicados. Uma vez que os casos que eles estudam envolvem trilhas de gramaticalização comuns translinguisticamente, é difícil dizer se as mudanças descritas teriam ocorrido ou não mesmo sem contato com outra língua.

Em diversos aspectos, ainda não se firmou um veredicto quanto à natureza e à extensão da mudança gramatical devida a contato linguístico. O que parece notável, diante das muitas alegações sobre mudança induzida por contato, é a reduzida quantidade dessas mudanças que presenciamos em situações de contato íntimo que têm sido examinadas com cuidado, como o espanhol de Los Angeles ou o francês canadense (Poplack e Levey, 2010). De fato, diante das muitas comunidades bilíngues e multilíngues que existem mundo afora, se ocorreu convergência, deveria existir muito mais comprovação dela. Mas em vez de encontrar convergência, vemos que as línguas conservam sua estrutura mesmo quando incorporam elementos estrangeiros; elas fazem o elemento estrangeiro se encaixar, em vez de mudarem para acomodar o elemento novo.

11.3 PIDGINS E CRIOULOS

Em determinadas situações sócio-históricas extremas, línguas novas são criadas a partir dos recursos disponíveis num contexto multilíngue. Essas são as línguas *pidgin*, que mais adiante podem se desenvolver como línguas crioulas. Os pidgins se desenvolvem em situações nas quais falantes de múltiplas línguas precisam se comunicar e a língua adotada para tal fim não é a nativa da maioria dos falantes. Tais línguas se desenvolveram no passado em situações nas quais diversos grupos se reuniam para praticar comércio e também em casos em que escravos ou trabalhadores contratados falantes de línguas diferentes eram levados para latifúndios. Os pidgins usam o léxico de uma língua – em geral, uma língua europeia empregada no latifúndio – numa estrutura gramatical simplificada que não parece vir diretamente de língua nenhuma. A língua que fornece a maioria das palavras do pidgin é chamada de *lexificadora* e também pode ser designada como *superestrato*. A língua nativa dos falantes implicados no processo de pidginização é designada como *substrato*. Se uma língua pidgin continuar a ser empregada e expandir seu uso para diferentes situações sociais, o sistema pode se tornar convencionalizado e pode finalmente se tornar a língua nativa de algumas pessoas. Nesse estágio é considerado uma língua crioula. Durante o período de colonização europeia na Ásia, no Pacífico, na África e no Caribe, diversos pidgins e crioulos surgiram com base no inglês, no espanhol, no português e no francês. Também existem pidgins e crioulos com base no árabe, no banto, no hindi, no indonésio e outras línguas não europeias. As subseções a seguir esboçam os estágios de desenvolvimento de pidgins e crioulos, usando primordialmente exemplos do pidgin de base inglesa, hoje um crioulo, o tok pisin, uma das línguas oficiais de Papua-Nova Guiné.

11.3.1 Pré-pidgins

O primeiro grupo de mudanças que ocorrem na criação de um pidgin pode ser descrito como simplificações. Os falantes não têm acesso completo à língua-fonte, por isso diversos traços da língua se perdem nesse processo de transmissão imperfeita. De igual modo, a língua pode ser usada apenas em situações restritas. Esse estágio é rotulado de "pré-pidgin" e tem as características listadas abaixo (Mühlhäusler, 1986). Exemplos disso são o jargão chinook, usado por nativos norte-americanos no noroeste do Pacífico, e o pré-tok pisin, usado em Papua-Nova Guiné e ilhas vizinhas.

Os pré-pidgins não têm falantes nativos, são usados em contextos muito restritos (como no comércio ou nas plantações) e, por conseguinte, exibem um vocabulário muito limitado. A ordem das palavras é variável e não existe consenso sobre como a língua deve ser falada. Também se observou frequentemente que a língua é falada num ritmo lento e refletido. A gramática e a fonologia são simplificadas, e não existe morfologia flexional nem derivacional. Seguem alguns exemplos do tok pisin; a fonte dos lexemas é o inglês e, se não for usada a ortografia do inglês, as letras têm seu valor no AFI.

Primeiro, a fonologia é simplificada: não existem encontros consonantais, oclusivas substituem fricativas e africadas, ou fricativas substituem africadas; o sistema vocálico característico tem apenas cinco vogais:

(311) Pré-tok pisin
pelet < *plate* ('prato')
pis < *fish* ('peixe')
tarausis < *trousers* ('calças')
tesen < *station* ('estação')
sos < *church* ('igreja')
(Mühlhäusler, 1986)

Segundo, a mesma ordem de palavras é usada para perguntas, comandos e declarações:

(312) Tok pisin (SVO)
yu klinim pis   < 'you cleaning fish'   você está limpando o peixe
yu klinim pis   você está limpando o peixe?
yu klinim pis   limpe o peixe

Terceiro, a referência temporal é expressa com advérbios:

(313)   a. *Mi stap long Fiji wan faiv yia pipo.*   Estive em Fiji quinze anos atrás.
        b. *Brata bilong mi baimbai dai.*   Meu irmão vai morrer.

(Nova Caledônia, 1880; pidgin inglês de plantação em Samoa, um predecessor do tok pisin; Mühlhäusler, 1986; Romaine, 1995)

Quarto, muitos enunciados aparecem sem nenhum pronome explícito, como no exemplo a seguir. De igual modo, nomes próprios ou substantivos são usados em lugar de pronomes:

(314)   *Now got penty money: no good work*
        'agora tenho muito dinheiro, por isso não preciso trabalhar' (pré-tok pisin, 1840)

Os pronomes variam consideravelmente nas formas usadas: *I* aparece como *me, my, I*, enquanto *we* aparece como *us, we, me, my, I*. Não há marcas coerentes de singular e plural.

Quinto, as circunlocuções são normalmente usadas para criar palavras novas, como neste exemplo do pidgin chinês-inglês *big fellow quack quack makee go in water* ('ganso') ou do beach-la-mar *coconut belong him grass not stop* ('ele é calvo') (o beach-la-mar é um pré-pidgin do qual surgiu o bislama de Vanuatu, cuja origem é muito semelhante à do tok pisin).

11.3.2 Pidgins estáveis

A partir desses inícios simples pode-se desenvolver um pidgin estável à medida que a língua é mais usada e numa gama mais ampla de situações. Por meio do uso, ela se torna mais convencionalizada e o vocabulário se expande.

Primeiro, a ordem das palavras se estabiliza e a maioria dos pidgins se fixam na ordem SVO. Os exemplos a seguir mostram como o pidgin suaíli do Quênia rearranja os morfemas do suaíli padrão para produzir uma ordem SVO:

(315)   Suaíli padrão: ni-tu-m-   piga
                          eu-FUT-ele   bater
                          'Vou bater nele'

   Pidgin suaíli do Quênia: mimi no-   piga yeye
                              eu   AORISTO-bater   ele
                              'Eu bato nele'

Segundo, os pronomes se estabilizam, como se vê nestes exemplos do pidgin samoano de plantação (Mühlhäusler, 1986). Observe-se a introdução de uma marca de plural, *ol* (< *all*, 'tudo'):

(316)	Sujeito		Objeto	
	singular	plural	singular	plural
1	mi	mi ol	(bilong) mi	(bilong) as
2	yu	yu ol	(bilong) yu	(bilong) yu ol
3	em, him, hi	emol, himol	(bilong) em	(bilong) dem

O pré-tok pisin também gramaticaliza um marcador de plural no sistema pronominal, *pela* (< *fellow*, 'companheiro'):

(317) | | singular | plural |
|---|---|---|
| 1 | mi | mi-pela |
| 2 | yu | yu-pela |
| 3 | em | em ol |

Terceiro, as relações entre as orações não são expressas diretamente por conjunções, mas por simples justaposição, com as relações sendo inferidas. Por exemplo, a concatenação pode expressar o condicional veiculado em inglês por *if* ('se'), como neste exemplo do pré-tok pisin:

(318)   *patrol no longwe, very good, patrol longwe tumas, no very good*
        'se a patrulha não está muito longe, isso é bom, se a patrulha está muito longe, isso é ruim'

A relação causal é expressa perifrasticamente, como neste exemplo:

(319)   *yu mekim sam wara i boil*
        'traga água para a fervura'

Não há marcadores de oração relativa; as palavras são alinhadas em série e a relativização é inferida, como nestes exemplos:

(320)   a.   *people stop along Sydney go look see picture*
'pessoas que visitam Sydney vão olhar a foto'
          b.   *that pigeon he been sing out my name, I plant him*
'matei o cara que me dedurou'

11.3.3 Pidgins expandidos

A qualquer momento ao longo do caminho o pidgin pode se converter num crioulo quando as crianças começam a usá-lo como sua língua nativa. No entanto, se ainda não tiver se crioulizado, o pidgin pode continuar a se expandir para ser usado numa gama ainda maior de contextos, o que leva o léxico a continuar se expandindo. À medida que as pessoas usam mais a língua, dá-se a automação da produção, e a língua é falada num ritmo mais rápido, o que conduz à redução fonológica. A gramática também se expande, tanto por meio da gramaticalização quanto da sintaticização de padrões discursivos em construções. Começam a se desenvolver alguns afixos derivacionais. Considere-se estes exemplos.

Romaine (1988) relata que a redução fonológica cria grupos consonantais na fala das crianças que usam o tok pisin:

(321)   *bilong*   >   *blo*   preposição
          yutupela   >   *yutra*   2ª pessoa do plural
          mitupelai   >   *mitla*   1ª pessoa dual

O vocabulário se expande por composição e afixação, já não mais por longas circunlocuções:

(322)   Compostos: *waitgrass*   'cabelo grisalho'
                              lesman   'preguiçoso'
                              meksave   'informar'
            Sufixos: *boilim*   'ferver (trans.)'
                              bagarapim   'bagunçar (trans.)'
                              droim   'desenhar (trans.)'

O desenvolvimento de afixos é gradual, como nos seguintes exemplos do tok pisin, que desenvolveu um sufixo causativo provavelmente derivado do pronome objeto de terceira pessoa do singular *him* (Mühlhäusler, 1986):

(323) a. -*im* transforma intransitivos estativos em transitivos (década de 1930):
slip	'dormir'	*slipim*	'fazer deitar'
orait	'tudo bem'	*oraitim*	'consertar, reparar'
pinis	'acabado'	*pinisim*	'acabar'

   b. -*im* é usado para transformar adjetivos em verbos (pouco depois):
   bikim (< *bik* < *big*, 'grande')   'tornar grande, aumentar'
   kolim (< *kol* < *cool*, 'frio')   'esfriar'
   sotim (< *sot* < *short*, 'curto')   'encurtar'
   switim (< *swit* < *sweet*, 'doce')   'tornar agradável'
   truim (< *tru* < *true*, 'verdadeiro')   'tornar realidade'
   raunim (< *raun* < *round*, 'redondo')   'arredondar'
   stretim (< *stret* < *straight*, 'direito')   'endireitar'

   c. -*im* em não estativos é usado para formar causativos (início de 1960):
   noisim   'fazer barulho'
   sonapim   'fazer levantar-se'
   pundaunim   'fazer cair'
   wokabautim   'fazer andar'
   pairapim   'fazer arrotar'
   gohetim   'fazer avançar'

   d. -*im* ocorre em transitivos para criar causativos (1973):
   dokta i dringim sikman   'o doutor faz o paciente beber'

A gramaticalização de marcas de tempo e aspecto se dá exatamente como em todas as línguas, pelo uso de itens lexicais e sintagmas numa construção com um verbo principal. No tok pisin, temos o exemplo do sintagma adverbial *by and by* que se torna um marcador de intensão e, depois, de futuro. Ele se reduz fonologicamente a *bai* e se estabiliza em posição pré-verbal, como neste exemplos de Romaine (1995):

(324) *baimbai mi go*   'daqui a pouco eu vou'
       bai mi go   'eu irei'
       mi bai go   'eu irei'

O verbo *pinis*, 'terminar', se torna um marcador de aspecto anterior ou completivo, como nestes exemplos:

(325) *tupela i pren pinis* 'os dois são verdadeiros amigos'
       em i go maket pinis 'ela acabou de ir ao mercado'

Também por gramaticalização se desenvolvem conjunções e complementadores, o que permite o uso extenso de orações subordinadas. A preposição *long* (< *belong*, 'pertencer') se generalizou para expressar a maioria das funções preposicionais ('a, de, para') e logo se expandiu mais para introduzir orações de meta e, depois, para funcionar como um complementador, como nestes exemplos do tok pisin:

(326) *long* (< *belong*) preposição ('a, de, para'):
  a. *Yupela i go antap long ples.* preposição
     'Vocês vão subir para a aldeia'
  b. *No gat stori long tokim yu.* meta
     'Não tenho histórias para lhe contar'
  c. *Ol i no save long ol i mekem singsing.* complementador
     'Eles não sabem que fizeram um festival'

(327) *olsem* (< *all the same*, 'da mesma maneira') se torna uma conjunção 'portanto' e logo se generaliza para introduzir orações completivas:
  a. *Elizabeth i tok olsem "Yumi mas kisim ol santing pastaim".*
     'Elizabeth falou portanto: "Precisamos pegar algumas coisas primeiro".'
  b. *Na yupela i no save olsem em i matmat?*
     'E vocês não sabiam que era um cemitério?'

(328) O verbo *se* (< *say*, 'dizer') se torna um complementizador (cp. seção 6.8):
  a. *Em i tok i se "Mi laik kam"*
     'Ele disse: "Quero vir".'
  b. *Em i tok se em i laik kam.*
     'Ele disse que gostaria de vir'.
  c. *Mi harem se papa plong yu i sik.*
     'Ouvi dizer que seu pai estava doente'.
     (Bislama, aparentado ao tok pisin)

Um pidgin que se desenvolveu neste grau tem todos os ingredientes para ser usado numa ampla variedade de situações.

11.3.4 Línguas crioulas

A discussão anterior mostra que uma língua pidgin que expandiu seu domínio de uso para muitas situações sociais, que tem um léxico ampliado e começou o processo de gramaticalização passa a se parecer com línguas que evoluem pelos meios habituais. É comum nesse estágio, e frequentemente até mais cedo, que a língua seja usada como língua primeira por alguns falantes. Em lares onde a língua comum é o pidgin, as crianças vão crescer com essa língua como sua "língua materna". Neste ponto, os linguistas designam a língua como um crioulo, indicando que ela agora tem falantes nativos, embora tenha se desenvolvido de um pidgin.

À medida que cada vez mais línguas crioulas vêm sendo descritas pelos linguistas, tem ficado claro que elas compartilham algumas características. Por exemplo, observou-se que a maioria dos crioulos tem ordem SVO. Alguns pesquisadores notam que os pidgins e crioulos desenvolvem marcadores de tempo e aspecto muito semelhantes (Bickerton, 1975). Givón (1982) examina essa hipótese e mostra que línguas não crioulas (como o antigo hebraico bíblico) também têm várias das mesmas categorias de tempo e aspecto. De fato, o suposto "protótipo crioulo" para tempo, aspecto e modalidade, como progressivo ou habitual, para o futuro (frequentemente com 'ir') e um anterior que se torna um perfectivo, são gramaticalizações comuns em todas as línguas, conforme vimos no capítulo 7. O fato de tais categorias emergirem em línguas crioulas foi considerado por alguns como indicador de que essas categorias são inatas e pertencem ao "bioprograma" humano, que evoluiu à medida que a linguagem evoluiu (Bickerton, 1975; 1981). Segundo essa teoria, quando as crianças adquirem um pidgin, convertendo-o assim num crioulo, as categorias de tempo e aspecto são criadas como uma expressão desses universais inatos. O problema com essa teoria é que a gramaticalização de marcadores para tais noções começa enquanto a língua ainda é um pidgin. Parece que essas categorias começam a emergir à medida que o pidgin é usado em mais situações e por mais pessoas. Um estudo de Romaine (1995) de *baimbai* no tok pisin considera a redução a *bai* e a posição preverbal desse morfema gramatical como indicadores de gramaticalização. Num amplo banco de dados, Romaine mostra que não há diferença na taxa de *bai* anteposto em falantes nativos *vs.* falantes de tok pisin como segunda língua. Essa descoberta indica que o desenvolvimento de pidgin para crioulo é gradual, e que as categorias gramaticais podem se desenvolver mesmo sem a aquisição por falantes nativos.

O que faz as línguas crioulas parecerem semelhantes em termos de gramática é que elas primeiro sofreram uma extrema simplificação (como pidgins) e em seguida começaram o processo de gramaticalização. Conforme sabemos agora, a gramaticalização é muito semelhante translinguisticamente, e não surpreende que as primeiras categorias a emergir sejam as que são muito comuns em todas as línguas. No entanto, há controvérsias sobre se os crioulos representam ou não um "tipo" distinto de língua. McWhorter (1998) identificou três traços que, juntos, distinguem línguas crioulas de não crioulas ("regulares"):

1) pouca ou nenhuma afixação flexional;
2) pouco ou nenhum uso de tom para contrastar lexicalmente monossílabos ou codificar a sintaxe;
3) afixação derivacional semanticamente regular.

Os dois primeiros são traços que, se presentes na língua lexificadora, têm alta probabilidade de desaparecer no processo de pidginização. Observamos acima que a maioria das flexões se perde, e o tom do tipo encontrado em línguas como chinês ou vietnamita também não se conservaria. Palavras formadas por derivação também não fazem parte do vocabulário inicial de um pidgin. Além disso, anota McWhorter, os dois primeiros são traços linguísticos que levam um tempo muito longo para se desenvolver: a gramaticalização empreendida por meio de afixação é um processo demorado, e vimos na seção 3.6.1 que o desenvolvimento de tons em monossílabos, como no vietnamita, também é um processo muito longo. Quanto ao terceiro traço, vimos na seção 9.5 que o desenvolvimento de sentidos não composicionais para palavras derivadas também leva algum tempo e exige uso contextual. Ora, é claro que existem muitas línguas não crioulas que não têm flexão e também muitas que não têm tons lexicais, de modo que tais traços são, quando muito, escassamente úteis para se identificar um tipo crioulo. Mas todas as línguas têm algum tipo de morfologia derivacional (mesmo aquelas com pouquíssima afixação) e parece razoável (embora talvez isso não tenha sido testado) que pelo menos algumas derivações sejam não composicionais em sentido, como em português *repelir* e *coitado*.

Portanto, os traços crioulos que McWhorter identifica refletem, todos, as condições sócio-históricas que produziram os crioulos – o fato de vários dos traços da língua lexificadora não terem sido transplantados para o pidgin e de diversos traços não terem tido ainda a chance de se desenvolver. Em McWhorter (2001), o autor prossegue e compara línguas crioulas a línguas "regulares", enfatizando a ausência nos crioulos de complexos inventários fonêmicos, sistemas morfológicos especializados para classificação nominal, como sistemas de gêneros e classificadores numerais, e complexas alternâncias morfológicas. De novo, a explicação está em que as mudanças que resultam em consoantes complexas (como africadas, consoantes com traços secundários) e nos sistemas morfológicos referidos levam tempo para se desenvolver.

Presumivelmente, no processo de pidginização, ocorre a perda da flexão, das categorias de gênero, dos classificadores numerais, das consoantes complexas e dos sistemas de vogais e tons porque essas coisas não são estritamente necessárias para a comunicação, ao menos não na situação em que um pidgin é usado. Uma pergunta que se levanta é: por que todas as línguas têm essa "bagagem", afinal, se ela não é usada para que os falantes transmitam o que querem aos ouvintes? Vimos quantas das complexidades das línguas se desenvolvem à medida que os processos cognitivos usados na comunicação afetam os enunciados dos falantes e as interpretações dos ouvintes. Mas ainda assim podemos perguntar: por que as crianças se dão ao trabalho de aprender todas essas filigranas de sua língua cultural quando podem se comunicar muito bem sem elas? O motivo, na minha opinião, é que as crianças não estão apenas aprendendo a se comunicar, mas sim, sob condições normais, estão aprendendo a se tornar seres humanos dentro de uma dada cultura. Elas adotam expressões faciais, gestos e outros movimentos à medida que os descobrem em sua cultura. A fim de se tornar um adulto dentro de uma cultura, muitas das complexidades da língua também têm que ser adotadas. A língua é uma parte essencial da identidade sociocultural, e se isso significa aprender complexas classificações de gênero ou alternâncias morfofonêmicas, então elas serão aprendidas!

Os pidgins e crioulos são fascinantes porque nos permitem uma visão rara da criação de uma língua a partir, pelo menos no início, de um *input* mínimo. Presenciamos a interação do uso linguístico com a emergência da gramática: à medida que se expandem o número e os tipos de situação em que a língua é usada, à medida que os falantes se tornam mais fluentes e mais estruturas são automatizadas, os processos fonológicos e a gramaticalização começam a se desdobrar e a fazer o trabalho de criar a estrutura linguística. Conforme vimos, os processos e mecanismos que se aplicam a pidgins e crioulos não são diferentes dos que identificamos em outras línguas. Um foco sobre os mecanismos de mudança, em vez de apenas sobre os estágios inicial e final, nos permite ver a língua como um sistema dinâmico, variável e mutante, com a gramática sempre emergente em lugar de fixada. Neste sentido, ela é como outros sistemas adaptativos complexos.

11.4 A LINGUAGEM COMO UM SISTEMA ADAPTATIVO COMPLEXO

Num sistema adaptativo complexo ou auto-organizado, a estrutura evolui sem qualquer tipo de "plano diretor", mas somente porque os agentes que operam no sistema têm objetivos semelhantes e estão sujeitos a mecanismos semelhantes. John Holland (1995) escreve que cidades grandes, como Nova York, são sistemas adaptativos complexos. Elas oferecem todos os bens, produtos e serviços que os moradores precisam apenas com um mínimo de planejamento central. Assim, pensemos nos modos de obter alimento: feiras, mercearias, padarias, supermercados, restaurantes; estão todos ali, repletos, mas nunca houve qualquer plano central para garantir que a comida estivesse disponível. Os bens fluem para dentro e fora da cidade, restaurantes vêm e vão, e no entanto a cidade, nesse aspecto e em muitos outros, apesar da diversidade e da mudança, mantém uma coerência de curto e de longo prazos. O sistema evoluiu e é mantido por "agentes" – pessoas que precisam de alimento e pessoas que fornecem alimento – que continuam agindo do mesmo modo. O consumidor está regularmente com fome e o fornecedor está sempre precisando de renda, e esta é uma feliz coexistência. Mudanças no sistema podem ocorrer: à medida que o sushi se torna mais popular, mais restaurantes de sushi são abertos e algumas pizzarias fecham as portas. Mas a menos que haja uma grande perturbação (por exemplo, um gigantesco furacão), o sistema segue funcionando de modo bem consistente.

Ninguém pretendeu criar esse grande sistema interconectado; ao contrário, ele é o resultado de ações humanas que se dirigiam a objetivos diferentes – os objetivos de comer e de ganhar a vida. Outro exemplo mais simples, de Keller (1994), diz respeito ao que acontece quando espectadores se reúnem para assistir um artista de rua: eles formam um círculo (não um quadrado ou um trapezoide). Ninguém disse "vamos formar um círculo", mas cada indivíduo se coloca num bom ponto de observação e o resultado coletivo é um círculo. Keller chama essa ação de "mão invisível".

Muitos pesquisadores têm considerado que a língua também pode ser vista como um complexo sistema adaptativo, com base nas particularidades da capacidade humana para a linguagem (do aparato fonológico à cognição social). Lindblom et al. (1984) foram dos primeiros a modelar explicitamente um fenômeno tipológico – a distribuição de consoantes e vogais nas línguas do mundo – como emergindo de certas preferências de produção e percepção. Hopper (1987) escreveu sobre a "gramática emergente", que também alude a um sistema em que a gramática não está fixa, mas sim mudando e "se tornando" a partir de padrões de uso. Aplicações ulteriores de modelos de sistemas adaptativos complexos à fonologia se encontram em Cooper (1999) e de Boer (2000), e à difusão de uma mudança em comunidades em Blythe e Croft (2012). Embora sem citar explicitamente a teoria da complexidade, a "hipótese de correspondência desempenho-gramática" de Hawkins (2004) propõe que as estruturas gramaticais emergem do uso da língua. Diz a hipótese:

> As gramáticas têm estrutura sintática convencionalizada na proporção de seu grau de preferência no desempenho, conforme evidenciado por padrões de seleção em *corpora* e pela comodidade de processamento em experimentos psicolinguísticos.

Portanto, parece haver um crescente interesse em considerar a língua como um sistema adaptativo complexo.

Para resumir esses vários trabalhos e o modelo implicitamente assumido nos capítulos deste livro, o modo de funcionamento do modelo é o seguinte: ninguém pretende mudar a língua, mas os usuários da língua pretendem se comunicar, e usam todos os meios de que dispõem para fazer isso. São seres humanos e, assim, sua cognição e sua consciência e metas sociais entram em jogo. Na medida em que elas são compartilhadas pelos usuários da língua, os mesmos processos cognitivos e sociais atuam sobre eventos de uso em todas as línguas. Dentro de uma comunidade, o acúmulo de eventos de uso à medida que são afetados por pressões de produção, o acesso a memórias lexicais e gramaticais, o uso produtivo dessas memórias e as necessárias implicações e inferências que acompanham toda comunicação criam poderosos padrões entre os falantes e as situações. Num retorno positivo em *feedback*, esses padrões afetam as representações (cognitivas ou de memória) dos usuários da língua e, desse modo, afetam futuros eventos de uso. Portanto, as línguas estão sempre mudando mas, de forma ampla, sempre permanecendo as mesmas.

Sugestões de leitura

Sobre pidgins e línguas crioulas: HOLM, J. (2000). *An introduction to pidgins and creoles*. Cambridge: Cambridge University Press.

Uma introdução geral aos sistemas adaptativos complexos: HOLLAND, J.H. (1995). *Hidden order*: how adaptation builds complexity. Cambridge, MA: Perseus Books.

QUESTÕES PARA DISCUSSÃO

1) Que tipos de mudança na língua os adultos fazem mais facilmente? Pense em adaptações a novas palavras, sintagmas ou construções e mudanças na pronúncia.

2) A partir da sua experiência ao usar uma segunda língua, ou por conhecer alguém que usa duas ou mais línguas, reflita sobre as circunstâncias sob as quais mudanças linguísticas plenamente desenvolvidas poderiam resultar do uso de duas ou mais línguas por adultos.

3) Pense num sistema dinâmico como as ondas do mar. Se elas estão sempre mudando, como é possível que as reconheçamos ao vê-las? De que modo elas estão sempre mudando mas sempre permanecendo as mesmas?

Alfabeto fonético internacional
(Revisado até 2019)

Glossário de termos empregados

Absolutivo (caso): caso que designa o sujeito de um verbo intransitivo ou o objeto de um verbo transitivo; contrasta com o caso ergativo.

Acento lexical: acento que não ocorre em posições previsíveis e pode ser usado para distinguir palavras.

Acento tônico: uma sílaba por palavra que tem uma proeminência especial expressa por alguma combinação de altura, intensidade e duração.

Acusativo (caso): caso que designa o objeto de um verbo transitivo.

Adposição: termo que engloba as preposições e as posposições.

Alofone: variante de um fonema, em geral condicionado por um contexto fonético.

Alomorfe: variante de um morfema.

Alternância: caso em que um morfema tem mais do que uma variante ou alomorfe.

Alternância de código: uso de duas (ou mais) línguas pelo mesmo falante dentro de uma mesma conversação, às vezes dentro de uma mesma oração ou período.

Amálgama: sequência de palavras que são usadas juntas com suficiente frequência para que formem uma unidade de armazenamento e processamento; base da formaçao de construções.

Analisabilidade: propriedade que tem uma forma complexa cujas partes podem ser identificadas pelos falantes da língua.

Analítica: expressão morfológica em que os morfemas gramaticais tendem a aparecer como palavras separadas.

Analogia: a refacção de uma forma com base na semelhança com outras formas existentes na língua.

Anterior: morfema ou construção gramatical que indica que a situação descrita pelo verbo é considerada como uma situação passada com relevância atual; às vezes designado como "perfeito".

Apofonia (ou *ablaut*): alternâncias vocálicas herdadas do protoindo-europeu e que sobrevivem em formas do inglês como *rise, rose; sang, sung*. A apofonia ocorria em latim quando se acoplava um prefixo a uma dada raiz, o que alterava a qualidade de sua vogal: *ad + cantus = accentus*.

Artigo indefinido: modificador nominal que indica que o referente do substantivo é novo no contexto discursivo.

Assimilação: mudança sonora pela qual um segmento se torna mais parecido com um segmento vizinho. Essas mudanças sonoras podem ser descritas como a reorganização do *timing* de gestos de tal modo que um gesto se sobrepõe a outro.

Assimilação antecipatória ou ressincronização: produção de um gesto articulatório que ocorre cedo e, assim, afeta os segmentos que precedem aquele em que o gesto se originou.

Assimilação preservativa ou progressiva: extensão de um gesto articulatório para o segmento seguinte.

Atélico: verbo que denota ação realizada sem a previsão de um fim a ser atingido: *andar*.

Autonomia: propriedade de uma forma complexa que se torna independente das partes que a compõem; relaciona-se à perda de analisabilidade e composicionalidade.

Auxiliar (verbo): elemento com aparência de verbo que ocorre somente com um sintagma verbal e seu complemento; pode não ter algumas características dos verbos lexicais.

Cadeia de arrasto: mudança em cadeia que começa quando um fomena muda, deixando uma lacuna no espaço fonético em que outro fonema se insere para ocupá-la.

Cadeia de empurra: mudança em cadeia que começa quando um fonema muda de modo a invadir o espaço fonético de outro, fazendo este mudar também ao se afastar do fonema invasor.

Classe fechada: classe de palavras que demora a admitir novos membros, em contraste com uma classe aberta ou lexical como substantivos e verbos.

Cognatos: pares de palavras de línguas diferentes que compartilham um ancestral comum, como o português *céu* e o italiano *cielo*.

Complementador: morfema gramatical usado para introduzir ou marcar uma oração subordinada que atua como um argumento do verbo.

Composição: junção de duas palavras para formar uma nova.

Composicionalidade: propriedade de uma forma complexa cujo significado é previsivelmente derivado do significado das partes.

Consoante excrescente: consoante que parece ser inserida numa cadeia sonora. Fenômeno geralmente resultante de uma ressincronização de gestos.

Construção: qualquer correspondência forma-significado; na morfossintaxe, padrão convencionalizado com alguns elementos fixos e algumas posições esquemáticas.

Construção com verbo serial: construções disponíveis em algumas línguas que permitem que dois ou mais verbos finitos se juntem numa oração sem qualquer partícula conectiva.

Contato linguístico: situação em que os mesmos falantes usam duas ou mais línguas; mudança que ocorre devido a essa situação.

Conversão zero: mudança da classe de palavra (p. ex., de substantivo para verbo ou adjetivo ou o inverso) sem a adição de um afixo derivacional.

Crioulo: língua que se desenvolveu de um pidgin quando as crianças o adquiriram como primeira língua.

Debucalização: mudança sonora resultante da perda de gestos articulatórios feitos na cavidade oral.

Decalque: expressão formada pela tradução literal de uma expressão correspondente de outra língua.

Degeminação: mudança pela qual uma consoante geminada (consoante longa) perde seu comprimento e fica com a mesma duração de uma consoante simples.

Dêitico: palavras ou morfemas gramaticais cujo significado se baseia na situação de fala corrente de modo que essa referência muda conforme as mudanças na situação de fala. Pronomes pessoais como *eu* e *você* mudam de referente de acordo com quem está falando.

Demonstrativos: conjunto de pronomes que indicam um referente por sua localização perto ou longe do falante ou do ouvinte.

Deriva: mudança de longo prazo que prossegue numa direção constante.

Desbotamento: mudança linguística em que traços específicos de um significado se perdem.

Descategorização: mudanças na gramaticalização pelas quais nomes e verbos perdem as propriedades de suas classes gramaticias e se tornam morfemas gramaticais.

Difusão lexical: modo como uma mudança linguística progride através do léxico.

Dissimilação: mudança sonora pela qual um segmento se torna menos parecido com outro segmento contíguo.

***Downdrift*:** em línguas africanas, propensão da altura de um tom alto que se segue a um baixo a se tornar mais baixo do que os tons altos anteriores no enunciado.

***Downstep*:** tom alto rebaixado por *downdrift* e que permanece rebaixo mesmo que o tom baixo precedente tenha sido apagado. O resultado é uma sequência em que um tom alto é seguido de um tom alto rebaixado, o qual em alguns casos é considerado um tom médio.

Empréstimo: adoção numa língua de uma palavra ou outro elemento devida ao contato com outra língua.

Entonação: padrão de mudanças de altura que ocorre ao longo de um enunciado independentemente das palavras específicas ou morfemas contidos no enunciado.

Epistêmica: modalidade que expressa o grau de confiança que o falante tem na declaração que é feita.

Ergativo (caso): caso restrito ao agente de um verbo transitivo.

Esquematicidade: grau em que uma posição ou vaga [*slot*] dentro de uma construção permite que um grande número de itens lexicais ocorram dentro dela.

Etimologia: estudo da história das palavras.

Etimologia popular: fenômeno que une uma palavra a outra por semelhança fonética e alguma associação semântica, sem base no parentesco genético.

Extensão analógica: introdução de uma alternância num paradigma mediante a criação de uma palavra nova com uma alternância que usa o padrão de outras palavras na língua.

Fonologização: mudança pela qual um traço fonético anteriormente previsível por padrões universais se torna parte da fonologia de uma língua, seja por produzir um alofone específico à língua ou por se tornar fonemicamente contrastivo.

Fonotática: estudo das regras que governam as possíveis sequências de fonemas de uma língua.

Fortalecimento: mudança sonora resultante de um aumento na magnitude ou duração de um gesto articulatório.

Geminação: mudança pela qual a duração da articulação de uma consoante é prolongada.

Gramaticalização: processo pelo qual um item lexical ou sintagma dentro de uma construção assume significado e forma gramatical.

Gramatização: termo alternativo para gramaticalização.

Hipérbole: figura de linguagem em que se exagera o sentido, por exemplo, *morrer de rir*.

Hipótese neogramática: toda mudança sonora é regular e afeta todas as palavras de uma língua.

Imperfectivo (aspecto): morfema gramatical ou construção que indica que a situação descrita pelo verbo está sendo vista como em andamento desde um ponto de referência ou durante um lapso de tempo.

Inferência: significado que o ouvinte depreende de um enunciado que não foi explicitamente declarado. Inferências/implicações frequentes se tornam parte do significado ou substituem o significado antigo: *desde que* 'depois que' > *desde que* 'contanto que'.

Interferência de substrato: mudança produzida quando a língua nativa do falante influencia a fonologia ou a gramática da outra língua que está usando.

Lenição: mudança sonora resultante da redução da magnitude ou duração de um gesto articulatório que produz uma consoante.

Marcador discursivo: expressão que fornece indícios pragmáticos sobre como se espera que um enunciado ou partes dele sejam interpretados no contexto discursivo.

Metáfora: figura de linguagem em que a estrutura relacional em um domínio é transferida para outro domínio sem mudança na estrutura relacional: *braço de mar*.

Metonímia: figura de linguagem em que um termo usado para um conceito é usado para um conceito associado: *Casa Branca* como o poder executivo estadunidense.

Morfema gramatical: morfema que é membro de uma classe fechada.

Morfologia: estudo de ou o fenômeno de alternâncias fonológicas condicionadas por categorias morfológicas ou lexicais.

Morfologização: processo pelo qual alternâncias criadas por uma mudança sonora deixam de ser condicionadas pela fonética para ter uma associação com a morfologia.

Mudança em cadeia: "Uma mudança em cadeia mínima é uma troca na posição de dois fonemas em que um se afasta de uma posição original que é então ocupada pelo outro" (Labov, 1994: 118). "Uma mudança em cadeia estendida... é uma combinação de mudanças em cadeia mínimas em que o elemento entrante de uma mudança em cadeia mínima substitui o elemento que está saindo de outra" (Labov, 1994: 118).

Mudança externa: mudança motivada por fatores externos à estrutura linguística propriamente dita.

Mudança interna: mudança motivada por fatores internos à estrutura da língua.

Nivelamento: alteração de uma forma morfológica de modo a eliminar uma alternância; também chamado "nivelamento analógico".

Nivelamento analógico: introdução de uma alternância num paradigma pela criação de uma palavra nova com um padrão regular carente de alternância.

Nominativo (caso): caso atribuído ao sujeito de verbos transitivos e intransitivos.

Oblíquos (casos): termo geral para casos diferentes do nominativo, isto é, acusativo, dativo, instrumental etc.

Onomasiologia: estudo da significação cuja metodologia de análise parte das noções ou conceitos para determinar as formas linguísticas a eles correspondentes.

Paradigma: conjunto de formas flexionadas relacionadas que compartilham o mesmo radical.

Perfectivo (aspecto): morfema gramatical ou construção que indica que a situação descrita pelo verbo está sendo vista como um todo completo; frequentemente usado para narrar sequências de eventos passados.

Perfeito: ver "anterior".

Pidgin: língua que se desenvolve espontaneamente numa situação em que falantes de diferentes línguas precisam se comunicar mas não compartilham nenhuma língua comum.

Polissemia: multiplicidade de sentidos para uma palavra, sintagma ou construção.

Posposição: morfema gramatical relacional colocado depois do sintagma nominal.

Possibilidade genérica: existem condições gerais possibilitadoras, incluindo capacidade interna e condições externas como condições sociais. Parafraseável como "É possível [verbo]...".

Preposição: morfema gramatical relacional colocado antes do sintagma nominal.

Produtividade: probabilidade de que um padrão ou construção se aplicará a um item novo.

Progressivo (aspecto): a situação descrita pelo verbo está em andamento no tempo referido.

Pronomes pessoais: conjunto de pronomes que distinguem o falante, seu interlocutor e outras pessoas.

Reconstrução: processo de comparar formas sincrônicas dentro ou entre línguas aparentadas para hipotetizar um estágio mais antigo da língua ou de ancestrais das línguas.

Redução (fonética): qualquer mudança fonética em que se reduz a magnitude ou duração de um gesto.

Regularização: mudança pela qual uma forma anteriormente irregular (flexional) passa a ser flexionada pelas regras regulares ou pelas construções.

Relação genealógica: parentesco de duas ou mais línguas devido ao fato de derivarem de um ancestral comum; antigamente chamada relação "genética".

Resultativo: categoria gramatical ou construção que indica que a situação descrita pelo verbo está sendo vista como uma ação passada com um estado resultante.

Rotacismo: mudança de /s/ ou /z/ para um som com qualidade de /r/.

Rótico: a qualidade /r/ de um som.

Sândi: alternâncias que ocorrem quando duas palavras são usadas em sequência.

Semasiologia: estudo da significação cuja metodologia de análise parte das formas linguísticas para indicar as noções ou conceitos a elas correspondentes.

Semelhança de família: diz-se de membros de categorias que compartilham alguns mas não todos os traços com outros membros da categoria.

Sinédoque: figura de linguagem em que a parte é tomada pelo todo e vice-versa: *cabeça* por 'unidade de um rebanho'.

Sintética: tipo linguístico em que as palavras têm múltiplos afixos flexionais.

Subjetificação: mudança semântica ou pragmática que conduz a sentidos cada vez mais situados nas crenças do falante.

Suplementação: uma irregularidade em paradigmas flexionais criada pelo uso num mesmo paradigma de radicais provindos etimologicamente de fontes diferentes, por exemplo, português *vou, ia, fui*. Num sentido puramente sincrônico, o termo designa paradigmas cujas formas são tão diferentes que não poderiam ser plausivelmente derivadas de uma forma subjacente.

Token **(frequência):** contagem do número de vezes que um item (p. ex., fonema, palavra, construção) ocorre em texto corrente.

Télico: aspecto lexical em que a ação de um verbo tem um ponto-final natural, por exemplo, *lançar*.

Tempo: categoria flexional do verbo que localiza a situação descrita num momento relativo ao momento de fala ou a outras referências estabelecidas no tempo.

Tonal (língua): língua em que a altura pode ser usada para expressar distinções lexicais ou morfológicas.

Tonogênese: processo pelo qual tons contrastivos surgem numa língua que anteriormente não os tinha.

Trilha de gramaticalização: trajetória de mudança semântica que ocorre na gramaticalização.

Type **(frequência):** o número de itens lexicais distintos que participam num padrão, p. ex., o número de itens lexicais que aparecem na vaga [*slot*] disponível de uma construção, ou o número de palavras com um fonema particular ou padrão fonotático.

Referências

ADELAAR, W.F.H. (2004). *The languages of the Andes.* Cambridge: Cambridge University Press.

ALLEN, C. (1995). *Case marking and reanalysis*: grammatical relations from Old to Early Modern English. Oxford: Oxford University Press.

ALLEN, W.S. (1951). A study in the analysis of Hindi sentence-structure. In: *Acta Linguistica*, 6, p. 68-86.

ANDERSEN, H. (1973). Abductive and deductive change. In: *Language*, 49 (4), p. 765-793.

ANDERSON, S.R. (1977). The mechanisms by which languages become ergative. In: LI, C. (ed.). *Mechanisms of syntactic change.* Austin: University of Texas Press, p. 317-363.

ANGLADE, J. (1921). *Grammaire de l'ancien provençal.* Paris: Klincksieck.

ASHBY, W.J. (1981). The loss of the negative particle *ne* in French. In: *Language*, 57 (3), p. 674-687.

BALL, D. (2007). On ergativity and accusativity in Proto-Polynesian and Proto-Central Pacific. In: *Oceanic Linguistics*, 46 (1), p. 128-153.

BARÔDAL, J. (2007). The semantic and lexical range of the ditransitive construction in the history of (North) Germanic. In: *Functions of Language*, 14 (1), p. 9-30.

BATEMAN, N. (2010). The change from labial to palatal as glide hardening. In: *Linguistic Typology*, 14 (2/3), p. 167-211.

BEEKES, R.S.P. (1995). *Comparative Indo-European linguistics*: an introduction. Amsterdã: John Benjamins.

BENVENISTE, É. (1968). Mutations of linguistic categories. In: LEHMANN, W.P. & MALKIEL, Y. (eds.). *Directions for historical linguistics.* Austin/Londres: University of Texas Press, p. 83-94.

BERGEM, D. (1995). *Acoustic and lexical vowel reduction.* Amsterdā: Ifott.

BERMAN, R. (1985). The acquisition of Hebrew. In: SLOBIN, D. (ed.). *Crosslinguistic study of language acquisition.* Hillsdale, NJ: Lawrence Erlbaum, p. 255-371.

BICKERTON, D. (1981). *Roots of language* Ann Arbor: Karoma.

_____ (1975). *Dynamics of a creole system.* Cambridge: Cambridge University Press.

BISANG, W. (2004). Grammaticalization without coevolution of form and meaning: the case of tense-aspect-modality in East and mainland Southeast Asia. In: BISANG, W.; HIMMELMANN, N. & WIEMER, B. (eds.). *What makes grammaticalization?* – A lookfrom its fringes and its componentes. Berlim: Mouton de Gruyter, p. 109-138.

BLEVINS, J. (2004). *Evolutionary phonology*: the emergence of sound patterns. Cambridge: Cambridge University Press.

BLEVINS, J. & GARRETT, A. (1998). The origins of consonant-vowel metathesis. In: *Language*, 74 (3), p. 508-556.

BLOOMFIELD, L. (1933). *Language.* Chicago: Chicago University Press.

BLYTHE, R. & CROFT, W. (2012). S-curves and the mechanisms of propagation in language change. In: *Language*, 88, p. 269-304.

BOER, B. (2000). Self-organization in vowel systems. In: *Journal of Phonetics*, 28 (4), p. 441-465.

BOLINGER, D. (1978). Intonation across languages. In: GREENBERG, J.H.; FERGUSON, C.A. & MORAVCSIK, E.A. (eds.). *Universais of human language* – Vol. 2: Phonology. Stanford: Stanford University Press, p. 471-524.

BRINTON, L.J. & TRAUGOTT, E.C. (2005). *Lexicalization and language change.* Cambridge: Cambridge University Press.

BROWMAN, C. & GOLDSTEIN, L. (1995). Gestural syllable position effects in American English. In: BELI-BERTI, F. & RAPHAEL, L.J. (eds.). *Producing speech*: contemporary issues. Woodbury, NY: American Institute of Physics, p. 19-34.

_____ (1986). Towards an articulatory phonology. In: *Phonology Yearbook*, 3, p. 219-252.

BROWN, E.L. (2006). Velarization of labial, coda stops in Spanish: a frequency account. In: *Revista de Lingüística Teórica y Aplicada*, 44 (2), p. 47-56.

BROWN, E.L. & RAYMOND, W.D. (2012). How discourse context shapes the lexicon: explaining the distribution of Spanish f- / h- words. In: *Diachronica*, 92 (2), p. 139-161.

BROWN, G. (1972). *Phonological rufes and dialect variation*: A study of the phonology of Lumasaaba. Cambridge: Cambridge University Press.

BUCK, C.D. (1933). *Comparative grammar of Greek and Latin*. Chicago: University of Chicago Press.

BURRIDGE, K. (1995). Evidence for grammaticalization in Pennsylvania German. In: ANDERSEN, H. (ed.). *Historical linguistics* (1993). Amsterdã/Filadélfia: John Benjamins, p. 59-75.

BYBEE, J. (2010). *Language, usage and cognition*. Cambridge: Cambridge University Press.

_____ (2006). From usage to grammar: the mind's response to repetition. In: *Language*, 82, p. 711-733.

_____ (2003). Mechanisms of change in grammaticalization: the role of frequency. In: JOSEPH, B.D. & JANDA, R.D. (eds.). *The handbook of historical linguistics*. Oxford: Blackwell.

_____ (2002). Word frequency and context of use in the lexical diffusion of phoneticallyconditioned sound change. In: *Language Variation and Change*, 14, p. 261-290.

_____ (2001). *Phonology and language use*. Cambridge: Cambridge University Press.

_____ (2000a). Lexicalization of sound change and altemating environments. In: BROE, M. & PIERREHUMBERT, J. (eds.). *Papers in laboratory phonology* – Vol. 5: Acquisition and the léxicon. Cambridge: Cambridge University Press, p. 250-268.

_____ (2000b). The phonology of the lexicon: evidence from lexical diffusion. In: BARLOW, M. & KEMMER, S. (eds.). *Usage-based models of language*. Stanford: CSLI, p. 65-85.

_____ (1985). *Morphology*: a study of the relation *between meaning andform*. Filadélfia: John Benjamins.

BYBEE, J. & BREWER, M.A. (1980). Explanation in morphophonemics: changes in Provençal and Spanish preterite forms. *Língua*, 52, p. 201-242.

BYBEE, J.; CHAKRABORTI, P.; JUNG, D. & SCHEIBMAN, J. (1998). Prosody and segmental effect: some paths of evolution for word stress. In: *Studies in Language*, 22 (2), p. 267-314.

BYBEE, J. & DAHL, Ö (1989). The creation of tense and aspect systems in the languages of the world. In: *Studies in Language*, 13 (1), p. 51-103.

BYBEE, J. & MODER, C.L. (1983). Morphological classes as natural categories. In: *Language*, 59, p. 251-270.

BYBEE, J. & PAGLIUCA, W. (1987). The evolution of future meaning. In: GIACALONE RAMAT, A.; CARRUBA, O. & BERNINI, G. (eds.). *Papersfrom the 7th International Conference on Historical Linguistics*. Amsterdã/Filadélfia: John Benjamins, p. 109-122.

BYBEE, J.; PAGLIUCA, W. & PERKINS, R.D. (1991). Back to the future. In: TRAUGOTT, E.C. & HEINE, B. (eds.). *Approaches to grammaticalization*. Vol 2. Amsterdã/Filadélfi: John Benjamins, p. 17-58.

BYBEE, J.; PERKINS, R.D. & PAGLIUCA, W. (1994). *The evolution of grammar*: tense, aspect and modality in the languages of the world. Chicago: University of Chicago Press.

BYBEE, J. & SLOBIN, D.I. (1982). Rules and schemas in the development and use of the English past. In: *Language*, 58, p. 265-289.

CAMPBELL, A. (1959). *Old English Grammar*, Oxford: Oxford University Press.

CAPELL, A. & LAYARD, J. (1980). *Materiais in Atchin, Malekula*: grammar, vocabular and texts. Canberra: Australian National University.

CAMPBELL, L. (1999). *Historical linguistics*: an introduction. Cambridge, MA: MIT Press.

CHEVROT, J.-P.; BEAUD, L. & VARGA, R. (2000). Developmental data on a French sociolinguistic variable: post-consonantal word-final/R/. In: *Language Variation and Change*, 12, p. 295-319.

CHUNG, S. (1977). On the gradual nature of syntactic change. In: LI, C.N. (ed.). *Mechanisms of syntactic change*. Austin: University of Texas Press, p. 3-55.

COATES, J. (1983). *The semantics of the modal auxiliary*. Londres: Croom Helm.

COLLEMAN, T. & DE CLERK, B. (2011). Constructional semantics on the move: on semantic specialization in the English double object construction. In: *Cognitive Linguistics*, 22 (1), p. 183-209.

COMPANY COMPANY, C. (2006). Subjectification of verbs into discourse markers: semantic-pragmatic change only? In: CORNILLIE, B. & DELBECQUE, N. (eds.). *Topics in subjectification and modalization*. Amsterdã: John Benjamins, p. 97-121.

_____ (2002). Grammaticalization and category weakness. In: DIEWALD, G. & FISCHER, I. (eds.). *New reflections on grammaticalization*. Amsterdã/Filadélfia: John Benjamins, p. 201-215.

COMRIE, B. (1976). *Aspect*. Cambridge: Cambridge University Press.

COOPER, O.L. (1999). *Linguistic attractors*: the cognitive dynamics of language acquisition and change. Amsterdã: John Benjamins.

CRISTÓFARO-SILVA, T. & OLIVEIRA GUIMARÃES, D. (2006). Patterns of lenition in Brazilian Portuguese. In: FÉRY, C.; VIJER, R. & KÜGLER, F. (eds.). *Variation and Gradience in Phonetics and Phonologyy*. Vol. 1. Berlim/Nova York: Mouton de Gruyter, p. 25-35.

CROFT, W. (2005). Preface. In: CROFT, W. (ed.). *Genetic linguistics*: essays on theory and method by Joseph H. Greenberg. Oxford: Oxford University Press, p. 35-64.

_____ (2000). *Explaining language change*. Harlow, Ingl.: Longman Linguistic Library.

CROFT, W.; BECKNER, C.; SUTTON, L.; WILKINS, J.; BHATTACHARYA, T. & HRUSCHKA, D. (2009). Quantifying semantic shift for reconstructing language families [Poster Presented at the Annual Meeting of the Linguistic Society of America].

CROTHERS, J. (1975). Areal features and natural phonology: the case of front rounded vowels. In: *Proceedings of the Second Annual Conference of the Berkeley Linguistic Society*, 2, p. 124-136.

CROWLEY, T. (1997). *An introduction to historical linguistics*. 3. ed. Oxford: Oxford University Press.

CYFFER, N. (1998). *A sketch of Kanuri*. Colônia: Rüdiger Koppe Verlag.

DAHL, Ö. (2013). Tea. In: DRYER, M.S. & HASPELMATH, M. (eds.). *The world atlas of language structures online*. Leipzig: Max Planck Institute for Evolutionary Anthropology [Disponível em http://wals.info/chapter/138 – Acesso em 26/09/2014].

_____ (1985). *Tense and aspect systems*. Oxford: Basil Blackwell.

DÍAZ-CAMPOS, M. (2004). Acquisition of sociolinguistic variables in Spanish: Do children acquire individual lexical forms or variable rules? In: FACE, T. (ed.). *Laboratory approaches to Spanish phonology*. Berlim: Mouton de Gruyter, p. 221-236.

DOBSON, E.J. (1957). *English pronunciation 1500-1700*. Oxford: Clarendon Press

DRESSLER, W.U. (2003). Naturalness and morphological change. In: JOSEPH, B.D. & JANDA, R.D. (eds.). *The handbook of historical linguistics*. Oxford: Basil Blackwell, p. 461-471.

DRESSLER, W.U.; MAYERTHALER, W. & WÜRZEL, W. (1987). *Leitmotifs in natural morphology*. Amsterdã: John Benjamins.

DRYER, M. (1988). Object-verb arder and adjective-noun arder: dispelling a myth. In: *Lingua*, 74, p. 185-217.

ERMAN, B. & WARREN, B. (2000). The Idiom Principle and the Open Choice Principle. In: *Text*, 20, p. 29-62.

FAIRBANKS, G.H. & STEVICK, E.W. (1958). *Spoken East Armenian*. Nova York: American Council of Learned Societies.

FIDELHOLTZ, J. (1975). Word frequency and vowel reduction in English. In: *Chicago Linguistics Society*, 11, p. 200-213.

FOLEY, J. (1977). *Foundations of theoretical* phonology. Cambridge: Cambridge University Press.

FOULKES, P. & DOCHERTY, G. (2006). The social life of phonetics and phonology. In: *Journal of Phonetics*, 34 (4), p. 409-438.

GARRETT, A. (1990). The origin of NP split ergativity. In: *Language*, 66 (2), p. 261-296.

GEERAERTS, D. (1997). *Diachronic prototype semantics*: a contribution to historical lexicology. Oxford: Clarendon Press.

GIVÓN, T. (1984). *Syntax*: a functional-typological introduction. Amsterdã: John Benjamins.

_____ (1982). Tense-aspect-modality: the creole prototype and beyond. In: HOPPER, P.J. (ed.). *Tense-aspect*: between semantics and pragmatics. Amsterdã: John Benjamins, p. 115-163.

_____ (1979). *On understanding gramar*. Nova York: Academic Press.

_____ (1976). Topic, pronoun and grammatical agreement. In: LI, C.N. (ed.). *Subject and topic*. Nova York: Academic Press, p. 149-188.

_____ (1975). Serial verbs and syntactic change. In: LI, C.N. (ed.). *Word arder and word arder change*. Austin: University of Texas Press, p. 47-112.

_____ (1971). Historical syntax and synchronic morphology: an archaeologist's field trip. In: *Chicago Linguistics Society*, 7, p. 394-415.

GOLDBERG, A. (2006). *Constructions at work*: the nature of generalization in language. Oxford: Oxford University Press.

_____ (1995). *Constructions*: a construction grammar approach to argument structure. Chicago: University of Chicago Press.

GORLACH, M. (1991). *Introduction to Eariy Modem English*. Cambridge: Cambridge University Press.

GREENBERG, J. (1987). *Language in the Americas*. Stanford: Stanford University Press.

_____ (1978a). Diachrony, synchrony and language universals. In: GREENBERG, J.H.; FERGUSON, C.A. & MORAVCSIK, E.A. (eds.) *Universals of human language* – Vol. 1: Method and theory. Stanford: Stanford University Press, p. 61-92.

_____ (1978b). How do languages acquire gender markers? In: GREENBERG, J.H.; FERGUSON, C.A. & MORAVCSIK, E.A. (eds.). *Universals of human language*. Vol. 3. Stanford: Stanford University Press, p. 47-82.

_____ (1970). *The languges of Africa.* Bloomington, IN: Indiana University Press.

_____ (1966). *Language universals*: with special reference to feature hierarchies. The Hague: Mouton.

_____ (1963). Some universals of grammar with particular reference to the arder of meaningful elements. In: GREENBERG, J.H. (ed.) *Universals of language.* Cambridge: MIT Press, p. 73-113.

GUION, S.G. (1998). The role of perception in the sound change of velar palatalization. In: *Phonetica*, 55, p. 18-52.

GUY, G. (1980). Variation in the group and the individual: the case of final stop deletion. In: LABOV, W. (ed.). *Locating language in time and space*. Nova York: Academic Press, p. 1-36.

HAIMAN, J. (1994). Ritualization and the development of language. In: PAGLIUCA, W. (ed.). *Perspectives on grammaticalization*. Amsterdã: John Benjamins, p. 3-28.

HAJEK, J. (1997). *Universals of sound change in nasalization.* Oxford/Boston: Blackwell.

HALE, K. (1973). Deep-surface canonical disparities in relation to analogy and change: an Australian example. In: SEBEOK, T. (ed.). *Current trends in linguistics, 11*: diachronic, areal and typological linguistics. The Hague: Mouton, p. 401-458.

HALLE, M. (1962). Phonology in generative grammar. In: *Word*, 18, p. 54-72.

HARLOW, R. (2007). *Māori*: a linguistic introduction. Cambridge: Cambridge University Press.

HARRIS, A.C. & CAMPBELL, L. (1995). *Historical syntax in cross-linguistic perspective*. Cambridge: Cambridge University Press.

HAWKINS, J.A. (2004). *Efficiency and complexity in grammars*. Oxford: Oxford University Press.

_____ (1979). Implicational universals as predictors of word order change. In: *Language*, 55 (3), p. 618-648.

HAY, J. (2001). Lexical frequency in morphology: is everything relative? In: *Linguistics*, 39 (6), p. 1.041-1.070.

HAYES, L. (1992). Vietic and Viet-Muong: a new subgrouping in Mon-Khmer. In: *Mon Khmer Studies*, 21, p. 211-228.

HEINE, B.; CLAUDI, U. & HÜNNEMEYER, F. (1991a). From cognition to grammar: evidence from African languages. In: TRAUGOTT, E. & HEINE, B. (eds.). *Approaches to grammaticalization*. Amsterdã/Filadélfia: John Benjamins, p. 149-187.

_____ (1991b). *Grammaticalization*: a conceptual framework. Chicago: University of Chicago Press.

HEINE, B. & KUTEVA, T.(2008). Constraints on contact-induced linguistic change. In: *Journal of Language Contact*, 2, p. 57-90.

_____ (2005). *Language contact and grammatical change*. Cambridge: Cambridge University Press.

_____ (2002). *World lexicon of grammaticalization*. Cambridge: Cambridge University Press.

HEINE, B. & REH, M. (1984). *Grammaticalization and reanalysis in African languages*. Hamburgo: Helmut Buske Verlag.

HEINE, B. & SONG, K.-A. (2011). On the grammaticalization of personal pronouns. In: *Journal of Linguistics*, 47 (3), p. 587-630.

HENDERSON, J. (1996). *Phonology and grammar of Yele, Papua New Guinea*. Canberra: Australian National University.

HOCK, H.H. (2003). Analogical change. In: JOSEPH, B.D. & JANDA, R.D. (eds.). *The handbook of historical linguistics*. Oxford: Oxford University Press, p. 441-460.

_____ (1986). *Principle of historical linguistics*. Berlim: Mouton de Gruyter.

HOCKETT, C.F. (1958). *A course in modern linguistics*. Nova York: MacMillan.

HOFFMAN, C. (1963). *A grammar of the Margi language*. Londres: Oxford University Press.

HOLLAND, J.H. (1995). *Hidden order*: how adaptation builds complexity. Cambridge, MA: Perseus Books.

HONEYBONE, P. (2001). Lenition inhibition in Liverpool English. In: *English Language and Linguistics*, 5 (2), p. 213-249.

HOPPER, P.J. (1994). Phonogenesis. In: PAGLIUCA, W. (ed.). *Perspectives on grammaticalization*. Amsterdã: John Benjamins, p. 29-45.

_____ (1991). On some principles of grammaticization. In: TRAUGOTT, E.C. & HEINE, B. (eds.). *Approaches to grammaticalization*. Vol. 1. Amsterdã: John Benjamins, p. 17-35.

_____ (1987). Emergent grammar. In: *Berkeley Linguistics Society*, 13, p. 139-157.

_____ (1973). Glottalized and murmured occlusives in Indo-European. In: *Glossa*, 7 (2), p. 141-166.

HOPPER, P.J. & TRAUGOTT, E. (1993). *Grammaticalization.* Cambridge: Cambridge University Press.

HUBACK, A.P. (2011). Irregular plurais in Brazilian Portuguese: an exemplar model approach. In: *Language Variation and Change*, 23 (2), p. 245-256.

HUME, E. (2004). The indeterminacy/attestation model of metathesis. In: *Language*, 80 (2), p. 203-237.

HYMAN, L. (2011). Tone: Is it different? In: GOLDSMITH, J.; RIGGLE, J. & YU, A.C.L. (eds.). *The handbook of phonological theory*. Oxford: Blackwell Publishers, p. 197-239.

_____ (2007). Universals of tone rules: 30 years later. In: RIAD, R. & GUSSENHOVEN, C. (eds.). *Tones and tunes*: studies in word and sentence prosody. Berlim: Mouton de Gruyter, p. 1-34.

_____ (1977). On the nature of linguistic stress. In: HYMAN, L.M. (ed.). *Studies in stress and accent* – Southem California Occasional Papers in Linguistics. Los Angeles: University of Southern California, p. 37-82.

_____ (1975). *Phonology*: theory and analysis. Nova York: Holt, Rinehart and Winston.

HYMAN, L. & MOXLEY, J. (1996). The morpheme in phonological change: velar palatalization in Bantu. In: *Diachronica*, 13, p. 259-282.

HYMAN, L. & TADADJEU, M. (1976). Floating tones in Mbam-Nkam. In: HYMAN, L.M. (ed.). *Studies in Bantu tonology* – Southern California Occasional Papers in Linguistics. Los Angeles: University of Southern California, p. 57-111.

ISRAEL, M. (1996). The way constructions grow. In: GOLDBERG, A.E. (ed.). *Conceptual structure, discourse and language*. Stanford: CSLI, p. 217-230.

JAKOBSON, R. (1942). *Child language, aphasia, and language universals*. The Hague: Mouton.

_____ (1939). Signe zéro. In: *Roman Jakobson* – Selected Writings. The Hague: Mouton, p. 211-219.

JESPERSEN, O. (1942). *A modern English grammar on historical principies* – Part VI: Morphology. Londres: George Allen and Unwin.

JONES, S.W. (1788). Third anniversary discourse, on the Hindus. In: *Asiatic Researches*, 1, p. 422.

KAISER, M. & SHEVOROSHKIN, V. (1988). Nostratic. In: *Annual Review of Anthropology*, 17, p. 309-329.

KEATING, P.; CHO, T.; FOUGERON, C. & HSU, C.-S. (2003). Domain-initial articulatory strengthening in four languages. In: LOCAL, J.; OGDEN, R. & TEMPLE, R. (eds.). *Phonetic interpretation* – Papers in Laboratory Phonology 6. Cambridge: Cambridge University Press, p. 143-161.

KELLER, R. (1994). *On language change*: the invisible hand in language. Londres/ Nova York: Routledge.

KENSTOWICZ, M. (2006). Tone loans: the adaptation of English loans into Yoruba. In: MUGANE, J. (ed.). *Selected proceedings of the 35th Annual Conference on African Linguistics*. Somerville, MA: Cascadila Proceedings Project, p. 136-146.

KENT, R. (1945). *The sounds of Latin*. Baltimore, MD: The Linguistic Society of America.

KRISHNAMURTI, B. (2003). *The Dravidian languages*. Cambridge: Cambridge University Press.

KURYLOWICZ, J. (1947). La nature des procès dits analogiques. In: *Acta Linguistica*, 5, p. 17-34.

LABOV, W. (2010). *Principles of linguistic change*: cognitive and cultural factors. Chichester: Wiley-Blackwell.

_____ (2001). *Principles of linguistic change* – Vol. 2: Social factors. Oxford: Blackwell Publishers.

_____ (1994). *Principles of linguistic change* – Vol. 1: Internal factors. Oxford: Basil Blackwell.

_____ (1982). Building on empirical foundations. In: LEHMANN, W.P. & MALKIEL, Y. (eds.). *Perspective on historical linguistics*. Amsterdã: John Benjamins, p. 17-92.

_____ (1981). Resolving the neogrammarian controversy. In: *Language*, 57, p. 267-308.

_____ (1972). *Sociolinguistic patterns*. Filadélfia: University of Pennsylvania Press.

LABOV, W.; ASH, S. & BOBERG, C. (2006). *The atlas of North American English*. Berlim: Mouton de Gruyter.

LAKOFF, R. (1972). Another look at drift. In: STOCKWELL, R. & MACAULAY, R.S.K. (eds.). *Linguistic change and generative theory*. Bloomington: Indiana University Press, p. 172-198.

LANCELOT, C. & ARNOULD, A. (1660). *Grammaire générale et raisonnée.* Paris: Pierre le Petit.

LANGACKER, R. (1987). *Foundations of cognitive gramar.* Stanford: Stanford University Press.

LEHMANN, C. (1982). *Thoughts on grammaticalization*: a programmatic sketch. Colônia: Universität zu Köln/Institut für Sprachwissenschaft.

LEHMANN, W. (1973). A structural principie of language and its implications. In: *Language*, 49, p. 47-66.

_____ (1952). *Proto-Indo-European phonology.* Austin: University of Texas Press/Linguistic Society of America.

LEHMANN, W.P. (1992). *Historical linguistics*: an introduction. 3. ed. Londres/ Nova York: Routledge.

LI, C.N. & THOMPSON, S.A. (1981). *Mandarin Chinese*: afunctional reference gramar. Los Angeles: University of California Press.

LICHTENBERK, F. (1991). On the gradualness of grammaticalization. In: TRAUGOTT, E.C. & HEINE, B. (eds.). *Approaches to grammaticalization.* Vol. 1. Amsterdã: John Benjamins, p. 37-80.

LIGHTFOOT, D. (1979). *Principies of diachronic syntax.* Cambridge: Cambridge University Press.

LILJENCRANTS, J. & LINDBLOM, B. (1972). Numerical simulation of vowel quality systems: the role of perceptual contrast. In: *Language*, 48, p. 839-862.

LINDBLOM, B.; MacNEILAGE, P. & STUDDERT-KENNEDY, M. (1984). Self--organizing processes and the explanation of phonological universals. In: BUTTERWORTH, B.; COMRIE, B. & DAHL, Ö. (eds.). *Explanations for language universals.* Nova York: Mouton, p. 181-203.

LORD, C. (1993). *Historical change in serial verb constructions.* Amsterdã/Filadélfia: John Benjamins.

_____ (1976). Evidence for syntactic reanalysis: from verb to complementizer in Kwa. In: STEEVER, S.B.; WALKER, C.A. & MUFWENE, S.S. (eds.). *Papers from the parasession on diachronic syntax.* Chicago: Chicago Linguistics Society, p. 179-191.

MacWHINNEY, B. (1978). *The acquisition of morphophonology.* Chicago: The University of Chicago Press [Monografia].

MADDIESON, I. (1984). *Patterns of sounds* – With a chapter contributed by Sandra Ferrari Disner. Cambridge: Cambridge University Press.

MAÓCZAK, W. (1958). Tendances générales des changements analogiques. In: *Lingua*, 7, p. 298-325, 387-420.

MARCHESE, L. (1986). *Tense/aspect and the development of auxiliaries in Kru Languages*. Arlington, TX: Summer Institute of Linguistics.

MARTINET, A. (1952). Function, structure and sound change. In: *Word*, 8, p. 1-32.

MATTOSO CAMARA, J. (1972). *The Portuguese Language*. Chicago: University of Chicago Press.

McWHORTER, J.H. (2001). The world's simplest grammars are creole grammars. In: *Linguistic Typology*, 5 (2/3), p. 125-166.

_____ (1998). Identifying the creole prototype: vindicating a typological class. In: *Language*, 74 (4), p. 788-818.

MEILLET, P. (1912). L'évolution des formes grammaticales. In: *Scientia (Rivista di Scienza)*, 6 (vol. 12), p. 130-148.

MENÉNDEZ-PIDAL, R. (1968). *Manual de gramática histórica española*. Madri: EspasaCalpe.

MOORE, S. & KNOTT, T.A. (1968). *The elements of Old English*. 10. ed. Ann Arbor: The George Wahr Publishing.

MOORE, S. & MARCKWARDT, A.H. (1951). *Historical outlines of English sounds and inflections*. Ann Arbor: George Wahr Publishing.

MORIN, Y.-C. & KAYE, J.D. (1982). The syntactic bases for French liaison. In: *Journal of Linguistics*, 18, p. 291-330.

MOSSÉ, F. (1952). *A handbook of Middle English*. Trad. James A. Walker. Baltimore, MD: The Johns Hopkins Press.

MOWREY, R. & PAGLIUCA, W. (1995). The reductive character of articulatory evolution. In: *Rivista di Linguistica*, 7 (1), p. 37-124.

MÜHLHÄUSLER, P. (1986). *Pidgin and creole linguistics*. Oxford/Nova York: Basil Blackwell.

MURRAY, R.W. (1982). Consonant developments in Pali. In: *Folia linguistica historica*, 3, p. 163-184.

MURRAY, R.W. & VENNEMANN, T. (1983). Sound change and syllable structure in Germanic phonology. In: *Language*, 59 (3), p. 514-528.

NEU, H. (1980). Ranking of constraints on /t,d/ deletion in American English: a statistical analysis. In: LABOV, W. (ed.). *Locating Language in time and space*. Nova York: Academic Press, p. 37-54.

NEWMAN, P. (2000). *The Hausa Language*: an encyclopedic reference gramar. New Haven/Londres: Yale University Press.

_____ (1974). *The Kanakuru Language*. Leeds: Institute of Modern English Studies/University of Leeds/The West African Linguistic Society.

NOEL, D. (2007). Diachronic construction grammar and grammaticalization theory. In: *Functions of Language*, 14 (2), p. 177-202.

NYROP, K.R. (1914). *Grammaire historique de la Langue française*. Copenhagen.

OGURA, M.; WANG, W.S.-Y. & CAVALLI-SFORZA, L.L. (1991). The development of Middle English *i* in England: a study in dynamic dialectology. In: ECKERT, P. (ed.). *New ways of analyzing sound change*. Nova York: Academic Press, p. 63-106.

OHALA, J.J. (2003). Phonetics and historical phonology. In: JOSEPH, B. & JANDA, R. (eds.). *Handbook of historical linguistics*. Oxford: Blackwell Publishers, p. 669-686.

O SIADHAIL, M. (1980). *Learning Irish*. Dublin: Dublin Institute for Advanced Studies.

OTSUKA, Y. (2011). Neither accusative nor ergative: an alternative analysis of case in Eastern Polynesian. In: MOYSE-FAURIE, C. & SABEL, J. (eds.). *Topics in Oceanic morphosyntax*. Berlim: Mouton de Gruyter, p. 289-318.

PAGE, B.R. (1999). The Germanic Verscharfung and prosodic change. In: *Diachronica*, 16 (2), p. 297-334.

PATTERSON, J.L. (1992). *The development of sociolinguistic phonological variation patterns for (ing) in young children*. University of New Mexico [Dissertação de mestrado].

PAWLEY, A. & HODGETTS SYDER, F. (1983). Two puzzles for linguistic theory: nativelike selection and nativelike fluency. In: RICHARDS, J.C. & SCHMIDT, R.W. (eds.). *Language and communication*. Londres: Longmans, p. 191-226.

PEIRCE, C.S. (1965). *Collected papers*. Ed. de Charles Hartshorn e Paul Weiss. Cambridge, MA: Harvard University Press/Belknap.

PENNY, R. (2002). *A history of the Spanish language*. 2. ed. Cambridge: Cambridge University Press.

PERKINS, R.D. (1989). Statistical techniques for determining language sample size. In: *Studies in Language*, 13 (2), p. 293-315.

PETRÉ, P. & CUYCKENS, H. (2009). Constructional change in Old and Middle English copular constructions and its impact on the lexicon. In: *Folia Linguistica Historica*, 30, p. 311-365.

PHILLIPS, B.S. (2006). *Word frequency and lexical diffusion*. New York: Palgrave.

PLANK, F. (1984). The modals story retold. *Studies in Language*, 8 (3), p. 305-364.

POPLACK, S. (2011). Grammaticalization and linguistic variation. In: NARROG, H. & REINE, B. (eds.). *The Oxford handbook of grammaticalization*. Oxford: Oxford University Press, p. 209-224.

POPLACK, S. & LEVEY, S. (2010). Contact-induced grammatical change: a cautionary tale. In: AUER, P. & SCHMIDT, J.E. (eds.). *Language and space*: an international handbook of linguistic variation. Berlim: Mouton de Gruyter, p. 391-419.

POPLACK, S.; SANKOFF, D. & MILLER, C. (1988). The social correlates and linguistic processes of lexical borrowing and assimilation. In: *Linguistics*, 26, p. 47-104.

POPPE, N.N. (1960). *Buriat gramar*. The Hague: Mouton.

RAND, M.K.; HIKOSAKA, O.; MIYACHI, S.; LU, X. & MIYASHITA, K. (1998). Characteristics of a long-term procedural skill in the monkey. In: *Experimental Brain Research*, 118, p. 293-297.

RAYMOND, W.D. & BROWN, E.L. (2012). Are effects of word frequency effects of context of use? – An analysis of initial fricative reduction in Spanish. In: GRIES, S.T. & DIVJAK, D.S. (eds.). *Frequency effects in language* – Vol. 2: Learning and processing, Berlin: Mouton de Gruyter, p. 35-52.

RECASENS, D. (1999). Lingual coarticulation. In: HARDCASTLE, W.J. & HEWLETT, N. (eds.). *Coarticulation*: theory, data and techniques. Cambridge: Cambridge University Press, p. 80-104.

REICH, D. et al. (2012). Reconstructing Native American population history. In: *Nature*, 488, p. 370-374.

RENFREW, C. (1991). Before Babel: speculations on the origins of linguistic diversity. In: *Cambridge Archaeological Journal*, 1(1), p. 3-23.

RHODES, B.J.; BULLOCK, D.; VERWEY, W.B.; AVERBECK, B.B. & PAGE, M.P.A. (2004). Learning and production of movement sequences: behavioral, neurophysiological and modeling perspectives. *Human Movement Science*, 23, p. 699-746.

RIDDLE, E.M. (1985). A historical perspective on the productivity of the suffixes -ness and -ity. In: FISIAK, J. (ed.). *Historical semantics, historical word-formation*. The Hague: Mouton, p. 435-461.

ROBERT, S. (2008). Words and their meanings. In: VANHOVE, M. (ed.) *From polysemy to semantic change*. Amsterdã/Filadélfia: John Benjamins, p. 55-92 [Studies in Language Companion Series].

ROBERTS, I. & Roussou, A. (2003). *Syntactic change*: a minimalist approach to grammaticalization. Cambridge: Cambridge University Press.

ROBERTS, J. (1997). Acquisition of variable rules: a study of (t/d) deletion in preschool children. In: *Journal of Child Language*, 24, p. 351-372.

ROMAINE, S. (1995). The grammaticalization of irrealis in Tok Pisin. In: BYBEE, J. & FLEISCHMANN, S. (eds.). *Modality in grammar and discourse*. Amsterdã: John Benjamins, p. 389-427.

_____ (1988). *Pidgin and creole languages*. Londres: Longman Linguistic Library.

ROSCH, E. & MERVIS, C. (1975). Family resemblances: studies in the internal structure of categories. In: *Cognitive Psychology*, 8, p. 382-439.

RUDES, B.A. (1980). On the nature of verbal suppletion. In: *Linguistics*, 18 (7/8), p. 665-676.

RUHLEN, M. (1978). Nasal vowels. In: GREENBERG, J.H.; FERGUSON, C.A. & MORAVCSIK, E.A. (eds.). *Universais of human language* – Vol. 2: Phonology. Stanford: Stanford University Press, p. 203-241.

SALMONS, J.C. & JOSEPH, B.D. (1998). *Nostratic*: sifting the evidence. Amsterdã/Filadélfia: John Benjamins.

SAMARIN, W. (1967). *A grammar of Sango*. The Hague: Mouton.

SANKOFF, G. (2002). Linguistic outcomes of language contact. In: CHAMBERS, J.K.; TRUDGILL, P. & SHILLING-ESTES, N. (eds.). *The handbook of language variation and change*. Oxford: Blackwell Publishers, p. 638-668.

SAPIR, E. (1921). *Language*: an introduction to the study of speech. Nova York: Harcourt/Brace.

SCHACHTER, P. & FROMKIN, V. (1968). A phonology of Akan: Akuapem, Asante and Fante. In: *Ucla Working Papers in Phonetics*, 9.

SCHWENTER, S.A. & TORRES CACOULLOS, R. (2008). Defaults and indeterminacy in temporal grammaticalization: the "perfect" road to perfective. In: *Language Variation and Change*, 20 (1), p. 1-39.

SÉGÉRAL, P. & SCHEER, T. (2008). Positional factors in lenition and fortition. In: CARVALHO, J.B.; SCHEER, T. & SÉGÉRAL, P. (eds.). *Lenition and fortition* – Studies in Generative Grammar. Berlin/Nova York: Mouton de Gruyter, p. 131-172.

SEOANE, E. (2006). Information structure and word order change: the passive as an information-rearranging strategy in the history of English. In: KEMENADE, A. & LOS, B. (eds.). *The handbook of the history of English*. Oxford: Basil Blackwell, p. 360-391.

SILVA-CORVALÁN, C. (2008). The limits of convergence in contact. In: *Journal of Language Contact*, 2, p. 213-224.

SLOBIN, D.I. (1997). The origins of grammaticizable notions: beyond the individual mind. In: SLOBIN, D.I. (ed.). *The cross-linguistic study of language acquisition*. Mahwah, NJ: Lawrence Erlbaum, p. 1-39.

SMITH, K.A. & NORDQUIST, D. (2012). A criticai and historical investigation into semantic prosody. In: *Journal of Historical Pragmatics*, 13 (2), p. 291-312.

SMOCZYNSKA, M. (1985). The acquisition of Polish. In: SLOBIN, D. (ed.) *Crosslinguistic study of language acquisition*. Hillsdale, NJ: Erlbaum, p. 595-686.

SPAGNOLO, L.M. (1933). *Bari gramar*. Verona: Missioni Africane.

STAHLKE, H. (1970). Serial verbs. In: *Studies in African Languages*, 1 (1), p. 60-99.

STEBBINS, J.R. (2010). *Usage frequency and articulatory reduction in Vietnamese tonogenesis*. University of Colorado [Dissertação de mestrado].

STUBBS, M. (2002). *Words and phrases*: corpus studies of lexical semantics. Oxford: Blackwell Publishers.

STURTEVANT, E.H. (1947). *An introduction to linguistic Science*. New Haven: Yale University Press.

SUWILAI PREMSRITAT (2004). Register complex and tonogenesis in Khmu dialects. In: *Mon Khmer Studies*, 34, p. 1-17.

SVOROU, S. (1994). *The grammar of space*. Amsterdã: John Benjamins.

TAO, L. (2006). Classifier loss and frozen tone in spoken Beijing Mandarin: the yi + ge phono-syntactic conspiracy. In: *Linguistics*, 44 (1), p. 91-133.

TERRELL, T. (1977). Constraints on the aspiration and deletion of final /s/ in Cuban and Puerto Rican Spanish. In: *The Bilingual Review*, 4, p. 35-51.

THOMASON, S.G. (2001). *Language contact*: an introduction. Washington, DC: Georgetown University Press.

THOMASON, S.G. & KAUFMAN, T. (1988). *Language contact, creolization, and genetic linguistics*. Berkeley/Los Angeles: University of California Press.

THURGOOD, G. (2007). Tonogenesis revisited: revising the model and the analysis. In: HARRIS, J.G.; BURUSPHAT, S. & HARRIS, J.E. (eds.). *Studies in Tai and southeast Asian linguistics*. Bangkok: Ek Phim Thai, p. 263-291.

_____ (2002). Vietnamese and tonogenesis: revising the model and the analysis. In: *Diachronica*, 19 (2), p. 333-363.

THURNEYSEN, R. (1956). *A grammar of Old Irish*. Trad. de D.A. Binchy e O. Bergin. Dublin: The Dublin Institute for Advanced Studies.

TIERSMA, P. (1982). Local and general markedness. In: *Language*, 58, p. 832-849.

TIMBERLAKE, A. (1978). Uniform and alternating environments in phonological change. In: *Folia Slavica*, 2, p. 312-328.

TORRES CACOULLOS, R. (2001). From lexical to gramatical to social meaning. *Language in Society*, 30, p. 443-478.

_____ (2000). *Grammaticization, synchronic variation, and language contact*: a study of Spanish progressive *-ndo constructions*. Amsterdã/Filadéfia: John Benjamins.

TRANEL, B. (1981). *Concreteness in generative phonology*: evidencefrom French. Berkeley: University of California Press.

TRASK, R.L. (1995). *Historical linguistics.* Londres: Arnold Van Bergem.

TRAUGOTT, E.C. (1989). On the rise of epistemic meaning: an example of subjectification in semantic change. In: *Language,* 65, p. 31-55.

_____ (1972). *A history of English syntax.* Nova York: Holt/Rinehar/Winston.

TRAUGOTT, E.C. & DASHER, R.B. (2002). *Regularity in semantic change.* Cambridge: Cambridge University Press.

TRAVIS, C.E. & SILVEIRA, A. (2009). The role of frequency in first-person plural variation in Brazilian Portuguese: *nós* vs. *a gente* In: *Studies in Hispanic and Lusophone Linguistics,* 2 (2), p. 347-376.

TROUSDALE, G. (2008). Words and constructions in grammaticalization: the end of the English impersonal construction. In: FITZMAURICE, S.M. & MINKOVA, D. (eds.). *Studies in the History of the English Language.* Berlm/Nova York: Mouton de Gruyter, p. 301-326.

TRUDGILL, P. & HANNAH, J. (1994). *International English*: a guide to the varieties of standard English. Nova York/Londres: Edward Arnold.

UNDERHILL, R. (1976). *Turkish gramar.* Cambridge: Cambridge University Press.

VAFAEIAN, G. (2010). *Breaking paradigms*: a typological study of nominal and adjectival suppletion. Stockholm: University of Stockholm.

VENNEMANN, T. (1988). *Preference laws for syllable structure and the explanation of sound change.* Berlim: Mouton de Gruyter.

_____ (1975). An explanation of drift. In: LI, C.N. (ed.). *Word arder and word order change.* Austin: University of Texas Press, p. 269-305.

_____ (1972). Rule inversion. In: *Língua,* 29, p. 209-242.

VESELINOVA, L. (2003). *Suppletion in verb paradigms*: bits and pieces of a puzzle. Estocolmo: Stockholm University.

WATKINS, C. (1962). *Indo-European origins of the Celtic verb I*: the sigmatic aorist. Dublin: The Dublin Institute for Advanced Studies.

WEINREICH, U. (1968). *Languages in contact*: findings and problems. The Hague: Mouton.

WELMERS, W.E. (1973). *African language structures.* Berkeley/Los Angeles: University of California Press.

WIEDENHOF, J. (1995). *Meaning and syntax in spoken Mandarin*. Leiden: Cnws Publications.

WILBUR, T.H. (1977). Introduction. In: WILBUR, T.H. (ed.). *The Lautgesetz-controversy*: a documentation (1885-1886). Amsterdā: John Benjamins, p. 9-91.

WILSON, D.V. (2009). From "remaining" to "becoming" in Spanish: the role of prefabs in the development of the construction *quedar (se)* + Adjective. In: CORRIGAN, R.; MORAVCSIK, E.; OUALI, H. & WHEATLEY, K. (eds.). *Formulaic language* – Typological studies in language. Amsterdā: John Benjamins, p. 273-295.

ZALIZNIAK, A.A.; BULAKH, M.; GANENKOV, D.; GRUNTOV, I.; MAISAK, T. & MAXIM, R. (2012). The catalog of semantic shifts as a database for lexical semantic typology. In: *Linguistics*, 50 (3), p. 633-669.

ZENDEJAS, E.H. (1995). *Palabras, estratos y representaciones*: temas de fonología léxica en zoque. México City: Colegio de Mexico.

Índice de línguas*

Línguas
‖Ani (Botswana) 264
Abcázio (Geórgia) 270
Akan (Gana) 134
Albanês (Albânia, Kosovo) 398
Alemão (Alemanha e países vizinhos) 39, 48, 55, 61, 71, 86, 109, 121, 151, 159, 165s., 200, 253s., 348, 359, 372, 418, 425s.
Apache (sudeste dos Estados Unidos) 50
Árabe (Oriente Médio, norte da África) 278, 333s.
Armênio (Armênia, Azerbaijão) 278, 379, 398
Atchim (Vanuatu) 62, 253

Babete (Camarões) 133, 154
Bari (Sudão do Sul, Uganda) 234, 240, 270, 313
Basco (Espanha, França) 388
Batcham (Camarões) 131
Beach-la-Mar (Vanuatu) 429

Car Nicobarês (Ilhas Nicobar) 270
Chalcatongo (sul do México) 199
Chinook (século XIX, noroeste do Pacífico) 428
Ci-Bemba (Zâmbia, R. D. Congo) 59

---

* O nome da língua é seguido por parênteses com o nome da região em que é falada.

Engenni (Nigéria) 131
Espanhol (mundial) 34, 36, 40-42, 44, 48, 62, 64s., 69, 73-75, 79, 82, 84, 91, 95, 97, 101, 110, 123-125, 136, 141s., 162, 166-168, 201, 204, 207, 215-217, 252, 255, 265-269, 273s., 294, 296, 326, 331, 333s., 337, 345, 363-366, 373, 412, 422s.
Espanhol antigo (séc. X-XV, Espanha) 73, 79, 90, 95, 167, 215
Ewe (Gana, Togo) 227s., 231, 253, 413

Finlandês (Finlândia, Sueco) 76, 122, 313, 332, 422
Francês (mundial) 32, 37-40, 44, 48s., 84s., 95, 101, 108s., 122, 152, 154s., 158s., 201-205, 222s., 251, 265, 267, 330, 342, 363-366, 419, 422
Francês antigo (s. IX-XIV, França) 37, 85, 222s., 351
Frísio (Países Baixos, Alemanha) 186

Godié (Costa do Marfim) 255
Gótico (Europa antiga) 99s., 392
Grego (Grécia, Albânia, Chipre) 121, 370, 376s., 384, 398
Grego antigo (Grécia antiga) 138

Hauçá (África Ocidental) 78s., 138, 278, 379
Hebraico bíblico (Palestina antiga) 434
Hebraico moderno (Israel) 140, 205
Hindi (norte da Índia) 335
Hiri Motu (Papua-Nova Guiné) 428
Hitita (Anatólia antiga) 369, 398
Húngaro (Hungria) 74, 139

Igala (Nigéria) 127
Ijo (Nigéria) 314
Indonésio (Indonésia) 267, 384
Inglês (mundial) 32s., 36-42, 47-49, 54s., 58, 61, 68, 72, 80-86, 91-93, 95, 97, 110s., 114s., 117-119, 121, 125s., 139, 145s., 149, 155s., 162, 174-180,

188, 192, 196, 198, 200, 202-205, 210-214, 216s., 220s., 224-227, 229, 232-234, 236s., 247, 250s., 256-264, 269, 271, 275, 278, 297-307, 313, 318, 324-329, 331, 335s., 339, 343, 346s., 349-351, 355, 359s. 371s., 381s., 392, 408, 411, 419-421

Inglês antigo (séc. V-XII, Inglaterra) 36, 39, 58, 60, 67, 72, 74, 76, 80, 83, 95, 99, 125, 145, 147, 157s., 181-183, 192-197, 201, 210, 224, 226s., 249, 275, 300, 304s., 315-320, 355, 359, 376s., 408, 410

Inglês médio (séc. XII-XV, Inglaterra) 125s., 148, 151s., 156s., 193, 211s., 227, 305, 326, 331, 334, 424

Iorubá (Nigéria, Benin) 34, 271s., 314, 332s.

Irlandês (Irlanda) 88, 98, 200

Islandês (Islândia) 39, 371

Italiano (Itália) 39s., 66, 76, 99s., 103, 136, 325s., 363-367

Japonês (Japão) 58, 72, 83, 121, 269, 332, 335

Kanakuru (Nigéria) 68

Kannada (sul da Índia) 68

Kanuri (Nigéria, Níger, Tchade) 68, 79, 334

Khmer (Camboja, Vietnã, Tailândia) 129

Khmu (Laos) 129

Kwara'ae (Ilhas Salomão) 43

Latim (Roma antiga) 35, 40-42, 62-69, 72-77, 79s., 82, 85, 94-96, 99-101, 109s., 123s., 136s., 139, 159, 167, 169s., 199-202, 215, 222, 272, 347, 350, 376s., 383s.

Lufumbo (Uganda) 160

Lumasaaba (Uganda) 72, 80, 159

Mandarim (China) 127, 134, 327

Maori (Nova Zelândia) 149s., 290-292, 383

Mapudungun (Chile, Argentina) 123

Margi (Nigéria) 256, 258
Mwera (Tanzânia) 121

Navajo (sudoeste dos Estados Unidos) 50
Ndebele (África do Sul, Zimbábue) 132
Neerlandês (Países Baixos, Bélgica) 39, 60, 91s., 98, 191, 265, 325, 357
Nórdico antigo (séc. VIII-XIV, Escandinávia) 100, 158

Páli (Índia antiga) 81
Pawnee (meio-oeste dos Estados Unidos) 140
Pidgin Chinês-inglês (séc. XVII-XIX, sul da China) 427s.
Pidgin Samoano de Plantação (Samoa) 430
Pidgin Suaíli do Quênia (meados do séc. XX, Quênia) 429s.
Polonês (Polônia e países vizinhos) 168s., 205
Português (mundial) 39s., 49, 67, 82, 85, 265, 267, 363
Português brasileiro (Brasil) 53s., 56, 58, 83, 197s.
Provençal antigo (séc. VIII-XIV, Provença) 189s.

Quíchua (Andes) 43, 69s., 122, 138, 379
Quimbundo (Angola) 129s., 283s., 288

Rarotongano (Ilhas Cook) 374s.
Reto-românico (Suíça, Itália) 352
Ruc (Vietnã) 129s.
Russo (mundial) 38, 351

Samoano (Samoa) 290-293
Sango (República Centro-africana) 251
Sânscrito (Índia antiga) 81, 138, 370, 376s.
Saxão antigo (séc. VIII-XII, Alemanha) 99
Sayula Populuca (sul do México) 331

Setswana (sul da África) 121
Sorábio (Alemanha) 425
Suaíli (África Central e Oriental) 122, 239, 311s., 327, 429
Sueco (Suécia, Finlândia) 38

Tai, Tailandês (Tailândia) 327
Tâmil (sul da Índia, Sri Lanka) 76
Tcheco (República Tcheca, Eslováquia) 122, 351
Teso (Uganda, Quênia) 287
Thavung (Laos, Tailândia) 129
To'aba'ita (Ilhas Salomão) 43s., 272
Tocariano (Ásia Central antiga) 398
Tok Pisin (Papua-Nova Guiné) 233, 428-435
Tok Pisin inicial (séc. XIX, Papua-Nova Guiné) 428-430
Tongano (Tonga) 374s.
Turco (Turquia, Chipre) 122, 124, 255s., 264
Twi (Gana, Costa do Marfim; cf. tb. Akan) 287

Ute (sudoeste dos Estados Unidos) 312

Vietnamita (Vietnã) 129s., 222

Yele (Papua-Nova Guiné) 61
Yucateca (México, Belize) 138, 379

Zoque (sul do México) 68
Zulu (África do Sul, Zimbábue) 132, 335

Famílias linguísticas, subgrupos e protolínguas
Atapascano 50
Australiano 69
Austronésio 43

Báltico 398
Banto 59, 121, 123
Banto Oriental das Savanas 131s., 154

Céltico 189, 398

Dravídico 68, 369

Eslávico 58s., 398

Germânico 32, 39, 59-61, 71, 125, 181, 303, 315, 325, 360, 380, 398, 422

Indo-europeu 50-52, 67s., 74, 249, 251, 266, 315-320, 360s., 369, 376-382
Indo-iraniano 58, 397
Itálico 398

Kru 254
Kwa 286

Mon Khmer 128s.

Polinésio 149s., 290-295, 374-376
Protoindo-europeu 38, 351, 360, 376-382, 384-388, 390
Protonostrático 388-391
Protoquíchua 69

Românico 62, 70, 75-77, 79, 110, 124s., 136, 139, 157s., 215-218, 221, 264, 268, 315, 320, 360, 363-367, 411

Salishano 59

Índice remissivo

Abdução (mudança por)　406s.
Acento　83, 99, 121-127
　　demarcativo　122
　　em empréstimos　331-333
　　lexical　123s.
　　mudança do acento tônico　123-127
Adposição　269-271
Afixação　216, 221, 268
Alçamento de vogal　112
Alongamento de vogal　107, 125
Alternância de código　423
Alternâncias morfológicas　114, 145-151, 155-158, 186, 188, 193-198
　　construções morfossintáticas　151-155
　　irregulares　381
　　na reconstrução　383-385
　　vogal da raiz　174s., 193, 381s.
Amálgama　220, 243, 282, 353, 410s.
Ambiente alternante　162-168
　　dentro de palavras　168-171
Ambiente condicionador　143
　　de dissimilação　135-137
　　de mutação vocálica　119
　　perda de　107s.

Ameríndio 393s.
Amostra (de línguas) 311
Analisabilidade 352, 354
Analogia
    extensão 194-198, 205, 207
    na mudança de ordem de palavras 310
    nivelamento 175-180, 186s., 192-194, 204s., 207s.
    proporcional 174s.
Apagamento
    de consoante 91-93, 109, 150-152
    de vogal 82s., 91s., 125s.
    t/d no inglês 162-164
Aquisição da língua (crianças) 102s., 160, 176, 204-206, 406s., 411, 414-416, 437
Artigos
    definidos 268, 278s., 318s.
    indefinidos 151, 268s.
Aspecto 192s., 199-202, 247-249
    derivacional 257-259
    em línguas crioulas 434s.
    em pidgins iniciais 428s.
Aspiradas (consoantes) 138
Aspiradas, vozeadas 377
Assimilação 56-70, 76
    antecipatória 58, 61, 66, 68, 84, 89
    perseverativa 67s., 70
    ponto/lugar de articulação 66-69
    progressiva 66-70
Automação (da produção) 88, 90, 93s., 400s.
Autonomia 191s., 354

Auxiliar 37, 39s.
    auxiliares modais em inglês 214, 259, 408-411
    inglês *can* 226, 229, 234s., 260
    posição na ordem das palavras 311-313, 316s.

Bilinguismo 330, 416-418, 422-424

Cabeça e modificador 310
Categoria obrigatória 189
Categorias prototípicas 337-339
Classe aberta 209
Classe fechada 209
Clíticos 153, 215s.
Coarticulação universal 106
Cognatos 362-364, 368-371
Comodidade de articulação 86-90
Comparação multilateral 391-395
Competição 207
Complementador
    gramaticalização de 227-229, 433
Completivo 257
Composição 32, 39, 324s.
    em crioulos 431
    perda de composicionalidade 352-354
Composicionalidade 352-354
    contextos de uso 353s.
Comunidade 38, 56, 88
Conjuntos de correspondência 362s.
Construção associativa 132s., 154
Construção com objeto duplo COD (bitransitivo) 299-304
Construção de verbo serial 34, 271, 285s., 314

Construção locativa 254s., 269-271
Construção negativa 222s., 287
Construção passiva 284s., 318-320
Construção resultativa 35, 249
Construcionalização 293, 299
Construções 151-155
   ciclo de vida das 320-322
   construções-*way* 297s.
   criação de novas 281-293
   de base lexical 294-298
   expansão 295-307
   mudança por contato 422-426
   mudanças em 293-322
   na gramaticalização 209, 214, 217, 281s.
   perda de 304-307
   significado das 281s.
   sintagma nominal 151
   verbo-adjetivo 294-297
Construções genitivas 312s., 382s.
Contato de línguas 416-427
Contração 95, 212, 221
Contraste perceptual máximo 113
Convencionalidade 38, 45
Conversão 326-328
Crioulos 427, 434-437
   semelhanças entre 434-436
Cuneiforme 386

Debucalização 72s.
Decalque 424s.
Degeminação 76s.

Demonstrativos 263s., 268, 318
Deriva 315-320
Derivação 32, 203, 324, 326s.
    em pidgins expandidos 431-434
    mudança semântica lexical 352-355
Derivação regressiva 204
Desbotamento (generalização de significado) 234-236, 276, 339
Descategorização 229-233
Desvozeamento de vogais 83
Determinantes 153
    cf. tb. Artigos
Dialetos 42-44, 117, 360, 372
Difusão lexical 56, 90s., 143
    frequência da palavra 91-94
Direção da mudança 143, 147, 400, 402
    gramaticalização 219, 241, 409s., 412
    na mudança semântica lexical 349-352
Dissimilação 135-138
Downdrift 133

Empréstimo 32, 417
    adaptação 331-336
    fonemas 265s.
    fonologia 193
    morfologia 333, 335
    morfemas gramaticais 335, 435
    palavras 329-331, 362s.
    cf. tb. Contato de línguas
Entonação 122
Especialização 222-225
Esquematização de construções 295-299

Etimologia 324
Etimologia popular 203
Exceções (desenvolvimento de) 158-161
Excrescente (consoante) 97s.
Expressão analítica 320
Expressão idiomática 39
Expressão perifrástica 216, 255s., 261, 263, 283, 290, 320
Expressão sintética 320
Extensão metafórica 239s., 341s., 349

Fixação de posição 233
Fonologização 105s.
Fonotática 141-143
    em pidgins expandidos 431-434
    em pidgins iniciais 428
    mudança em empréstimos 332
Formação de padrões 46
Fortalecimento 96-101
Frequência de uso 91-96, 154, 161s.
    aumento na gramaticalização 235
    construções 301-304
    de formas flexionais 185-192
    na especialização 225
    palavras derivadas 352-354
    token 177s., 199, 202, 382, 403s.
    type 142, 180, 194, 197s., 296, 401
Fusão de fonemas 110
Futuro
    fontes do 219
    futuro flexional românico 215s.
    futuro românico *ir* 217s.

    gramaticalização do 209-220, 256
    inglês *be going to* 217, 237s.
    inglês *will* 210-214
    tok pisin *bai* 233, 432

Geminação 99s.
Generalização de significado 402
    em itens lexicais 347, 349
    cf. tb. Desbotamento
Genoma 394
Glotalizadas (consoantes) 138
    no protoindo-europeu 378-380
Gramaticalização 209-242, 408-414
    contato linguístico 426
    e construções 281s.
    em crioulos 434s.
    em pidgins 434s.
    e mudança na ordem das palavras 311-315
    reconstrução interna 381-383
Grande Mutação Vocálica 110-115, 117s., 120, 144, 148

Habitual (aspecto) 255s.
Hipérbole 339-341
Hipótese neogramática 161, 171

Imperfectivo 256
Inferência (mudança semântica por) 236, 274, 343s., 349, 402
Inserção de vogal 98
Intervocálico 75-82
Inventário fonêmico 107-110

Inversão de regra 155-157
Isoladas (línguas) 388

Laringalizadas (consoantes) 138
Lei de Klingenheben 78
Lenição 70-81, 159
Liaison francesa 152
Lista de Swadesh 370s., 392

Marcação 184-188
   local *vs.* geral 187, 205
Marcação dupla 191, 206
Marcação zero 188s., 396
Marca de caso 40, 272, 275-279, 300, 304s., 315s.
   perda de 318
Marcadores discursivos 273-276
Mecanismos de mudança 400-402
   na gramaticalização 219-240, 245s.
Melhoria 347
Metátese 65, 105, 139-142
Método comparativo 359, 367, 388s.
Metonímia 342-346
Modalidade 192-194
   epistêmica 261s.
   orientada para o agente 259-263
Morfologia irregular 39
Morfologização 61, 148-151, 155-157, 160
Mudança em cadeia 77s., 110, 112s., 117
   de arrasto 113, 117
   de empurra 113

Mudança semântica (mecanismos de)
   em itens lexicais 339-348, 368-370
   na gramaticalização 234-240
   não-denotacional 344-346
Mudança sonora
   através de fronteiras de palavra 93s., 96
   condicionada por fronteiras de palavra 165-168
   condicionamento gramatical 161s.
   gradualidade 55s., 89s., 142s.
   irregular 372-374
   mudança de pronúncia 36
   no método comparativo 367
   regularidade da 53s., 136, 144, 161, 372, 374
Mudanças tonais 130-134
   em empréstimos 332
Mutação Vocálica das Cidades do Norte 115-120

Nasais (vogais) 49
Nasalização de vogal 84-86, 106, 108s.
Naturalidade 366
Negação 37
Nostrático 389-391

Obrigação 260
Obstruintes no protoindo-europeu 376-381
Onomasiologia 337, 347-349
Orações subordinadas 317
Ordem de palavras 308-321
   em crioulos 434s.
   em pidgins estáveis 429
   em pidgins iniciais 428

fixação da 318
mudança 308, 315-320
Ortografia 42, 51, 111, 114, 372

Palatalização 53s.
    de velares 58-60, 62, 64s., 109, 157-159, 168
    em línguas românicas 62-65
    e ponto de articulação 66
    metafonia-*i* 60s., 151
Palavras
    fontes de novas 323-331
Paradigmas 184-192
    flexionais 192-194, 198-202
Paradoxo de Sturtevant 207
Paratático 283
Pejoração 346-348
Perfectivo 249-254
    derivacional 257-259
Perfeito (anterior) 249-254
    inglês 224s.
Pessoa e número 192-194, 200s.
    concordância pessoa-número 268
Pidgin 427-435
    pidgins iniciais 427-429
    pidgins estáveis 429-431
    pidgins expandidos 431-435
Polissemia 342-345, 369
Posição espacial; cf. Construção locativa
Posição final de palavra 165s.
Posposição 239, 269-272, 312-315
Possibilidade genérica 260-263

Preposição 43, 239s., 269-272, 313-315
Primeira Mutação Consonantal Germânica 380
Primitivo-derivado (relação) 183-188, 204
Produtividade 401
   de construções 296
   fonética 157-161
   morfológica 180-183, 327
Progressivo (aspecto) 254-256
Protofonema 364, 374-381

Qualidade de voz 128

Reanálise
   em construções 284
   morfológica 202-204
   na gramaticalização 233
   na teoria gerativa 408-415
   subanálise 188-192
Reconstrução
   comparativa; cf. Método comparativo
   interna 381-387
   protonostrático 390
   raízes do protoindo-europeu 384-387
Redução 55, 70-86, 129s.
   consoante 125, 167 cf. tb. Lenição
   contextos para 81s.grupo consonantal
   na gramaticalização 81
   posição final de sílaba 213, 217, 220-222, 278
   posição intervocálica 81, 85
   redução a zero 82
   redução especial 71-75

redução vocálica 82s., 91-93, 125s.
tom 134s.
cf. tb. Apagamento
Reduplicação 327
Regularização 176-178, 204s., 404
Relações genealógicas 360s., 391-394
  remota 387-391, 393
Repetição 45, 88, 93
Representação fonêmica 51
Representação fonética 51
Resistência à mudança 187s., 401
Ressincronização gestual 65, 67, 70, 84-86, 98, 120
Restrição de sentido 347-349
Rotacismo 80
Rotina neuromotora 45

Sândi 152
Segunda Mutação Consonântica Germânica 71
Segunda pessoa do plural (pronome) 47
Segunda pessoa do singular (pronome) 41, 48
Semasiologia 336
Semelhanças translinguísticas 86-90, 142
  mutações vocálicas 117s.
Sílabas 65, 82-84, 99s.
  final de sílaba 78s.
  posição inicial de sílaba 99s.
Sinédoque 343
Sistemas complexos adaptativos 437-439
Sistemas ergativo-absolutivos 396
Sobreposição gestual 66, 69
Sonorização 78-80

Subjetificação 276, 350
Subjuntivo 278
Substituição lexical 368-371
Substrato (interferência de) 417-423
    mudança fonológica por 420
    mudança pragmática 423
    mudança sintática 422-427
Sujeito do verbo 284, 304-307
Superposição de camadas 299-307
Suplementação 198-202

Teleologia 404
Telescopagem 157s.
Tempo passado 248-254
    inglês 175-180, 194-197
Tempo presente 256
Tempo verbal 192-194, 199-201, 247s.
    em crioulos 434s.
    em pidgins expandidos 434
    em pidgins iniciais 428
Teoria da naturalidade 403-405
Teoria laringal 384-387
Termos de tratamento 94
Tipologia
    diacrônica 395s.
    e reconstrução 378-380
Tipo prosódico 121
Tom (difusão) 131
Tom (flutuação) 132, 155
Tom (redução); cf. Redução
Tonogênese 127s.

Topicalização 283-285, 308, 316, 318s.
Trilhas de mudança 74, 142s., 395
    semântica, na gramaticalização 245-279

Variação 44, 102, 154, 161, 167s.
Vogais
    arredondadas frontais 422
    frouxas (*lax*) 114s.
Vozeamento 68
    de obstruintes 75s.

Coleção de Linguística

- *História concisa da língua portuguesa*
Renato Miguel Basso e Rodrigo Tadeu Gonçalves

- *Manual de Linguística – Fonologia, morfologia e sintaxe*
Luiz Carlos Schwindt (org.)

- *Introdução ao estudo do léxico*
Alina Villalva e João Paulo Silvestre

- *Estruturas sintáticas*
Noam Chomsky

- *Gramáticas na escola*
Roberta Pires de Oliveira e Sandra Quarezemin

- *Introdução à Semântica Lexical*
Márcia Cançado e Luana Amaral

- *Gramática descritiva do português brasileiro*
Mário A. Perini

- *Os fundamentos da teoria linguística de Chomsky*
Maximiliano Guimarães

- *Uma breve história da linguística*
Heronides Moura e Morgana Cambrussi

- *Estrutura da língua portuguesa – Edição crítica*
Joaquim Mattoso Camara Jr.

- *Manual de linguística – Semântica, pragmática e enunciação*
Márcia Romero, Marcos Goldnadel, Pablo Nunes Ribeiro e Valdir do Nascimento Flores

- *Problemas gerais de linguística*
Valdir do Nascimento Flores

- *Relativismo linguístico ou como a língua influencia o pensamento*
Rodrigo Tadeu Gonçalves

- *Mudança linguística*
Joan Bybee

CULTURAL
Administração
Antropologia
Biografias
Comunicação
Dinâmicas e Jogos
Ecologia e Meio Ambiente
Educação e Pedagogia
Filosofia
História
Letras e Literatura
Obras de referência
Política
Psicologia
Saúde e Nutrição
Serviço Social e Trabalho
Sociologia

CATEQUÉTICO PASTORAL
Catequese
Geral
Crisma
Primeira Eucaristia

Pastoral
Geral
Sacramental
Familiar
Social
Ensino Religioso Escolar

TEOLÓGICO ESPIRITUAL
Biografias
Devocionários
Espiritualidade e Mística
Espiritualidade Mariana
Franciscanismo
Autoconhecimento
Liturgia
Obras de referência
Sagrada Escritura e Livros Apócrifos

Teologia
Bíblica
Histórica
Prática
Sistemática

REVISTAS
Concilium
Estudos Bíblicos
Grande Sinal
REB (Revista Eclesiástica Brasileira)

VOZES NOBILIS
Uma linha editorial especial, com importantes autores, alto valor agregado e qualidade superior.

PRODUTOS SAZONAIS
Folhinha do Sagrado Coração de Jesus
Calendário de mesa do Sagrado Coração de Jesus
Agenda do Sagrado Coração de Jesus
Almanaque Santo Antônio
Agendinha
Diário Vozes
Meditações para o dia a dia
Encontro diário com Deus
Guia Litúrgico

VOZES DE BOLSO
Obras clássicas de Ciências Humanas em formato de bolso.

CADASTRE-SE
www.vozes.com.br

EDITORA VOZES LTDA.
Rua Frei Luís, 100 – Centro – Cep 25689-900 – Petrópolis, RJ
Tel.: (24) 2233-9000 – Fax: (24) 2231-4676 – E-mail: vendas@vozes.com.br

UNIDADES NO BRASIL: Belo Horizonte, MG – Brasília, DF – Campinas, SP – Cuiabá, MT
Curitiba, PR – Fortaleza, CE – Goiânia, GO – Juiz de Fora, MG
Manaus, AM – Petrópolis, RJ – Porto Alegre, RS – Recife, PE – Rio de Janeiro, RJ
Salvador, BA – São Paulo, SP